Grundriß des Glaubens

Grundriß des Glaubens

Katholischer Katechismus
Allgemeine Ausgabe

Kösel
Bernward · Butzon & Bercker · Morus

Herausgegeben vom Deutschen Katecheten-Verein, München

verfaßt von
Gottfried Bitter, Adolf Exeler, Wolfgang Hein,
Günter Lange, Wolfgang Langer, Maria Lorentz,
Emil Martin, Gabriele Miller, Dieter Wagner

unter Mitarbeit von
Rudolf Becker, Marie-Luise Fischer, Gotthard Fuchs

Wertvolle Hinweise gaben
Edgar Bauer, Eleonore Beck, Maria Behnke, Wiltraut Benz,
Peter Eicher, Rudolf Englert, Klaus Fischer,
Karl-Theo Heil, Valentin Hertle, Hedwig Jarmußkiewicz,
Helmut Kurz, Klaus Kliesch, Albert Krauth, Anne Mangold,
Anna Miller, Franz W. Niehl, Josef Quadflieg,
Margot Saller, Arno Schilson, Otmar Schnurr, Max Seckler,
Günter Stachel, Oswald Traudes, Veronika Wagner,
Margarete Wolf, Alois Zenner

Lektorat und Herstellung: Kösel-Verlag

**Zugelassen durch die
Lehrbuchkommission der Deutschen Bischofskonferenz**

ISBN 3-87065-163-6 (Bernward)
ISBN 3-466-36011-0 (Kösel)

© 1980 Kösel-Verlag GmbH & Co., München, und Bernward Verlag GmbH,
Hildesheim
Printed in Germany

Alle Rechte vorbehalten. Jede Art der Vervielfältigung von Texten oder
Bildern, auch auszugsweise, ist – mit Ausnahme der in den §§ 53 und 54
UrhG ausdrücklich genannten Sonderfälle – urheberrechtlich untersagt.
Zuwiderhandlungen sind strafbar.
Gesamtherstellung: Kösel, Kempten
Umschlagentwurf: Günther Oberhauser, München
unter Verwendung eines Fotos von Ewald Breloer, Hildesheim
Auch die Bilder auf den Seiten 13, 19, 53, 135 und 205 sind von Ewald Breloer
und zeigen Ausschnitte der Bernward-Säule im Dom zu Hildesheim

Die Verwendung des Umweltschutzpapiers will eine umweltfreundliche Einstellung
zum Ausdruck bringen. Zugleich entspricht sie der Empfehlung
einiger Bischöfe und Ministerien.

Der Kösel-Verlag ist Mitglied im
Verlagsring Religionsunterricht (VRU)

Inhaltsverzeichnis

Vorwort **11**

1 Wer ist ein Christ? **14**
    1.1 Ein Christ richtet sich nach Jesus Christus 14
    1.2 Was heißt: Jesus nachfolgen? 15
    1.3 In der Gemeinschaft der Glaubenden leben 16
    1.4 In der Bibel lesen 17
    1.5 Die Welt mit Jesu Augen sehen 18

I Vaterunser

    Einleitung 21

2 Vater unser im Himmel **22**
    2.1 Gott ist den Menschen nahe 22
    2.2 Gott im Himmel – unser Vater 23
    2.3 Gott ist der Vater aller 24

3 Geheiligt werde dein Name **25**
    3.1 Der Name Gottes 26
    3.2 Gott ist der Heilige 27
    3.3 Menschen ehren den heiligen Gott 27

4 Dein Reich komme **28**
    4.1 Jesus hat das Reich Gottes verkündet 29
    4.2 Jesus redet in Gleichnissen vom Reich Gottes 30
    4.3 Jesu Machttaten bringen das Reich Gottes nahe 31
    4.4 Gottes Herrlichkeit wird offenbar 32

5 Dein Wille geschehe, wie im Himmel so auf Erden **33**
    5.1 Um den Willen Gottes bitten 34
    5.2 Gottes Willen tun 34
    5.3 Das Unglück und der Wille Gottes 36

6 Unser tägliches Brot gib uns heute **37**
    6.1 Sorget nicht ängstlich 38
    6.2 Brot auch für andere 39

7 Und vergib uns unsere Schuld, wie auch wir vergeben unsern Schuldigern **39**
    7.1 Keiner ist ohne Schuld 40
    7.2 Jesus zeigt uns einen Gott, der vergibt 41
    7.3 Wem Gott vergibt, der kann anderen vergeben 42

8 Und führe uns nicht in Versuchung, sondern erlöse uns von dem Bösen **43**
    8.1 Das »Risiko« Gottes 43
    8.2 Laß uns nicht untergehen in der Versuchung 44
    8.3 Erlöse uns von dem Bösen 45

9 Denn dein ist das Reich und die Kraft und die Herrlichkeit in Ewigkeit 46
   9.1 Loben und preisen 47
   9.2 Jesus lehrt uns beten 48
   9.3 Betet ohne Unterlaß 49
   9.4 Arten des Betens 51

II Glaubensbekenntnis

Einleitung 55

10 Ich glaube an Gott 56
   10.1 Die Menschen fragen 57
   10.2 Menschen aus allen Völkern suchen Gott 58
   10.3 Gott macht sich offenbar 59
   10.4 Ich glaube 61
   10.5 Glauben oder Wissen? 62

11 Den Vater, den Allmächtigen 63
   11.1 Gottes Macht und seine Treue 63
   11.2 Der große Gott 64

12 Den Schöpfer des Himmels und der Erde 66
   12.1 Die Welt kommt von Gott 66
   12.2 Gott ist Herr über Mächte und Gewalten 68
   12.3 Der Mensch als Geschöpf Gottes 69
   12.4 Gott läßt sich in unserer Welt finden 70
   12.5 Weltordnung mit Rätseln 72

13 Und an Jesus Christus, seinen eingeborenen Sohn, unsern Herrn 73
   13.1 Jesus ist der Christus 74
   13.2 Jesus Christus ist der Sohn Gottes 75
   13.3 Jesus Christus ist der Herr 76

14 Empfangen durch den Heiligen Geist, geboren von der Jungfrau Maria 77
   14.1 Mensch geworden 77
   14.2 Bruder der Menschen – Gottes Sohn 79
   14.3 Maria, die Mutter unseres Herrn 80

15 Gelitten unter Pontius Pilatus, gekreuzigt, gestorben und begraben 81
   15.1 Wer so lebt, stiftet Unruhe 81
   15.2 Der Gewaltlose wird gewaltsam beseitigt 83
   15.3 Ärgernis oder Torheit? 85

16 Hinabgestiegen in das Reich des Todes, am dritten Tage auferstanden von den Toten 86
   16.1 Gott hat Jesus von den Toten auferweckt 86
   16.2 Die Macht des Todes ist gebrochen 88
   16.3 Durch ihn sind wir erlöst 89
   16.4 Der Gott des Lebens ist der Grund unseres Glaubens 91

17 Aufgefahren in den Himmel, er sitzt zur Rechten Gottes, des allmächtigen Vaters 92
    17.1 Er ist uns vorausgegangen 93
    17.2 Jesus Christus in der Herrlichkeit des Vaters 94

18 Von dort wird er kommen, zu richten die Lebenden und die Toten 95
    18.1 Unser Herr wird kommen 96
    18.2 Christus wird die Welt richten 97
    18.3 Der Maßstab des Gerichtes 99

19 Ich glaube an den Heiligen Geist 100
    19.1 Der Heilige Geist schafft Leben 101
    19.2 Der Heilige Geist ist der Geist Gottes 102
    19.3 Der Heilige Geist wirkt in den Menschen 103

20 Die heilige katholische Kirche 105
    20.1 Die Kirche – das Werk des Heiligen Geistes 105
    20.2 Überlieferung im Heiligen Geist 107
    20.3 Die Bibel - das Buch der Kirche 108
    20.4 Einheit in der Vielheit 110
    20.5 Ich glaube die Kirche 112

21 Gemeinschaft der Heiligen 113
    21.1 Kirche als Gemeinschaft 114
    21.2 Kirche der Heiligen 115
    21.3 Gemeinschaft des Heils 116

22 Vergebung der Sünden 117
    22.1 Von ihm die Versöhnung empfangen 117
    22.2 Aus der Macht der Sünde befreit 118
    22.3 Leben in Christus Jesus 120
    22.4 Gottes Zuwendung im Heiligen Geist 121

23 Auferstehung der Toten 123
    23.1 Im Zeichen der »Endlichkeit« 123
    23.2 Der Glaube macht Mut 125
    23.3 Leben im Zeichen der Hoffnung 126

24 Und das ewige Leben 127
    24.1 Bilder vom ewigen Leben 127
    24.2 Die Vollendung 129

25 Amen 130
    25.1 Gott – Vater, Sohn und Heiliger Geist 131
    25.2 Der bekannte und der unbekannte Gott 133

III Kirche und Sakramente

    Einleitung 137

26 Zeichen des Heils 138
    26.1 Heilszeichen für die Völker 138
    26.2 Bilder von der Kirche 140
    26.3 Kirche als Sakrament 141
    26.4 Die Sakramente der Kirche 143

27 Lebensmitte der Kirche: Eucharistie **144**
    27.1 Die Kirche verkündet die Botschaft Gottes 145
    27.2 Die Kirche erinnert sich an Jesu letztes Mahl 147
    27.3 Die Kirche gedenkt der Hingabe ihres Herrn 149
    27.4 Jesus Christus feiert mit uns Eucharistie 150
    27.5 Jede Woche einmal Ostern 152
    27.6 Das Kirchenjahr 154

28 Zum Leben gerufen: Taufe **156**
    28.1 Die Taufe als Anfang neuen Lebens 156
    28.2 Mitglied der Kirche 158
    28.3 Die Taufe als Lebensprogramm 160

29 Der Christ in der Welt: Firmung **161**
    29.1 Sakrament des Erwachsenwerdens 161
    29.2 Dienst in Kirche und Welt 162

30 Die Schuld im Leben der Christen: Sakrament der Buße **164**
    30.1 Sünde und Buße 165
    30.2 Wer ist ein Sünder? 166
    30.3 Sünde und Gemeinschaft 168
    30.4 Vielfältige Vergebung 169
    30.5 Das Sakrament der Buße 170
    30.6 Schuld – Sünde – Selbsterkenntnis 172

31 In schwerer Krankheit und Todesnot: Krankensalbung .. **173**
    31.1 Fürbitte und Fürsorge der Gemeinde 174
    31.2 Das Sakrament der Krankensalbung 175
    31.3 Sterben des Christen und kirchliches Begräbnis 176

32 Lebensgemeinschaft: Ehe **177**
    32.1 Mann und Frau 178
    32.2 Das Sakrament der Ehe 180

33 Für den Dienst am Volke Gottes bestellt: Weihesakrament **181**
    33.1 Ämter und Dienste in der Gemeinde 181
    33.2 Das Sakrament der Weihe 183

34 Kirche konkret **185**
    34.1 Verantwortung im Volk Gottes 186
    34.2 Leitung der Kirche 187
    34.3 Weisungen der Kirche 190
    34.4 Orden und Gemeinschaften 191
    34.5 Kirchliche Werke 194
    34.6 Friedensdienst der Christen 195
    34.7 Kirche in der Welt 196
    34.8 Aufbau der Kirchenorganisation 199
    34.9 Bemühung um die Einheit der Christen 202

IV Hauptgebot

Einleitung 207

35 Du sollst den Herrn, deinen Gott, lieben 208
- *35.1 Gottes Liebe ist uns voraus 208*
- *35.2 Der liebenswürdige Gott 209*
- *35.3 Gott in allem lieben 210*
- *35.4 Weisungen Gottes: Die Zehn Gebote 211*

36 Mit ganzem Herzen und ganzer Seele, mit all deiner Kraft und all deinen Gedanken 213
- *36.1 Eines nur ist notwendig 214*
- *36.2 Freiheit der Kinder Gottes 215*
- *36.3 Zeichen Gottes: die Heiligen 216*
- *36.4 Königin der Heiligen – Mutter der Glaubenden 217*

37 Deinen Nächsten sollst du lieben wie dich selbst 219
- *37.1 Den Nächsten lieben 219*
- *37.2 Durch die Tat lieben 220*
- *37.3 Die Welt ernst nehmen 221*
- *37.4 Leibhaftig lieben 223*
- *37.5 Lieben lernen 224*
- *37.6 Verzichten können 226*
- *37.7 Sich verschenken 228*
- *37.8 Sich mitfreuen 229*

38 Wer ist mein Nächster? 230
- *38.1 Die Familie 230*
- *38.2 Freunde und Gruppe 231*
- *38.3 Gesellschaft und Staat 232*
- *38.4 Die große Welt 234*
- *38.5 Der meinen Weg kreuzt 236*

39 Geh und handle genauso 237
- *39.1 Das Leben lieben 237*
- *39.2 Verantwortung übernehmen 239*
- *39.3 Solidarisch handeln 240*
- *39.4 Arbeiten – Feiern 242*
- *39.5 Zuverlässig sein 244*
- *39.6 Sich entscheiden und offenbleiben 245*
- *39.7 Teilen 247*
- *39.8 Anders leben 249*
- *39.9 Mit-leiden 250*
- *39.10 Für Lebende und Tote Gott bitten 251*

Anhang

Sachregister 257
Bibelstellenregister 266
Zitierte Texte aus dem Gotteslob 268
Namensverzeichnis 269

Vorwort

Für viele ist der christliche Glaube wie ein altehrwürdiges Gebäude mit vielen Zimmern, Fluren, Treppen und Winkeln; man kann sich darin verlaufen. Man sieht eine solche Fülle von Glaubensaussagen, Vorschriften, Verhaltensweisen, daß man nicht weiß, was wichtig ist und was nicht, was ins Zentrum gehört und was an den Rand. Selbst Menschen, die in der Kirche heranwachsen, haben solche Orientierungsschwierigkeiten. Mancher, der bei seiner Suche nach Sinn auf das Christentum stößt und sich dafür zu interessieren beginnt, fragt noch dringender nach dem richtigen Zugang, damit er sich zurechtfinden kann.
Dieses Buch will solche Orientierung geben. Es legt sozusagen den Bauplan des Ganzen offen. Es betrachtet den christlichen Glauben im Lebenszusammenhang der katholischen Kirche und versteht sich als Einführung in das Leben und die Überlieferung dieser Kirche; denn Christsein geschieht konkret immer in einer Gemeinschaft: in Gemeinde und Kirche.
Der Gliederung dieses Buches liegen Texte zugrunde, die zum Grundbestand von Christsein und Kirche gehören:

- Christen beten zu Gott als dem Vater aller Menschen: Der Grundtext dafür ist das *Vaterunser* (Teil I).
- Christen geben sich und anderen Rechenschaft über das, was sie glauben: Der Grundtext dafür ist das *Apostolische Glaubensbekenntnis* (Teil II).
- Christen leben und feiern ihr Christsein in der Gemeinschaft der Kirche: Deshalb ist ausführlich die Rede von der *Kirche* und ihren *Sakramenten* (Teil III).
- Christen suchen und verwirklichen den Willen Gottes: Wichtige Grund-Sätze dafür enthält *das Hauptgebot* der Liebe, das die Zehn Gebote und andere Weisungen für ein christliches Leben zusammenfaßt (Teil IV).

Wenn das Buch auch, wie es einem »Grundriß« gemäß ist, zunächst orientieren will, so haben seine Autoren doch mehr noch eine andere Absicht verfolgt: Das Buch soll der christlichen Lebensentscheidung und Lebenspraxis dienen. Deshalb möchte es zunächst einladen: »Komm und sieh«, um so auch andere davon zu überzeugen, daß die Botschaft Jesu »Frohe Botschaft« ist. Dann aber möchte es auffordern, den Weg zu gehen, auf den Jesus gerufen hat: den Weg der Zuversicht, des Vertrauens, des Glaubens.
Glauben lernt man nicht beim Zuschauen und auch nicht beim Darüber-Reden. Was Glauben bedeutet, erfährt nur der, der ihn wagt.

Einige Hinweise zum Gebrauch des Buches

Um einen »Grundriß« lesen zu können, braucht man geübte Augen. Zum schnelleren Verständnis folgen hier einige Hinweise, wie man mit dem Buch umgehen kann:

- Das Buch beginnt mit einem *Vorauskapitel* zur Einführung unter der Fragestellung »Wer ist ein Christ?«.
- Jedem der *vier Teile* ist eine allgemeine Einleitung vorangestellt.
- Die vier Teile des Buches sind in *39 Kapitel* unterteilt, die fortlaufend numeriert sind. Jedes Kapitel hat mehrere *Lehrstücke*. Die Angabe 18.4 bedeutet: Kapitel 18, Lehrstück 4.
- Jedes Kapitel hat eine Art *Vorwort*. Es gibt kurze inhaltliche Hinweise. Vor allem aber fragt es nach dem Bezug zu unserem heutigen Leben.
- In einem Lehrstück kommen drei Arten von Texten vor: Der *Lehrtext* macht den größten Teil eines Lehrstückes aus. Es schließt ab mit einem *Lerntext,* der in einem graugerasterten Kasten steht und überdies in fetter Schrift gedruckt ist. Häufig folgen noch *Stichwörter* in kleinerer Schrift; sie geben Erklärungen und ergänzende Informationen zum Lehrtext.
- Als Lerntexte werden vor allem Gebete und Lieder, biblische und liturgische Texte vorgeschlagen. Kurze Begriffserklärungen und Antworten auf Einzelfragen finden sich in den Stichwörtern; vieles davon könnte ebenfalls wert sein, gelernt zu werden.
- Unter der Überschrift der Lehrstücke finden sich *Hinweise* auf andere Lehrstücke. Wer sich umfassender mit einer bestimmten Thematik befassen will, sollte diesen Hinweisen folgen. Gleiches gilt auch für die Hinweise in den Stichworttexten.
- Das *Sachregister* am Ende des Buches enthält alle Stichwörter, die im Buch vorkommen, sowie die in den Lehrtexten behandelten Themen. Das *Bibelstellenregister* macht zugleich durch Fettdruck sichtbar, welche Bibelworte als Lerntexte vorgeschlagen sind. Ein Autorenregister und eine Aufstellung der aus »Gotteslob« zitierten Texte schließen den Anhang ab.
- In den Lehrtexten erscheinen manche *Worte in Schrägschrift*. Es sind die Leitworte eines Lehrstücks. Mit Hilfe des Registers läßt sich leicht aufsuchen, an welchen Stellen der Begriff ebenfalls wichtig und ob er in einem Stichwort erklärt ist. Die gelegentlich verwendete Schrägschrift in den Texten der Stichworte dient dem gleichen Zweck.

Wer ist ein Christ?

1 Wer ist ein Christ?

→ I Vaterunser; 36.1 Notwendig; 37.7 Verschenken; 39.9 Mit-leiden

Es gibt Situationen, in denen man sich fragt: Wer bin ich eigentlich? Wie unterscheide ich mich von anderen? Es ist gut, wenn auch Christen sich fragen: Wer bin ich? Was ist das, ein *Christ*? Was bedeutet es, wenn ich mich zu Christus bekenne? Woran kann man erkennen, daß ich ein Christ bin?
Zunächst scheint es leicht, einen Christen zu beschreiben. Zum Beispiel: Einer, der sein Leben an Jesus ausrichtet, der in der *Nachfolge Jesu* lebt. Oder: – der zusammen mit Jesus zu Gott »Vater« sagt. Oder: – der versucht, Gott und die Menschen zu lieben, wie Jesus sie geliebt hat. Oder: – der weiß, daß er durch Jesus Christus erlöst ist. Oder: – der hofft, ganz eng mit Jesus Christus verbunden zu sein.
Es wäre leicht, noch andere Sätze dieser Art zu formulieren. Wenn man aber darangeht, diese Sätze in seinem Leben auszuprobieren, dann merkt man, daß Reden leichter ist als Tun.
Das braucht keinen abzuschrecken, es mit dem Christ-Werden zu versuchen. Keiner ist Christ aus eigener Kraft. Der Christ vertraut, daß er geführt wird. Christ-Sein ist mehr *ein Weg,* den einer geht, als ein Haus, in dem einer lebt.
Auf diesem Weg gibt es nicht nur Schritte nach vorn. Auch Christen gehen Irrwege, werden schuldig, sündigen. Alle haben Vergebung nötig. Christen verlassen sich auf die vergebende *Liebe Gottes* und der Mitmenschen. Daher beginnen sie die Eucharistiefeier, in der sie dankbar das Gedächtnis dessen feiern, was Gott für die Menschen getan hat, mit der Bitte um Vergebung. Daher begreifen sie sich beim Beten des Vaterunsers als Bedürftige, die bitten.

1.1 Ein Christ richtet sich nach Jesus Christus
→ 28.2 Mitglied der Kirche; 6.1 Sorget nicht; 35.3 Gott lieben

Jeder Mensch versucht, sich in der Welt zurechtzufinden. Dabei ist er auf andere Menschen und seine Umwelt angewiesen. Oft ist es für das ganze Leben ausschlaggebend, welche Erfahrungen einer als Kind macht, von wem er sich Entscheidendes sagen läßt.
Ein Christ läßt sich das Entscheidende von *Jesus Christus* sagen; denn er glaubt: Jesus ist der Sohn Gottes, Gott selber macht sich in ihm offenbar. Zugleich ist ein Christ davon überzeugt, in Jesus den wahren Menschen vor sich zu haben.

Deshalb ist alles, was Jesus sagt und tut, für die Menschen *Frohe Botschaft.*

Jesus sagt an, daß Gottes Herrschaft, das *Reich Gottes,* nahe ist; er zeigt es in seinem Reden und Tun, in seinem Leben und Sterben und in seinem Auferstehen. Hier ist zu erkennen: Gott will für alle das Gute, das Heil; darum muß geschehen können, was Gott will.

Was also muß einer tun, der sich an Jesus Christus orientiert? Er muß sich zuerst von ihm bewegen und bestimmen lassen; er muß sein *Jünger* werden. Das heißt nicht, daß ihm neue Gesetze auferlegt werden; er erfährt vielmehr, wie sein ganzes Leben ein anderes Gesicht bekommt: Weil er sich von Gott geliebt weiß, kann er dem Nächsten Liebe weitergeben; weil er sich von Gott beschenken läßt, kann er weiterschenken.

> Christsein heißt, den Weg Jesu gehen. So sagt Jesus im Johannesevangelium:
> **Ich bin der Weg und die Wahrheit und das Leben.**
> *Johannes 14,6*

Christen: Die Jünger Jesu wurden in der Stadt Antiochia zum ersten Mal »Christen« genannt (Apg 11,26).

Heil (hebr. schalom = Heil, Friede): Sammelbegriff für all das Gute, das Glück, das Gott dem Menschen zugedacht hat und das der Mensch sich ersehnt: Die Erfahrung von Gottes liebender Zuwendung, seine Gnade, seine Vergebung, das Angenommensein von ihm an Kindesstatt, die Teilhabe an seinem Leben. Heil schafft ein Verhältnis, in dem Menschen miteinander und mit Gott leben können; ganzes, heiles, unversehrtes, erfülltes Leben für alle (→ 22.2).

1.2 Was heißt: Jesus nachfolgen?

→ 5.2 Gottes Wille; 37.2 Durch die Tat; 37.3 Welt ernst nehmen; 39.9 Mit-leiden; 28.3 Lebensprogramm

Jesus lädt seine Jünger ein, ihm zu folgen, mit ihm zu gehen, sich ihm anzuschließen, hinter ihm her den gleichen Weg zu gehen. Er beruft sie, ihm nachzufolgen. Dieses *Nachfolgen* kann nicht einfach ein Nachahmen sein; die Jünger heute leben in anderen Bedingungen als die Jünger zur Zeit Jesu. Aber auch damals war nachfolgen nicht als »kopieren« zu verstehen. Auch die Jünger, von denen die *Evangelien* berichten, waren nicht gehalten, einfach nachzumachen, was ihr Meister tat. Nach allem, was im Neuen Testament steht und was jene berichten, die in dieser Nachfolge Erfahrung haben, heißt Jesus nachfolgen: Sich ganz auf Gott einlassen, auf Jesu Art, die Menschen und die Welt sehen.

Jesus nachfolgen heißt also: Sich in den *Dienst Gottes* stellen und damit auch der *Diener der Menschen* werden. Jesus nachfolgen heißt vor allem, sich ganz einsetzen, keine »halbe Sache« dulden, heißt: konsequent sein. Die Texte der Nachfolge im Neuen Testament lassen keinen Zweifel: Hier geht es »um Kopf und Kragen«, um »*Alles oder Nichts*«. Zugleich wird aber auch die Hoffnung ausgesprochen: Wer solche Nachfolge wagt, den zieht auch Jesus Christus an sich. Paulus wird nicht müde, vom Leben »in Jesus Christus« zu sprechen (vgl. Röm 6,1–11).

> Das entscheidende Wort von der Nachfolge steht bei allen drei Synoptikern:
> **Wer mein Jünger sein will, der verleugne sich selbst, nehme sein Kreuz auf sich und folge mir nach.**
> *Matthäus 16,24; Markus 8,34; vgl. Lukas 9,23*

Jünger: Der Lehrer (Ältere) sammelt Schüler (Jüngere); im NT werden jene, die Jesus über längere Zeit folgen, Jünger genannt (im Unterschied zu den Zwölf, den Aposteln; → II).
Synoptiker: Matthäus, Markus und Lukas nennt man Synoptiker. Ihre Evangelien haben vieles gemeinsam; sie lassen sich, in drei Spalten nebeneinandergestellt, als »*Zusammenschau*« (griech. = »*Synopse*«) vergleichen (→ 20.4).
Bekehrung: Davon spricht man, wenn ein Nicht-Christ ein Christ wird; das biblische Wort *Umkehr* wird oft ebenfalls mit Bekehrung übersetzt.

1.3 In der Gemeinschaft der Glaubenden leben
→ 21.1 Kirche als Gemeinschaft; 21.3 Gemeinschaft des Heils

Christen sind aufeinander angewiesen – auch im Glauben. Die Jünger Jesu bilden eine *Gemeinschaft* aus dem Glauben an Jesus Christus und dem *Vertrauen* in seine Botschaft vom menschenfreundlichen Gott. Dieser Glaube hat einen Ursprung und eine Geschichte, und diese Geschichte ist nicht nur eine vergangene, sondern sie geht immer noch weiter. Die *Kirche* als Gemeinschaft der Glaubenden gibt davon Zeugnis. Ihr ist es aufgetragen, die Erinnerung an den Ursprung und an das Ziel der Glaubensgeschichte wachzuhalten, den Glauben weiterzusagen, das Heil weiterzutragen und vertrauend dem Ziel dieser Geschichte entgegenzugehen.
In dieser Gemeinschaft und von der *Überlieferung* dieser Gemeinschaft lebt der einzelne Christ. Für sich allein kann er nicht existieren. Er hat die Botschaft gehört von anderen, die sie ihm bezeugt haben, und er hat sie weiterzusagen. Er

sieht dieser Botschaft gemäß die anderen Menschen als *Brüder* und ist bereit, ihnen in Liebe zu dienen. Und für all das dankt er Gott und betet für die Brüder. Er feiert in der Gemeinschaft der mit ihm Glaubenden das Gedächtnis und zugleich die Gegenwart der Liebe Gottes: die *Eucharistie*.

> Im dritten Hochgebet der Eucharistiefeier betet die Kirche:
> **Beschütze deine Kirche auf ihrem Weg durch die Zeit und stärke sie im Glauben und in der Liebe: deinen Diener, unseren Papst, unseren Bischof und die Gemeinschaft der Bischöfe, unsere Priester und Diakone, alle, die zum Dienst in der Kirche bestellt sind, und das ganze Volk deiner Erlösten.** *Gotteslob 368*

Hochgebet: Das zentrale Lob- und Dankgebet der Eucharistiefeier, das mit der Präfation beginnt, vom Priester laut vorgetragen und von der Gemeinde mit dem Zuruf »Amen« abgeschlossen wird (vgl. Gotteslob 360; → 27.2).

1.4 In der Bibel lesen

→ 20.3 Buch der Kirche; 20.4 Einheit in der Vielheit; 34.9 Einheit der Christen

Das Christentum ist keine Religion, die sich auf ein Buch als letzte Autorität beruft. Das Christentum beruft sich auf eine Person. *Jesus* von Nazaret ist für die Christen der zuverlässige Zeuge von *Gottes Liebe*. Dennoch orientieren sich alle Christen an einem Buch als dem Dokument ihres Glaubens: an der Bibel. Sie ist das Zeugnis einer langen Glaubensgeschichte, die zurückreicht bis in die Anfänge des Gottesvolkes Israel. Die *Heiligen Schriften Israels* – die Schriften des Alten Testaments, wie wir sie nennen – sind auch für Christen Richtmaß.
Die Christen haben diesen Schriften die Urkunden vom Glauben der Jünger Jesu an die Seite gestellt. Das sind die *Heiligen Schriften des Neuen Bundes*.
Diese Zeugnisse des Glaubens – das Alte und das Neue Testament – sind allen Christen gemeinsam, mögen sich auch im Lauf der Geschichte ihre Wege getrennt haben. Die *Bibel* verbindet sie alle; sie sind überzeugt, daß Gott sich den Menschen offenbart und zu ihnen in einer verständlichen Sprache spricht. Und weil sie *Christen* sind, verbindet sie der Glaube, daß Gott endgültig und unüberbietbar zu den Menschen gesprochen hat durch seinen Sohn, Jesus Christus.

> Für viele Christen gilt das Wort des Psalmenbeters aus dem Alten Testament:
> **Dein Wort ist meinem Fuß eine Leuchte, ein Licht für meine Pfade./ Herr, ganz tief bin ich gebeugt. Durch dein Wort belebe mich!** *Psalm 119,105.107*

Inspiration: → 20.3; **Evangelium:** → 4.1; **Bibelauslegung:** → 10.3.

1.5 Die Welt mit Jesu Augen sehen
→ I Vaterunser; 37.3 Welt ernst nehmen

In den Evangelien kann man erfahren, wie Jesus von Gott und von den Menschen gedacht und gesprochen hat. Hier wird deutlich, in welch enger Beziehung er Gott und Welt sah.

Man mag sich wundern, wieviel *Alltägliches* Jesus in sein Ausrufen der ankommenden *Herrschaft Gottes* aufgenommen hat. Er redete von der Schönheit der Lilien, die Gott wachsen läßt (Mt 6,28), und von den Spatzen, die er nicht vom Dach fallen läßt (Mt 10,29); er nahm die Frau, die den Brotteig knetet, ebenso zum Vergleich für das Kommen von Gottes Reich (Mt 13,33) wie das kleine Senfkorn, das zum großen Baum wird (Mt 13,32).

Wer so redet, für den sind die Welt Gottes und die Welt der Menschen nicht getrennt. Jesus sieht beide eng verbunden und kann vom einen nicht ohne das andere reden. Er hat seine Umwelt mit liebevollen Augen gesehen. Kleinigkeiten werden für ihn zu leuchtenden *Zeichen* des Gottesreiches. Wenn er von *Gott* und seiner *Liebe* erzählen wollte, redete er von dem, was den Menschen vertraut war. Er achtete auf das, was um ihn war, und nahm jeden ernst, der seinen Weg kreuzte: In jedem sah er Gottes Bild.

> Ein Lied im »Gotteslob« spricht aus, wie ein Glaubender Gott und Welt sieht:
> **Herr, unser Herr, wie bist du zugegen, wo nur auf Erden Menschen sind. Bleib gnädig so um uns in Sorge, bis wir in dir vollkommen sind.** (5)
> **Du bist nicht sichtbar für unsere Augen, und niemand hat dich je gesehn. Wir aber ahnen dich und glauben, daß du uns trägst, daß wir bestehn.** (3) *Gotteslob 298*

Gotteslob: Katholisches Gebet- und Gesangbuch, das 1975 von den Bischöfen Deutschlands und Österreichs und den Bistümern Bozen-Brixen und Lüttich herausgegeben wurde.

I Vaterunser

**Vater unser im Himmel,
geheiligt werde dein Name.
Dein Reich komme.
Dein Wille geschehe,
wie im Himmel so auf Erden.
Unser tägliches Brot gib uns heute.
Und vergib uns unsere Schuld,
wie auch wir vergeben unsern Schuldigern.
Und führe uns nicht in Versuchung,
sondern erlöse uns von dem Bösen.**

**Denn dein ist das Reich und die Kraft
und die Herrlichkeit in Ewigkeit.
Amen.**

Gotteslob 2/4 (vgl. Matthäus 6,9–13)

Einleitung

Das Vaterunser ist das Gebet, von dem überliefert ist, daß Jesus selber es seine Jünger gelehrt hat. Für Christen ist es deshalb ein Text besonderer Art.
Jesus sagt im *Vaterunser,* wie es sich mit Gott und Welt und Mensch verhält: Gott ist der liebende *Vater* der Menschen – trotz seiner übergroßen *Herrlichkeit.* Sein *Wille* ist wohltuender als alles, was Menschen ausdenken und planen können. Seine Herrschaft bringt das Glück, das Heil. Er gibt das Brot zum Leben; er vergibt die Schuld. Die Menschen sind eingeladen, sich an diesen Gott zu halten. Er will sie befreien von allem, was sie bedroht. Solch einem Angebot müßte sich jeder gerne verschreiben – dennoch aber gibt es die Versuchung, Gott den Rücken zu kehren, das alles aufs Spiel zu setzen, sich irgendwo anders sein Glück zu suchen. Jesus hält seine *Jünger* an, darum zu bitten, daß ihnen solche Versuchung nicht widerfährt.
Dieses Buch bringt in seinem ersten Teil die Erklärung des Vaterunsers, und es folgt so einer alten Überlieferung. Wer sich in das Vaterunser vertieft, lernt verstehen, wie Jesus denkt, und lernt begreifen, wie er handelt. Er dringt in den *Geist Jesu* ein, und dieser Geist lehrt ihn, als Jünger Jesu zu leben und Gott als gütigen Vater anzusprechen.
Im Neuen Testament steht das Vaterunser an zwei Stellen: in einer kürzeren Form bei Lukas (11,2–4) und in einer längeren bei Matthäus (6,9–13). Die Matthäusfassung hat sich schon in frühchristlicher Zeit in der Gebetspraxis der Kirche durchgesetzt.
Erst seit 1967 beten die deutschsprechenden evangelischen und katholischen Christen das »*Gebet des Herrn*« mit gleichlautendem Text. Auch katholische Christen fügen jetzt die Schluß-Doxologie »Denn dein ist das Reich ...« dem Vaterunser an. Dieser altchristliche Gebetsschluß steht schon in der »Zwölfapostellehre« am Ende des Vaterunsers. Auch von einigen griechischen Bibelhandschriften wurde dieser Lobpreis übernommen. Aus einer solchen Vorlage hat Martin Luther die Bibel übersetzt; deshalb haben evangelische Christen den Schlußsatz immer mitgebetet. Seitdem es nur noch *einen* deutschen Text gibt, können katholische und evangelische Christen das Gebet *gemeinsam* sprechen, das Jesus seine Jünger gelehrt hat.

Zwölfapostellehre: Älteste christliche Schrift nach dem NT (Anfang des 2. Jh. n. Chr.); sie enthält Regeln für das Gemeindeleben; Beschreibung des Gottesdienstes; Eucharistiegebete (vgl. Gotteslob 28/8).
Doxologie (von griech. doxa = Ehre, Ruhm): Feierlicher Lobpreis Gottes (z. B. Vaterunser, Ehre-sei-dem-Vater, Gloria, Hochgebetsschluß).

2 Vater unser im Himmel

→ 11 Vater/Allmächtiger

Auf vielerlei Weise wird Gott verehrt. Menschen rufen ihn an; sie geben ihm besondere *Namen*: Allmächtiger, Höchster, Erhabener, König, Herrscher, Herr. Das Volk Israel hat darauf vertraut, Gottes Namen wirklich zu kennen. Es hat sich darauf berufen, daß Gott diesen Namen selber zu erkennen gegeben hat: »Ich bin JAHWE«, das heißt: »Ich bin da für euch«.

Ist also der große Unbekannte, der fern »im Himmel« thront, den Menschen nahe? Kann man ihm vertrauen, oder muß man ihn fürchten? Wer sagt uns, wie Gott ist?

Menschen der Bibel, Heilige aller Zeiten erzählen von ihren Erfahrungen mit Gott; vor allem aber hat Jesus uns Kunde von ihm gebracht (Joh 1,18). Er nennt Gott *»Abba«*, das heißt: »lieber Vater«. Auf diesen lieben Vater hat Jesus vertraut. Zu diesem Vater hat er gebetet. Von ihm hat er den Menschen erzählt; seine Menschenfreundlichkeit hat er gezeigt. Und Jesus hat auch seine Jünger ermutigt, zu Gott als ihrem lieben Vater zu sprechen.

Israel: Jakob (Isaaks zweiter Sohn) erhält von Gott den Namen Israel (=Streiter Gottes; vgl. Gen 32,29); seine Nachkommen, die »Söhne Israels«, Gottes erwähltes Volk, werden nach ihm: »Volk Israel« genannt. Israel ist auch der Name des 1948 gegründeten Staates des jüdischen Volkes.

Kinder Gottes: Dieser Begriff faßt den Glauben an die Erlösung durch Jesus Christus zusammen. Denn in der Menschwerdung, im Leben, Sterben und Auferwecktwerden ist Jesus Christus der Bruder der Menschen geworden und hat damit zugleich alle Menschen zu seinen Schwestern und Brüdern gemacht, so daß sie Gott Vater nennen dürfen (→ 19.3).

2.1 Gott ist den Menschen nahe

→ 3.3 Menschen ehren Gott; 25.2 Der bekannte/unbekannte Gott

Es gibt Menschen, die erzählen, wie nahe sie Gott erfahren haben. Mitten in ihrem Alltag – so bezeugen sie – sind sie gewiß geworden, daß Gott da ist. Solche Erfahrungen sind uns von bekannten und unbekannten Christen aller Jahrhunderte überliefert. Aber ebenso gibt es Zeugnisse von *Gotteserfahrungen* bei Menschen, die sich nicht Christen nennen.

Immer wieder haben Menschen auf ihren Gott vertraut, haben sich auf ihn verlassen und dabei erfahren, daß man sich auf ihn verlassen kann. Und deshalb bezeugen sie: Gott will mit den Menschen so vertraut sein wie ein Freund. Einer von diesen Zeugen ist Mose. Im Alten Testament wird erzählt, wie er von *Jahwe* berufen wird (Ex 3). Dabei wird ihm klar: *Gott ist da.* Er ist denen nahe, die zu ihm rufen – zum Beispiel seinem Volk in der Sklaverei.

Wenn Gott so zum Menschen steht, dann ist das *gute Botschaft* für den, der sich verlassen fühlt, den vielleicht alle im Stich gelassen haben. Dem aber, der fragt: Wo ist denn nun Gott?, antwortet die Bibel: Man erfährt seine Nähe in dem Maß, in dem man sich ihm anvertraut, nicht wenn man wartet, ob er sich zeigt.

> Jahwe, das ist nicht nur ein Name, das ist eine Zusage; denn Mose wird beauftragt:
> **Sage meinem Volk: Ich bin Jahwe, ICH BIN DA – das ist mein Name für immer.** *vgl. Exodus 3,14–15*

Jahwe: Nach Ex 3,14 der Name, den der »Gott der Väter« Mose offenbart. Bedeutung des Namens: »Ich-bin-da«, »Ich-bin-da-für-euch«, »Ich-erweise-mich-als-der-der-hilfreich-da-ist«. – Falsch gelesen, wird das hebräische Wort mitunter mit »Jehova« wiedergegeben.

Mose: Neben den Stammvätern (= Patriarchen) Israels einer der bedeutendsten Männer des AT; von Gott berufener Führer des Volkes aus der Sklaverei Ägyptens (um 1200 v. Chr.).

2.2 Gott im Himmel – unser Vater
→ 11 Vater/Allmächtiger

Jesus hat seine Jünger ermutigt, Gott im *Himmel* ihren lieben Vater zu nennen – so wie er selbst Gott angeredet hat. Das war für die Jünger so wichtig, daß sie den Anruf »*Abba*« im aramäischen Wortlaut festgehalten haben.

Zu Gott »Vater« sagen, das heißt hoffen, daß er der Grund unseres Daseins ist. Vater, das heißt Leben, heißt Geborgenheit und heißt deshalb auch *Zukunft*. Ein Gott, der Vater ist, umfängt alles, trägt alles; ihm verdanken wir alles.

Ein liebender Vater ist um jedes seiner Kinder besorgt. Er wendet sich jedem zu, und das *Kind* weiß, daß der Vater es gern hat, auch wenn er mit Strenge auftritt. Liebe zeigt sich nicht nur im Zärtlich-Sein. Einem solchen Vater vertraut das Kind. Es anerkennt zwar die Überlegenheit des Vaters, ja, es bewundert ihn deswegen, aber es ist dadurch nicht erschreckt. Es liebt seinen Vater unbefangen.

Menschen, die es mit ihrem Vater schwer hatten, die ihn vielleicht nur übermächtig und fordernd oder ohnmächtig und schwach erfahren haben, verbinden mit dem Wort Vater nicht Liebe und *Vertrauen*. Doch der Vater, von dem Jesus redet, ist der »Vater im Himmel«. Himmel, das heißt:

Vollkommenheit, heißt *Erfüllung* aller Erwartung, Ziel aller Wünsche, Gemeinschaft mit Gott und untereinander. Der »Vater im Himmel« ist also der, der alle Sehnsucht der Menschen erfüllt.

Diesen Vater dürfen wir vertraut anreden, so wie Kinder im Kreis der Familie ihren geliebten Vater rufen.

> Ein Christ unserer Tage hat sein Vertrauen zu Gott so ausgedrückt:
> **Wie ein Vogel im Nest, so sind wir bei dir./ Wie ein Fisch im Meer leben wir bei dir./Wie ein Kind zuhaus wohnen wir bei dir.**
> Wilhelm Willms

aramäisch: Mit dem *Hebräischen* (= Sprache des AT) verwandte Sprache, die zur Zeit Jesu auch in Palästina gesprochen wurde.

Abba: Im Familienkreis vertraute Anrede des Vaters (auch durch die erwachsenen Kinder): Papa, Väterchen, Vati. – Nicht nur in den griechisch geschriebenen Briefen des Apostels Paulus an die Galater (4,6) und an die Römer (8,15), sondern vor allem in Jesu Gebet am Ölberg (Mk 14,36) steht das aramäische Wort »Abba« mitten im griechischen Text.

Himmel: Zunächst ein biblisches Bildwort für die »Wohnung« Gottes »über« dem Firmament. Vor allem aber Bildwort für den beglückenden Lebensraum Gottes, den Jesus Christus den Menschen eröffnet. Auch Sammelbegriff für das endgültige Heil, das Gott den Menschen zugedacht hat, Summe alles Guten, Fülle, Ziel christlicher Hoffnung. (Nicht gemeint ist der Himmelsraum über uns, den die Astronomen erforschen.)

2.3 Gott ist der Vater aller

→ 12.3 Geschöpf Gottes; 5.3 Das Unglück

Jeder hat gern etwas, das ihm gehört. Er sagt dann: mein Fahrrad, mein Bett, mein Mantel. Er möchte auch sagen können: meine Familie, meine Eltern, mein Freund, mein Liebster. Das heißt dann: Wir gehören zusammen; du bist mir wichtig. Kann auch jeder sagen: »*mein Gott*«?

Es ist Glaube der Menschen, von denen die Bibel berichtet, daß Gott jeden Menschen so liebt, als sei er der einzige auf der Welt. Jedem wendet Gott seine ganze *Liebe* zu, grenzenlos und ungeteilt durch die Vielzahl der Menschen: Gott liebt jeden ganz. Deshalb kann jeder zu ihm sagen: »*mein Gott*«, »*mein Vater*«.

Wenn wir Gott »Vater« nennen, bedeutet das nicht, daß er nur »männliche« Züge hat. Beim Propheten Jesaja steht: »Wie eine Mutter ihren Sohn tröstet, so tröste ich euch« (Jes 66,13), und bei Hosea heißt es von Gott: »Ich war da für sie wie die (Eltern), die den Säugling an ihre Wangen heben« (Hos 11,4). Diese Bilder zeigen an: Gott liebt auch auf mütterliche Weise; er liebt jeden Menschen ganz.

Wenn aber Gott der Vater aller Menschen ist, dann sind auch alle seine Kinder, und untereinander sind sie Brüder und Schwestern. Deshalb lehrt Jesus seine *Jünger,* gemeinsam zu beten: »Vater unser im Himmel«. Im *Geist Jesu* begreifen sie, daß sie sich gegenseitig die Liebe des Vaters nicht neiden müssen. Keiner ist weniger geliebt. Deshalb erzählen sie sich gegenseitig von ihm, stehen einander bei auf dem Weg zu ihm, freuen sich gemeinsam seiner Liebe.

> Der zweite Brief an die Korinther beruft sich darauf, daß durch Christus geschehen ist, was Gott im Alten Bund verheißen hat:
> **Dann will ich euch aufnehmen und euer Vater sein, und ihr sollt meine Söhne und Töchter sein.**
> *2 Korinther 6,17–18*

Jesaja: Der erste der sog. »großen« Propheten: (groß = umfangreiches Buch, das seinen Namen trägt); er lebte im 8.Jh. v. Chr. – Teile des Jesaja-Buches sind aber aus viel späterer Zeit (→ 19.2).
Hosea: Einer der zwölf »kleinen« Propheten; (klein = kleines Buch); 8.Jh. v. Chr. (→ 19.2).

3 Geheiligt werde dein Name

Die Aussage, daß Gottes Name geheiligt werden soll, klingt den meisten von uns fremd. Was ist damit gemeint?
Zwei Umschreibungen, die in jüdischen Gebeten oft verwendet werden, sind leichter verständlich. Hier heißt es immer wieder: Die Menschen sollen den Namen Gottes »groß machen«; sie sollen ihn »verherrlichen«. Gottes Namen heiligen heißt dann: Ihn in seiner Größe und *Herrlichkeit* zur Geltung kommen lassen.
Auch in einem Gebet Jesu, wie es das Johannesevangelium uns überliefert, wird das Wort »heiligen« erläutert. Es heißt dort: »Vater, verherrliche deinen Namen!« (Joh 12,28). Hier sind es also nicht die Menschen, die den *Namen Gottes* heilig halten sollen, sondern Gott ist es, der zeigt, daß er der Heilige ist.
Man könnte den Gebetswunsch so wiedergeben: »Vater, du sollst tonangebend sein in meinem Leben und in unserer Welt; du sollst als Gott anerkannt werden; die Menschen sollen erfahren, daß dein Name wichtiger ist als alle großen Namen, denen wir nachlaufen; alle sollen sehen, daß du der große Gott bist und wir allein in dir *Frieden* haben.«

heiligen: Was Gott gehört (=was herausgenommen ist für Gott), ist heilig. »Gottes Namen heiligen« (=heilig halten), das heißt: Gott geben, was ihm zusteht; »Gott heiligt seinen Namen« (=erweist ihn als heilig), das heißt: Gott macht zugunsten aller Menschen offenbar, wer er ist.

3.1 Der Name Gottes
→ 2.1 Gott ist nahe; 35.1 Gott ist uns voraus

Der Name gehört zum Menschen. Man sieht ihn als ein »Stück« von ihm. Wenn man den Namen eines Menschen kennt, kann man ihn anreden. Und wenn einer besondere Eigenschaften hat – erfreuliche oder merkwürdige –, geben ihm andere vielleicht einen Kosenamen oder einen »Spitznamen«, um ihn damit besonders zu kennzeichnen.
Auch bei den vielen Namen, die Menschen der Bibel ihrem Gott gegeben haben, ist es so. Diese Namen sagen uns etwas über die Erfahrungen, die die Menschen mit diesem Gott gemacht haben. Haben sie Gott als gütig erfahren, rufen sie ihn als den »*Gütigen*« an. Haben sie ihn als mächtig erkannt, verehren sie ihn als den »*Herrn*«. Weil also der Name Gott selber meint, sollen die Menschen den Namen Gottes groß und bekannt machen.
Es ist alter christlicher Brauch, im Namen Gottes die Gebetszeiten zu beginnen. Der Name Gottes wird angerufen, wenn eine wichtige Aufgabe zu bewältigen ist. »In Gottes Namen!« Mit diesen Worten stellen Menschen ihr Tun und Lassen unter Gottes Schutz und Willen.
Solches Rühmen des Namens Gottes birgt aber auch eine Gefahr. Der *Name Gottes* wird nicht nur von denen mißbraucht, die ihn beschimpfen oder schmähen, manchmal auch von denen, die ihn verteidigen. Kein Wort der Menschensprache wird so geschändet wie das Wort »Gott«. Wie oft wird es zitiert, wenn Menschen ihren eigenen Namen groß machen wollen! Hier gilt die Warnung der Bibel im besonderen, Gottes Namen nicht vergeblich zu führen und ihn nicht zu mißbrauchen.

> Im Meßbuch der Kirche stehen Gebete für alle Tage. Eines von diesen beginnt so:
> **Du, der du uns deinen Namen genannt und uns Mut gemacht hast, dich anzusprechen, wir kommen zu dir und sagen: Gott, unser Vater, wir danken dir, daß du für uns da bist.** *Tagesgebet zur Auswahl Nr. 35*

Zweites Gebot: Du sollst den Namen Jahwes, deines Gottes, nicht mißbrauchen (→ 35.4 Zehn Gebote; Gotteslob 61).
Gotteslästerung: Verhöhnung Gottes in Tat, Wort und Haltung.

3.2 Gott ist der Heilige

→ 2.1 Gott ist nahe; 25.2 Der bekannte/unbekannte Gott; 11.2 Der große Gott

In vielen Formen kann man über Gott reden und versuchen, ihn zu beschreiben. Aber alle Worte reichen nicht aus. Der Glaubende weiß: Gott ist immer mehr, als Menschen denken, und größer, als sie ihn sich vorstellen. Kein Begriff und kein Bild, auch nicht alle Bilder und Begriffe zusammen können ihn fassen. Theologen sagen: »Gott ist der ganz Andere«. Das Gleiche will die Bibel sagen, wenn sie Gott den Heiligen nennt: Furchtgebietend und heilig ist sein Name (Ps 111,9).
Wir sind gewohnt, das Wort »heilig« auf Menschen anzuwenden, die versucht haben, ihr Leben ganz auf Gott auszurichten. Doch alle eigene Anstrengung eines Menschen macht ihn nicht heilig. *Heilig* wird man nicht aus eigener Kraft: Nur weil Gott Menschen in seine Heiligkeit hineinnimmt, gehören sie zu Gott, sind sie heilig. Niemand aber wird heilig gegen seinen Willen. Das meint der Satz im Alten Testament: »Ich bin der Herr, euer Gott. Erweist euch als heilig und seid heilig, weil ich heilig bin« (Lev 11,44).
In jeder *Eucharistiefeier* stimmt die ganze *Gemeinde* in den Lobpreis von Gottes *Heiligkeit* ein. Dadurch zeigt sie, wie lebensnotwendig es für sie ist, Gott als den Heiligen zu erkennen und zu feiern.

> Im Hochgebet der Eucharistiefeier wird in einem Lied (Sanctus), das auf den Propheten Jesaja (6,3) zurückgeführt wird, Gottes Heiligkeit besungen:
> **Heilig, heilig, heilig, Gott, Herr aller Mächte und Gewalten. Erfüllt sind Himmel und Erde von deiner Herrlichkeit.** *Gotteslob 360/2*

Eucharistiefeier: Gottesdienst, in dem die Kirche des Lebens, des Todes und der Auferstehung Jesu dankbar gedenkt und den Grund ihres Glaubens feiert (→ 27 Lebensmitte).

3.3 Menschen ehren den heiligen Gott

→ 9.1 Loben und preisen

Wer das Wort *Gebet* hört, denkt zuerst ans Bitten, an den Hilfeschrei eines Menschen, der Gott um Rettung aus der Not anruft. Doch richtig bitten kann nur, wer die Größe und die rettende Macht Gottes erkennt und anerkennt. Daher gebührt dem Lob Gottes der Vorrang vor allen anderen Arten des Gebets.

Menschen, die Gott *erfahren* haben, sind überzeugt: Keiner könnte etwas über Gott wissen, wenn Gott sich nicht selber den Menschen gezeigt hätte. Was uns davon berichtet wird, bezeugt den Ernst solcher Begegnung. Gott kommt so überraschend auf den Menschen zu, daß der Mensch in dieser *Begegnung* von Grund auf geändert wird.

Von Mose wird erzählt, daß er sein Gesicht verhüllt, als Gott ihm im Dornbusch begegnet (Ex 3,6). Als Mose am Sinai bittet, Gott möge ihn sein Angesicht schauen lassen, stellt Gott ihn in eine Felsspalte, und Mose darf, als Gott vorüberzieht, nur seinen »Rücken« sehen (Ex 33,22–23). Und von Jesaja, der bei seiner *Berufung* den Abglanz Gottes schauen darf, wird der Ausruf berichtet: »Weh mir, ich bin verloren« (Jes 6,5).

Mit solchen Vergleichen versucht das Alte Testament, etwas über Gottes Größe und *Heiligkeit* auszusagen, und trotzdem bleibt er unfaßlich. Das Neue Testament aber bezeugt, daß es ein Bild dieses unbegreiflichen Gottes gibt: Jesus *Christus*. Er ist das Bild Gottes für uns (2 Kor 4,4). In ihm erkennen wir, von welcher Art Gottes Heiligkeit und Größe ist: sie umschließt sogar Entäußerung und *Armut* (Phil 2,7).

> Im dritten Hochgebet der heiligen Messe betet die Kirche:
> **Ja, du bist heilig, großer Gott, und alle deine Werke verkünden dein Lob. Denn durch deinen Sohn, unsern Herrn Jesus Christus, und in der Kraft des Heiligen Geistes erfüllst du die ganze Schöpfung mit Leben und Gnade.** *Gotteslob 368*

4 Dein Reich komme

→ 23.3 Zeichen der Hoffnung

Das Reich Gottes, das nahe gekommen ist, ist das entscheidende Thema der Botschaft Jesu. Im Markusevangelium (1,15) ist die Ankündigung dieses Reiches das Programm Jesu, der Inhalt des »*Evangeliums*«, das er von Gott bringt. *Gottes Königsherrschaft* war zur Zeit Jesu der Inbegriff aller *Hoffnung*. Gott sollte sein Reich aufrichten und damit endlich Gerechtigkeit und *Frieden* schaffen für alle.

Diese erhoffte *Gerechtigkeit* ist mehr als eine politische Größe. Sie meint eine neue Welt, ohne Unterdrückung, Leid und Tod – eine Welt also, in der nicht mehr »der Teufel los ist«.

Ist dieses Reich Gottes also nur eine jenseitige, zukünftige Wirklichkeit? Oder hat es etwas mit uns und unserer Welt zu tun? Was bedeutet es, wenn Jesus sagt, es sei nahe gekommen? Ist es jetzt schon im *Kommen?* Kann man es kommen sehen – in Jesus Christus und denen, die an ihn glauben?

Reich Gottes: Das griechische Wort, das in der deutschen Übersetzung meist mit »Reich« wiedergegeben wird, bedeutet eigentlich »Königsherrschaft«; an manchen Stellen (vor allem bei Matthäus) wird dafür auch die Bezeichnung »Himmelreich« oder »Reich der Himmel« gebraucht.

4.1 Jesus hat das Reich Gottes verkündet
→ 15.1 Wer so lebt; 1.2 Nachfolgen; 27.1 Kirche verkündet

Schon die *Propheten* sprachen von Gottes kommender Königsherrschaft. Sie sagten: Sein Reich wird anbrechen und die ganze Welt zum Guten verändern. *Jesus* macht die Verkündigung dieser *Gottesherrschaft* zur Mitte seiner Botschaft. Er läßt die Menschen seiner Umgebung erfahren, daß mit ihm die Zeit der Freude angebrochen ist.

Aus dem, was Jesus sagt und tut, läßt sich ablesen: Das Reich Gottes ist etwas Wunderbares, etwas, das die Menschen im Grunde ihres Herzens nicht zu hoffen wagen – die Überwindung von Leid und Einsamkeit, von Schuld und Tod. Reich Gottes, das ist der große *Friede* der Menschen und der Natur im Angesicht Gottes, das ist die eine Mahlgemeinschaft der *Liebe*, ist Heimat beim Vater, ist ein Reich der *Freiheit*, der *Versöhnung* und *Gerechtigkeit*, des Lachens der Kinder Gottes und der abgewischten Tränen.

Für Jesus ist diese Herrschaft Gottes Wirklichkeit; sie ist Gegenwart, die jetzt beginnt. Menschen können das Reich Gottes nicht schaffen; dennoch kommt es nicht ohne Zutun der Menschen. Es kommt durch Jesus; es kommt durch Menschen, die *ihm folgen*, durch Menschen, die alles dafür einsetzen, daß es durch ihr Handeln und ihr Leiden komme. Vollendet aber wird das Reich Gottes durch Gott selbst.

Die Botschaft vom Königtum Gottes ist also ein *Geheimnis*. Es wird nur denen erschlossen, die sich auf diese Botschaft einlassen; ihnen wird es anvertraut (Mk 4,11). Nur wer Jesus nachfolgt, lernt verstehen, was er sagt, lernt begreifen, was es mit dem Anbruch des Reiches Gottes auf sich hat.

> Der Evangelist Markus faßt die Botschaft Jesu in einem Satz zusammen:
> **Jesus ging wieder nach Galiläa; er verkündete das Evangelium Gottes und sprach: Die Zeit ist erfüllt, das Reich Gottes ist nahe. Kehrt um und glaubt an das Evangelium!**
> *Markus 1,14–15*

Evangelium (griech. = Frohe Botschaft): Siegesbotschaft nach einer Schlacht; im NT: Ankündigung der in Jesus Christus endgültig angebrochenen Heilszeit. – Auch Bezeichnung (»Buchtitel«) von vier Sammlungen der Verkündigung über Leben, Reden, Wirken Jesu: Evangelium nach Matthäus, – nach Markus, – nach Lukas, – nach Johannes (= *Evangelisten* → 20.4). Die als Verfasser geltenden »Evangelisten« schreiben für bestimmte Gemeinden und geben Antwort auf verschiedene theologische Fragestellungen. Abfassungszeit der vier Evangelien zwischen 70 und 100 nach Christus.

Geheimnis (»Heilsgeheimnis«, griech. = Mysterium): Zentrale Aussage der christlichen Botschaft, die nicht mit den Kräften des Verstandes erschlossen, sondern nur im Glauben und im glaubenden Beten, Nachdenken und vor allem im mutigen Tun erfaßt werden kann (→ 25.2 Mysterium): etwas unaussprechlich Kostbares; etwas unbeschreiblich Schönes, das Gott schenkt.

4.2 Jesus redet in Gleichnissen vom Reich Gottes
→ 15.1 Wer so lebt; 1.5 Mit Jesu Augen

Man kann auf verschiedene Weise über Dinge, Ereignisse, Menschen reden: Manches läßt sich vorsichtig beschreiben; anderes kann man eindeutig bestimmen. Manchmal greift man besser zu einer bunten Geschichte, weil die Sache selbst vielschichtig und hintergründig ist. Wenn es um Stimmungen oder Gefühle geht, ist ein kurzes Gedicht oft besser als viele Worte. Ein Maler vermag mit einem *Bild* mehr zu »sagen« als ein anderer mit einer Fotoserie oder einem wissenschaftlichen Forschungsbericht. Und eine Geschichte gibt mehr zu denken als ein Begriff.

Wenn Jesus vom *Reich Gottes* redete, erzählte er *Gleichnisse;* er erklärte nicht mit Begriffen, sondern er verwickelte seine Zuhörer in eine Geschichte aus ihrem Alltag. Das Reich Gottes kommt so unscheinbar und alltäglich wie das Wachsen der Saat. Man sucht nach ihm so rastlos und gründlich wie nach verlorenen Kostbarkeiten. Besonders seinen Gegnern erzählte Jesus Gleichnisse, um sie durch den Hinweis auf ihr eigenes Alltagsverhalten für Gott zu gewinnen, oder um sie zu widerlegen.

So machte er seinen Zuhörern deutlich, wie es sich mit dem Reich Gottes verhält: Das Gottesreich beginnt unmerklich und unscheinbar (wie ein »Senfkorn«: Lk 13,18–19); es bringt, wo sein Same aufgeht, überreiche Frucht (»vierfa-

cher Ackerboden«: Mk 4,1–8), es wird von Gott geschenkt (»Arbeiter im Weinberg«: Mt 20,1–16), es ist ein kostbarer Fund (»Schatz im Acker«: Mt 13,44), es kommt trotz aller Widerstände (»Böse Winzer«: Mk 12,1–12), es fordert *Entscheidung* und *Wachsamkeit* (»Zehn Jungfrauen«: Mt 25,1–13); es ist ein großes Freudenfest (»Hochzeitsmahl«: Mt 22,1–14).
Es gibt eine große Zahl solcher Gleichnisse. Jesus will seine Zuhörer mit immer neuen Vergleichen und Bildern für *Gottes* wohltuende *Herrschaft* öffnen, damit »wer Ohren hat zu hören«, auch wirklich hört (Mt 13,9), und die Hörer sich ausstrecken nach diesem Reich.

> Das kürzeste Gleichnis steht im Evangelium nach Matthäus:
> **Mit dem Himmelreich ist es wie mit dem Sauerteig, den eine Frau unter einen Trog Mehl mischte, bis das Ganze durchsäuert war.**   *Matthäus 13,33*

4.3 Jesu Machttaten bringen das Reich Gottes nahe
→ 15.1 Wer so lebt; 39 Handle genauso

Jesus hat vom *Reich Gottes* nicht nur gesprochen, sondern er hat durch sein Handeln dieses Reich gegenwärtig gemacht. Das, was die Propheten für die Zeit des *Heils* ankündeten, ist in Jesus Wirklichkeit geworden.
Deshalb antwortete Jesus auf die Frage der Jünger von Johannes dem Täufer, ob er der Erwartete sei, mit Worten aus dem Buch Jesaja: »Geht und berichtet Johannes, was ihr gesehen und gehört habt: Blinde sehen wieder, Lahme gehen, und Aussätzige werden rein; Taube hören, Tote stehen auf, und den Armen wird das *Evangelium* verkündet« (Lk 7,22; vgl. Jes 26,19; 35,5–6; 61,1).
Viele, die Jesus begegneten, erfuhren etwas von diesen mächtigen Taten. Seine Nähe brachte Heilung; sein Wort schenkte *Vergebung*. *Vertrauen* zu ihm machte die Menschen frei. Immer wieder sagten die Leute voll Staunen und Erschrecken: »So etwas haben wir noch nie gesehen« (Mk 2,12). Und die Dämonen schrien auf und riefen: »Ich weiß, wer du bist: der Heilige Gottes« (Mk 1,24).
Wenn wir von diesen Machttaten Jesu reden, sprechen wir von *Wundern*. Das Neue Testament geht mit diesem Wort sparsam um. Es redet lieber von den Taten seiner Macht. Jesus hat sie nicht gewirkt, wenn Menschen sie von ihm forderten. Seine Machttaten sollten nicht die Massen

faszinieren; sie sollten vielmehr auf das in ihm angebrochene Reich Gottes hinweisen und den Glauben der Menschen stärken. Darum nennt das Johannesevangelium sie auch »Zeichen«.

> Jesu Machttaten weisen auf das Reich Gottes hin; im Lukasevangelium sagt Jesus deshalb:
> **Wenn ich aber die Dämonen durch den Finger Gottes austreibe, dann ist doch das Reich Gottes schon zu euch gekommen.** *Lukas 11,20*

Johannes der Täufer: Bußprediger am Jordan z. Z. Jesu; nach Auskunft der Evangelien weist er seine Jünger auf Jesus hin; er ist der »letzte Prophet« des Alten Bundes (Lk 7,28); er wurde auf Befehl des Herodes enthauptet (vgl. Lk 3,1–22; 7,18–35; Joh 1,19–34).

Wunder: Wunder in der Bibel sind Geschehnisse, die der Glaubende auf Gott hin deutet und in denen er Heil und Heilung erfährt. Die wunderbaren Taten Gottes können den Menschen auch aufmerken lassen und wach machen, so daß er zum Glauben bewegt wird. Nicht was wider alle Erfahrung und gegen alle Naturgesetze ist, sondern was auf Gott verweist und dem Heil und Wohl des Menschen dient, ist an den Wundern wichtig (→ 12.4 Gott läßt sich finden).

4.4 Gottes Herrlichkeit wird offenbar
→ 24.2 Vollendung; 23.2 Glaube macht Mut

Solange wir leben, werden wir niemals genug *Liebe*, Freude, Freiheit und Wahrheit gefunden und andern gegeben haben. Und dennoch treibt Hoffen auf eine menschlichere Welt, ein vollkommeneres Gemeinschaftsleben, eine bessere *Zukunft* die Menschen unentwegt an. Christen sehen darin das bewußte oder unbewußte Warten der Menschheit auf Gottes Reich, auf das Offenbarwerden seiner Herrlichkeit. Das ist es, wofür sich aller Einsatz lohnt.
Der Glaubende sieht vielerlei *Zeichen* von Gottes Herrlichkeit. Er entdeckt sie in der Führung des *Volkes Israel*, im Wort der Propheten, in Gottes *Schöpfung*, im Weg der Geschichte gestern und heute. In einmaliger Weise aber erkennt der Glaubende in *Jesus Christus* Gott – in seinem Leben, seinem Tod und seiner *Auferweckung*. Und er sieht Gott am Werk in der Gemeinschaft der Glaubenden, in der Kirche. Wo Menschen mit Jesus Christus leben, scheint schon jetzt etwas von Gottes Herrlichkeit auf.
Von der noch ausstehenden vollkommenen *Herrlichkeit* spricht die Bibel im Bild von der ewigen Stadt Jerusalem, in der Gott unter den Menschen lebt. Christen glauben: Wenn Gott endgültig unter uns wohnt, dann sind wir befreit von

allem Unglück und allem Bösen. In seiner Nähe wird alles heil. Wenn Gott endgültig hervortritt, werden alle, die zu ihm gehören, sehen und erkennen, was sie geglaubt haben: Er ist Herr und Vater; seine Herrschaft gibt den Menschen Leben, vollendetes, endgültiges *Leben*.

> In der Offenbarung des Johannes, der letzten Schrift des Neuen Testaments, lesen wir vom neuen Himmel und von der neuen Erde:
> **Er wird in ihrer Mitte wohnen, und sie werden sein Volk sein; und er, Gott, wird bei ihnen sein. Er wird alle Tränen von ihren Augen abwischen: Der Tod wird nicht mehr sein, keine Trauer, keine Klage, keine Mühsal. Denn was früher war, ist vergangen. Er, der auf dem Thron saß, sprach: Seht, ich mache alles neu.**
> *Offenbarung 21,3–5*

Herrlichkeit: → 17,2

5 Dein Wille geschehe, wie im Himmel so auf Erden

→ 1.1 Sich nach Jesus richten; 15.1 Wer so lebt

Es gibt Menschen, die versuchen, dem *Willen Gottes* gemäß zu handeln. Sie bekennen, daß dies für sie die einzige Form ist, wie es sich zu leben lohnt.
Andere sagen: Davon will ich nichts wissen; zu viel ist unter diesem Motto schon geschehen, was sicher nicht Gottes Wille war. Oder sie sagen: »Wille Gottes« – das klingt nach Unterordnung. Ich will mein Leben selbst bestimmen. Mancher, der das Wort vom »Willen Gottes« hört, denkt sogleich an Verzicht und Opfer und winkt interesselos ab. Man kann auch fragen: Geschieht Gottes Wille überhaupt durch die Menschen? Geschieht er nicht einfach ohne sie? Können sie etwas dazu beitragen, oder macht Gott, was er will? Man kann auch resignieren: Wer kennt denn Gottes Willen? Wer weiß schon, was Gott von uns will!
Christen fragen darum bei Jesus an. Denn sie glauben von ihm: Er hat uns den Willen Gottes vorgelebt. Der Wille Gottes ist das Programm für *sein Reich*. Im Vaterunser sollen Jesu *Jünger* deshalb darum bitten, daß Gottes Wille geschieht und so sein Reich kommt.

5.1 Um den Willen Gottes bitten

→ 11 Vater/Allmächtiger; 9.4 Arten des Betens; 39.10 Gott bitten

»*Wille Gottes*« und »*Reich Gottes*« stehen im Vaterunser nebeneinander. Wenn der Wille Gottes geschieht, wird sichtbar, was mit »Reich Gottes« gemeint ist. Wenn geschieht, was Gott will, kann das Gute sich entfalten, das Gott bereit hält. Christen bitten: Laß uns das *Heil,* das Glück sehen, das du mit deinem Reich uns bringen willst.
In Jesus und in dem, was er gesagt und getan hat, hat das schon angefangen: Armen hat er die Frohe Botschaft, Kranken Heilung und Sündern Gottes Vergebung gebracht (Lk 4,18). Er selber hat sich ganz vom Willen Gottes bestimmen lassen: »Meine Speise ist es, den Willen dessen zu tun, der mich gesandt hat« (Joh 4,34), so kennzeichnet das Johannesevangelium Jesu Haltung.
Der *Christ* kann also *beten:* Gott, dein Wille soll geschehen, wie im Himmel so auf Erden, wie im Großen so im Kleinen, wie durch Jesus so durch uns. Mit dem Satz: Dein Wille geschehe, *vertrauen* sich die Christen der *Liebe* Gottes an, die er den Menschen ein für allemal geschenkt hat.
Dieser Vaterunser-Satz hält also alles Bitten der Christen umschlossen. Denn was immer ein Christ von Gott erbitten mag, es steht unter dem Vorbehalt: Dein Wille geschehe.

> Gebete und Lieder sprechen das Vertrauen der Christen in Gottes Willen aus:
> **Was Gott tut, das ist wohlgetan;/ es bleibt gerecht sein Wille;/ wie er fängt meine Sachen an,/ will ich ihm halten stille./ Er ist mein Gott, der in der Not/ mich wohl weiß zu erhalten;/ drum laß ich ihn nur walten.** (1)
> *Samuel Rodigast. Gotteslob 294*

5.2 Gottes Willen tun

→ 35.3 Gott lieben; 35.4 Zehn Gebote; 39 Handle genauso

In den einzelnen Situationen unseres Lebens ist es oft nicht leicht zu sagen, was der *Wille Gottes* ist. Was also soll man tun? Von Propheten und *Heiligen,* von frommen Menschen aller Zeiten sind Hinweise und Anleitungen überliefert, wie der einzelne den Willen Gottes erkennen und erfüllen kann. Es gibt viele Zusammenstellungen von Empfehlungen und Ratschlägen, von *Geboten und Gesetzen,* vor allem in der Bibel. Die bedeutsamste unter ihnen sind die »Zehn Gebote«, die nach biblischer Überlieferung Gott dem Mose auf dem Berg Sinai übergeben hat (Ex 20,2–17).

Auch *Jesus* hat auf solche Aufstellungen im Alten Testament verwiesen; aber er hat neu ausgelegt, wie Gebote zu verstehen sind. Ein Zeugnis dafür ist die Bergpredigt. Die Art seiner Auslegung war aber so ungewohnt, daß sich die Schriftgelehrten seiner Zeit gegen ihn gestellt haben.
Wenn man die *Bergpredigt* im Matthäusevangelium (5,1–7,29) liest, kann man sich allerdings fragen, ob Jesus überhaupt die Absicht hatte, das, was Gott will – was er jetzt und hier von mir will – in einer Liste von Vorschriften ein für allemal festzulegen. Zwar beginnt gerade die Bergpredigt mit einer »Liste« von Weisungen, von Orientierungspunkten für *christliches Leben;* doch das ist eine Zusammenstellung besonderer Art. Hier wird Menschen, die ganz verschieden handeln, das Heil zugerufen: Menschen, die keine Gewalt anwenden, die barmherzig sind, die ohne Hintergedanken zu anderen gut sein wollen, die sich für den *Frieden* einsetzen, die – auch wenn sie deswegen ausgelacht und verfolgt werden – Gott treu bleiben. Ihnen allen wird *Gottes Reich* versprochen. Jesus sagt damit ein Ja gerade zum Leben derer, die arm, ohnmächtig und erfolglos sind, die unter der Rücksichtslosigkeit und der Macht anderer leiden und dennoch an Gott und ihren Mitmenschen nicht verzweifeln.

Die Seligpreisungen der Bergpredigt umreißen die Grundhaltung des Christen. Jesus lehrt seine Jünger:
Selig, die arm sind vor Gott; denn ihnen gehört das Himmelreich.
Selig die Trauernden; denn sie werden getröstet werden.
Selig, die keine Gewalt anwenden, denn sie werden das Land erben.
Selig, die hungern und dürsten nach der Gerechtigkeit; denn sie werden satt werden.
Selig die Barmherzigen; denn sie werden Erbarmen finden.
Selig, die ein reines Herz haben; denn sie werden Gott schauen.
Selig, die Frieden stiften; denn sie werden Söhne Gottes genannt werden.
Selig, die um der Gerechtigkeit willen verfolgt werden; denn ihnen gehört das Himmelreich.
Selig seid ihr, wenn ihr um meinetwillen beschimpft und verfolgt und auf alle mögliche Weise verleumdet werdet. Freut euch und jubelt: Euer Lohn im Himmel wird groß sein. Denn so wurden schon vor euch die Propheten verfolgt. *Matthäus 5,3–12*

Bergpredigt: Mt 5–7; Sammlung von Aussprüchen Jesu; Name rührt vom Einleitungssatz Mt 5,1 her: »Jesus stieg auf einen Berg... und lehrte sie« (= er steigt wie Mose auf den Berg, vgl. Ex 19; er ist der neue Mose, der Gottes Weisung kundtut). – Vergleichbare Textabschnitte stehen bei Lukas (6,17–49), dort in den meisten Bibelausgaben »*Feldrede*« genannt (vgl. Lk 6,17).

Gebote und Weisungen: Christen verstehen Gebote und Gesetze, die in der Botschaft Jesu gründen und von der Gemeinschaft der Glaubenden überliefert werden, nicht als fremd und dem Menschen von außen her willkürlich auferlegt, sondern als Wegweiser zu seiner Selbstverwirklichung (→ 35.4 Zehn Gebote; 34.3 Weisungen der Kirche; 36.2 Freiheit der Kinder Gottes).

5.3 Das Unglück und der Wille Gottes
→ 10.4 Ich glaube; 12.5 Weltordnung mit Rätseln

In der Welt gibt es Erfreuliches, Betrübliches und Schreckliches. Wenn die Menschen Gutes erfahren, halten sie das meist für selbstverständlich. Wenn ihnen aber Trauriges begegnet, wenn ihnen ein *Unglück* widerfährt, neigen sie dazu, Gott anzuklagen und zu fragen: Wie kann er das zulassen? Weil es so viel Schlechtes und so katastrophales Elend gibt, tun sich viele Menschen schwer zu glauben, daß Gott da ist.

Trotzdem leben Juden und Christen in der festen *Zuversicht,* daß Gott die Welt in seinen Händen hält, daß er es ist, der sie lenkt, trotz Unglück und Not. Sie sind überzeugt: Gott will nicht das Leiden und will nicht das Unheil.

Daran festzuhalten – gegen alle anderen Erfahrungen – ist schwer. Die Menschen, von denen die Bibel erzählt, hatten dieselben bangen Fragen wie wir: Warum läßt Gott das zu? Warum schweigt Gott? Warum verhindert er nicht, daß Menschen leiden? Vor allem der Schreiber des Buches Ijob grübelt darüber nach, warum selbst der, der *Gottes Willen* tut, leiden muß. Warum steht Gott nicht wenigstens denen zur Seite, die sich an ihn halten?

Christen schauen in solchen Situationen auf Jesus. Da ist einer, der von Gott her Glück, *Heil* und *Leben* bringt und der dafür gekreuzigt wird. Da ist einer, der unbeugsam und undiplomatisch für die Menschen eintritt und ihnen die Botschaft von einem liebenden *Gott* bringt, und er erfährt Haß und Tod. Für Christen heißt das: So sind wir Menschen – und so ist Gott. Gott geht diesen Weg mit; er teilt das Schicksal dieser Welt. Er geht mit denen, die leiden, den Weg durch die Finsternis des Lebens.

Daran versuchen *Christen* ihr Leben festzumachen. So versuchen sie, dem Unglück in der Welt zu begegnen. Sie glauben: Gott will das Leben und nicht den Tod. Gott läßt uns nicht im Stich, auch wenn alles dagegen spricht. Er führt uns, auch wenn wir nicht sehen wohin. Er führt uns selbst dort, wo wir es nicht begreifen.

Katholische (und orthodoxe) Christen verehren unter den Heiligen vor allem Maria als diejenige, die ganz und gar auf den Willen Gottes eingegangen ist. Auch im tiefsten Leid, beim Tod ihres Sohnes, hörte sie nicht auf, zum Willen Gottes ja zu sagen. Darum wird sie oft unter dem Kreuz abgebildet oder mit dem toten Sohn auf ihrem Schoß; für viele Christen ein Bild des Trostes.

> Mit einem der Psalmendichter des Alten Testaments kann der Christ beten:
> **Muß ich auch wandern in finsterer Schlucht, ich fürchte kein Unheil; denn du bist bei mir, dein Stock und dein Stab geben mir Zuversicht.** *Psalm 23,4*

Buch Ijob: Zu den sogenannten Weisheitsschriften zählendes Buch des AT; Dokument vom Ringen eines leidgeprüften Menschen mit Gott, in dem der Mensch schließlich überwältigt Gottes Größe anerkennt und darin Heil erfährt.
Pietà: → 15.2

6 Unser tägliches Brot gib uns heute

→ 39.7 Teilen; 39.8 Anders leben

Jesus will, daß wir Gottes Sache zu unserer Sache machen. Sein Name, sein Reich, sein Wille werden in den ersten drei Gebetswünschen des Vaterunsers genannt.

Jesus sagt seinen Jüngern aber auch, daß Gott unsere Sache zu seiner Sache macht. Wir dürfen ihn um das bitten, was wir zum Leben nötig haben. *Brot* bewahrt uns vor Hunger und Tod.

Das klingt beruhigend. Wir denken an reiche Ernte und volle Scheunen, Geldkonten und wirtschaftlichen Wohlstand, an Vorrat für magere Zeiten. Aber das wirft auch Fragen auf: Wie steht es mit derartiger Vorratspolitik? Darf sich der Jünger Jesu solcher Sicherheiten bedienen? Und: Wie ist es mit den zwei Dritteln der Menschheit, die Hunger leiden? Das Beten um das tägliche Brot ist nur dann echt, wenn es Ausdruck tätiger *Verantwortung* für alle Hungernden ist: Tägliches Brot gib uns und ihnen heute. Um das Morgen wollen wir uns noch nicht sorgen. Der morgige Tag hat seine eigene Plage (Mt 6,34).

6.1 Sorget nicht ängstlich

→ 39.8 Anders leben; 39.4 Arbeiten/feiern; 2.2 Unser Vater

Die Bitte ums tägliche Brot wird meist so verstanden: Gib uns und denen, die nichts zu essen haben, alles, was man zum Leben braucht, alle Tage, ein ganzes Leben lang.
Darum kann man gewiß beten – nur: Im Vaterunser steht das nicht. Der *Jünger* Jesu folgt seinem Herrn mit leichterem Gepäck. Mit dem Brot für den heutigen Tag, auch noch für den, der morgen kommt. Aber Vorräte horten? Eigene Sicherheit garantieren?
Das alte Bundesvolk erfuhr auf seinem *Weg* in das versprochene Land Gottes hilfreiche Nähe. Gott war ihm gegenwärtig auf seinem Marsch durch die Wüste. Die Bibel erzählt: Gott gab ihnen täglich zu essen. Aber das Volk durfte das Brot nur für einen Tag sammeln; nichts durften sie hamstern (Ex 16,16–32). So sollten sie erfahren, daß sie ihren täglichen Unterhalt Gott allein verdanken, und deshalb sollten sie nur aus dem *Vertrauen* auf ihn leben.
Auch ein Jünger Jesu verläßt sich darauf, daß der, den er Vater nennt, dem er vertraut, dessen Reich er herbeiwünscht, daß dieser Vater ihm Brot gibt zur rechten Zeit. *Brot*, das ihn am Leben hält, Brot als *Zeichen* für Gottes immer gegenwärtige *Liebe*.
Christen sollten deshalb für ihr eigenes Leben Mut zum Vorläufigen haben. Sicherheit sollten sie vor allem für andere suchen. Für sich selber sollten sie bitten: Laß uns nicht unersättlich werden; laß uns unser Herz nicht sorgenvoll an Dinge hängen, die uns davon abhalten, deinen Willen an uns geschehen zu lassen, deine Güte alltäglich zu erfahren. Gib uns das Brot, das wir heute brauchen. Morgen werden wir dich aufs neue *bitten*. Aber laß uns über der Frage nicht zur Ruhe kommen: Was ist mit den vielen, die heute nichts zu essen haben?

> In der Bergpredigt gibt Jesus den Maßstab für die Sorge des Christen:
> **Macht euch also keine Sorgen und fragt nicht: Was sollen wir essen? Was sollen wir trinken? Was sollen wir anziehen? Denn um all das geht es den Heiden. Euer himmlischer Vater weiß, daß ihr das alles braucht.**
> **Euch aber muß es zuerst um sein Reich und um seine Gerechtigkeit gehen; dann wird euch alles andere dazugegeben. Sorgt euch also nicht um morgen; denn der morgige Tag wird für sich selbst sorgen. Jeder Tag hat genug eigene Plage.** *Matthäus 6,31–34*

6.2 Brot auch für andere
→ 39.7 Teilen; 38.5 Der meinen Weg kreuzt; 34.5 Kirchliche Werke

»Wer nur den lieben Gott läßt walten« – so beginnt ein Kirchenlied. Viele fassen das so auf: Der liebe Gott macht das schon. Wir brauchen uns allenfalls um uns selber zu kümmern. Den Verwandten und Nachbarn zu helfen, wenn sie in Not sind, mag noch angehen. Was darüber hinausreicht – dafür soll Gott sorgen.

Das Vaterunser kennt eine solche Unterscheidung nicht; hier heißt es nicht »mein Brot« und das »Brot für die andern«, sondern ganz einfach »unser *tägliches Brot*«. Der Jünger Jesu wird das Brot, das Gott ihm täglich gibt, mit dem Hungernden teilen – selbstverständlich. Wer mehr hat, als er braucht, und den andern, dem das Notwendigste fehlt, nicht sieht, hat nicht verstanden, daß Gott durch uns für andere sorgen will. Jesus lehrt seine *Jünger* deshalb, daß sie nicht selbstsüchtig ihren Besitzstand verteidigen sollen. Sie können sorglos *teilen,* weil sie wissen: Wer gibt, dem wird wieder gegeben werden. Der Christ, der »Gott nur walten läßt«, vertraut sich ihm ganz an. Deshalb hat er den Rücken frei, um sich ganz *für andere* einsetzen zu können. Beispielhafte Christen haben das auf überzeugende Weise getan. Nicht nur in der Vergangenheit.

> Im Jakobusbrief steht die Aufforderung zur tätigen Sorge für die Bedürftigen:
> **Wenn ein Bruder oder eine Schwester ohne Kleidung ist und ohne das tägliche Brot und einer von euch zu ihnen sagt: Geht in Frieden, wärmt und sättigt euch!, ihr gebt ihnen aber nicht, was sie zum Leben brauchen – was nützt das?** *Jakobus 2,15–16*

7 Und vergib uns unsere Schuld, wie auch wir vergeben unsern Schuldigern
→ 30 Schuld

Man merkt »normalerweise« wenig von der *Herrschaft Gottes* in der Welt. Das hat mehrere Gründe: Wir übersehen leicht die *Zeichen* dieser Herrschaft, weil unsere Aufmerksamkeit auf anderes gerichtet ist. Außerdem verhindern wir oft selbst, daß Gottes Wille geschieht, seine Herrschaft sichtbar werden und seine Liebe alles durchdringen kann.

So werden wir zu Schuldnern Gottes, weil wir seinen guten Plänen, die er nicht ohne uns zu Ende bringen will, im Weg stehen. Und wir werden zu Schuldnern unserer Mitmenschen, weil sie an dem Unheil leiden müssen, das wir verursacht haben.

Wer schuldig ist, kann keine Ansprüche stellen. Er kann nur um *Vergebung* bitten und dann sich bemühen, seine *Schuld* abzutragen. Das heißt: Er kann versuchen, gutzumachen, was er verschuldet hat. Aber wer bittet schon gern? Wer gibt freiwillig zu, daß er etwas falsch gemacht hat? Wer ist bereit zu verzeihen? Warum fällt es so schwer, dem andern wirklich von Herzen zu vergeben?

7.1 Keiner ist ohne Schuld
→ 22.2 Macht der Sünde; 30.2 Wer ist ein Sünder

»Du bist schuld« – das ist ein täglicher Vorwurf. Wir sind an vielem schuld und haben durch Nachlässigkeit, Feigheit oder Bosheit vielerlei *Schuld* auf uns geladen.
Auch wenn wir guten Willens sind und nichts Böses planen, gleitet uns manches aus der Hand; wir verlieren die Kontrolle darüber und richten Schaden an. Aus Unachtsamkeit, die auf unser Konto geht, kann großes Unheil erwachsen, für das wir geradestehen müssen. Solche Schuld – große und kleine – häuft sich an und wird zur Last. Keiner ist davon ausgenommen. Manches ist wieder in Ordnung zu bringen, manches kann der Geschädigte vergeben.
Was aber ist mit der Schuld, die bleibt –, die unauslöschliche Spuren im Leben eines andern hinterläßt? Mit der Schuld gegenüber Toten und der Schuld gegenüber Menschen, die wir nicht mehr erreichen können, der Schuld, die zu schwer wiegt, als daß sie durch Menschenwort verziehen sein könnte? Ist solche Schuld nicht Schuld vor Gott? Und was ist mit jenen Verfehlungen, durch die sich Menschen gegen Gott selber auflehnen, sich ihm verweigern, vor seinem Angesicht wider besseres Wissen handeln?
Wer Schuld auf sich geladen hat, die er selber nicht abtragen kann, der kann nur *bitten,* daß ein anderer für ihn einspringt. Wer macht gut, was wir Menschen niemals gutmachen können? Wer vergibt dem Schuldiggewordenen und setzt ihn wieder ins Recht?
Jesus lehrt seine *Jünger,* die *Vergebung* der Schuld von Gott zu erbitten. Der Christ lebt aus dem Glauben an den vergebenden Gott. Dieser *Glaube* macht froh; aber dieser Glaube verpflichtet auch.

> Der erste Johannesbrief betont: Keiner von uns ist ohne Schuld:
> **Wenn wir sagen, daß wir keine Sünde haben, führen wir uns selbst in die Irre, und die Wahrheit ist nicht in uns.**
> *1 Johannes 1,8*

Schuld: Meint eine bewußt gewollte Tat, durch die dem andern Schaden entsteht: enttäuschtes Vertrauen, nicht gehaltene Zusage, rücksichtsloses Ausnützen des anderen, nur sich sehen, herrschen wollen usw.
Sünde: → 7.2

7.2 Jesus zeigt uns einen Gott, der vergibt
→ 22.1 Die Versöhnung empfangen; 30.4 Vielfältige Vergebung

Schuld vergeben – das ist keine Tätigkeit Gottes, die durch ein bestimmtes Verhalten des Menschen hervorgerufen werden kann. Vergeben, das gehört zum Gutsein Gottes, wie Jesus es »ausgelegt« (Joh 1,18) hat. *Vergebung* ist einer der Namen Gottes.

An Jesus wird sichtbar, wie leidenschaftlich Gott den Menschen zugetan ist. Er zeigt, daß Gott in seiner *Menschenfreundlichkeit* Vergebung der Schuld schenkt: Jesus hat den Zöllner Zachäus, der von den Frommen »geschnitten« wurde, aufgesucht, hat sich mit ihm an einen Tisch gesetzt und ihm so die Zuversicht geschenkt: Gott sucht *Gemeinschaft* mit dir (Lk 19,1–10). Er hat die Ankläger einer Ehebrecherin verscheucht, indem er sie vor ihr eigenes Gewissen stellte, er hat mit der Ausgestoßenen geredet und sie so zu einem Neuanfang ermutigt (Joh 8,1–11). Er hat im Gleichnis vom barmherzigen Vater gezeigt, wie Gott den Schuldiggewordenen mit offenen Armen aufnimmt und ihn wieder in sein Erbe einsetzt, obwohl er jeden Anspruch verloren hat, wieder aufgenommen zu werden (Lk 15,11–32).

Christen glauben: Gott vergibt, ohne daß wir etwas »leisten« müssen. Wir müssen nur die Hände auftun, um die Vergebung zu empfangen. Wir erfahren die Vergebung und die Zuwendung Gottes, indem wir uns ihm mit unserer Schuld anvertrauen und ihn um *Verzeihung bitten.* So bestätigt es Jesus auch im Gleichnis vom Pharisäer und Zöllner (Lk 18,10–14). Der Jünger Jesu darf daher bitten: Vergib mir meine Schuld. Mach gut, was ich nicht gutmachen kann. Bring *Heil,* wo durch mich Unheil entsteht. Räume aus dem Weg, was mich von dir und meinen Brüdern trennt.

> Auch mit den Worten eines Liedes können wir Gott um Vergebung bitten:
> **Sag ja zu mir, wenn alles nein sagt,**
> **weil ich so vieles falsch gemacht.**
> **Wenn Menschen nicht verzeihen können,**
> **nimm du mich an trotz aller Schuld.** (1)
> *Diethard Zils. Gotteslob 165*

Sünde: Ein theologischer, das heißt ein auf Gott bezogener Begriff; man bezeichnet damit die Schuld des Menschen, insofern sie das Verhältnis zu Gott stört. Im allgemeinen Sprachgebrauch werden die Begriffe Schuld und Sünde nicht streng getrennt. – Auch der griechische Text des Vaterunsers spricht nur von Schuld.
Reue: Das Eingeständnis der eigenen Sünde und ein entschiedenes Nein zu ihr – vor Gott (→ 30.2).

7.3 Wem Gott vergibt, der kann anderen vergeben

→ 37.7 Verschenken; 30.4 Vielfältige Vergebung; 31.1 Sünde und Buße

Wer erfahren hat, daß Gott gütig ist, sieht sich gedrängt, selber gütig zu sein. Wem vergeben wurde, der kann nicht anders als wiederum *vergeben*. So jedenfalls sieht Jesus den Menschen, der ihm nachfolgt.
Die Wirklichkeit sieht oft genug anders aus. Im Matthäusevangelium wird die Geschichte von einem Mann erzählt, der seinem Herrn eine große Summe schuldig ist. Als er nicht bezahlen kann und deshalb mit seiner ganzen Familie in die Sklaverei verkauft werden soll, bittet er auf den Knien um Aufschub. Aus *Mitleid* erläßt ihm der Herr seine ganze Schuld. Im Hinausgehen aber trifft der Mann auf einen anderen, der schuldet ihm eine Kleinigkeit. Und was geschieht? Er fordert das ganze Geld zurück. Und als der ihn um Geduld bittet, läßt er ihn erbarmungslos ins Gefängnis werfen (Mt 18,23–35).
Hier wird uns ein Spiegel vorgehalten. Wie schwer fällt es uns zu *verzeihen,* wenn uns jemand unrecht getan hat! Wir fordern unser Recht. Und das tun auch Christen, die glauben, daß sie nur leben, weil Gott ihnen ihre *Schuld* nicht aufrechnet. Es ist die frohe Botschaft des Evangeliums, daß Gott vergibt; seine Güte ist grenzenlos. Er nimmt nicht Maß an unserer Art, einander zu verzeihen. Es ist umgekehrt: Weil Gott ohne Maß vergibt, darum sind auch wir aufgefordert, immer wieder zu verzeihen. Jede Gottesdienstfeier setzt deshalb voraus, daß der Jünger Jesu sich zuvor mit seinem Bruder versöhnt (Mt 5,23–24).

> Die Frage, wo die Versöhnungsbereitschaft des Christen enden darf, erhält im Evangelium eine eindeutige Antwort:
> **Da trat Petrus zu ihm und fragte: Herr, wie oft muß ich meinem Bruder vergeben, wenn er sich gegen mich versündigt? Siebenmal? Jesus sagte zu ihm: Nicht siebenmal, sondern siebenundsiebzigmal.** *Matthäus 18,21–22*

8 Und führe uns nicht in Versuchung, sondern erlöse uns von dem Bösen

→ 22.2 Macht der Sünde; 12.5 Weltordnung mit Rätseln

Gott führt die Menschen. Alles, was geschieht, hält er in seiner Hand. So glaubten und vertrauten die Kinder Israels durch ihre wechselvolle Geschichte hindurch; so glauben Juden und Christen durch die Jahrhunderte.
Dieser *Glaube* ist nicht unangefochten. Wenn Gott uns führt, wie verhält es sich dann mit den dunklen Seiten des Lebens? Wenn Gott jeden führt, wie ist es dann mit der freien *Entscheidung* des Menschen? Wenn Gott in jeder Situation die Führung hat, ist er es dann auch, der den Menschen an die Grenze der Verzweiflung bringt? Ihn in Kriege und Katastrophen stürzt?
Das sind Fragen aus der Lebenserfahrung der Menschheit – Fragen, die auch den *Jünger* Jesu bedrängen, ihn vielleicht noch mehr als jenen, der Gott Gott sein läßt und sein Leben ohne ihn einrichtet.
Die Erfahrungen, die zu solchen Fragen drängen, sind für den Glauben bedrohlich. Deshalb fordert Jesus seine Jünger auf, die Antwort darauf nicht ohne Gott zu suchen. Von dem *Bösen*, das übermächtig ist in der Welt, kann nur er den Menschen *befreien* – durch Jesus, durch Menschen, die ihm folgen.

Versuchung: Übliche Erklärung: Anreiz zur Sünde; in der Bibel hat das Wort meist die schwerwiegende Bedeutung: Gefährdung des Glaubens, drohende Verfehlung des Lebens.

8.1 Das »Risiko« Gottes
→ 5.1 Wille Gottes; 11.1 Macht und Treue; 36.2 Freiheit

Als Christen glauben wir, daß Gott das Schicksal der Welt und unser Leben in seiner Hand hält. Und wir glauben zugleich, daß Gott dem Menschen die *Entscheidungen* nicht abnimmt, daß er seine *Freiheit* will, daß er ihm den Weg der Freiheit auftut. Frei entscheiden können heißt *Verantwortung* haben; das ist beglückend und bedrückend zugleich. Wie *Gottes Wille* und unsere Freiheit sich miteinander vertragen, ist für uns nicht zu durchschauen. Läßt sich Gott also doch vom Menschen seine Pläne durchkreuzen?

Wie immer sich das verhält – es ist das eindeutige Zeugnis der ganzen Heiligen Schrift, daß Gott immer um die liebende Zuwendung der Menschen wirbt. Er nimmt das Risiko der Freiheit auf sich. Damit nimmt er in Kauf, daß die Menschen sich ihm verweigern, daß sie sich selbst oder etwas anderes an die Stelle setzen, die Gott zusteht. Er riskiert es, daß der Mensch sagt: »Nicht dein, sondern mein Wille geschehe«. Läßt Gott dann den Willen des Menschen und alles, was daraus folgt, geschehen?

Diese unheimliche Möglichkeit sagt dem Glaubenden nicht nur, daß Gott ein »Liebhaber« der menschlichen Freiheit ist, sondern auch, daß er dem Menschen viel zumutet. Die geschenkte Freiheit des Menschen ist zugleich seine Gefährdung, seine *Versuchung*. Er kann den Maßstab verlieren, sich selber zum Maß aller Dinge machen; er kann den aus dem Blick verlieren, der ihn mit solcher Freiheit begabt hat. Das Risiko Gottes wird zum Risiko des Menschen.

> Ein Lied spricht von dieser Situation des Menschen:
> **Manchmal kennen wir Gottes Willen,/ manchmal kennen wir nichts./ Erleuchte uns, Herr, wenn die Fragen kommen.** (1)
> **Manchmal sehen wir Gottes Zukunft,/ manchmal sehen wir nichts./ Bewahre uns Herr, wenn die Zweifel kommen.** (2) *Kurt Marti und Arnim Juhre. Gotteslob 299*

8.2 Laß uns nicht untergehen in der Versuchung

→ 30.2 Wer ist ein Sünder; 30.6 Schuld/Selbsterkenntnis; 12.2 Mächte und Gewalten

Wenn ein Christ anfängt, die Größe seiner *Berufung* zu begreifen, und erkennt, wie wenig er der *Liebe Gottes* entspricht, kann ihm angst werden. Das Neue Testament kennt dieses bange Gefühl. Der Philipperbrief spricht vom Wirken des Heils »mit Furcht und Zittern« (Phil 2,12). Matthäus schreibt, daß Jesus die Jünger in der Ölbergstunde mahnt: »Wacht und betet, damit ihr nicht in Versuchung geratet« (Mt 26,41). Und Paulus warnt die Korinther vor falscher *Selbstsicherheit:* »Wer also zu stehen meint, der

gebe acht, daß er nicht fällt« (1 Kor 10,12). Gleich aber fährt Paulus fort, die Gemeinde mit seinem Glauben zu trösten: »Gott ist treu; er wird nicht zulassen, daß ihr über eure Kraft hinaus versucht werdet« (1 Kor 10,13).
Wenn der Christ bittet: Führe uns nicht in *Versuchung,* und wenn er darauf vertraut, daß Gott die Seinen nicht fallen läßt, so hat das Konsequenzen. Hier gilt, was auch von der *Vergebung* gesagt ist: Wir müssen den andern tun, was wir von Gott erbitten; wir müssen erbitten, was wir tun sollen. Wenn Gott uns stärken soll, müssen auch wir einander stärken, uns gegenseitig nahe sein, einander helfen. Vor allem müssen wir uns bemühen, niemanden in Versuchung zu führen. Das heißt, so zu leben und zu reden, daß der andere seiner Berufung nicht untreu wird, daß es ihm durch uns nicht unnötig erschwert wird, Christ zu werden und zu bleiben. In aller Gefährdung aber kann der *Christ* in die Arme Gottes fliehen und *bitten:* Laß nicht zu, daß ich mich jemals von dir trenne.

> Das folgende Lied ist Psalm 91 (Gotteslob 698) nachgedichtet:
> **Wer unterm Schutz des Höchsten steht,/ im Schatten des Allmächtigen geht,/ wer auf die Hand des Vaters schaut,/ sich seiner Obhut anvertraut,/ der spricht zum Herrn voll Zuversicht:/ Du meine Hoffnung und mein Licht,/ mein Hort, mein lieber Herr und Gott,/ dem ich will trauen in der Not.** *Gotteslob 291*

8.3 Erlöse uns von dem Bösen

→ 12.2 Mächte und Gewalten; 22.2 Macht der Sünde

Wer nur ein wenig von der Welt und vom Menschen begriffen hat, der spürt, daß die Welt und die Menschen aus der Ordnung geworfen sind. Er weiß das auch von sich selbst. Es gibt Ansätze zu einer schönen Welt; vielerorts sind aber auch zerstörerische Kräfte am Werk. Nicht genug, daß Autos verunglücken, Flugzeuge abstürzen und Erdbeben das Land verheeren – auch die Menschen tun sich gegenseitig Böses an: Neid, Mord, Folter, Ausbeutung, Terror, Vergewaltigung, Machtmißbrauch, Raub, Lüge, Untreue. Das sind nur ein paar Worte aus dem umfangreichen Katalog des Bösen. In irgendeiner Form sind wir Opfer und Täter zugleich. Das Böse kann sich zu solch einem Netz verweben, daß es kaum ein Entrinnen gibt.

Wenn wir beten: *Erlöse* uns von dem *Bösen,* dann können wir an die großen und kleinen Katastrophen denken, die menschliches Leben bedrohen. Sie sind zerstörend – kein Wunder, wenn Menschen daran zerbrechen! Dennoch sollten wir bei diesem Satz aus dem *Vaterunser* mehr noch an die Bosheit denken, der wir selbst ausgesetzt, in die wir selbst verstrickt sind und andere mitverstricken. Das können die kleinen Bosheiten des Alltags sein, an denen jeder auf seine Weise Anteil hat. Es gibt aber auch das Böse, das an die Wurzel des Guten selbst geht, sich ausbreitet und auf Zerstörung des Lebens aus ist. Alles, wodurch Menschen sich und andere stören und zerstören; alles, was kaputt macht; alles, wodurch Menschen sich den Tod holen – das ist das Böse. Christliche Glaubensüberlieferung sagt sogar: das ist der Böse. Dann heißt das *Gebet* nicht nur: Bewahre uns vor unseren eigenen Abgründen, sondern: Befreie uns vom Bösen, erlöse uns aus der *Macht des Bösen,* entreiße uns dem Verderber.

> Im Schlußkapitel des ersten Petrusbriefs werden die Christen ermahnt:
> **Seid nüchtern und wachsam! Euer Widersacher, der Teufel, geht wie ein brüllender Löwe umher und sucht, wen er verschlingen kann. Leistet ihm Widerstand in der Kraft des Glaubens.** 1 Petrus 5,8–9

Böse (der bzw. das): Der griechische Text des Vaterunsers läßt beide Übersetzungen zu: das Böse oder der Böse (→ 12.2 Mächte und Gewalten). Andere Stellen der Bibel und die christliche Überlieferung nehmen die Erfahrungen des Bösen so ernst, daß sie davon nicht anders als personal reden können: »der Böse geht umher«.

Teufel (von griech. diabolos = Verwirrer; daher: diabolisch = teuflisch): Biblischer Name für den Bösen, für das gegen Gott sich auflehnende Geschöpf, das das Böse verursacht, für den »Herrscher der Welt« (Joh 14,30), dessen Herrschaft durch Christus gebrochen, aber trotzdem noch wirksam ist (Hebr 2,14).

9 Denn dein ist das Reich und die Kraft und die Herrlichkeit in Ewigkeit

→ I Vaterunser

Das Vaterunser schließt mit einem altchristlichen *Lobpreis,* der im Lauf des 2. Jahrhunderts an den biblischen Text angefügt wurde. Er entspricht dem Geist dieses Gebetes. Denn im Vaterunser stehen das *Glück* des Menschen und die Ehre Gottes nicht gegeneinander, sondern sie gehören untrennbar zusammen. Aus Bitten wird Rühmen und Loben: Der gute Gott ist auch der mächtige Gott; seiner *Liebe* und *Treue* kann der Beter vertrauen. Auch wer nur selten ein Lobgebet spricht, wird durch den Vaterunser-Schluß daran erinnert, daß die ganze *Schöpfung* Gott lobpreisen soll.

9.1 Loben und preisen
→ 3.3 Menschen ehren Gott; 11.2 Der große Gott

Wer auf die Menschenliebe Gottes setzt, der richtet sein Leben auf ihn hin aus und nimmt an, was jeder Tag ihm bringt. Denn er glaubt ja, daß nichts, was geschieht, nur Zufall ist. Solche Haltung ist mehr als stumme Pflichterfüllung. Sie ist ein Ja zum Leben mit seinen Höhen und Tiefen und seinem täglichen Einerlei. Sie ist die Bereitschaft, das Abenteuer des *Glaubens* zu wagen.

Wer anerkennt, daß Gott hinter allem steht und alles in seiner Hand hat, dem liegt es auch nicht fern, das auszusprechen. Vielleicht möchte er es sogar singend und dankend hinausjubeln: »Wir *loben* dich, wir *preisen* dich, wir beten dich an.«

Die Glaubenden des Alten und Neuen Testaments, wie auch die vielen Beter im heutigen Judentum und in der heutigen Christenheit sprechen zu Gott nicht nur als Bittende; das Lob ist ihnen genauso wichtig, vielleicht noch wichtiger. Viele der *Psalmen* sind Preisgesänge auf den großen und guten Gott. Im Neuen Testament finden sich vor allem in den Briefen viele *Doxologien* und manche *Hymnen* der Urkirche. Der bekannteste Lobgesang ist das Magnificat (Lk 1,46–55). Auch von Heiligen sind uns Lobgebete überliefert; eines der berühmtesten ist der Sonnengesang des heiligen Franziskus (vgl. Gotteslob 285). Vor allem aber die Feier der *Eucharistie* verkündet ganz ausdrücklich das Lob Gottes. Wer *Gott* preist und seinen *Namen* rühmt, sagt nicht nur etwas über Gott, sondern auch über sich selbst: Es ist gut für mich, zu Gott zu gehören.

> Im Wortgottesdienst der Meßfeier betet die Kirche den großen Lobpreis:
> **Wir loben dich,/ wir preisen dich,/ wir beten dich an,/ wir rühmen dich und danken dir,/ denn groß ist deine Herrlichkeit:/ Herr und Gott, König des Himmels,/ Gott und Vater, Herrscher über das All.**
> *Aus dem Gloria. Gotteslob 354/1*

Hymnus (griech. = Lied): Loblied auf die Großtaten Gottes.
Psalmen (griech. = Gesang): Sammlung von 150 Liedern und Gebeten des Volkes Israel (= »Buch der Psalmen«); *Psalmist* = Sammelbezeichnung für Psalmendichter; wie viele Dichter an der Entstehung der 150 Lieder des Psalmenbuches beteiligt waren, wissen wir nicht; es gibt auch Psalmen außerhalb des Psalmenbuches und außerhalb des AT (vgl. Gotteslob 707).

9.2 Jesus lehrt uns beten
→ 1.5 Mit Jesu Augen; 2.2 Unser Vater

Die *Evangelien* sprechen häufig davon, daß Jesus betet: Bei der Speisung der Fünftausend (Mt 14,19), bei der Verklärung (Lk 9,28), bei der Heilung des Taubstummen (Mk 7,34), bei der Auferweckung des Lazarus (Joh 11,41), beim Abendmahl (Mt 26,26; Joh 17,1–26), in seiner Todesangst (Mt 26,36–44) und sterbend am *Kreuz* (Lk 23,34–46; Mt 27,46; Mk 15,34).

Jesus nahm auch an den öffentlichen Gebeten in den *Synagogen* teil; er ging »wie gewohnt« am *Sabbat* dorthin (Lk 4,16), oder er suchte das »Haus des Gebetes« (Mt 21,13), den Tempel auf. Aber das Verhalten Jesu läßt zugleich erkennen, daß er sich wie die Propheten von der Veräußerlichung, die in der Gebetspraxis seines Volkes um sich gegriffen hatte, abwandte. Oft suchte er die Einsamkeit auf einem Berg oder in einer öden Gegend, um allein zu beten (z. B. Mt 14,23).

Was Jesus selbst tat, trug er auch seinen *Jüngern* auf: Betet, bittet, erbittet euch in meinem Namen, was ihr nötig habt (Mt 5,44; Joh 14,13). Er wies sie auf die Notwendigkeit und die Beharrlichkeit des *Betens* hin (Lk 18,1). Vor allem aber läßt sich aus den Evangelien ablesen, daß die Grundhaltung des Betens das *Vertrauen* ist und das Wissen um die eigene Bedürftigkeit.

Beten läßt sich etwa so umschreiben: Glaubend das Leben zur Sprache bringen. Oder: Mit Gottes Da-Sein rechnen, seine Gegenwart ernst nehmen, seine Größe anerkennen und ihm vertrauen. Man kann auch sagen: »Beten«, das ist: auf Gottes Wort hören und ihm Antwort geben. Oder: Die Freude und die Not der Menschen vor Gott bringen, stellvertretend für die andern. Vielleicht kann man auch ganz kurz sagen: Beten heißt, bewußt mit Gott leben.

Als die Jünger, beeindruckt von Jesu Beten und seiner einzigartigen Beziehung zu Gott, ihn baten: Lehre uns beten!, brachten sie zum Ausdruck, daß sie von sich aus nicht wußten, wie und worum sie beten sollten (vgl. Röm 8,26–27). Jesus hat ihnen – und uns – im Vaterunser das immer gültige Modell für *christliches Beten* gegeben.

> Die jüdische Schriftstellerin Simone Weil (1909–1943) spricht die Haltung des Glaubens aus:
> **Warum soll ich mir Sorgen machen? Es ist nicht meine Angelegenheit, an mich zu denken. Meine Angelegenheit ist es, an Gott zu denken. Es ist Gottes Sache, an mich zu denken.**
> *Simone Weil*

Synagoge: Seit der ersten Zerstörung des Tempels in Jerusalem (587 v. Chr.) Versammlungsort der jüdischen Gemeinde (Gottesdiensthaus und Lehrhaus zugleich).
Sabbat (hebr. = Ruhetag): Der 7. Tag der jüdischen Woche (von Freitagabend bis Samstagabend) mit strengen Vorschriften zur Arbeitsruhe, vor allem wichtig für den Schutz der Knechte und Mägde; Erinnerung an die Befreiung aus der ägyptischen Sklaverei (vgl. Dtn 5,13–15); Gottesdienst in der Familie und in der Synagoge. Die jüdische Sabbatruhe und viele jüdische Sabbatgebräuche wurden von den Christen auf den Sonntag (Tag der Auferstehung) übertragen.

9.3 Betet ohne Unterlaß
→ 27 Lebensmitte; 5.2 Gottes Wille

In seinem Brief an die Thessalonicher fordert Paulus die *Gemeinde* auf: »Betet ohne Unterlaß!« (1 Thess 5,17). Kann man das überhaupt? Wie soll man das machen? Manche sagen am Anfang des Tages: »Alles meinem Gott zu Ehren«. Das heißt: Alles, was ich heute tue und leide, mein ganzes Tagwerk, soll mein *Gebet* sein. Wer sein tägliches Leben zum Gebet machen will, wird versuchen, alles so zu tun, wie es nach seiner Meinung dem *Willen Gottes* entspricht.
Andere lassen sich durch das, was ihnen tagsüber passiert, immer wieder auf Gott aufmerksam machen. Wenn ihnen etwas glückt, danken sie ihm. Wenn sie über etwas staunen, sprechen sie still für sich ein Lobgebet. Wenn sie schuldig geworden sind, bitten sie Gott um Vergebung (Reuegebet). Ehe sie etwas Wichtiges beginnen, bitten sie um Gottes Hilfe. Das kann jeweils kurz sein und wie ein Ruf klingen. Deswegen heißen solche Gebete Stoß- oder Rufgebete.
Die Kirche empfiehlt den Gläubigen zum Gebet feste Zeiten im Lauf des Tages. Am Morgen soll der Christ sich Zeit nehmen und den Tag mit Gott beginnen *(Morgengebet)*. Er soll ihn ausklingen lassen in dankbarer Besinnung und in der Bitte für die Nacht *(Abendgebet)*. Auch beim Essen sollen Christen für Gottes Gaben danken *(Tischgebet)*. In manchen Gegenden kann man mitten im Straßenlärm hören, daß am Morgen, am Mittag und am Abend zum Gebet (Engel des Herrn) geläutet wird. Das soll die

Gläubigen mitten in ihrer *Arbeit* an das erinnern, was Gott durch Jesus für die Menschen getan hat und heute tut.

Schon die Urkirche kannte bestimmte *Gebetszeiten:* wenn es Abend wurde, oder wenn das erste Tageslicht die Nacht beendete. Später beteten die Christen auch zur dritten, sechsten und neunten Stunde des Tages in Erinnerung an die Stunde der Geistsendung (Apg 2,15), der Kreuzigung (Mk 15,25) und des Todes Jesu (Mk 15,34). So bildete sich in der Kirche ein festes Gefüge von Gebetszeiten heraus, das Stundengebet. Viele Christen, die zu einem besonderen Dienst in der Kirche berufen sind (Priester, Ordensleute), halten diese Gebetszeiten heute noch ein oder versuchen es wenigstens. Sie beten das Stundengebet stellvertretend für alle *Christen* mit, deren Berufsarbeit diese Form des Betens nicht ermöglicht.

Wer der Aufforderung: »Betet ohne Unterlaß!« in seinem Alltag nachkommen will, dem kann vielleicht das sogenannte *Jesusgebet* helfen, wie es von einem russischen Pilger beschrieben wird. Dieser erzählt, wie er auf seinen Wanderungen betete. Beim Einatmen sprach er: »Herr Jesus Christus«, beim Ausatmen: »Erbarme dich meiner«. Am Anfang benutzte er eine Zählschnur, mit der Zeit ging das Gebet von allein, mit dem Atem, mit dem Herzschlag. Diese Form des unablässigen Betens ist nicht jedermanns Sache. Sie lernt sich auch nicht von heute auf morgen. Nicht wenige Menschen haben aber darin ihre Form des Betens gefunden.

> Im Jakobusbrief werden die Christen ermahnt:
> **Ist einer von euch bedrückt? Dann soll er beten. Ist einer fröhlich? Dann soll er ein Loblied singen.** *Jakobus 5,13*

Morgengebete: Vgl. Gotteslob 14–15 und 666–671.
Tischgebete: Vgl. Gotteslob 16–17.
Abendgebete: Vgl. Gotteslob 18; 695–705.
Stoßgebet (oder *Rufgebet):* Auch »Gebet des Augenblicks« genannt; Gebetssatz, der aus einer bestimmten Situation heraus formuliert wird (»Herr, erbarme dich« – »alles meinem Gott zu Ehren« – »in Gottes Namen«; vgl. Gotteslob 4–13).
Engel des Herrn (auch »Angelus« von lat. = Engel): Aufruf zum Gebet um 6 Uhr, 12 Uhr und 18 Uhr durch das Läuten der Kirchenglocken; das von der Kirche empfohlene Gebet beginnt mit den Worten: »Der Engel des Herrn brachte Maria die Botschaft . . .« (Text: Gotteslob 2/7). Das Läuten zum Gebet zu bestimmten Tageszeiten hat sich im Hochmittelalter von Klosterkirchen ausgehend verbreitet.
Stundengebet (auch: *Brevier*): Regelmäßiges Gebet, zu dem Priester und Ordensleute sich verpflichten und zu dem auch die andern Gläubigen eingeladen sind; »Stundengebet« genannt, weil Psalmen, Hymnen und Schriftlesungen auf bestimmte Tageszeiten (= »Stunden«; man zählte den Tag von morgens sechs Uhr bis abends sechs Uhr; die »dritte Stunde« ist also neun Uhr) verteilt sind (vgl. Gotteslob 672–700).

Chorgebet: Gemeinsames »Stundengebet« der Mönche (es wird im Chor gebetet und gesungen).
Vesper (lat. = Abend): Abendliche Gebetszeit des Stundengebetes (vgl. Gotteslob 682–694).
Liturgie (griech. = »Dienst des Volkes«): Zusammenfassende Bezeichnung für die verschiedenen Gottesdienste der Kirche, mit offiziellen Texten (Eucharistiefeier und Stundengebet), die alle Menschen – Lebende und Tote – umfassen (vgl. z. B. Gotteslob 368).
Novene (von lat. novem = neun): Neun Tage dauerndes Gebet nach dem Vorbild der »*Pfingstnovene*« (zwischen Himmelfahrt und Pfingsten liegen neun Tage): Die Apostel »verharrten dort einmütig im Gebet« (Apg 1,14).
Rosenkranz: → 16.3.

9.4 Arten des Betens

→ 27.3 Hingabe ihres Herrn; 27.5 Jede Woche Ostern; 39.10 Gott bitten

Wenn man die Heilige Schrift befragt, was Beten ist, so findet man immer wieder die Antwort, daß das Rufen zu Gott nicht vom übrigen Leben des Menschen getrennt ist. Beten ist also eine Antwort des Glaubens auf das, was geschieht, mitten aus dem Leben heraus. Deswegen gehen im Gebet loben und klagen, suchen und fragen, bitten und flehen oft ineinander über. Dennoch kann man verschiedene *Gebetsformen* unterscheiden.

Neben dem *Lobgebet,* in dem sich die Freude des Menschen über die Größe Gottes ausspricht, gibt es das *Dankgebet.* In ihm gedenkt der Beter des Guten, das er von Gott erfährt. Am verbreitetsten ist das *Bittgebet,* in dem der Mensch sich erbittet, was er braucht. Es gibt aber auch die *Fürbitte,* in der der Betende für andere bei Gott eintritt. Im *Buß- und Sühnegebet* erflehen die Glaubenden für sich und für andere Gottes Erbarmen.

Jeder kann für sich allein beten in seiner »stillen Kammer«, wie Jesus es in der *Bergpredigt* empfiehlt (Mt 6,6). Für den Christen ist aber auch das Gebet der *Gemeinschaft* wichtig. Die Betenden sprechen im großen Chor wie mit einer Stimme. Vor allem die *Liturgie* der Kirche ist ein Gebet der Gemeinschaft; deshalb werden die Gläubigen immer wieder aufgefordert: »Lasset uns beten!«. Auch das Vaterunser ist ein Gemeinschaftsgebet: das gemeinsame Bitten der *Jünger Jesu.*

Es gibt das Gebet in festgesetzten Worten; Gebetsformeln sind eine Hilfe für den Beter. Es gibt aber auch das Gebet ohne vorformulierte Worte. Beide Formen ergänzen sich gegenseitig. Man kann auch betend über etwas nachdenken, über einen Satz aus der Bibel, über ein Gedicht, über ein Bild, über ein Erlebnis. Aufmerksames Lesen der *Heiligen*

Schrift oder eines anderen für den einzelnen besonders wichtigen Buches kann Gebet sein. Die Betrachtung eines Kreuzes, gesammeltes Verweilen in einer Kirche ist Beten. Auch die *Betrachtung* eines Menschen, einer Blume, einer Gebirgslandschaft kann zum Gebet werden. Solches Beten ohne Worte nennt man Betrachten oder Meditieren.
Manchmal hat der Betende das Gefühl, daß er redet und Gott ihn hört; manchmal ist es ihm aber auch so, als ob er nur in ein großes dunkles Schweigen hineinspricht. Vielleicht wird der Beter dann still und horcht auf das, was Gott ihn wissen lassen will. Denn letztlich heißt Beten nicht Reden, sondern *Still-Werden,* um zu hören. Gott spricht zuerst – aber er »spricht« auf seine Weise; im Gebet gibt der Mensch Antwort. Diese Antwort soll nicht nur in Worten gegeben werden, sie soll das ganze Leben erfassen. Denn wer seinen Alltag nicht ernst nimmt, seine *Arbeit,* seine *Verantwortung* und die Menschen, mit denen er zusammen ist, dessen Gebet kann nicht gut sein.

> Man kann auf vielerlei Weise beten; immer gilt, was der Kirchenvater Augustinus vom Beten sagt:
> **Der Mensch betet nicht, um Gott zu orientieren, sondern: um selbst recht orientiert zu werden.**
> *Aurelius Augustinus*

Gottesdienst: Gemeinsames Beten und Singen zur Ehre Gottes (zumeist in festgelegter Form).
Frömmigkeit: Haltung des Vertrauens und der Hingabe gegenüber Gott; elementare Ausdrucksform: Gebet.
Meditation: Nachsinnende Betrachtung oder Versenkung (gibt es auch im außerchristlichen Raum).
Mystik (von griech. myein = »Augen und Lippen schließen«): Unmittelbares Erleben und Erfahren Gottes (→ 36.1).
Prozession (lat. = voranschreiten): Feierlicher Umzug aus religiösem Anlaß, verbunden mit Gebet und Gesang. Christliche Deutung: Sinnbild, daß die Kirche unterwegs zu ihrem Ziel ist (»Pilgerschaft«).
Wallfahrt: Gang (oder Reise) zu einem durch Gebet »geheiligten Ort« z. B. Rom, Assisi, Tschenstochau, Lourdes, Fatima, Altötting; auch in nichtchristlichen Religionen bekannt (z. B. Mekka, Jerusalem); das Erlebnis der Gemeinschaft der Glaubenden kann den Glauben stärken.
Devotionalien (von lat. devotio = Andacht): Gegenstände zu frommem Gebrauch (Andachtsbilder, Kerzen, Rosenkranz, Kreuz, Heiligenfiguren, Krippe u.ä.).

II Glaubensbekenntnis

Ich glaube an Gott,
den Vater, den Allmächtigen,
den Schöpfer des Himmels und der Erde,
und an Jesus Christus,
seinen eingeborenen Sohn, unsern Herrn,
empfangen durch den Heiligen Geist,
geboren von der Jungfrau Maria,
gelitten unter Pontius Pilatus,
gekreuzigt, gestorben und begraben,
hinabgestiegen in das Reich des Todes,
am dritten Tage auferstanden von den Toten,
aufgefahren in den Himmel;
er sitzt zur Rechten Gottes,
des allmächtigen Vaters;
von dort wird er kommen,
zu richten die Lebenden und die Toten.
Ich glaube an den Heiligen Geist,
die heilige katholische Kirche,
Gemeinschaft der Heiligen,
Vergebung der Sünden,
Auferstehung der Toten
und das ewige Leben.
Amen.

Gotteslob 2/5

Einleitung

Von Anfang an haben die Christen versucht, ihren Glauben auch in kurzen Sätzen auszusprechen. Sie sagten zum Beispiel: »*Jesus* ist der *Christus*«. Damit wollten sie bekennen: Wir glauben, daß Jesus der von Gott verheißene und vom Heiligen Geist erfüllte Messias und *Retter* der Menschen ist. Ein anderer Bekenntnissatz lautete: »Jesus ist der *Herr*« – und sonst keiner, nicht irgendeiner der von den Völkern verehrten Götter, auch nicht der Kaiser in Rom. Für dieses *Bekenntnis* gingen in den Verfolgungszeiten der ersten Jahrhunderte Christen in den Tod (*Martyrer*).

Auch später haben die Christen sich immer wieder bemüht, ihren Glauben in wenigen Sätzen und doch zugleich umfassend zu bekennen. Bis heute ist in der katholischen Kirche und in vielen anderen christlichen Kirchen und kirchlichen Gemeinschaften das »Apostolische Glaubensbekenntnis« das gebräuchlichste geblieben.

»*Apostolisch*« ist es in dem Sinn, daß es die von den Aposteln überkommene Botschaft gültig zusammenfaßt. Die drei Abschnitte dieses Bekenntnisses waren ursprünglich Antworten auf drei Fragen, die an den Taufbewerber gerichtet wurden: Glaubst du an Gott, den allmächtigen Vater? Glaubst du an Jesus Christus, unsern Retter? Glaubst du an den Heiligen Geist und an das, was er bewirkt? So werden auch heute noch alle Christen gefragt, wenn sie in der Osternacht ihr *Taufversprechen* erneuern (vgl. Gotteslob 47/9).

Seit dem dritten Jahrhundert ist es üblich geworden, daß der Taufbewerber das Bekenntnis als zusammenhängenden Text spricht. Dadurch bekennt er vor der versammelten *Gemeinde,* daß er sich Gott – dem Vater und dem Sohn und dem Heiligen Geist – anvertraut.

Das Glaubensbekenntnis ist also zunächst Ausdruck des *Vertrauens* und der lebendigen Beziehung des Menschen zu Gott: »Ich glaube dir, und ich vertraue mich dir an.« Zugleich ist es ein Lob- und Preislied auf die Taten Gottes; darum wird das Glaubensbekenntnis auch oft gesungen. Die Gemeinschaft der Glaubenden versteht es aber auch von Anfang an als gültige Formulierung der Grundwahrheiten ihres Glaubens.

Manche Christen versuchen heute, ihren *Glauben* auf neue Weise und in ihrer Sprache auszusagen; das ist wichtig und hat sein gutes Recht. Doch es ist nicht einfach, das alte christliche Bekenntnis in neue Worte zu fassen, ohne dabei den Inhalt zu ändern. Andererseits kann man auch nicht nur die Worte festhalten, ohne darauf zu achten, in welcher

Weise sich die Bedeutung bestimmter Begriffe geändert hat. Darum ist es gut, *neu* zu *formulieren* und gut, immer wieder auf den alten Text zurückzugreifen. Auf diese Weise kommt zugleich der Zusammenhang des Glaubens der Christen über die Jahrhunderte hinweg zum Ausdruck. Es wird deutlich: Heutige Christen stehen mit ihrem Glauben nicht allein; sie glauben in der *Gemeinschaft* der ganzen *Kirche* und sind im Glauben mit den Christen aller Zeiten verbunden.

Apostel (von griech. apostolos = Gesandter): Die von Jesus zur Verkündigung seiner Botschaft besonders ausgewählten zwölf Jünger; dabei wird Petrus regelmäßig als Erster genannt (vgl. Mt 10,1–4; Mk 3,13–19; Lk 6,13–16); nach dem Verrat des Judas wurde Matthias hinzugewählt (Apg 1,26); Paulus betont (Gal 1), daß er als »Apostel der Heiden« von Christus berufen wurde. Im NT werden manchmal auch andere Gläubige als »Apostel« bezeichnet.

Großes Glaubensbekenntnis (vgl. Gotteslob 356): Eine Ausfaltung des Apostolischen Glaubensbekenntnisses nach den Allgemeinen Konzilien von Nizäa (325) und Konstantinopel (381); es wird oft an Sonntagen in der Eucharistiefeier gebetet (lateinisch: Gotteslob 423).

Credo (lat. = »Ich glaube«): Weil das Glaubensbekenntnis in lateinischer Sprache mit diesem Wort beginnt, nennt man auch das ganze Glaubensbekenntnis »Credo«; meist meint man aber mit »Credo« das Große Glaubensbekenntnis (der Name »Credo« ist auch aus den großen Messen der Kirchenmusik bekannt).

Taufbewerber (griech.: *Katechumene*): Der Taufe ging in der alten Kirche eine manchmal lange Vorbereitungszeit voraus; so auch heute bei Erwachsenentaufen, vor allem in Missionsländern.

Ökumenischer Text: Im Jahre 1967 haben sich die christlichen Kirchen in Deutschland auf eine gleichlautende deutsche Übersetzung (→ 20.1) des Apostolischen Glaubensbekenntnisses geeinigt (wie auch für das Vaterunser → I). Dieser Text ist hier zugrundegelegt.

10 Ich glaube an Gott

→ 25 Amen

»Ich glaube« bedeutet in der Alltagssprache: Ich vermute; ich weiß es nicht genau. – »Ich glaube dir« heißt schon mehr: Ich vertraue dir, ich verlasse mich auf das, was du sagst. Sagt jemand: »Ich glaube an dich«, dann heißt das: Ich vertraue dir so, daß ich mein Leben darauf setze. Das kommt dem »*An-Gott-Glauben*« schon sehr nahe.

Doch es ist nicht selbstverständlich, daß Menschen an Gott glauben; aber es ist selbstverständlich, daß sie Fragen stellen: Sie fragen nicht nur danach, warum sich dieses oder jenes so verhält, sondern fragen auch nach dem *Sinn ihres Lebens,* nach dem Woher und Wohin der Welt. Und überall gibt es Menschen, die so zur Frage nach Gott kommen und in ihm die Antwort auf ihre *Fragen* finden.

Zu allen Zeiten haben Menschen glaubend ihrem Leben ein Ziel gesetzt; sie haben nach Gott gefragt. Viele *Religionen* bezeugen, daß Gott dieses Fragen nicht ohne Antwort gelassen hat. Auch Christen glauben das. Was aber ist das Besondere, wenn einer Christ geworden ist und sagt: »Ich glaube«? Worin unterscheidet sich der Glaube der *Christen* vom Glauben anderer Menschen?

10.1 Die Menschen fragen

→ 2.1 Gott ist nahe; 1.1 Sich nach Jesus richten

Der Mensch ist das Lebewesen, das Fragen stellt. Er kann nicht davon lassen, auch wenn es manchmal lästig ist. Fragen stellen zu können, gehört zur Größe des Menschen.
Mit Hilfe der *Wissenschaften* können viele Fragen und Rätsel gelöst werden. Technischer Fortschritt und viele Verbesserungen des menschlichen Zusammenlebens werden durch die wissenschaftliche Beantwortung von Fragen möglich.
Manche Fragen der Menschen aber bleiben auf diesem Wege ohne endgültige Antwort: Welchen *Sinn* hat unser Leben? Woher kommt die Welt? Auf welchen Grund kann ich mein Leben bauen? Was geschieht im Tod mit mir? Worauf darf ich hoffen? Auf solche *Fragen* vermögen die Ergebnisse wissenschaftlichen Bemühens keine erschöpfenden, ein für allemal befriedigenden Antworten zu geben. Viele Menschen wenden sich in dieser Situation den Religionen zu und tragen ihre entscheidenden Fragen vor Gott. Im *Glauben* erhoffen sie sich Antwort.

> Der heilige Augustinus, Bischof und Kirchenlehrer im 5. Jahrhundert, schreibt in seinen »Bekenntnissen«:
> **Du hast uns auf dich hin erschaffen, o Gott, und unruhig ist unser Herz, bis es Ruhe findet in dir!**
> *Aurelius Augustinus*

Polytheismus: Anerkennung und Verehrung mehrerer Götter.
Monotheismus: Anerkennung und Verehrung eines einzigen Gottes (Judentum, Islam und Christentum).
Atheismus: Weltanschauung, die davon ausgeht, daß Gott nicht existiert.
Jugendreligionen: Neue, vor allem von jungen Menschen getragene religiöse Bewegungen, die nach dem Sinn des Lebens fragen und in den großen Religionsgemeinschaften, wie etwa der katholischen oder evangelischen Kirche, nicht das zu finden vermögen, was sie suchen; meist Vermischung von christlichen und nichtchristlichen Elementen; manches daran ist bedenklich und gefährlich. Die Jugendreligionen sind eine ernste Anfrage an die Glaubwürdigkeit der Christen (→ 19.3 Sekte »Kinder Gottes«).

Kirchenlehrer: Ehrentitel, der Kirchenschriftstellern wegen der Rechtgläubigkeit ihrer Lehre und persönlicher Heiligkeit verliehen wird.

10.2 Menschen aus allen Völkern suchen Gott
→ 2.3 Gott Vater aller; 12.4 Gott läßt sich finden

Aus allen Völkern, mögen ihre Kulturen noch so verschieden sein, rufen Menschen auf vielerlei Weise nach *Gott*. Neben vielen kleinen Stammesreligionen gibt es fünf große Religionen, deren Anhänger zahlreich und weit über die Erde verstreut sind. Wir nennen sie *Weltreligionen*. Das sind: das Christentum, das Judentum, der Islam, der Hinduismus, der Buddhismus.
Diese Religionen stehen nicht beziehungslos nebeneinander. Vieles, was Juden und Christen glauben, findet sich auch in anderen Religionen. Die *Christen* sehen darin den Hinweis, daß Gott sich auf verschiedene Weise offenbar macht. Muslime, Juden und Christen bekennen sich zu einem einzigen Gott. Christen und Juden haben den Teil der Bibel gemeinsam, den die Christen das Alte Testament nennen. Das neu gesammelte Gottesvolk, die *Kirche,* ist – wie Paulus sagt – dem alten Ölbaum Israel als neuer Zweig aufgepfropft (Röm 11,17). Gemeinsam ist allen Weltreligionen: Sie wollen Wege zur *Erlösung* zeigen und Weisungen geben für das *Leben*.
Nicht nur die großen Weltreligionen, auch die Stammes- und Volksreligionen geben Zeugnis vom Fragen und Suchen der Menschen. Das Zweite Vatikanische Konzil sagt von ihnen: »Auch den andern, die in Schatten und Bildern den unbekannten *Gott suchen,* auch ihnen ist Gott nicht fern.« Diese Zuversicht mindert nicht den besonderen Lebens- und Wahrheitsanspruch des Christentums den anderen Religionen gegenüber.

> In vielen Psalmen des Alten Testaments werden die Völker zum Lob Gottes aufgerufen. Der kürzeste Psalm lautet:
> **Lobet den Herrn, alle Völker,/ preist ihn, alle Nationen!/ Denn mächtig waltet über uns seine Huld,/ die Treue des Herrn währt in Ewigkeit./ Halleluja.** *Psalm 117,1–2*

Erstes Gebot: Ich bin der Herr, dein Gott. Du sollst keine anderen Götter neben mir haben (→ 35.4 Zehn Gebote; Gotteslob 61)
Judentum: Volks- und Religionsgemeinschaft; Erben des Volkes Israel (vgl. heutiger Staat Israel, Jerusalem=Hauptstadt). Basis: »Die heiligen Schriften Israels« (=für Christen das AT). Der Name »Jude« ist abgeleitet vom Namen des Stammes Juda.

Heiden: In der kirchlichen Alltagssprache Sammelbegriff für »Ungläubige« und »Nicht-Christen«. Heute wird diese Bezeichnung aus Respekt vor anderen religiösen Überzeugungen weitgehend vermieden, weil im Begriff »Heide« ein abschätziger Unterton mitgehört wird. In der Bibel stehen »dem Volk« (=Israel) oft »die Völker« gegenüber (oftmals mit »die Heiden« übersetzt).
Islam: Im 7. Jh. n. Chr. von Mohammed begründet; er einigte verschiedene Stammesreligionen Arabiens; in manchem dem Judentum und Christentum verwandt. Heute vor allem verbreitet bei den arabischen Völkern Afrikas, des Vorderen und Mittleren Orients; große muslimische Gemeinden auch in den Industriestädten der Bundesrepublik.
Koran: Das heilige Buch des Islam; eine Sammlung von psalmenartigen Texten, Gebeten und Vorschriften (eingeteilt in 114 *Suren*). Dem muslimischen Glauben zufolge stammt der Koran direkt von Gott und wurde von Mohammed, dem Propheten Gottes, aufgeschrieben.
Hinduismus: Vor allem in Indien und Pakistan verbreitet; geht auf keinen besonderen Stifter zurück und stellt sich als eine Ansammlung verschiedenartiger religiöser Anschauungen dar. Hindus sind nicht durch ein gemeinsames Bekenntnis geeint, sondern durch Zugehörigkeit zu einer allgemein anerkannten Kaste (=Gruppe).
Buddhismus: Geht auf die Lehren Buddhas (=der Erleuchtete, 6. Jh. v. Chr.) zurück; heute vor allem in Indien, Ceylon und Japan verbreitet. Buddhistische Gedanken und Lebensformen finden neuerdings auch in Europa und Amerika Anhänger.
Religion: → 39.6

10.3 Gott macht sich offenbar
→ 4.4 Herrlichkeit wird offenbar; 12.4 Gott läßt sich finden; 13.2 Sohn Gottes

Christen – wie auch die Juden – haben im Glauben die Gewißheit: Gott ist nicht stumm, er ist für die Menschen da, er spricht, er zeigt sich, er macht sich offenbar. Mitten in unserer alltäglichen Welt ist er am Werk und läßt er sich erfahren. Die Freude darüber hört in der *Gemeinschaft* der Glaubenden nicht auf. Sie erzählen davon, wie die Väter des Glaubens Gott erfahren haben.
Wenn solche Geschichten weitererzählt werden, so geschieht das nicht zur Verklärung der Vergangenheit, sondern um weiterzusagen, wie *Gott* sich in der *Lebensgeschichte* der Menschen gezeigt hat, wie Menschen erfahren haben, daß er sie führt, wie eine Gruppe von Menschen durch diese Erfahrungen zu einer Gemeinschaft von Glaubenden wurde; wie sie im Glauben gewiß wurden, daß Gott sich offenbar gemacht hat in der Geschichte seines Volkes.
Wenn Gott sich in der Geschichte der Menschen zeigt und offenbar macht, dann handelt er mit den Menschen in menschlicher Geschichte, spricht er zu den Menschen in menschlichen Worten. Menschenworte übermitteln *Gottes*

Wort: Gottes Wort in Menschenwort – so sieht es der *Glaube.* Gott wirkt seine *Heilsgeschichte* in der Geschichte der Menschen.

Christen glauben, daß diese Geschichte in *Jesus Christus* ihren Höhepunkt erreicht hat; er ist Gottes endgültiges und unüberbietbares »Wort«; in ihm bekommen die Menschen Gottes *Herrlichkeit* zu sehen (Joh 1,14). Christen glauben aber auch, daß die Geschichte Gottes mit den Menschen auch jetzt noch weitergeht, daß Gott noch immer mit den Menschen Geschichte macht und sich offenbart in scheinbar alltäglichen Geschehnissen. Und weil sie glauben, daß Jesus Christus Gottes endgültiges Wort ist, deshalb orientieren sich die Christen an ihm, um ihre Geschichte zu deuten und zu verstehen.

> Ganz begeistert beginnt der Hebräerbrief, indem er von der Geschichte der Offenbarung spricht:
> **Viele Male und auf vielerlei Weise hat Gott einst zu den Vätern gesprochen durch die Propheten; in dieser Endzeit aber hat er zu uns gesprochen durch den Sohn.**
> *Hebräer 1,1–2*

Offenbarung: Die Bibel erzählt auf vielfältige Weise, wie Gott spricht – handelt – sich zu erkennen gibt, Menschen ruft – führt, seinen Willen kundgibt, wie Menschen ihn erfahren – hören – nicht hören wollen – ihm antworten. Das alles nennt die Kirche »Offenbarung«: das »Sprechen« Gottes zu den Menschen (in der Schöpfung; durch Ereignisse und Erfahrungen; durch von Gott Berufene, z. B. Propheten, Apostel; vor allem durch Jesus Christus). Der Kirche ist aufgetragen, zu bewahren, zu überliefern und auszulegen, was Gott geoffenbart hat (→ 20.2). Sie lehrt: die Offenbarung ist abgeschlossen; damit will sie unterstreichen: Alles, was zum Heil des Menschen notwendig ist, hat Gott geoffenbart.
Verkündigung: Ein zentrales Wort des Evangeliums: Die Frohe Botschaft wird verkündet, als heilbringende, frohmachende Nachricht ausgerufen, all denen angesagt, die sie angeht. Verkündigung spricht den Hörer an, fordert seine Stellungnahme heraus: »das geht dich an«, »das ist für dich wichtig« (anders als ein Lehrsatz, der zunächst einfach feststellt: »das ist so«).
Bibel (von griech. biblos = das Buch): Sammlung der Schriften, die von den christlichen Kirchen als Urkunden der Offenbarung anerkannt werden, auch *Heilige Schrift* genannt. Hauptteile: das *Alte Testament* (AT) und das *Neue Testament* (NT). »Testament« ist die lateinische Übersetzung des griechischen Wortes für »Bund«. Die einem Bund (=Testament) zugehörigen Schriften wurden später selbst Testament genannt. Die Entstehung des AT erstreckt sich über einen Zeitraum von mehr als 1000 Jahren, die des NT auf nur gut 50 Jahre.
Bibelauslegung: Wie jeder andere Text bedarf auch die Bibel der Auslegung und Erklärung. Dafür gibt es eine eigene Wissenschaft (→ 34.2 Exegese). Weil aber die Bibel das Buch der Kirche ist (→ 20.3), und weil es die Kirche gab, bevor es die Bibel gab, nimmt die katholische Kirche für sich in Anspruch, zuverlässig die Auslegungsmöglichkeiten auszuscheiden, die dem überlieferten Glauben widersprechen (→ 20.2).

10.4 Ich glaube
→ 28.1 Neues Leben; 25 Amen

Im Alltag denken viele gar nicht ausdrücklich darüber nach, worauf das *Vertrauen* gründet, das ihr Leben trägt. Es ist aber wichtig, sich darüber klarzuwerden. Denn wer sich auf etwas verläßt, das nicht trägt, der ist verlassen.
Wenn ein Christ sagt: Ich vertraue mich Gott an; ich verlasse mich auf ihn, dann spricht er von seinem Glauben. Wer sagt: »Ich glaube«, der ist überzeugt: Gott ist da; er kennt mich; er liebt mich; er vergißt mich nicht.
Glauben ist aber nicht nur ein unbestimmtes Gottvertrauen, Glauben hat auch einen Inhalt. Wer glaubt, gibt sich Rechenschaft über das, was er glaubt. Denn das Vertrauen des Christen beruht auf dem, was Gott mit und durch Jesus getan hat. Darum läßt sich christlicher Glaube auch in bestimmten Sätzen, die den Inhalt des christlichen Glaubens wiedergeben, etwa im Glaubens*bekenntnis*, aussagen. »Ich glaube« heißt schließlich auch, daß ich bereit bin, Gott mit meinem Leben zu antworten, das heißt, mein Leben und Handeln auf Gott auszurichten. Ein Glaubender bezeugt mit seinem ganzen Leben, was er glaubt, was Gott für ihn bedeutet.
Wer in einer gläubigen Familie aufgewachsen ist, muß im Lauf der Zeit erfahren, daß nicht alle Menschen seinen Glauben teilen. Er lebt und arbeitet mit Leuten zusammen, die von seinem Glauben wenig halten oder ihn sogar energisch ablehnen. Das fordert ihn zur Besinnung darüber auf, was er glaubt, und warum er glaubt. Wer erst als Erwachsener zum Glauben kommt, hat bei sich selber erfahren, daß Glauben nicht selbstverständlich ist. Er erlebt, daß glauben können ein *Geschenk* ist. Und doch wird auch ein solcher Mensch sich immer wieder um den Glauben mühen müssen. Denn Glauben »hat« man nicht ein für allemal. Glaube wächst oder verkümmert; Glaube lebt oder stirbt ab.

> Als der Vater eines besessenen Jungen Jesus bittet: Wenn du kannst, hilf uns, sagt Jesus:
> **Wenn du kannst? Alles kann, wer glaubt. Da rief der Vater des Jungen: Ich glaube, hilf meinem Unglauben!**
> *Markus 9,22–24*

Zweifel: Unsicherheit und quälendes, suchendes Fragen. Zweifel im Glauben: Verwirrung und Unruhe, ob Gott wirklich Liebe ist und ob der Glaube an ihn tragfähig ist. Glauben heißt auch: Zweifel ertragen und betend aussprechen können (wie z. B. Ijob→ 5.3; 11.2).
Aberglaube: Falscher Glaube; eine Haltung, die sich auf Vorläufiges

richtet und davon Heil erhofft. Dinge verselbständigen sich und beherrschen den Menschen: Horoskopen, Wahrsagereien, Amuletten, Spielkarten werden magische Kräfte zugeschrieben.
Magie: Worten, Handlungen oder Dingen eine Wirkkraft zuschreiben und mit ihrer Hilfe Macht ausüben wollen über Gott und Menschen.
Glaubenslehre: Inhaltliche Umschreibung des Glaubens; sie findet ihren Ausdruck in Bekenntnisformeln der Kirche oder in ihren Lehraussagen, in denen sie umstrittene Glaubenssätze verbindlich erklärt.

10.5 Glauben oder Wissen?

→ 24.2 Vollendung; 23.2 Macht Mut

Glauben wird manchmal als Gegensatz zu *Wissen* verstanden. Wissen wird dann auf das beschränkt, was der Mensch durch Anstrengung seines *Verstandes,* durch Forschung und Experiment ermittelt. Tatsächlich sind die so gewonnenen Erkenntnisse für den einzelnen Menschen und die Menschheit sehr wichtig. Sie sind zum Beispiel Voraussetzung für die technische Beherrschung der Natur.
Dennoch: auf wichtige Fragen lassen sich so keine Antworten gewinnen. Was ist Freude, Glück, Sinn des Lebens? Woher kommt die Welt? Wohin geht sie? Bei solchen Fragen kommt nur weiter, wer bewährten *Erfahrungen* anderer Glauben schenkt.
Christlich *glauben* heißt vor allem, den Erfahrungen und der Botschaft Jesu und den Erfahrungen mit ihm als dem Christus und Sohn Gottes Glauben schenken; dem zu glauben, was er zu den großen Fragen und über ihre Beziehung zu Gott gesagt hat; dem zu glauben, was seine Zeugen *weitergegeben* haben.
Bei dem Wissen, das so gewonnen wird, ist der Verstand nicht ausgeschaltet, im Gegenteil. Es gibt Gründe für den Glauben, die man offenlegen und abwägen kann. Aber der Glaube selber muß gewagt werden. Nur wer es mit dem Glauben wagt, kann auch feststellen: So geht es; das ist stimmig.
Glauben ist also kein Ersatz für Wissen, und Wissen macht Glauben nicht überflüssig. Es sind zwei verschiedene, sich ergänzende Weisen, die Wirklichkeit zu begreifen. Wissen und Glauben brauchen einander. Wissen ohne Glauben droht sinnlos und unmenschlich zu werden, ein Glauben ohne Wissen wird unvernünftig und uferlos.
Zum vernünftigen Glauben gehört deshalb, daß man das Geglaubte durchdenkt und mehr und mehr erfaßt, was Glauben für das *Leben* bedeutet. Darum gibt es die *Theologie,* die Wissenschaft vom Glauben. Doch nicht nur die Theologen, auch alle andern Christen sollen beim

Glauben ihren Verstand gebrauchen: »Seid stets bereit, jedem Rede und Antwort zu stehen, der nach der *Hoffnung* fragt, die euch erfüllt« (1 Petr 3,15). Die Basis für solches Wissen ist das Vertrauen auf den Gott, der sich in Jesus Christus offenbar gemacht hat.

> Paulus schreibt im ersten Korintherbrief vom »Stückwerk« unserer Erkenntnis und spricht von der Hoffnung auf die Vollendung:
> **Jetzt schauen wir in einen Spiegel und sehen nur rätselhafte Umrisse, dann aber schauen wir von Angesicht zu Angesicht. Jetzt erkenne ich unvollkommen, dann aber werde ich durch und durch erkennen.**
> *1 Korinther 13,12*

11 Den Vater, den Allmächtigen
→ 2 Vater unser im Himmel

Die Menschen haben immer schon über den *Ursprung der Welt* nachgedacht. Sie stellten sich einen Baumeister vor, einen »ersten Beweger«; sie redeten von einem »obersten Gesetz«, einem ewigen »Ursprung«.
Aber dieses höchste Wesen, der Grund dieser wunderbaren Ordnung – was geht er den Menschen an? Ist er ein Gegner des Menschen? Interessiert er sich für den Menschen?
Die Bibel antwortet: Das »höchste Wesen«, der Grund für diese staunenswerte Ordnung ist für den Menschen ein Du. Der »Ursprung der Welt« ist einer, der jeden Menschen liebt; einer, der geliebt werden kann und will.
Wie aber verträgt sich das mit dem Satz von Gottes *Allmacht* im Glaubensbekenntnis? Was soll ein allmächtiger Partner mit den oftmals so *ohnmächtigen* Menschen?

11.1 Gottes Macht und seine Treue
→ 2.2 Unser Vater; 2.3 Gott Vater aller

»Allmächtig« ist ein schwer verständliches Wort und ein unangenehm klingendes obendrein. Wer sich seiner *Grenzen* bewußt ist und seine eigene Ohnmacht kennt, der hat nicht gern einen neben sich, der alles machen kann, was er will. Auch manchen Christen beschleicht Unbehagen beim Gedanken an einen allmächtigen Gott.

Und dennoch glaubt der Christ, daß Gottes Macht und Größe keine Grenzen hat. Aber die *Allmacht* Gottes ist von anderer Art, als Menschen in vermessenen Träumen Macht für sich ersinnen. Die Macht Gottes ist für den Menschen nicht erdrückend. Sie zeigt sich, wenn Gott als der Mächtige »mit starker Hand« seinem Volk beisteht. Sie zeigt sich aber auch in der Ohnmacht, wenn Gott sich auf die Begrenztheit der Welt und der Menschen einläßt.

Die Bibel hat für diese Zuwendung Gottes ein eigenes Wort; sie redet vom *Bund,* den Gott mit den Menschen schließt. Bund, das ist hier kein Verhältnis von zwei gleichen Partnern: Der Große neigt sich vielmehr herab, er bindet seine Macht, er stellt sich mit dem Kleineren auf eine Ebene – auf gleich und gleich; das ist der Bund.

Christen bekennen also im *Glaubensbekenntnis* ihren Glauben an einen Gott, der Ursprung und Vater von allem ist, der alle Macht hat, allmächtig ist, der aber diese Macht in *Treue* dem Menschen zuwendet. Diesem Vater als Allmächtigem vertrauen sie; er hält sie und geht mit ihnen.

> Zu den häufig gebeteten Psalmen gehört der sogenannte Hirtenpsalm; seine ersten Verse lauten:
> **Der Herr ist mein Hirte, nichts wird mir fehlen. Er läßt mich lagern auf grünen Auen und führt mich zum Ruheplatz am Wasser. Er stillt mein Verlangen; er leitet mich auf rechten Pfaden.** *Psalm 23,1–3*

Allmacht Gottes: Die Bibel redet von Gottes machtvollem Handeln, das sich in der Geschichte zeigt und in Gottes Schöpfertätigkeit zum Ausdruck kommt. Gottes Macht zeigt sich in seiner Treue und Hilfe für sein Volk.
Treue Gottes: Wer treu ist, hält sein Versprechen; man kann ihm vertrauen. Der Glaube an Gottes Treue und an Gottes Macht läßt sich nicht trennen: Der starke Gott steht den Seinen bei; sie können ihm vertrauen, weil seine Macht nicht Willkür ist.
Vorsehung: So wird Gottes bleibende Beziehung zu seiner Welt genannt; ihm kann man sich anvertrauen; er ist es, der Anfang und Ziel auch der freien Menschen setzt. Das Wort »Vorsehung« wird aber auch oft verwendet, um ein Bekenntnis zum persönlichen Gott zu umgehen.
Allweisheit Gottes: Um auszusagen: die Weisheit Gottes übersteigt alles, was Menschen vorausplanen und vorhersehen können in unendlichem Maße, benutzen Theologen manchmal den Begriff: »Allweisheit«.

11.2 Der große Gott
→ 25.2 Der bekannte/unbekannte Gott; 3.3 Menschen ehren Gott

Zu allen Zeiten haben Theologen sich bemüht, Gültiges über Gott zu sagen. Aber gerade die Großen unter ihnen wußten, daß ihre Gedanken nur Stückwerk sind angesichts der Größe und *Herrlichkeit Gottes.*

Die Bibel erzählt die Geschichte von Ijob, der geschunden und von Unglück geschlagen mit Gott ringt und ihn zur Antwort herausfordert auf seine Frage: Warum verfolgt mich Gott? Warum muß ich all das leiden? Als sich ihm Gott aber im Wettersturm zeigt, spricht Ijob: »Vom Hörensagen nur hatte ich von dir vernommen; jetzt aber hat mein Auge dich geschaut. Darum widerrufe ich und atme auf in Staub und Asche« (Ijob 42,5–6). Die Anklagen Ijobs verstummen vor der Majestät und dem *Geheimnis Gottes,* und Ijob ruft nicht resignierend, sondern bewundernd aus, daß er »im Unverstand geredet« hat über Dinge, die für ihn »unbegreiflich sind« (Ijob 42,3).

Menschen, in denen der Glaube an Gott lebendig ist, versuchen diesen Glauben auszusagen und Gott im *Gebet* und Lied zu *loben.* Sie bezeugen, indem sie dies tun, daß ihnen Gottes Größe und Herrlichkeit immer mehr aufgeht. Mit einem der Psalmendichter können die Gläubigen sprechen: »Kommt, laßt uns niederfallen, uns vor ihm verneigen, uns niederknien vor dem Herrn, unserm Schöpfer. Denn er ist unser Gott, wir sind das Volk seiner Weide, die Herde, von seiner Hand geführt« (Ps 95,6–7).

Die *Glaubenden* verlassen sich darauf, daß Gott am Ende der Tage sich ganz zu erkennen gibt, wie er ist, und die erlöste *Schöpfung* ihrem Gott zujubeln wird in Anbetung, Bewunderung und *Dank.*

Aus dem 4. Jahrhundert ist uns ein lateinischer Hymnus (»Te Deum«) überliefert, der in der deutschen Übertragung von Ignaz Franz (1771) so beginnt:
Großer Gott, wir loben dich./ Herr, wir preisen deine Stärke./ Vor dir neigt die Erde sich/ und bewundert deine Werke./ Wie du warst vor aller Zeit,/ so bleibst du in Ewigkeit. (1) *Gotteslob 257 und 706*

Anbetung: Menschen kann man aus verschiedenen Gründen verehren; mit Anbetung bezeichnet man die Verehrung, die Gott allein zukommt (Heilige werden verehrt; man kann zu ihnen beten, d. h. sie um ihre Fürsprache bei Gott bitten).

Theologie: Wörtliche Übersetzung des aus dem Griechischen kommenden Wortes: „Rede von Gott"; der Theologe beschäftigt sich auf wissenschaftliche Weise mit den Grundlagen des Glaubens, seiner Geschichte und seinen praktischen Konsequenzen; Theologie ist also die Wissenschaft vom Glauben (→ 34.2).

Ewigkeit Gottes: »Ewig« meint mehr als »ohne Anfang und ohne Ende« sein; wenn die Kirche sagen will, daß Gott über aller Zeit und über jedem Zeitmaß steht, daß er größer ist als alles, was durch Zeit begrenzt ist, und daß in ihm deshalb die Fülle ist, redet sie von der Ewigkeit Gottes.

Unwandelbarkeit Gottes: Wenn die Kirche sagen will, daß Gott nicht wankelmütig ist, daß er sich selber und seinen Menschen treu bleibt, dann redet sie von Gottes Unwandelbarkeit.

12 Den Schöpfer des Himmels und der Erde

→ 10.5 Glauben/Wissen; 23.1 Endlichkeit

Auch Christen wissen heute, daß die Welt nicht in sechs Tagen gemacht ist, daß sie eine lange *Entwicklung* hinter sich hat; aber das hindert sie nicht zu bekennen: Gott ist der Herr der Welt; er trägt sie und bejaht sie.
Christen bekennen Gott als den *Schöpfer* des Himmels und der Erde. Besonders wichtig ist ihnen die Aussage, daß der Mensch *Geschöpf* Gottes ist, abhängig von Gott und zugleich sein Ebenbild.
Christen sind davon *überzeugt,* daß der Schöpfer sich in seiner Welt finden läßt, auch wenn seine Spuren oft verdeckt sind. Sie wissen: Gott läßt sich nicht nachweisen wie etwas, das man »auf den Tisch legen« und vorführen kann; er ist ganz anders als Welt und Menschen.
Dennoch gibt auch dem Glaubenden die Welt viele Rätsel auf: Denn oft trägt nicht das Gute den Sieg davon; oft scheint es, als nehme das Böse überhand und setze sich durch. Auch der Glaubende kann vieles nicht verstehen. Was berechtigt die Christen zu ihrer Überzeugung, daß Gott diese Welt trotz allen Unheils trägt? Daß er der *Urheber des Lebens* ist? Daß die Welt seine *Schöpfung* ist?

Schöpfung: Schaffen einer Sache oder auch die geschaffene Sache selbst; im religiösen Sprachgebrauch: Erschaffung der Welt durch Gott aus Nichts oder die Welt als »Hervorbringung« Gottes. Muslime, Juden und Christen verstehen Schöpfung nicht nur als Ordnung eines schon bestehenden Weltalls, sondern sie glauben an Gott als den Urheber von allem.

12.1 Die Welt kommt von Gott

→ 5.3 Das Unglück; 3.1 Name Gottes; 23.1 Endlichkeit; 10.5 Glauben/Wissen

Die Natur*wissenschaften* können uns heute vieles sagen über Entstehung und Alter der Erde, über das Weltall und seine Rätsel. Darüber erfahren wir in der Heiligen Schrift wenig. Auch ein Katechismus hat nicht die Aufgabe, sich damit zu befassen. Sache des Glaubens ist es, mit der Bibel zu fragen und zu antworten, wer der Gott unserer Welt und unseres Glaubens ist, wem wir unser Leben verdanken, für wen wir leben und wohin wir gehen.
Die Christen – und mit ihnen auch Menschen anderer *Religionen* – glauben, daß die Welt nicht aus blindem *Zufall* entstanden ist, sondern daß hinter dem, was wir feststellen

und erforschen können, eine Weisheit und *Liebe* steht, zu der wir »Du« sagen dürfen. Damit steht der *Glaube* der Christen nicht im Gegensatz zu den Aussagen der Naturwissenschaften. Er verfolgt nur eine andere Fragestellung. Man kann die Welt mit einem Kunstwerk vergleichen. Wer von einem Kunstwerk weiß, woraus es gemacht ist, wie alt, wie groß, wie schwer es ist, wer seine Farben und Formen erkennt und benennt, der hat noch nicht das ganze Kunstwerk erfaßt. Ihm fehlt das Wissen um den, der es gemacht hat, und er kennt nicht dessen Absicht und Beweggrund. Ähnlich verhält es sich mit den Naturwissenschaften. Sie erforschen die Natur, ohne sie als Schöpfung zu sehen. Ihre Fragestellung ist begrenzt. Deshalb vermögen sie auch keine erschöpfende Antwort auf die *Rätsel* der Welt zu geben.

Die biblischen *Urgeschichten* (Gen 1–12) sind keine Berichte von Leuten, die die Anfänge der Welt erforscht haben. Die Menschen von damals hatten andere Vorstellungen als wir von den physikalischen, chemischen und biologischen Zusammenhängen; sie wußten nicht um die Gesetzmäßigkeiten der *Evolution*, wie wir heute. Aber sie haben sich genau wie wir gefragt, wie man angesichts des Unheils in der Welt leben kann. Sie suchten einen *Sinn* für ihr Dasein. Sie wollten bezeugen, warum Menschen so kühn sind, an den *Bund* Jahwes mit seinem Volk zu glauben, obwohl vieles, was man im Leben sieht und erfährt, dagegen spricht. Im Volk Israel gehören der Glaube an Gott, den Schöpfer, der Glaube an den Bund Gottes mit den Menschen und der Glaube an seine Rettungstaten für die Menschen heute und morgen eng zusammen: »Unsere Hilfe ist im Namen des Herrn, der Himmel und Erde erschaffen hat« (Ps 124,8). Dieser Psalmvers wird in der *Liturgie* der Kirche oft gebetet.

Wenn ein Christ sagt: »Ich glaube an Gott, den Schöpfer«, so bedeutet das: Ich glaube daran, daß alles in unserer Welt – so verworren es auch erscheinen mag – getragen ist von Gottes Weisheit und Liebe. Gott hat die Welt aus dem Nichts erschaffen. Gott hält die Welt auch jetzt in seiner Hand; darum fällt sie nicht zurück ins Nichts. Als *Schöpfer* hat er nicht nur den Anfang gesetzt; er durchwaltet die Welt und führt sie zu ihrem *Ziel*. Ihm kann und will ich mich *anvertrauen*.

In vielen Psalmen kommt die Freude über Gottes Schöpfung zum Ausdruck; im 19. Psalm heißt es:
Die Himmel rühmen die Herrlichkeit Gottes,/ vom Werk seiner Hände kündet das Firmament. *Psalm 19,2*

Weltbild: Zusammenschau des menschlichen Wissens von der Welt (z. B. biblisches Weltbild oder modernes Weltbild), im Unterschied zur *Weltanschauung* (=Gesamtschau von Wesen und Sinn der Welt, Deutung der Welt und ihrer Erscheinungsformen).
Evolution (lat.=Entwicklung): Nach heutiger Naturerkenntnis sind die Lebewesen der Erde nicht zu allen Zeiten die gleichen gewesen; es fand und findet ein steter Wandel statt. Aus einfachen Anfängen entwickelten sich im Laufe von Jahrmillionen – wenn auch mit wesentlichen Unterschieden – Pflanzen, Tiere und Menschen zu ihrer heutigen Gestalt. Die naturwissenschaftliche Erkenntnis der Evolution stellt den Glauben nicht in Frage, daß Gott der Urheber und Erhalter der Welt ist und eine besondere Beziehung zum Menschen hat (→ 12.3 Seele).

12.2 Gott ist Herr über Mächte und Gewalten
→ 8.3 Erlöse uns; 12.5 Weltordnung mit Rätseln

Wer Welt und Menschen nüchtern betrachtet, muß feststellen, daß wir nicht nur von guten Mächten umgeben sind. *Das Böse* ist so mächtig in der Welt, daß man sich oft betroffen fragt, wie die Menschen damit fertigwerden sollen. Wie kann man an Gott als den guten *Schöpfer* glauben, wenn die Macht des Bösen so unheimlich groß ist?
Manche Völker haben darauf geantwortet, es gebe zwei gleich mächtige Götter, einen guten und einen bösen. Durch seine Erfahrung mit dem lebendigen Gott belehrt, gab Israel die Antwort: Das Böse ist zwar mächtig; aber auch die bösen Mächte sind nur Geschöpfe; sie werden *Teufel,* Satan, Dämonen, Verderber genannt. Die Frommen Israels fanden auch die Erklärung für deren Dasein; sie sagten, es sind gefallene *Engel,* die sich gegen Gott auflehnen und die Ordnung in der Welt stören. So ist es auch Lehrüberlieferung der Kirche. Doch der Glaube vertraut darauf: Am Ende der Zeiten wird sichtbar werden, daß Gott allein Herr ist (Offb 20,7–14). Die Frage, warum Gott dem Bösen jetzt noch Macht überläßt, bleibt auch für den Glaubenden ein *Geheimnis.*
Die Heilige Schrift kennt nicht nur böse, sondern auch gute Mächte; sie nennt sie Engel. Wenn die Bibel Gottes große *Herrlichkeit* preist, sagt sie, daß Engel seinen Thron umstehen (Offb 7,11–12); sie loben Gott und huldigen ihm. An vielen Stellen spricht die Heilige Schrift davon, wie *Gott* sich um den Menschen *sorgt;* sie sagt: Gott hat seine Boten zum Schutz der Menschen bestellt (Ps 91,11).
Von den bösen Mächten redet die Bibel nie, ohne von der größeren Macht Gottes zu sprechen. Der Glaubende weiß sich umkämpft, und auch für ihn ist es nicht leicht, das Leben zu meistern; aber er vertraut darauf, daß der Mensch für Gott kostbar ist und Gott ihn deshalb nicht im Stich läßt.

> Der evangelische Pfarrer Dietrich Bonhoeffer, der 1945 von den Nationalsozialisten hingerichtet wurde, hat im Gefängnis ein Gedicht geschrieben, das so endet:
> **Von guten Mächten wunderbar geborgen/ erwarten wir getrost, was kommen mag./ Gott ist mit uns am Abend und am Morgen/ und ganz gewiß an jedem neuen Tag.**
> *Dietrich Bonhoeffer*

Engel (von griech. angelos = Bote): Gottes Boten haben in der Bibel verschiedene Aufgaben: sie werden als Vermittler der Botschaft Gottes und als Boten Gottes zum Schutz der Menschen gesandt (*Schutzengel* vgl. Gotteslob 34/1, 607 und 784).
Cherubim (wahrscheinlich von akkadisch karabu = beten, segnen): werden mit den Seraphim zum himmlischen Hofstaat gerechnet; auf der Bundeslade als Flügelwesen dargestellt zum Zeichen der Gegenwart Gottes (vgl. Hebr 9,5). Auch in der Offenbarung des Johannes (Offb 4,6–8) wird wie beim Propheten Ezechiel (10,1–22) von den Cherubim als von vier geheimnisvollen Wesen gesprochen.
Seraphim (von hebr. = brennen): So werden in der Vision des Jesaja (Jes 6,1–13) die himmlischen Wesen genannt, die den Thron Gottes umstehen.
Throne und Herrschaften: Es gibt mehr »zwischen Himmel und Erde«, als unsere Schulweisheit sich vorzustellen imstande ist; dieser Ahnung versuchte man im Judentum durch die Vorstellung von verschiedenen »Chören der Engel« Ausdruck zu geben; »Throne und Herrschaften« sind Namen solcher Engelsgruppen, die darauf hinweisen sollen, daß den Boten Gottes zum Heil der Menschen Anteil an der Macht Gottes gegeben ist.
Satan: An einigen Stellen der Bibel wird der Böse »Satan« (von hebr. = Widersacher) genannt; auch *Luzifer* (= der vom Himmel gefallene Morgenstern nach Jes 14,12) oder *Beelzebul* (nach 2 Kön 1,2 Name eines Götzenbildes); → 8.3 *Teufel*.
Exorzismus (griech. = Beschwörung): Seit dem 3. Jh. Gebet (z. B. im Rahmen der Taufe) mit der Bitte, Christus möge den Menschen der Macht des Bösen entreißen.

12.3 Der Mensch als Geschöpf Gottes
→ 14.1 Mensch geworden; 23.1 Endlichkeit

Wenn man das Alter der Welt den 24 Stunden eines Tages gleichsetzt, dann macht das Alter der Menschheit nur wenige Sekunden aus. Man kann sich fragen, ob die gesamte *Entwicklung* der Welt auf den Menschen hinzielt.
Der biblische Glaube sagt: Der Mensch ist Gottes bevorzugtes *Geschöpf*, die Krone der Schöpfung. Zwar ist er »aus Erde vom Ackerboden« (Gen 2,7) – »*Adam*« heißt ja »Mann aus Erde« –, aber zugleich ist er Gottes Ebenbild. Mit diesem Wort stellt uns die Bibel den Menschen vor. Sie macht damit deutlich, daß Gott den Menschen an seinem eigenen Wirken beteiligen will. Das ist ein Grundsatz, der die ganze Bibel durchzieht. Als Gottes Abbild soll sich der Mensch schöpferisch verhalten (Gen 1,27).

Christen glauben mit den *Juden:* Gott hat die Menschen aus Liebe geschaffen und dazu berufen, auf seine *Liebe* zu antworten und in *Gemeinschaft* mit ihm zu leben. Wenn Mann und Frau in Liebe neues Leben zeugen, wird in diesem schöpferischen Tun in besonderer Weise sichtbar, daß der Mensch Ebenbild Gottes ist. Der Mensch soll die Welt erforschen, beherrschen und so gestalten, daß alle Menschen in ihr menschenwürdig leben können. Als brüderlicher Partner soll er sich von den Dingen dieser Welt nicht beherrschen lassen; er soll sie auch nicht eigennützig mißbrauchen und die Ordnung und Schönheit der Schöpfung nicht zerstören. Denn er ist zum Hüter der Schöpfung berufen. Was der Mensch vorfindet – vom Wasser bis zur Atomkraft – und was er selbst erfindet – vom Brot bis zum Weltraumschiff –: Alles soll er gebrauchen als Gaben und Möglichkeiten, für die er *Verantwortung* trägt vor Gott und den Menschen.

> In Psalm 8, einem Lobpreis auf den Schöpfer, heißt es vom Menschen:
> **Seh' ich den Himmel, das Werk deiner Finger,/ Mond und Sterne, die du befestigt:/ Was ist der Mensch, daß du an ihn denkst,/ des Menschen Kind, daß du dich seiner annimmst?/ Du hast ihn nur wenig geringer gemacht als Gott,/ hast ihn mit Herrlichkeit und Ehre gekrönt./Du hast ihn als Herrscher eingesetzt/ über das Werk deiner Hände.** *Psalm 8,4–7*

Seele: Das Wort hat eine große Bedeutungsbreite; biblisch: der von Gott geschenkte »Lebensatem«. Heute wird mit Seele oft das »Ich-Selbst« bezeichnet. Die Unterscheidung von Seele und Leib will aussagen, daß der Mensch mehr ist als nur Leib, nur Stoff, nur Materie. Deshalb hält die katholische Lehrüberlieferung daran fest, von der unsterblichen, unmittelbar von Gott erschaffenen Menschenseele zu sprechen. Es ist auch schwer, ohne den christlichen Begriff »Geistseele« auszukommen, wenn das Person-Sein des Menschen erklärt werden soll. Dennoch darf die Unterscheidung von Seele und Leib nicht die Ganzheit des Menschen schmälern. Zum Wesen des Menschen gehört auch seine Leiblichkeit (→ 23.1 Unsterblichkeit).

12.4 Gott läßt sich in unserer Welt finden
→ 4.3 Jesu Machttaten; 10.3 Gott macht sich offenbar

Sonne und Mond, Blitz und Donner, Quellen und Bäume wurden oft als Gottheiten verehrt. Solche Art von Verehrung der Naturgewalten lehnt die Bibel ab; sie nennt dies Götzendienst. Denn mögen die Kräfte der Natur noch so gewaltig sein – größer ist der, der sie gemacht hat. Das ist biblisch-christlicher Glaube: Aus den *Geschöpfen* kann der *Schöpfer* erkannt werden (Röm 1,20).

In *Leid* und Unheil, in *Glück* und Freude sucht der Glaubende Hinweise auf den Schöpfer. Der Lauf der Gestirne sagt ihm etwas über Gottes Weisheit. Luft und Wasser, Pflanzen und Tiere künden ihm Gott als Lebensspender. Jedes Geschöpf ist für den Glaubenden ein Kunstwerk, das auf seinen Urheber verweist.

Auch in dem, was Menschen schaffen, in Technik, Kunst und Wissenschaft, kann man Gottes Macht und Größe erahnen. Denn wenn der Mensch Gottes Ebenbild ist, wird auch in seinen Werken deutlich, wie groß sein Schöpfer ist. Vor allem aber in liebenden Menschen, in der Zuwendung der Eltern, in der Treue eines Freundes, in der Gemeinsamkeit von Mann und Frau, in der Güte mancher Menschen gegenüber Notleidenden wird Gottes Liebe sichtbar.

Der Glaubende entdeckt auch in der Welt besondere *Zeichen* und Signale der *Gegenwart Gottes*. In der Sprache der Glaubensüberlieferung heißen sie Machttaten Gottes oder *Wunder*. Wenn zum Beispiel kranke Menschen in der Kraft des Glaubens und in der Erfahrung der Liebe gesund und heil werden, kann dies für sie ein ausdrückliches Zeichen der Gegenwart Gottes sein. Im Leben beispielhafter Christen gibt es viele auffällige Ereignisse; immer ist dabei entscheidend, daß sie im Glauben an Gott gesehen und gedeutet werden. Solche wunderbaren Zeichen der helfenden Nähe Gottes, seiner Gegenwart mitten im Leben, sind dem Glaubenden kostbar, denn sie weisen ihn darauf hin, daß er Grund hat zu glauben. Die Machttaten Jesu, von denen die Evangelien berichten, setzen den Glauben voraus und bestätigen ihn; zugleich rufen sie ihn hervor.

Wunder sind also nicht Sensationen zur Befriedigung von Neugierde oder Experimentierfelder zur Bestätigung oder Widerlegung bisheriger naturwissenschaftlicher Ergebnisse. Im Wunder sieht der Glaubende seine Überzeugung bestätigt, daß Gott über die Kräfte der Natur frei verfügen kann, um seinem Volk staunenswerte Zeichen seiner *Treue* zu geben.

Die Auffassung der Wissenschaften, alles in Natur und Geschichte ereigne sich nach bestimmten Gesetzen, und das christliche Verständnis vom wunderbaren Wirken Gottes stehen also nicht im Widerspruch zueinander. In den vom Menschen erkannten und erforschten »Naturgesetzen« wirkt ein und derselbe treue und schöpferische Gott, dessen unerwartete und über alle Maßen staunenswerte Zuwendung der Glaubende im Wunder erkennt und preist.

> Der Schreiber des Weisheitsbuches spricht aus, daß die Welt die Spuren Gottes trägt:
> **Von der Größe und Schönheit der Geschöpfe läßt sich auf ihren Schöpfer schließen.** *Weisheit 13,5*

Götze: Abwertende Bezeichnung für bildliche Darstellungen von Göttern (Dämonen); *Götzendienst:* etwas Dingliches oder Menschliches zum Gott machen, d. h., es wie einen Gott verehren und im eigenen Leben zum höchsten Wert erklären.

Weisheitsbuch: Schrift des AT, wohl aus dem 1. Jh. v. Chr.; es will die Überlegenheit der jüdischen Weisheit gegenüber der griechischen Philosophie darstellen.

12.5 Weltordnung mit Rätseln

→ 22.2 Macht der Sünde; 5.3 Das Unglück; 12.2 Mächte und Gewalten

Das Leben ist voller Widersprüche: Die einen sind glücklich, die andern erleben ein *Unglück* nach dem andern; die einen sind ständig zum Lachen aufgelegt, die andern haben – wie es scheint – nichts zu lachen; die einen sind gesund und lebenstüchtig, die andern krank und schwächlich. Warum ist das so?

Manches Schöne in der Welt hilft uns, Spuren Gottes zu erkennen. Wir sind bereit, sie als Hinweise auf den Schöpfer anzunehmen. Daneben aber begegnet uns Trauriges und Schreckliches, das unserem Glauben an einen guten Gott im Weg steht. Solche Erfahrungen lassen uns eher *zweifeln* als glauben.

Jeder Mensch müht sich auf seine Weise, die Welt zu erobern, sie zu erkennen und zu verstehen. Der eine hat dabei Erfolge, sein Erkenntniskreis weitet sich; des andern Einsichten reichen nicht weit, sein Interessenhorizont bleibt eng. Selbst der Klügste muß erfahren, daß er an Grenzen kommt. Vielleicht erweisen sich gerade seine kühnsten Ideen sogar als verderblich für Welt und Mensch. Dann wird es schwer zu glauben, daß diese Welt Gottes gute Schöpfung ist.

Es gibt Situationen, da fühlen wir uns geborgen in der Zuneigung und Liebe eines andern; aber wir können auch erfahren, daß wir alleingelassen und vom besten Freund verraten werden. *Liebe* und Haß, Menschenfreundlichkeit und Bosheit wohnen nahe beieinander. Sie finden sich nebeneinander, sogar im einzelnen Menschen: »Ich tue nicht das Gute, das ich will, sondern das Böse, das ich nicht will« (Röm 7,19), sagt der Apostel Paulus. Wir haben Anteil

an den guten Gaben des Schöpfers und sind zugleich verstrickt in die *Macht des Bösen.*
Aus all dem ergibt sich: Es stimmt nicht mit der Welt und dem Menschen. Auf eine rätselhafte Weise geht durch alles ein Bruch. In wesentlichen Fragen tappen wir im dunkeln. Diese Zerrissenheit erfährt auch der, der glaubt. Doch in der *Hoffnung* gegen alle Hoffnung hält er daran fest, daß Gottes Gegenwart alles zum Guten führt.

> Ein Beter unserer Tage schreibt:
> **Ich steh vor dir mit leeren Händen, Herr;/ fremd wie dein Name sind mir deine Wege./Seit Menschen leben, rufen sie nach Gott;/ mein Los ist Tod, hast du nicht andern Segen?/Bist du der Gott, der Zukunft mir verheißt?/ Ich möchte glauben, komm mir doch entgegen.** (1)
> *Huub Oosterhuis. Gotteslob 621*

13 Und an Jesus Christus, seinen eingeborenen Sohn, unsern Herrn

→ 25 Amen

Nicht alle Menschen glauben an einen gütigen Gott. Viele haben *Angst* vor ihm, fürchten seine Allmacht, meinen, ihn mit Opfern beschwichtigen zu müssen. Bei manchen Völkern wurden den Göttern sogar Menschen geopfert. Selbst das Volk Israel, das in besonderer Weise Gottes Zuwendung und Nähe erfahren hat, mußte sich immer wieder auseinandersetzen mit dem Bild vom drohenden Gott, vom zürnenden Gott, der sein Volk für alle Vergehen straft.
Wer also ist Gott? Wie ist er? Wie ist er den Menschen gesonnen? Wer bringt uns Kunde von ihm? Wer sagt uns zuverlässig, wie er ist?
Auch die Christen haben es in ihrem Alltag schwer mit dieser Frage. Und dennoch glauben sie an einen gütigen Gott. Woher nehmen sie diese *Zuversicht?* Woher wissen sie Sicheres über Gott, den die Werke seiner Schöpfung oft mehr verdecken als offenbaren?
Die Christen verlassen sich mit dieser Frage auf Jesus Christus. Sie vertrauen darauf, daß sich an ihm ablesen läßt, wie Gott ist. Der Glaube an Jesus Christus ist deshalb der Kern des *Glaubensbekenntnisses:* Jesus ist der *Christus;* er

ist in einzigartiger Weise der *Sohn Gottes* und der Bruder der Menschen; er ist unser *Herr.*

Zorn Gottes: Dem Alten wie dem Neuen Testament ist das Reden vom Zorn Gottes geläufig (vgl. Gen 32,23–33; Ps 75, 76, 88; Röm 1,18–3,20; Joh 3,36; Offb 12; 14); damit soll der grundsätzliche Widerwille des heiligen Gottes gegen alles, was das Glück und Heil der Menschen und somit die Verherrlichung Gottes schmälert, zum Ausdruck gebracht werden (→ Endgericht 18.2; Wiederkunft Christi 18.1).

13.1 Jesus ist der Christus
→ 29.2 Weltdienst

Paulus spricht in seinen Briefen oft von *Christus* Jesus (z. B. 1 Kor 4,17). Damit macht er darauf aufmerksam, daß Jesus Christus kein Doppelname ist. »Christus« ist nicht ein Eigenname, sondern eine Kennzeichnung, ein Titel für Jesus. Das bedeutet: Jesus ist der »Gesalbte« – das heißt, er hat einen besonderen Auftrag; er ist mit *heiligem Geist* erfüllt, »gesalbt« (Lk 4,18), und ist der *Retter,* um den im auserwählten Volk immer wieder gebetet worden ist. Wenn die Christen bekennen: Jesus ist der Christus, dann sind sie davon überzeugt, daß in ihm die *Hoffnungen* Israels auf einen königlichen Retter erfüllt sind.
Freilich sah diese *Erfüllung* ganz anders aus, als viele erwartet hatten. Sie hofften auf einen Retter, der mit äußerer Macht kommt; der Gesalbte Gottes aber ging den Weg des *Dienens* und der Ohnmacht.
Es ist bedeutsam, daß die Bezeichnung »Christus« praktisch zum Namen für Jesus geworden ist. Das heißt: Jesus ist völlig eins mit seinem Auftrag. Es gibt keinen Augenblick, in dem er nicht der Christus – der *Messias* – der Retter seines Volkes ist. Jesus Christus, das heißt also: Jesus steht ganz im Auftrag Gottes. Jene, die ihm nachfolgen, werden nach ihm *Christen* genannt – eine anspruchsvolle Bezeichnung, die Konsequenzen hat.

> In der Apostelgeschichte lesen wir, wie die Apostel Jesus als den Christus verkündet haben. Die Pfingstpredigt des Petrus schließt mit dem Satz:
> **Mit Gewißheit erkenne also das ganze Haus Israel: Gott hat ihn zum Herrn und Messias gemacht, diesen Jesus, den ihr gekreuzigt habt.** *Apostelgeschichte 2,36*

Christus: Griechische Übersetzung des *hebräischen* Wortes »*Messias*« ; zu deutsch: »der Gesalbte«. Könige und Priester wurden im AT gesalbt zum Zeichen, daß sie in besonderem Auftrag Gottes handeln; von einem kommenden Propheten heißt es (Jes 61,1), daß er (nicht nur mit Öl, sondern) mit dem Geist Jahwes gesalbt ist (vgl. Lk 4,18).

Apostelgeschichte: Schrift des NT (eine Art »Fortsetzung« des Lukasevangeliums); stellt dar, wie sich die Frohe Botschaft Jesu von Jerusalem über Judäa, Samaria, Antiochien und die von Paulus gegründeten Gemeinden bis nach Rom ausbreitet.

13.2 Jesus Christus ist der Sohn Gottes
→ 14.2 Bruder – Sohn; 25.1 Vater/Sohn/Geist

Das ganze Volk Israel wird im Alten Testament *»Sohn Gottes«* genannt. Gott hat es erwählt und ihm die Rechte eines Erstgeborenen gegeben vor allen andern Völkern (Ex 4,22). Auch vom König Israels spricht die Bibel als dem »Sohn« (Ps 2,7). Gott hat ihn gleichsam an Sohnes Statt angenommen; an Gottes Stelle herrscht er.
Wenn in der Leidensgeschichte nach Markus der Hohepriester Jesus fragt: »Bist du der Messias, der Sohn des Hochgelobten?« (Mk 14,61), so ist der Begriff »Sohn« wohl in diesem Sinn verstanden. Und die Bejahung dieser Frage führt zur Anschuldigung der Gotteslästerung.
Die christliche *Gemeinde*, der die Passionsgeschichte verkündet wurde, hörte die Frage des Hohenpriesters mit anderen Ohren. Das merkt man an der Art, wie das vierte Evangelium von der Sohnschaft Jesu spricht: »Denn Gott hat die Welt so sehr geliebt, daß er seinen einzigen Sohn hingab« (Joh 3,16), heißt es im Gespräch mit Nikodemus. Und in der Rede von Kafarnaum wird den Jüngern gesagt: »Niemand hat den Vater gesehen außer dem, der von Gott ist; nur er hat den Vater gesehen« (Joh 6,46). Am eindeutigsten ist das Wort des Johannesevangeliums: »Ich und der Vater sind eins« (Joh 10,30).
Zunächst mag es den Jüngern Jesu wie allen andern ergangen sein: Sie waren betroffen von der Art, wie Jesus von Gott redete. Sie fragten: »Wer ist das, daß er sogar Sünden vergibt?« (Lk 7,49). Erst nach *Ostern* ging ihnen auf, wer Jesus wirklich ist. Sie erkannten: Er ist in ganz einmaliger Weise eins mit Gott, er ist der einzige Sohn Gottes. Das faßt das Matthäusevangelium im Bekenntnis des Petrus zusammen: »Du bist der Messias, der Sohn des lebendigen Gottes« (Mt 16,16).
Als im vierten Jahrhundert Christen auftraten, die leugneten, daß Jesus der wahre Sohn Gottes ist, wurde auf den allgemeinen Kirchenversammlungen, den Konzilien von Nizäa (325) und Konstantinopel (381), als *Bekenntnis* der Kirche ein Text formuliert, der an Festtagen noch heute als Großes Glaubensbekenntnis in der *Meßfeier* gesprochen wird. Hier ist gesagt: Der Sohn ist mit dem Vater wesensgleich.

> Im großen Credo bekennt die Kirche:
> **Wir glauben an den einen Herrn, Jesus Christus, Gottes eingeborenen Sohn, aus dem Vater geboren vor aller Zeit: Gott von Gott, Licht vom Licht, wahrer Gott vom wahren Gott; gezeugt, nicht geschaffen, eines Wesens mit dem Vater.**
> *Gotteslob 356*

13.3 Jesus Christus ist der Herr

→ 17.2 Herrlichkeit des Vaters; 18.1 Unser Herr wird kommen; 1.1 Sich nach Jesus richten

»Herr« ist der Titel, der nach dem Alten Testament Gott allein zusteht: »Ich bin der Herr, und sonst niemand« (Jes 45,5). Wenn die Christen Jesus mit diesem Namen bezeichnen, bekennen sie ihren Glauben daran, daß in Jesus, dem Christus, Gott selbst gegenwärtig ist und handelt.

»*Herr*« war auch der Titel, der damals dem römischen Kaiser als dem Herrn der Welt zustand. Wenn die Christen diesen Titel für Jesus in Anspruch nahmen, dann bekannten sie dadurch: Nicht der Kaiser, sondern *Jesus Christus* ist für uns maßgebend. Vielen Christen war das so wichtig, daß sie lieber den Tod auf sich nahmen, als auf dieses *Bekenntnis* zu verzichten (Martyrer).

Für uns ist die Bezeichnung »Herr« mit der Vorstellung von Macht verbunden. Wir denken vielleicht an einen, der andere unterdrückt. Jesus will eine andere Form von Herrschaft verwirklichen. Er sagt: »Ich aber bin unter euch wie der, der bedient« (Lk 22,27). Im Johannesevangelium sagt Jesus beim letzten Mahl zu seinen Jüngern: »Ihr sagt zu mir Meister und Herr, und ihr nennt mich mit Recht so; denn ich bin es« (Joh 13,13). Gleichzeitig aber wäscht er seinen Jüngern die Füße. Damit wird offenbar, von welcher Art seine neue Form des Herr-Seins ist: Sie unterdrückt nicht, sie richtet auf. Jesus ist Herr, und er zeigt seine Größe durch das Beispiel seines *Dienens*. In ihm wird *Gottes Größe* sichtbar, die sich klein macht, damit der Mensch groß werden kann.

> In vielen Gebeten und Liedern bekennt sich die Kirche zu Jesus Christus, ihrem Herrn. Im Gloria der Messe ruft sie ihm zu:
> **Du allein bist der Heilige, du allein der Herr, du allein der Höchste: Jesus Christus, mit dem Heiligen Geist, zur Ehre Gottes des Vaters.**
> *Aus dem Gloria. Gotteslob 354/1*

Kyrios (griech. = Herr): Der alte Ruf: »Herr, erbarme dich« hat sich in vielen Sprachen im griechischen Wortlaut erhalten: Kyrie eleison. Auch in der lateinischen Messe ist der Kyrie-Ruf aus der ersten christlichen Zeit in griechischer Sprache erhalten geblieben (vgl. Gotteslob 353/7). – Jesus Christus als Kyrios anzurufen, hatte in den ersten Gemeinden eine besondere Bedeutung und klang für griechisch sprechende Juden als Provokation. Denn in der griechischen Übersetzung des AT (der sog. Septuaginta) wurde der (schwer übersetzbare) hebräische Gottesname Jahwe (→ 2.1) mit Kyrios wiedergegeben.

Litanei (von griech. litaneia = Bittgebet): Der Kyrie-Ruf ist die ursprüngliche stets gleichbleibende Antwort des Volkes auf die je nach Situation verschiedenen Gebetsrufe des Vorbeters. Später kamen auch andere Antwortrufe in Gebrauch: »Wir bitten dich, erhöre uns«. Bei der Anrufung von Heiligen lautet die Antwort: »Bitte für uns«.

14 Empfangen durch den Heiligen Geist, geboren von der Jungfrau Maria

→ 19.1 Der Heilige Geist schafft Leben

Wer an Jesus glaubt als den Christus, den *Herrn,* den *Sohn Gottes,* kann der seinem Glauben noch weiteres hinzufügen? Paulus sagt im Brief an die Römer: »Wenn du mit deinem Mund bekennst: ›Jesus ist der Herr‹ und in deinem Herzen glaubst: ›Gott hat ihn von den Toten auferweckt‹, so wirst du gerettet werden« (Röm 10,9). Hier wird deutlich, was die Mitte christlichen Glaubens ist.

Im Glaubensbekenntnis wird diese Mitte weiter entfaltet. Ein altes Wort sagt: Was die *Kirche* glaubt, zeigt sich in ihrem Beten; was die Kirche betet, offenbart ihren Glauben. Fragen wir also nach dem, was die Kirche im Glaubensbekenntnis über den Anfang des Lebens Jesu bekennt. Was bedeuten die Sätze: »Empfangen durch den *Heiligen Geist*« und »Geboren von der *Jungfrau Maria*«?

14.1 Mensch geworden
→ 13.2 Sohn Gottes

Jeder Mensch ist ein *Geheimnis* – für sich selbst und für andere. Jesus ist für uns ein unergründliches Geheimnis wie kein anderer Mensch sonst. Das Glaubensbekenntnis umschreibt das Geheimnis seiner Herkunft auf doppelte Weise. Er ist »empfangen durch den Heiligen Geist«, das heißt: Jesus stammt ganz von Gott her. Er ist »geboren von der Jungfrau Maria«, das heißt: Jesus ist ganz einer von uns, er ist unser Bruder. Beides gehört untrennbar zusammen. Er

ist ganz Gottes Sohn und ganz Mensch, nicht von jedem etwas, kein »Halbgott«, kein »Halbmensch«. Die christliche *Glaubensüberlieferung* unterstreicht dies, indem sie sagt, daß bei der Zeugung Jesu Josef nicht die Rolle eines natürlichen Vaters übernommen hat, daß vielmehr der *Heilige Geist*, die Kraft Gottes, Maria »überschattete«.
Vom Herkommen Jesu aus dem Geheimnis Gottes, von seinem »Stammen von oben«, berichten die »*Kindheitsevangelien*« des Matthäus und Lukas. Sie spielen dabei auf Aussagen des Alten Testaments an. Wenn der Engel zu Maria sagt: »Der Heilige Geist wird über dich kommen, und die Kraft des Höchsten wird dich überschatten« (Lk 1,35), dann greift dies zurück auf Aussagen der Bibel über den Anfang. Als Gott die Welt ins Dasein ruft, schwebt Gottes Geist über dem Wasser der Urflut (Gen 1,2). Was an Maria geschehen soll, ist *neue Schöpfung:* Aus der Jungfrau wird Gottes Sohn geboren. Gott macht mit Jesus einen neuen Anfang für die Menschen.
Die beiden genannten Evangelien bezeichnen Maria als *Jungfrau.* Von Israel wird im Alten Testament oft wie von einer Jungfrau, einer Braut, geredet. Gott hat das Volk für sich erwählt, wie ein junger Mann sich seine Braut erwählt: Sie soll ihm allein gehören. Der Inbegriff solcher *Treue* und Offenheit für Gott ist Maria, die Jungfrau. Auf das Wort des Engels hin sagt sie: »Ich bin die Magd des Herrn; mir geschehe, wie du es gesagt hast« (Lk 1,38).
Auch wer den Glaubenssatz so bekennt, wird das Geheimnis selbst mit dem Verstand nie ganz begreifen. Daß *Gott* in Jesus *Mensch* geworden ist, »empfangen durch den Heiligen Geist, geboren von der Jungfrau Maria«, das kann nur der *glauben* und bekennen, der darauf vertraut: »für *Gott* ist nichts unmöglich« (Lk 1,37; vgl. Gen 18,9–15).

> Der Evangelist Lukas spricht in der Botschaft des Engels das Geheimnis der Person Jesu aus:
> **Du wirst ein Kind empfangen, einen Sohn wirst du gebären: dem sollst du den Namen Jesus geben. Er wird groß sein und Sohn des Höchsten genannt werden ... Maria sagte zu dem Engel: Wie soll das geschehen, da ich keinen Mann erkenne? Der Engel antwortete ihr: Der Heilige Geist wird über dich kommen, und die Kraft des Höchsten wird dich überschatten.** *Lukas 1,31–32.34–35*

Jesus: Griechische Form des hebräischen Namens Jehoschua = Jahwe ist Hilfe; ein häufiger Name, z. B. für den Nachfolger des Mose: Josua (Dtn 31,14) und den Verfasser des alttestamentlichen Buches *Jesus Sirach* (Sir 50,27).
Inkarnation (lat. = Fleischwerdung): Fachwort der Theologen für die

Menschwerdung des Sohnes Gottes in Jesus Christus (→ 14.2 Bruder – Sohn), geboren von der Jungfrau Maria.
Kindheitsgeschichten: Die Einleitungskapitel zum Matthäus- und Lukas-Evangelium (Mt 1,1–2,23 und Lk 1,5–2,52) werden üblicherweise »Kindheitsgeschichten« genannt. Die Bezeichnung kann irreführen; denn es handelt sich nicht um irgendwelche Geschichten aus der Kindheit Jesu. Diese Abschnitte sind vielmehr eine Art »Evangelium im Kleinen«; auch an ihnen kann abgelesen werden, wer Jesus ist (»Kindheitsevangelien«).
Gottmensch: Um die Wirklichkeit Gottes und die Wirklichkeit des Menschen in Jesus Christus auszudrücken, sagt das Konzil von Chalzedon (451): »Wir bekennen einen und denselben Christus, den Sohn, den Herrn, den Einziggeborenen, der in zwei Naturen unvermischt, unverwandelt, ungetrennt und ungesondert besteht.«

14.2 Bruder der Menschen – Gottes Sohn
→ 13.2 Sohn Gottes

Menschen, die Jesus von Nazaret während seines Lebens begegneten, haben beides erfahren: daß er der Sohn Marias ist, also eines Menschen, und daß er auf die Seite Gottes gehört wie sonst kein Mensch. Nach seiner *Erhöhung* dachten seine Jünger erst recht darüber nach; denn sie mußten den Glauben verkünden und verteidigen, daß in Jesus Christus die Wirklichkeit Gottes und die Wirklichkeit des Menschen Jesus unvermischt und doch eins sind.
Das *Neue Testament* spricht über den Zusammenhang von Gott-Sein und Mensch-Sein Jesu Christi auf zweierlei Weise, um so seiner Einzigartigkeit etwas näher zu kommen: Er ist ganz Gottes Sohn und ganz der Menschen Bruder. Von der einen Seite her wird gesagt: Gott hat einen von uns, nämlich Jesus, seinen Knecht, mit *Heiligem Geist* erfüllt und zum *Herrn* gemacht (z. B. Apg 2,32–36). Von der andern Seite her wird formuliert: Der Sohn Gottes, wahrer Gott wie der Vater und von Ewigkeit her – immer – bei ihm, ist in Jesus von Nazaret ganz Mensch geworden.
Im Johannesevangelium wird der ewige *Sohn Gottes* das »*Wort Gottes*« genannt (Joh 1,1), das immer bei Gott war und das Gott selbst ist. Und dieses »Wort« ist Mensch geworden. Wir lesen dort: »Und das Wort ist Fleisch geworden und hat unter uns gewohnt, und wir haben seine *Herrlichkeit* gesehen, die Herrlichkeit des einzigen Sohnes vom Vater, voll Gnade und Wahrheit« (Joh 1,14).

> Im Philipperbrief hat uns Paulus einen altchristlichen Hymnus überliefert. Darin heißt es von Jesus Christus:
> **Er war Gott gleich,/ hielt aber nicht daran fest, wie Gott zu sein,/ sondern er entäußerte sich/ und wurde wie ein Sklave/ und den Menschen gleich.** *Philipper 2,6–7*

Erhöhung: Der soeben genannte Hymnus im Brief an die Philipper (Phil 2,6–11) spricht von Jesus Christus, der sich »erniedrigt« hat, und darum von Gott »erhöht« wurde. Erhöhung meint die Einsetzung Jesu Christi in die himmlische Würde; mit diesem Begriff werden »Auferstehung« und »Himmelfahrt« als ein einziger umfassender Vorgang bezeichnet.

14.3 Maria, die Mutter unseres Herrn
→ 36.4 Mutter der Glaubenden; 5.2 Gottes Wille

Das *Neue Testament* erzählt nicht viel von Maria, aber an wichtigen Stationen des Lebens und Wirkens Jesu wird sie erwähnt: bei den wenigen Szenen der Kindheitsgeschichte, die enthüllen, wer er ist (Mt 1,18–2,23; Lk 1,26–2,52); beim ersten Zeichen seiner Herrlichkeit auf der Hochzeit in Kana (Joh 2,1–12); bei seinem Tod am Kreuz (Joh 19,25–27) und an Pfingsten inmitten der Urgemeinde in Jerusalem (Apg 1,14).

Die *Kirche* hat schon früh begonnen, über *Maria* nachzudenken, und zwar im Zusammenhang mit dem Geheimnis der Person Jesu und vor allem mit dem Wunder seiner Geburt. Im Glaubensstreit des 5. Jahrhunderts um Jesus Christus, um sein Gott-Sein und Mensch-Sein, wurde Maria nicht nur als Gottesmutter, sondern mit der kühnen Bezeichnung »Gottesgebärerin« angerufen. In einigen alten Gebeten und Anrufungen hat sich dieser Titel bis heute erhalten.

Weil Maria berufen war, *Mutter Gottes* zu werden, glaubt die Kirche, daß Gott sie vom Beginn ihres Lebens an geheiligt hat: Er hat sie bewahrt vor Schuld und Sünde, in die die Menschheit verstrickt ist. In Maria, der *Jungfrau,* ist geschehen, worauf Israel hoffte: ganz Gott zu gehören wie eine Braut, die auf ihren Bräutigam wartet. Ungezählte Zeugnisse der christlichen Kunst aus allen Jahrhunderten stellen Maria dar; Lieder besingen ihre Anmut und ihr Ja auf Gottes Ruf.

In einem Lied, das die Bibel ihr zuschreibt (Lk 1,46–55), dem Magnificat, erweist sich Maria als wahre Mutter ihres Sohnes, der sich auf die Seite der Entrechteten stellt, Gewaltlosigkeit selig preist und Friedensstifter Kinder Gottes nennt (Mt 5,3–11). Maria besingt den Gott, der die Mächtigen vom Throne stürzt und die Niedrigen erhöht, der die Hungernden beschenkt und die Reichen leer ausgehen läßt (Lk 1,52–53). Die kleine »Mirjam aus Nazaret« wird deshalb von christlichen Künstlern – bei allem Liebreiz – oft als *mächtige Frau* dargestellt. So wird sie auch in der christlichen Frömmigkeit verehrt, so konnte sie zum Vor-Bild der Kirche werden.

> Das Magnificat beginnt mit dem Lob der Größe Gottes, die Maria in ihrem Leben erfahren hat:
> **Meine Seele preist die Größe des Herrn,/ und mein Geist jubelt über Gott, meinen Retter./Denn auf die Niedrigkeit seiner Magd hat er geschaut./ Siehe, von nun an preisen mich selig alle Geschlechter./ Denn der Mächtige hat Großes an mir getan,/ und sein Name ist heilig.**
> *Lukas 1,46–49*

Magnificat: Erstes Wort (»es preist«) in der lateinischen Übersetzung des Lobgesangs, den nach der Darstellung des Lukasevangeliums (1,46–55) Maria bei der Begegnung mit Elisabet gesprochen hat (Text: Gotteslob 127 und 689). Das Magnificat wird in der Liturgie oft gebetet.

15 Gelitten unter Pontius Pilatus, gekreuzigt, gestorben und begraben

→ 16 Auferstanden von den Toten

Das Glaubensbekenntnis sagt nichts über das Leben und Wirken Jesu. Nach dem Satz über seine Herkunft spricht es sofort vom Ende seines Lebens. Von diesem Ende her soll der ganze *Weg Jesu* gesehen werden. Jesus stößt auf Ablehnung. Sein ganzes Leben steht unter dem Zeichen des *Kreuzes*. Schon im ersten Kapitel des Johannesevangeliums heißt es von ihm: »Er kam in sein Eigentum, aber die Seinen nahmen ihn nicht auf« (Joh 1,11).

Diese Ablehnung ist bestürzend für jeden, dem der Ausgang der Geschichte Jesu nicht allzu bekannt ist. Warum führte sein Leben und Wirken zu diesem Ende? Wie konnte es dazu kommen? War das *Gottes Wille?*

15.1 Wer so lebt, stiftet Unruhe

→ 5.2 Gottes Wille; 4.1 Reich Gottes verkündet; Risiko Gottes; 27.2 Letztes Mahl

Die Evangelien sehen Jesus im Licht des Osterglaubens. Wenn man davon absieht, also rein historisch von Jesus spricht, läßt sich etwa folgendes erkennen:

Jesus war *Jude.* Er wurde etwa um das Jahr sechs vor unserer Zeitrechnung in Palästina geboren. Die Bibel nennt Betlehem als seinen Geburtsort. Er stammte aus einfachen Verhältnissen und wuchs in Nazaret in Galiläa auf. Darum wird er oft »Jesus von Nazaret« genannt.

Um das Jahr 28 oder 29 – nach der Gefangennahme Johannes des Täufers – begann Jesus, zunächst in *Galiläa*, als Wanderprediger zu wirken. Die Art seines Auftretens erregte Aufsehen. Die Leute »staunten«, sie »verwunderten sich«; es heißt aber auch: »Sie entsetzten sich«, »sie waren bestürzt«, denn sie merkten: Er spricht wie einer, der unmittelbar von Gott kommt, nicht wie die berufsmäßigen Ausleger des göttlichen Gesetzes, die Schriftgelehrten (Mk 1,22). Das ist so neu und schockierend, daß seine Zuhörer hin- und hergerissen sind. Einige folgen ihm, andere lehnen ihn ab.

Die besondere *Vollmacht Jesu* läßt die menschenfeindlichen Dämonen erzittern. Sie wittern die Gegenwart Gottes in Jesus (Mk 1,23–26). Als Jesus anfängt, Sünden zu vergeben, wie es Gott allein zukommt, sagen einige Schriftgelehrte: »Er lästert Gott!« (Mk 2,7). Als er Festmahl hält mit Menschen, die nicht nach dem Gesetz leben, sagen die Pharisäer: »Wie kann er zusammen mit Zöllnern und Sündern essen?« (Mk 2,16). Und als Jesus am Sabbat einem Menschen hilft und ihn heilt, fassen sie »zusammen mit den Anhängern des Herodes den Beschluß, Jesus umzubringen« (Mk 3,6).

Sogar seine Verwandten distanzieren sich von ihm und sagen: »Er ist von Sinnen« (Mk 3,21). Seine Gegner verbreiten unter dem Volk: »Er ist von einem unreinen Geist besessen« (Mk 3,30); und die Leute seiner Vaterstadt Nazaret »nahmen Anstoß an ihm« (Mk 6,3).

Jesus wurde zum Stein des Anstoßes für viele. Sein Anspruch, in Gottes Namen zu sprechen und an Gottes Stelle zu handeln, mußte ihnen ungeheuerlich vorkommen. Sie spürten etwas von seinem Anspruch, in einmaliger Weise mit Gott eins zu sein (Mt 11,27), und wurden dadurch zum Widerspruch gereizt. Außerdem schwächte sein Programm der *Gewaltlosigkeit* die Kräfte des *Widerstandes* gegen die Römer; seine Ankündigung der *Gottesherrschaft* konnte der Herrschaft der Römer bedrohlich werden.

An Jesus scheiden sich die Geister.

Was Jesus Neues von Gott verkündete, ärgerte diejenigen unter seinen Glaubensgenossen, deren Beruf es war, den Willen Gottes verbindlich auszulegen. Wer so ungewöhnlich von Gott spricht, wer so sehr den Bedürfnissen der Menschen entgegenkommt und zugleich behauptet, Gott wolle es so, der war für sie untragbar. Maßgebliche Kreise befürchteten, es könnte Unruhe entstehen. Dann würde die römische Besatzungsmacht eingreifen. Deshalb forderten sie: Jesus muß weg!

Etwa um das Jahr 30 wird ihm der *Prozeß* gemacht.

> Das Bekenntnis zu Jesus kann Familien entzweien; an ihm scheiden sich die Geister; seine Gegner greifen zum Schwert. Aus dieser Erfahrung überliefert das Matthäusevangelium das folgende Jesuswort:
> **Ich bin nicht gekommen, um Frieden zu bringen, sondern das Schwert. Denn ich bin gekommen, um den Sohn mit seinem Vater zu entzweien und die Tochter mit ihrer Mutter und die Schwiegertochter mit ihrer Schwiegermutter; und die Hausgenossen eines Menschen werden seine Feinde sein.** *Matthäus 10,34–36*

Pharisäer (wörtl. = Abgesonderte): Religiös-politische Partei im Judentum, deren Anhänger es mit der Auslegung und Befolgung des göttlichen Gesetzes *(Thora)* sehr genau nahmen.
Schriftgelehrter: Lehrer mit dem Ehrentitel »*Rabbi*«; des biblischen Gesetzes kundige Theologen und Juristen; Laien (im Gegensatz zu den priesterlichen Gelehrten); zur Zeit Jesu waren viele Schriftgelehrte Anhänger der Pharisäer.
Herodes: Aus der großen Familie der »*Herodianer*« sind vor allem zwei Herrscher für das NT bedeutsam: Herodes der Große (oder der Ältere, 37–4 v. Chr.; er ist in Mt 2 und Lk 1 gemeint); und Herodes Antipas, einer der Söhne von Herodes dem Großen (4 v. Chr. bis 39 n. Chr.; als Fürst von Galiläa ist er der Landesherr Jesu).

15.2 Der Gewaltlose wird gewaltsam beseitigt
→ 22.1 Die Versöhnung empfangen; 16.3 Wir sind erlöst

Pontius Pilatus, von 26–36 römischer Statthalter von Judäa, wird im Glaubensbekenntnis ausdrücklich genannt; er ist der letzte Richter im *Prozeß Jesu.* Er verurteilte Jesus zur Kreuzesstrafe – für den Römer die verächtlichste und grausamste Art der Hinrichtung. Unter der römischen Besatzungsmacht erlitten viele Juden den Kreuzestod. Hätten die Juden das Urteil an Jesus vollstreckt, so wäre Jesus vermutlich gesteinigt worden. Ans Kreuz geschlagen wurden von den Römern Sklaven und Nichtrömer für Mord, Tempelraub, Hochverrat und Aufruhr. Auf einer Tafel wurde die Schuld des Verurteilten angegeben. Die Inschrift lautete bei Jesus: Jesus von Nazaret, *König der Juden* (Joh 19,19). Das soll heißen: Dieser Jesus ist des Todes schuldig, weil er sich als »König der Juden« gegen die römische Herrschaft erhoben hat. Für die Christen ist diese verächtlich gemeinte Aufschrift zum Ehrentitel Jesu geworden.
Für die Römer war jeder, der vom Volk als Prophet oder *Messias* begrüßt wurde, gefährlich. Den jüdischen Behörden war Jesus ein Dorn im Auge, weil er ihre Art, das *Gesetz* auszulegen, und ihren Tempelkult angriff. Die Schuld am Tod Jesu kann man deshalb nicht nur einer Seite zuschieben:

Juden und Heiden (das heißt in diesem Fall: Römer), religiöse und weltliche Behörden, haben zusammengewirkt, um Jesus zu beseitigen.

Als Jesus zum *Paschafest* in Jerusalem weilte, ließen seine Gegner ihn verhaften. Wie jeder Mensch fürchtete sich Jesus vor Leiden und Sterben (Lk 22,44), aber er floh nicht. Er blieb seiner Sendung treu, auch angesichts des Todes. Jesus wird vor den »Hohen Rat«, die höchste Instanz der Juden in Jerusalem, gestellt. Der Hohe Rat befindet, daß Jesus des Todes schuldig ist und übergibt ihn daraufhin dem Statthalter des römischen Kaisers zur Verurteilung und zur Vollstreckung des Urteils (Mt 27,2). Und der ließ ihn wie einen Rebellen kreuzigen (Mk 15,15). Das geschah auf dem Golgota-Hügel, vor den Mauern Jerusalems. Von den Freunden Jesu wurde sein Leichnam in einem Felsengrab bestattet (Mt 27,60).

> Der gläubige Christ sieht sich als Sünder, wenn er auf das Kreuz Jesu schaut; deshalb bekennt er sich als mitschuldig am Tode des Gerechten. Das kommt im Passionslied »O Haupt voll Blut und Wunden« zum Ausdruck:
> **Was du, Herr, hast erduldet,/ ist alles meine Last;/ ich, ich hab es verschuldet,/was du getragen hast./ Schau her, hier steh ich Armer,/ der Zorn verdienet hat;/ gib mir, o mein Erbarmer,/ den Anblick deiner Gnad.** (4)
> *Paul Gerhardt. Gotteslob 179*

Antisemitismus: Im NT finden sich harte Anschuldigungen gegen »die Juden« (z. B. Joh 5,10–18). Da es dabei immer um Fragen des Glaubens und nie um Rassenfragen geht, ist es unsachgemäß, dies »Antisemitismus« zu nennen; allenfalls könnte man von Antijudaismus sprechen. Man muß aber wissen, daß damals rivalisierende Gruppen auch innerhalb des Judentums in einer scharfen polemischen Sprache gegeneinander kämpften. Das wird von den ersten Christen, die um ihre Eigenständigkeit gegenüber der angestammten Religion ringen mußten, teilweise übernommen. Man muß aber zugleich sehen, wie Israel in der ganzen Bibel als Musterbeispiel des von Gott Erwählten gilt; und die ganze Heilige Schrift, das Alte wie das Neue Testament, bezeugt, daß Gott seine Verheißungen für sein erwähltes Volk nicht rückgängig macht. Im NT sagt dies am deutlichsten Paulus im Römerbrief (Kap 9–11); dort spricht er von der Rettung ganz Israels. – Dennoch haben Christen und Nichtchristen zu allen Zeiten das Alte und Neue Testament als angebliches ›Zeugnis‹ und Motiv für antijüdisches Reden und Handeln herangezogen.

Passion (lat.=Ertragen, Leiden): Passionsgeschichte=Leidensgeschichte Jesu; Passion Jesu=sein für die Menschen erlittener Tod am Kreuz; die Leidensgeschichte wurde – in der Darstellung jeweils eines der vier Evangelisten – oft von Musikern vertont (z. B. Matthäus-Passion von Johann Sebastian Bach).

Hoher Rat: Höchstes jüdisches Gremium für religiöse (und, soweit unter der römischen Besatzung möglich: politische) Entscheidungen. 71 Mitglieder (Älteste=Adel; Priester=aus dem Haus Aaron; Schriftgelehrte

= Theologen) unter Vorsitz des *Hohenpriesters* (sein Amt war z. Z. Jesu nicht mehr erblich).
Kreuzweg: Im Gedenken an den Leidensweg Jesu in Jerusalem wurden seit dem Mittelalter an Wegen und in Kirchen »Kreuzwege« errichtet; in 14 Stationen wird das Leiden Jesu von der Gefangennahme bis zur Grablegung dargestellt. Neuere Kreuzwege haben wieder – wie manche ältere – als 15. Station die Auferstehung angefügt (vgl. Gotteslob 775).
Pietà (ital. = Andacht): Darstellung der trauernden Mutter Maria mit dem toten Jesus auf dem Schoß.

15.3 Ärgernis oder Torheit?

→ 16.3 Wir sind erlöst; 22.1 Die Versöhnung empfangen

Eine Botschaft, die einen Gekreuzigten zum Inhalt hat, scheint wenig Aussicht auf Erfolg zu haben. Und dennoch scheut sich der Apostel Paulus nicht, die Botschaft vom *Kreuz* zur Mitte seiner Verkündigung zu machen. Am Kreuz kommt keiner vorbei; hier »scheiden sich die Geister«. Denn Gottes Handeln läßt sich nicht mit menschlichen Maßstäben messen. Wer menschliche Maßstäbe anlegt, dem ist die *Botschaft* vom Kreuz entweder ärgerlich oder dumm. Paulus schreibt deshalb im ersten Korintherbrief: Für Juden ist die Verkündigung eines gekreuzigten Messias anstößig, *ärgerniserregend* (1 Kor 1,18–25). Ist ein Gekreuzigter nicht von Gott verflucht (Dtn 21,23)? Und den griechisch gebildeten Zuhörern des Paulus scheint diese Botschaft eine völlig ungereimte Sache zu sein. Eine *Torheit* ist es für sie, in einem Gekreuzigten den *Retter* zu sehen.

Doch eben am Kreuz wird den Glaubenden offenbar, wie es ist, wenn Gott sich zeigt. Was nach dem Maßstab der Menschen Schwäche und *Ohnmacht* ist, was als Torheit und Einfalt gewertet wird, zeigt sich von Gott her als *Kraft* und Weisheit. Gott eröffnet durch das Kreuz den Menschen seinen Weg zum *Heil*. Auf diesen Weg führen nicht Klugheit und Erkenntnis, sondern nur Vertrauen und *Glaube*.

> Paulus faßt im ersten Brief an die Korinther die Botschaft vom Kreuz so zusammen:
> **Wir verkündigen Christus als den Gekreuzigten: für Juden ein empörendes Ärgernis, für Heiden eine Torheit, für die Berufenen aber, Juden wie Griechen, Christus, Gottes Kraft und Gottes Weisheit.** *1 Korinther 1,23*

Ärgernis: In der Bibel: Anstoß nehmen, Anstößigkeit für den Glauben, für den Weg zum Heil. Meist geben Menschen Ärgernis; es kann aber auch Anlaß zum Ärgernis sein, wenn Gott anders handelt, als der Fromme es sich vorstellt.
Torheit: Mangelnde Klugheit, oft aufgrund von Überheblichkeit.

16 Hinabgestiegen in das Reich des Todes, am dritten Tage auferstanden von den Toten

→ 23 Auferstehung der Toten

In einem Nachruf stand beim Geburtstag des Toten: »geboren, um zu sterben«. Vor dem Sterbedatum hieß es: »gestorben, um zu leben«. Beide Sätze spiegeln christliche Wirklichkeit: die allen Menschen zugängliche Tatsache des Sterbens und die *Hoffnung der Christen auf unzerstörbares Leben*.

Die Christen bekannten von Anfang an die *Auferstehung* ihres Herrn als Mitte ihres Glaubens. Doch was sich den Christen früherer Zeiten unter dem anschaulichen Bild vom Abstieg Jesu Christi in das *Reich des Todes* und von seiner Auferstehung am dritten Tag als zentrale Aussage ihres Glaubens erschloß, erscheint manchen heutigen Menschen dunkel und schwer verständlich. Was meinen die Christen, wenn sie die Auferstehung Jesu Christi bekennen? Seine Rückkehr ins alte Leben? Seine Aufnahme in die Lebensfülle Gottes? Was bedeutet das biblische Sprechen vom verklärten Leib?

16.1 Gott hat Jesus von den Toten auferweckt

→ 18.1 Unser Herr wird kommen; 23.2 Glaube macht Mut

Mit Tod und Begräbnis Jesu war anscheinend »der Fall Jesus« erledigt. Die Jünger verkrochen sich aus Angst, es könnte ihnen ebenso ergehen wie ihrem Meister. Dann aber wurden sie *Zeugen* dafür, daß er lebt, daß Gott ihn auferweckt hat.

An keiner Stelle berichtet die Heilige Schrift, wie die Auferweckung Jesu vor sich ging. Sie läßt sich nicht beschreiben. Daß der hingerichtete Jesus lebt, bleibt denen verborgen, die nicht glauben; seinen Freunden aber, den von Gott erwählten Zeugen (Apg 10,41), ist die Begegnung mit dem Auferweckten sichere Erfahrung. Daß Jesus auferstanden ist, das ist das Wunder.

Ohne eine Beweisführung zu versuchen, bezeugt deshalb das alte *Osterbekenntnis* im ersten Korintherbrief: Jesus ist gestorben, begraben, auferweckt worden und erschienen (1 Kor 15,3–5). In der Auseinandersetzung mit Juden und Heiden versuchen die ersten Zeugen ihre Erfahrung festzuhalten und darzustellen. Sie berichten von *Erscheinungen*

des Auferstandenen, wie er mit ihnen aß und trank, wie er plötzlich mitten unter ihnen stand. Er zeigt sich ihnen in Jerusalem (Mk 16,10–14), begegnet ihnen auf dem Weg (Lk 24,13–35), erscheint ihnen am See in Galiläa (Joh 21,1–14). Die *Überlieferungen* sind so vielfältig wie die Erfahrungen.
Bald ist von *Auferweckung,* bald von *Auferstehung* Jesu die Rede. Dazu kommen die Berichte vom leeren Grab (Joh 20,1–10; Mt 28,11–15) und das Gerücht vom gestohlenen Leichnam und vom Betrug der Jünger (Mt 28,13–14).
Bei aller Verschiedenheit der Aussagen vom leeren Grab und den Erscheinungen des Auferstandenen geben die Ostergeschichten ein einhelliges Zeugnis: Die Menschen haben Jesus, den Boten von Gottes Liebe und seiner angebrochenen Herrschaft, verworfen und hingerichtet. Gott aber hat Jesus nicht im Tod gelassen, sondern ihn zu *neuem Leben* auferweckt. Der Gekreuzigte lebt. Er lebt bei Gott für uns. Er ist es, der sich uns gezeigt hat, wenn auch in einer neuen Weise: verklärt, der Vergänglichkeit entzogen. Und ein zweites wird sichtbar: Wem der Auferstandene erscheint, der wird sein Zeuge: Zeuge seines Lebens, seines Todes, seiner Auferweckung (Apg 3,15).

> Bei der feierlichen Kreuzverehrung am Karfreitag singt die Kirche:
> **Dein Kreuz, o Herr, verehren wir,**
> **und deine heilige Auferstehung**
> **preisen und rühmen wir:**
> **Denn siehe,**
> **durch das Holz des Kreuzes**
> **kam Freude in alle Welt.**
> *Karfreitagsliturgie. Gotteslob 776/8*

Auferstehung, Auferweckung: Beide Ausdrücke stehen im NT nebeneinander (z. B. Apg 2,23–24 und 4,33). Beides sind bildhafte Ausdrücke für ein einzigartiges Ereignis: für die Befreiung Jesu aus dem Tod und seine Verherrlichung beim Vater. Einmal wird von Jesus her gesprochen (»der Herr ist wahrhaft auferstanden«), das heißt also von der Lebenskraft des Sohnes, das andere mal von Gott her (»Gott hat Jesus auferweckt«), das heißt also vom Lebenswillen des Vaters. Man kann dasselbe auch so ausdrücken: Wenn wir auf den Menschen Jesus sehen, sagen wir, daß er auferweckt wurde; wenn wir auf ihn als den einzigartigen Sohn Gottes sehen, sagen wir: Er ist auferstanden. Die Wirklichkeit, um die es geht, die ganz neue Lebensweise, in die Jesus eintritt und die er allen erschließt, die an ihn glauben, läßt sich mit Worten nicht fassen.
Zeuge (griech.: *Martyrer*): Im NT jemand, der aufgrund eigener Erfahrung von der Auferweckung Jesu reden kann. Später jeder, der für die Wahrheit des Evangeliums bis zum Einsatz seines Lebens eintritt (»Blutzeugen«).

16.2 Die Macht des Todes ist gebrochen
→ 22.2 Macht der Sünde; 19.1 Schafft Leben

Die Osterbilder der Ostkirche sind von anderer Art als unsere Darstellungen vom Ostergeschehen. Dort wird nicht der Auferstandene gezeigt, der mit der Fahne des Siegers dem Grab entsteigt, auch nicht der Unbekannte, der sich den ihn verehrenden Frauen zu erkennen gibt. Die Ikonen der Ostkirche zeigen Jesus, wie er »hinabsteigt in das *Reich des Todes*«. Er neigt sich schattenhaften Wesen zu, streckt ihnen die Hand entgegen und zieht sie an sich. Hier spricht sich im Bild der Glaube aus, daß Jesu Sterben und Auferstehen nicht nur denen zum *Heil* gereicht, die nach ihm kommen, sondern auch denen, die vor ihm waren. Deshalb ist es meist *Adam*, der Stammvater der Menschheit, dem der »letzte Adam«, Jesus *Christus*, die Hand reicht (1 Kor 15,45).

Dieses Hinabsteigen zu den Toten ist kein Bild der Grabesruhe, die in der Frömmigkeit unserer Kirche den *Karsamstag* prägt; es ist ein Bild des *Sieges*. Nach alter Vorstellung führt kein Weg zurück aus dem Reich des Todes. In der Scheol, der Unterwelt, leben die Verstorbenen in einem Schattendasein, um das nicht einmal Gott sich kümmert. Dorthin geht der am Kreuz Gestorbene – wie alle Gestorbenen. Doch er bricht das Totenreich auf und führt die in der Macht des Todes Gefangenen mit sich.

Die christliche Gemeinde sieht in der Auferweckung Jesu den Triumph über die Macht des Todes; das wird im Glaubensbekenntnis ausgesagt im Satz vom Hinabsteigen Jesu zu den Vätern in das Totenreich.

Es klingt wie ein *Jubelruf*, wenn Paulus an die Korinther schreibt: »Verschlungen ist der Tod vom Sieg. Tod, wo ist dein Sieg? Tod, wo ist dein Stachel?« (1 Kor 15,54–55). Deshalb können Christen sogar an offenen Gräbern das Oster-*Halleluja* anstimmen und in fester Hoffnung sagen: Der Tod Jesu ist für alle Menschen das Tor zum Leben.

> Das Johannesevangelium weist im Gespräch zwischen Jesus und Marta, der Schwester des Lazarus, auf die Bedeutung hin, die Jesus Christus für das Leben hat:
> **Ich bin die Auferstehung und das Leben. Wer an mich glaubt, wird leben, auch wenn er stirbt, und jeder, der lebt und an mich glaubt, wird auf ewig nicht sterben.**
> *Johannes 11,25–26*

Der dritte Tag: Im AT und NT oft das Ende einer Zeit des Unheils und des Wartens auf das Heil; Gott greift ein zum Heil der Menschen (vgl. Gen

40,10–19; Hos 6,2; Jon 2,1). Im NT soll außerdem betont werden: Die Auferstehung Jesu fand zu der von Gott gesetzten Zeit statt.

Letzter Adam: In einigen Paulusbriefen Bezeichnung für Jesus Christus (z. B. 1 Kor 15,45; Röm 5,12–19): »letzter« in der alten Ordnung und zugleich »erster« in der neuen; auch Bezeichnung für die Neuschöpfung des glaubenden Menschen durch Christus (vgl. 2 Kor 5,17).

Unterwelt/Totenreich: Nach Vorstellung der Menschen in der Antike bestand die Welt aus drei »Stockwerken«: Himmel, Erdscheibe und Unterwelt. Die unter der Erde liegende Unterwelt galt als Reich der Toten. Die Griechen nannten diesen Ort Hades, die Römer Orkus. Für die Germanen herrschte dort die Göttin Hel (davon das althochdeutsche Wort hella=Hölle → 18.2). »Totenreich« ist Ausdruck für die im Leben erfahrene Macht des Todes und seine Endgültigkeit.

Scheol: Im AT und vor allem im frühen Judentum der Ort der Toten. Hier, so stellte man sich vor, führen sie ein finsteres, freudloses Dasein, fernab von Gott und dem wahren Leben. Später unterschied man einen Ort für die Guten und einen Strafort für die Bösen. In der Vorstellung von der Scheol drückt schon das AT aus, daß mit dem Tod nicht »alles aus« ist. Der Tod wird als ein Rätsel dargestellt, das Gott allein lösen kann.

Ostkirche: Sammelname für die Kirchen, die in der östlichen Hälfte des Römischen Reiches entstanden sind. Die größte Bedeutung haben die »orthodoxen« (= »rechtgläubigen«) Ostkirchen (→ 34.9). Der Patriarch von Konstantinopel führt unter ihnen den Ehrenvorsitz; jede für sich ist selbständig (daneben auch Kirchen, die sich wegen unterschiedlicher Auffassungen der Glaubenslehre verselbständigt haben, z. B. die Äthiopische und die Armenische Kirche). Einige orthodoxe Kirchen sind mit Rom verbunden. Sie heißen »Unierte Orientalische Kirchen«.

Ikone (griech.=Bild): Darstellung Christi (Marias, der Heiligen, der Propheten) in der ostkirchlichen Kunst; meist auf Holztafeln gemalt, oft mit Silber und Edelsteinen verziert. – Die Ikonen werden hoch verehrt: Im Bild, so glauben die Christen der Ostkirche, ist der Dargestellte gegenwärtig.

16.3 Durch ihn sind wir erlöst

→ 22.1 Die Versöhnung empfangen; 15.3 Ärgernis oder Torheit; 22.3 Leben in Christus

Der Tod Jesu war ein Schock für seine Jünger und für alle, die ihre *Hoffnung* auf ihn gesetzt hatten. War sein Ende nicht Zeichen seines totalen Mißerfolges? Starb er nicht mit dem Ruf: »Mein Gott, mein Gott, warum hast du mich verlassen!« (Mt 27,46)? Erst nachdem er sich ihnen als der Auferweckte gezeigt hatte, erkannten die Jünger: Hier ist etwas Entscheidendes für die ganze Welt geschehen; eine neue Zeit ist angebrochen; der Tod ist besiegt; Jesus lebt; Gott hat ihn auferweckt.

Durch diese *Ostererfahrung* hat die urchristliche *Gemeinde* erkannt: Wie Jesus gelebt hat, um die *Liebe Gottes* zu verkündigen, so ist er auch gestorben (Joh 15,13). Weil er an der Botschaft, daß Gott die Menschen vorbehaltlos liebt, festhielt, wurde er umgebracht. Er hat sich lieber hinrichten als von seiner *Botschaft* abbringen lassen.

Deshalb sehen Christen einen inneren Zusammenhang zwischen dem, was Jesus lehrte und tat, und ihrem Glauben an die Auferstehung: Im Namen Gottes hat Jesus Gott als einen verkündet, der nicht aufhört, die Menschen zu lieben; er hat dafür sein Leben eingesetzt und ist dieser Botschaft treu geblieben – bis zum Tod. Deshalb hat Gott sich als treu erwiesen und hat diese Botschaft bestätigt durch den Tod hindurch: Er hat Jesus auferweckt. Darin ist der Heilswille Gottes offenbar geworden: Er ist es, der das Heil der Menschen schafft. Für den Glaubenden wird darin sichtbar: Das hat er für uns getan.

Jetzt ist klar: Wer sich dem Heilswillen Gottes öffnet, der wird frei vom Zwang, sein Heil durch eigene Leistung erreichen zu müssen. Wer wie Jesus bereit ist, im Namen Gottes die Liebe weiterzugeben mit allen Konsequenzen, der wird befreit von der Verschlossenheit in sich selbst, die nur in *Schuld und Sünde* führt. Er wird erlöst. Daher glauben die Christen: Jesus ist durch sein Leben, Sterben und Auferstehen für uns zur Erlösung geworden. Am Kreuz ist die Erlöserliebe Gottes offenbar geworden.

> In vielen Liedern, vor allem in dem österlichen Freudenruf des Halleluja, bekennen die Christen die Auferstehung Jesu Christi:
> **Nun freue dich, du Christenheit,/ der Tag, der ist gekommen,/ an dem der Herr nach Kreuz und Leid/ die Schuld von uns genommen./ Befreit sind wir von Angst und Not,/ das Leben hat besiegt den Tod:/ Der Herr ist auferstanden.** (1) *Gotteslob 222*

Erlösung: Nach dem NT Errettung der Menschen durch Christus aus dem unheilvollen Zustand der Gottesferne.
Befreiung: Ein vieldeutiges Wort, meist bezogen auf innerweltliche Not. Es gibt jedoch einen Zusammenhang zwischen Erlösung und Befreiung: die von Christus bewirkte Erlösung drängt die Gläubigen, sich für eine gewaltlose Befreiung ihrer Mitmenschen aus menschenunwürdiger Not einzusetzen.
Halleluja (hebr.=lobet Jahwe): Gebetsruf im AT, besonders in den Psalmen; in die christliche Liturgie übernommen, besonders im Zusammenhang mit Ostern.
Gottesknecht: Das Buch Jesaja enthält mehrere Lieder vom »Gottesknecht« (Jes 42,1–4; 49,1–6; 50,4–9; 52,13–53,12), der allen Menschen die Wahrheit bringt, stellvertretend für die »vielen« (d. h. für alle) leidet, dann aber von Gott erhöht wird als Anfang für das Heil aller. Das NT hat diese Lieder auf Jesus Christus bezogen (vgl. Apg 3,13.26; 4,27.30; 8,32–33).
Lamm Gottes (lat.: Agnus Dei): Im AT ist das Lamm ein oft genanntes Opfertier. Der Gottesknecht wird Lamm genannt, das stellvertretend für die Sünder sein Leben hingibt (Jes 53,7). Johannes bezeichnet Jesus als das »Lamm Gottes, das die Sünde der Welt hinwegnimmt« (Joh 1,29). In der

Eucharistiefeier wird zum Brechen des Brotes gebetet: »Lamm Gottes, du nimmst hinweg die Sünde der Welt: erbarme dich unser« (vgl. Offb 5,6). Seit dem 4. Jahrhundert wird das Lamm in der kirchlichen Kunst als Sinnbild Christi dargestellt.

Herz Jesu: Der Ausdruck will darauf hinweisen, wie intensiv sich Jesus den verlorenen Menschen zugewandt hat (Herz=Mitte des Wesens, der Person). Sein von der Lanze geöffnetes Herz (vgl. Joh 19,34–36) wird verehrt als Zeichen seiner Liebe bis zum Tod. Besondere Verehrung: am Herz-Jesu-Fest und an jedem ersten Freitag im Monat (*Herz-Jesu-Freitag*).

Rosenkranz: Ein Gebet, in dem katholische Christen Leben, Sterben und Verherrlichung Jesu Christi gleichsam mit den Augen seiner Mutter Maria und in Gemeinschaft mit ihr »betrachten«. Vergleichbar ist das »Jesusgebet des russischen Pilgers« (→ 9.3). Da der Rosenkranz ein Wiederholungsgebet und zugleich ein Gemeinschaftsgebet ist, wird beim Beten eine Perlenschnur verwendet. Jeder Gebetsabschnitt (=Gesätz) beginnt mit einem Vaterunser; darauf folgt zehnmal das »Gegrüßet seist du, Maria«, jeweils mit einem eingefügten Satz, in dem ein Heilsgeheimnis ausgesprochen ist, z. B. »Jesus, der für uns gekreuzigt worden ist« (vgl. Gotteslob 33).

16.4 Der Gott des Lebens ist der Grund unseres Glaubens
→ 24 Das ewige Leben; 12.1 Die Welt

Eine *Verkündigung* der Apostel gibt es nicht ohne ihre Begegnung mit dem Auferstandenen. Diese Begegnung schenkte ihnen die Gewißheit: Ihm nachfolgen bedeutet keinen Gang ins Leere. Der Auferstandene sendet sie aus. Mit Jesu *Auferweckung* steht und fällt der christliche *Glaube*. Die Auferweckung Jesu ist die Bewährungsprobe für sein Leben und Wirken. Deshalb schreibt Paulus an die Korinther: »Ist aber Christus nicht auferweckt worden, dann ist unsere Verkündigung leer und euer Glaube sinnlos ... dann ist euer Glaube nutzlos, und ihr seid immer noch in euren Sünden« (1 Kor 15,14.17).

Jesus ist den Glaubenden unendlich viel mehr als ein menschliches Ideal oder ein Weltverbesserer. In ihm hat Gott sich als ein Feind des Todes und ein Freund des Lebens erwiesen. In ihm ist *neues Leben,* das sich im Durchgang durch den Tod bewährt. Er ist Gottes Leben für die Menschen.

Man kann auch sagen: Seit Jesu Auferweckung bedeutet Sterben nicht mehr das Fallen in das Nichts eines *ewigen Todes,* sondern den Ruf in das neue, endgültige Leben bei Gott. Der einzelne kann sagen: Mein Leben wird im Tod nicht bedeutungslos; es behält und gewinnt vielmehr seine volle neue Bedeutung durch den Tod hindurch.

Die Begegnung mit dem Auferstandenen hat den Jüngern ihre Freiheit gelassen; sie hat keinen der Jünger zum Glauben gezwungen. Am Ende des Matthäus-Evangeliums heißt es: »Und als sie Jesus sahen, fielen sie vor ihm nieder. Einige aber hatten *Zweifel*« (Mt 28,17). Das kann heutigen Christen Zuversicht geben. Wenn die *Hoffnung* auf das neue Leben bei Gott verdunkelt ist, wenn Zweifel sich breitmachen, dann ist es gut, sich der vielen *Zeugen* zu erinnern, die durch die lange Geschichte der Kirche aus diesem Glauben gelebt haben, denen die Botschaft von Tod und Auferstehung Jesu Christi ein entscheidender Antrieb zum *Handeln* war. Das Bewußtsein, zum Zeugnis dafür ausgesandt zu sein, befähigt dazu, andern zu dienen, ohne Angst zu haben, dabei für sich selbst etwas zu verlieren. Es befähigt, ein Leben mit anderen zu versuchen, das von österlicher Hoffnung geprägt ist.

> In ihrem Leben und in der Bedrohung durch den Tod setzen die Christen ihre Hoffnung auf Jesus Christus, den Auferstandenen:
> **Verklärt ist alles Leid der Welt,/ des Todes Dunkel ist erhellt,/ der Herr erstand in Gottes Macht,/ hat neues Leben uns gebracht.** (2)   Heinrich Bone. Gotteslob 220

17 Aufgefahren in den Himmel, er sitzt zur Rechten Gottes, des allmächtigen Vaters

→ 13.3 Der Herr

Die Aussage von der *Himmelfahrt* Jesu und vom Sitzen *zur Rechten* des Vaters entfaltet das Ostergeheimnis. Der Auferstandene lebt nicht nur ganz bei Gott; er »sitzt zu seiner Rechten«. Dieses Bild sagt: Er ist der von Gott eingesetzte *Herr* über alles Geschaffene. Ihm »ist alle Macht gegeben im Himmel und auf der Erde« (Mt 28,18). An ihm entscheidet sich alles.

»Himmelfahrt« heißt nicht, daß Jesus sein Menschsein aufgibt. Er bleibt »einer von uns«. Mit ihm reicht nun der Mensch in die *Herrlichkeit* Gottes hinein. War also sein Leben auf der Erde mehr als ein kurzer Zwischenaufenthalt? Ist das Sitzen zur Rechten keine »Entfernung« von uns und von der Welt? Wie ist die »Rückkehr« zum Vater mit dem bei Matthäus überlieferten Wort von seinem fortwährenden Bleiben bei uns zu vereinen: »Ich bin bei euch alle Tage bis zum *Ende der Welt*« (Mt 28,20)?

Himmelfahrt: Im Zeitalter der Weltraumfahrt leicht mißverständlich, weil man an eine Fortbewegung innerhalb des Raumes dieser Welt denkt. In der Sprache des Glaubens meint das Wort das »Hineingehen« (auch das ist ein bildhafter Ausdruck) des Menschen Jesus (und der Gläubigen, unter ihnen als erste Maria) in die endgültige Gemeinschaft mit Gott.

Zur Rechten Gottes: Im AT ist »die rechte Hand Gottes« Sinnbild seiner Macht und seiner Güte zu den Menschen: »Die Rechte des Herrn wirkt mit Macht« (Ps 118,16). Der Platz zur Rechten Gottes gilt als Ehrenplatz. Dem König Israels gibt Gott die Verheißung: »Setze dich mir zur Rechten« (Ps 110,1). Vor dem Hohen Rat sagt Jesus: »Von nun an werdet ihr den Menschensohn zur Rechten der Macht sitzen und auf den Wolken des Himmels kommen sehen« (Mt 26,64; vgl. Apg 7,55–56).

17.1 Er ist uns vorausgegangen
→ 23 Auferstehung der Toten

Vierzig Tage nach Ostern feiert die Kirche das Fest »Christi Himmelfahrt«. Die Liturgie folgt damit der Apostelgeschichte. Dort ist die *Himmelfahrt* der Abschluß einer vierzigtägigen Zeit, in der der Auferstandene sich den Jüngern zeigte und sie seine Nähe erfahren durften (Apg 1,3).

Die anderen Schriften des Neuen Testaments legen ein solches »Datieren« der Himmelfahrt Jesu nicht nahe; sie sprechen ohne jede Zeitangabe davon, daß Jesus »in den Himmel erhoben« und »den Blicken der Jünger entzogen« wurde. Hier wird deutlich, daß »Himmelfahrt« keinen räumlichen Vorgang meint. Markus berichtet ganz nebenbei, Jesus sei in den Himmel, also zu Gott, erhoben worden (Mk 16,19). Matthäus redet überhaupt nicht von Himmelfahrt, sondern im Gegenteil vom Bleiben Jesu bei seinen Jüngern (Mt 28,20). Lukas spricht in seinem Evangelium nicht von 40 Tagen; hier kann eher der Eindruck entstehen, Jesus sei auferstanden und noch am gleichen Tag »zum Himmel emporgehoben« worden (Lk 24,50–53). Johannes sieht schon in der Kreuzigung Jesu den Beginn seiner *Erhöhung* in die *Herrlichkeit* des Vaters (Joh 17,4–5).

An dieser »ungenauen« Redeweise der Evangelisten wird deutlich, daß das, was nach der Kreuzigung mit Jesus geschah, menschliche Vorstellungen sprengt und sich deshalb in Menschenworten nicht angemessen ausdrücken läßt.

Karfreitag, *Ostern*, Himmelfahrt und Pfingsten gehören zusammen. Diese Feste umschreiben die eine Wirklichkeit des erhöhten Herrn: Jesus, der Gekreuzigte (Karfreitag), zeigt sich als der *Auferstandene,* er ist uns nahe, und er ist zugleich beim Vater (Ostern); er ist uns vorausgegangen und hat uns den Weg gebahnt (Himmelfahrt); unser Herr läßt uns aber nicht »als Waisen« zurück (Joh 14,18), er sendet den Geist vom Vater, damit wir ihm folgen können (Pfingsten). Die *Christen* glauben, daß das Leben Jesu beim Vater ein Anfang für alle ist: Mit ihm haben wir im *Himmel* eine »Heimat« (Phil 3,20), ein Zuhause. Das gibt uns den Rückhalt, uns in dieser Welt so einzusetzen, daß mit uns zusammen viele Menschen Hoffnung und Zuversicht gewinnen können.

> Der Glaube, daß der Auferstandene seiner Kirche nahe bleibt, ist ausgesagt in einem Lied:
> **Er ist das Haupt der Christenheit,/ regiert sein Volk in Ewigkeit. Er triumphiert, lobsinget ihm,/ lobsinget ihm mit lauter Stimm'.** (5)
> *Johann Samuel Diterich. Gotteslob 229*

17.2 Jesus Christus in der Herrlichkeit des Vaters
→ 2.2 Unser Vater; 4.4 Herrlichkeit wird offenbar; 25.1 Vater/Sohn/Geist

»Jesus ist beim Vater« – so läßt sich kurz zusammenfassen, was Christen glauben: Jesus ist eingegangen in die *Fülle des Lebens;* gerade weil er beim »Vater« ist – bei seinem und unserm Vater – ist er den Menschen bleibend nahe. Das sagen die Schriften des Neuen Testament auf verschiedene Weise aus:
Der Satz: »Jesus ist in der Herrlichkeit des Vaters« bedeutet: Er hat Teil an Gottes Lebensfülle und Macht. In ihm leuchtet Gottes Größe und *Herrlichkeit* ein für allemal auf. Ein anderer Satz lautet: »Jesus ist der erhöhte Herr«; das heißt: Weil er sich selbst erniedrigt, wie ein Sklave den Menschen gedient hat, darum hat ihn Gott erhöht und ihm göttliche Würde verliehen (Phil 2,6–11). Besonders das Johannesevangelium betont: Jesu *Erhöhung* am Kreuz – obgleich scheinbar der Tiefpunkt – ist der Höhepunkt seines Lebens (Joh 12,32). Das Bekenntnis »Jesus sitzt *zur Rechten Gottes*« sagt bildhaft, daß Jesus in Gottes Schutz steht und zugleich in Gottes Macht und Kraft handelt. Dieses Bild geht auf die Lieder zur Einsetzung der Könige des Volkes Israel zurück (z. B. Ps 110).
Alle diese Bilder umschreiben das eine Wichtige: In Jesus Christus sind die Menschen, die Welt, ja die ganze *Schöpfung* mit Gott bleibend verbunden. Mit Jesu *Auferstehung* hat angefangen, daß die durch die Sünde entstellte alte Schöpfung in die neue Schöpfung Gottes überführt wird. An diesen erhöhten Herrn denkt die *Kirche,* wenn sie zu Gott

dem Vater *betet* »durch Jesus Christus, ... der mit dir lebt und herrscht.«

> Der alte christliche Gruß »Gelobt sei Jesus Christus – in Ewigkeit. Amen« ist in einen Liedtext eingegangen:
> **Gelobt seist du, Herr Jesu Christ,/ ein König aller Ehren;/ dein Reich ohn' alle Grenzen ist,/ ohn' Ende muß es währen./ Christkönig, Halleluja, Halleluja.** (1)
> *Guido Maria Dreves. Gotteslob 560*

Herrlichkeit: Eines der Grundworte, durch das Menschen in der Bibel ihre Erfahrung mit Gott ausdrücken. Herrlichkeit wird meist mit einem überaus hellen Licht verglichen; diese Erfahrung beglückt, erschreckt und beansprucht zugleich. Gott »verherrlichen« heißt, sich seiner wohltuenden Gegenwart freuen und diese Freude zur Ehre Gottes vor und mit anderen weitersagen. Gott verherrlichen bedeutet: Gott als Herrn anerkennen, ihm die Ehre geben im Bekenntnis des Lebens (vgl. Joh 17,4) und im Vertrauen des Gebets. In Jesus ist die Herrlichkeit Gottes in einmaliger Weise »aufgeleuchtet« (vgl. Joh 1,14; 2 Kor 3,18), so daß sie im Glauben angenommen werden kann. Christen glauben, daß diese Herrlichkeit jetzt schon in ihnen wirksam ist. Sie hoffen darauf, daß Gott auch vollenden wird, was er begonnen hat; sie erwarten das Offenbarwerden der »Herrlichkeit der Kinder Gottes« (Röm 8,21) → Doxologie.

Christus König: Um zu verdeutlichen, was in der Auferweckung mit Jesus geschehen ist, benutzen die Verfasser des NT Vergleiche. Sie nennen ihn z. B. »König« (die Kirche feiert das »*Christkönigsfest*«); doch Christus herrscht auf andere Weise als jeder König. Er herrscht, indem er dient. An dieser Herrschaft sollen auch die Gläubigen teilnehmen (vgl. Offb 22,5).

18 Von dort wird er kommen, zu richten die Lebenden und die Toten

→ 24.1 Bilder vom ewigen Leben

Mit der Botschaft vom *Weltgericht* über alle Menschen am Ende der Tage verbinden sich Befürchtungen und Ängste, aber auch Erwartung und *Hoffnung*. Die biblischen *Bilder* zeigen beides: Da wird gesprochen von einer Katastrophe kosmischen Ausmaßes – von einer Feuerhölle, in der es Heulen und Zähneknirschen gibt, – von Feldern, die reif sind zur Ernte, – von einer Trennung von Spreu und Weizen – von einer endgültigen Scheidung des Unkrauts vom Weizen, der Böcke von den Schafen – von der Zerstörung des Tempels – von Gräbern, die sich öffnen und von wiederbelebtem Totengebein. Aber da wird auch gesprochen von einer Einladung – von einem königlichen Gastmahl – vom himmlischen Hochzeitsmahl mit Wein in Fülle

– von einer Stadt, die aus dem Himmel herabkommt und Sonne und Mond nicht mehr braucht – von paradiesischem Frieden.
Wollen diese Bilder in verschiedener Weise das gleiche sagen? Was ist das *Ziel,* das sie andeuten? Was ist der Maßstab des Gerichts? Wie steht es mit der *Verantwortlichkeit* des Menschen? Was bedeutet das Wort Jesu im Matthäus-Evangelium: »Was ihr für einen meiner geringsten Brüder getan habt, das habt ihr mir getan« (Mt 25,40)?

18.1 Unser Herr wird kommen
→ 4.4 Herrlichkeit wird offenbar; 35.1 Gott ist uns voraus

Die erste Christengeneration hoffte, die *Wiederkunft* Christi und damit das Ende der Weltzeit noch zu erleben. »Marana tha«, das heißt: »Komm, Herr«, war ihr Gebetsruf. *Erwartung* und Ausschau nach Jesus Christus prägten ihr Leben. Die junge Kirche hat lernen müssen, daß der Tag Christi nicht berechnet werden kann. Sie erinnerte sich an das Wort: »Doch jenen Tag und jene Stunde kennt niemand, ... nur der Vater« (Mt 24,36). In der Verzögerung der Wiederkunft erkannten die Christen ein Zeichen der Geduld Gottes mit den Menschen (2 Petr 3,9).
Paulus war in Eile durch die damals bekannte Welt gereist, um möglichst viele Menschen für das baldige Kommen des Herrn zu rüsten. Nach und nach hat die Kirche erkannt, daß sie länger in dieser Welt leben muß und daß *Mission* ihre ständige Aufgabe bleibt.
Die Frage nach der Wiederkunft Christi blieb aber dennoch wach in der Kirche. Im Lauf ihrer Geschichte traten immer wieder Schwärmer auf, die das Ende der Zeit und den Tag des *Gerichtes* genau datieren wollten; doch sie irrten immer. In unserer Gegenwart, in der man vieles vorausplanen und vorausberechnen kann, gilt Jesu Gleichnis immer noch: »Wenn der Herr des Hauses wüßte, in welcher Stunde der Dieb kommt, so würde er verhindern, daß man in sein Haus einbricht« (Lk 12,39).
Jedes Jahr im *Advent* besinnt sich die Kirche darauf, daß sie auf die Ankunft ihres Herrn in Herrlichkeit wartet. Sie schaut in die Geschichte des Volkes Israel zurück und erneuert in den Glaubenden die Sehnsucht nach der *Rettung* und Vollendung durch Gott. Sie freut sich, daß der Retter gekommen ist. Sie ermahnt die Gläubigen, bereit zu sein für die endgültige Begegnung mit Jesus Christus. In jeder *Eucharistiefeier* gedenkt die Kirche des Weges Jesu, »bis er kommt in Herrlichkeit«.

> Der Aufruf zur Freude auf das Kommen des Herrn ist stets verbunden mit der Mahnung zur Wachsamkeit:
> **Haltet auch ihr euch bereit! Denn der Menschensohn kommt zu einer Stunde, in der ihr es nicht erwartet.**
> *Lukas 12,40*

Wiederkunft Christi (oder auch: endgültiges Offenbarwerden Jesu Christi; griech.: *Parusie*): Die unmittelbare Naherwartung der Parusie spiegelt sich in den Thessalonicherbriefen; Mk 13,32 (»Jenen Tag und jene Stunde kennt niemand«) und Mt 25,1–13 (Gleichnis von den Jungfrauen) bezeugen die Erkenntnis der ersten Christengeneration, sich auf eine Zeit des Wartens einrichten zu müssen. – Die Frage nach der Zukunft weckt viel Angst bei den Menschen; wer glaubt, kann diese Angst überwinden. Er ist überzeugt: Was auch immer kommen mag – am Ende kommt Er, Christus (Wiederkunft), und vollendet, was er begonnen hat.

Endzeit: Doppeldeutiger Ausdruck: Die Vollendung der Zeit; das Ende der alten Welt und der Anbruch einer neuen Welt aus Gott. – Oder: Die neue Zeit, die mit Jesus Christus schon begonnen hat. Sie bringt etwas unerhört Neues, das Angebot Gottes, sich für das Heil zu entscheiden (Mt 11,6).

Maranatha: Aramäischer Gebetsruf, ins griechische NT übernommen (1 Kor 16,22 und Offb 22,20). Bedeutung: Unser Herr ist gekommen; oder: Komm, Herr Jesus! Das »Schon« und das »Noch-nicht-endgültig« der Gegenwart Christi gehören zusammen.

Advent: → 27.6

18.2 Christus wird die Welt richten

→ 24.1 Bilder vom ewigen Leben; 22.4 Gottes Zuwendung; 36.2 Freiheit; 24.2 Vollendung

Die Vorstellung eines letzten Gerichts mag manchen eher ängstigen als trösten. Doch das *Gericht* Christi wird erweisen, daß die *Liebe* mehr ist als »nur« *Gerechtigkeit*. Die Botschaft vom Gericht ist Frohe Botschaft. Gott schafft Recht, wo Unrecht herrscht; Recht den Armen, den Kleinen, den Ungewollten, den Zu-kurz-Gekommenen. In ihm und vor ihm kommt alles in seine Ordnung.

Die Heilige Schrift spricht eindeutig davon, daß Gott in Jesus Christus die Welt vollenden wird. Das letzte Wort haben nicht die Menschen mit ihren *Zukunftsplänen* und ihren Urteilen, sondern Gott hat das letzte Wort mit seinem Plan, diese Welt in Jesus Christus mit sich zu versöhnen und zu vollenden. Deshalb sollen die Jünger Jesu darauf verzichten, sich und andere zu richten. Gott in Jesus allein ist der gerechte Richter. Keiner fällt aus Gottes Plan mit dieser Welt heraus.

Für den einzelnen wird die Liebe Gottes erfahrbar in seinem Tod (»persönliches Gericht«). Da aber jeder vielfältig mit dem Geschick anderer und so mit dem Geschick der ganzen

Welt verflochten ist, wird er auch das volle Ausmaß der Liebe *Gottes schauen,* die die ganze Welt vollendet (»allgemeines Gericht«, Jüngstes Gericht, *Weltgericht*). So wird der Sieg der Liebe Gottes offenbar, die alles ins rechte Lot bringt. Denen, die sich ihr endgültig verschlossen haben, wird die Liebe Gottes zum Gericht *(Hölle);* jenen, die sich ihr nicht genügend geöffnet haben, wird sie zum Schmerz (Läuterung/*Fegfeuer*), – und denen zur Seligkeit, die sich ihr anvertraut haben *(Himmel).*

Wir tun uns schwer mit unseren Vorstellungen, weil wir unseren Zeitbegriff unwillkürlich auf den Zustand nach dem Tod übertragen. So verbinden wir »Fegfeuer« mit der Vorstellung einer Zeitdauer, und wir unterscheiden das persönliche vom allgemeinen Gericht. Doch wo der Himmel, die Ewigkeit, »anfängt«, kommen wir mit unseren *Zeitvorstellungen* nicht mehr zurecht. Hier müssen wir die Begrenztheit unseres Denkens eingestehen. In Wirklichkeit nimmt uns der Tod aus der Zeitlichkeit heraus und stellt uns vor den unendlichen Gott. Für ihn gibt es nur »Gegenwart«, nur zeitloses Jetzt. Alle Menschen werden ihm begegnen; niemand ist von seiner Liebe ausgeschlossen. Aber Gott drängt seine Liebe dem Menschen nicht auf. Das Geschenk der *Vergebung Gottes* in Jesus Christus und der Ernst der eigenen *Verantwortung* des Menschen bestehen nebeneinander.

Gottes Liebe zu seiner Schöpfung zieht sich durch die ganze Geschichte. Sie findet ihr *Ziel* in der Vollendung der Welt.

> In seiner Rede auf dem Areopag, dem Gerichtsplatz von Athen, sagt Paulus über Gottes Gericht:
> **Denn er hat einen Tag festgesetzt, an dem er den Erdkreis in Gerechtigkeit richten wird, durch einen Mann, den er dazu bestimmt und vor allen Menschen dadurch ausgewiesen hat, daß er ihn von den Toten auferweckte.** *Apostelgeschichte 17,31*

Ewige Seligkeit: Die Seligkeit, die Menschen in diesem Leben erfahren, ist meist nur von kurzer Dauer; die Seligkeit, die Gott verheißen hat, ist unbegrenzt – und wir werden sie nie leid werden.

Endgericht: Die Bibel meint damit die Vollendung der Herrschaft Gottes, darum auch »*Jüngstes Gericht*« und »Jüngster Tag« (= der Tag, der nicht alt wird, weil er nicht zu Ende kommt), auch »Tag Jahwes«, »Tag des Herrn« (Gottes endgültiger Sieg über alle seine Feinde) und »Tag des Gerichts« genannt. Damit verbunden die Vorstellung vom Gericht Gottes über alle Menschen und Völker: im *Weltgericht* wird der Sinn der menschlichen Geschichte offenbar.

Fegfeuer: Bildhafter Ausdruck für die Läuterung der Verstorbenen; da in das neue Jerusalem »nichts Unreines hineinkommen wird« (Offb 21,27), muß alles Fehlerhafte hinweggefegt werden, so wie der Rost vom Eisen durch Feuer »weggefegt« wird. Das Konzil von Trient sagt (1563): »Es gibt einen Reinigungsort, und die dort festgehaltenen Seelen finden eine Hilfe in den Fürbitten der Gläubigen, vor allem aber in dem Gott wohlgefälligen Opfer des Altares.« (→ 24.1)

Hölle: Biblisches Wort für den Ort der ewigen (vgl. Mt 25,41) Verdammnis (auch *Scheol* oder *Gehenna*); greift die Vorstellung einer Unterwelt auf, wie sie dem alten orientalischen Weltbild entsprach. Gott will die Hölle nicht; der Mensch bereitet sie sich selbst, wenn er bewußt und ausdrücklich ablehnt, was Gott ihm schenken will.

18.3 Der Maßstab des Gerichtes

→ 37.1 Den Nächsten lieben; 5.2 Gottes Wille; 39.10 Gott bitten

»Habt Vertrauen, ich bin es; fürchtet euch nicht!« (Mk 6,50). Dieses Wort Jesu gilt auch für die Begegnung mit ihm im *Gericht.* Jesus wird andere Maßstäbe anlegen, als sie sonst üblich sind. Ansehen, Ruhm, Einfluß, Anhängerschaft, Reichtum, ein großer Name – das alles zählt nicht. Entscheidend ist das Maß der *Liebe,* von dem einer sein Leben bestimmen ließ. Wer von Gott her erfahren hat, was Liebe ist, wird tausend Wege finden, um Liebe *weiterzugeben.* Liebe macht erfinderisch. Das wird sich bei verschiedenen Menschen verschieden auswirken, denn jeder hat andere Fähigkeiten und Möglichkeiten, Liebe zu verwirklichen.

Das Matthäusevangelium weist uns die Richtung: Hungernde speisen, Dürstende tränken, Fremde beherbergen, Nackte bekleiden, Kranke und Gefangene besuchen, Tote begraben (Mt 25,34–36). Das sind Beispiele für das Wort: »Was ihr für einen meiner geringsten Brüder getan habt, das habt ihr mir getan« (Mt 25,40).

Die meisten Menschen in unserm Land sind »materiell genügend versorgt«. Es zeigt sich aber oft, daß solche Versorgung nicht ausreicht, um menschlich zu leben. Von seinen Mitmenschen persönliche Zuwendung zu erfahren, ist oft viel wichtiger als materielle Hilfe. Jesus hat seinen Jüngern den Weg gewiesen. Er hat sich den Menschen liebevoll zugewandt; er hat die Liebe gelebt. Damit gibt er den *Maßstab des Handelns* und zugleich den Maßstab, nach dem er richtet.

Viele werden erst im Gericht erkennen, daß sie, ohne es zu wissen, Jesus Christus gedient haben. Sie werden fragen: »Herr, wann haben wir dich hungrig gesehen und dir zu essen gegeben . . .« (Mt 25,37). Dann wird Jesus Christus selber, wie Paulus schreibt, »das im Dunkeln Verborgene ans Licht bringen und die Absichten der Herzen aufdecken« (1 Kor 4,5).

> Von der Zuversicht der Glaubenden schreibt Paulus im Römerbrief:
> **Denn ich bin gewiß: Weder Tod noch Leben, weder Engel noch Mächte, weder Gegenwärtiges noch Zukünftiges, weder Gewalten der Höhe oder Tiefe noch irgendeine andere Kreatur können uns scheiden von der Liebe Gottes, die in Christus Jesus ist, unserem Herrn.**
> *Römer 8,38–39*

Maßstab des Handelns: Außer den Beispielen in Mt 25,34–36 (→ 37.1) können für dieses Thema andere neutestamentliche Worte hilfreich sein, z. B. die Seligpreisungen Mt 5,3–11 (→ 5.2) oder Mt 7,21 das Wort vom Eingehen ins Himmelreich; ebenfalls wichtig: das Gleichnis von den beiden ungleichen Söhnen (Mt 21,28–32).

19 Ich glaube an den Heiligen Geist

→ 34 Kirche konkret

Heutigen Menschen fällt es oft schwer, vom *Heiligen Geist* zu sprechen. Vielleicht hängt es damit zusammen, daß sich zu den biblischen Bildern für Gottes Geist – Hauch, Atem, Feuer, Sturm, Taube – schwer eine persönliche Beziehung herstellen läßt. Das Wort »Geist« dagegen ist uns durchaus geläufig. Man sagt zum Beispiel, man könne sehen, »wes' Geistes Kind einer ist«. Oder man sagt von einer Gruppe, bei ihr herrsche »ein guter Geist«, oder sie sei »von allen guten Geistern verlassen«. Damit soll gesagt sein: Es gibt *Gemeinschaften,* wo einer dem andern gut ist, und es gibt andere Gemeinschaften, wo Zwiespalt, Haß und Bosheit herrschen.

Von Jesus wird gesagt, daß er durch und durch vom Geist Gottes erfüllt ist: Er ist empfangen durch den Heiligen Geist (Lk 1,35); der Geist Gottes kommt auf ihn herab (Mt 3,16), er ist vom Geist getrieben (Mk 1,12); er verspricht den Seinen den Geist der Wahrheit, der ihn verherrlichen wird (Joh 16,13–14). Christen sind überzeugt: Alle, die an *Jesus Christus* glauben, können in diesem Geist leben.

Der Heilige Geist: das ist der *Geist des Vaters,* von dem Jesus ganz erfüllt war; das ist der *Geist Jesu,* in dem Gott als Vater den Menschen zugänglich wird. Aber wenn man schon den bösen oder guten Geist der Menschen an seinen Wirkungen erkennt, dann kann man wohl auch fragen: Woran erkennt man *Gottes Geist?* Wie leben, reden und denken Menschen, die im Geist Jesu zusammen sind?

19.1 Der Heilige Geist schafft Leben

→ 22.3 Leben in Christus; 26.1 Für die Völker

Im 2. Kapitel seiner Apostelgeschichte beschreibt Lukas am Verhalten der Jünger, was es bedeutet, »*mit dem Heiligen Geist erfüllt*« zu werden (Apg 2,4). Nach dem Tod Jesu waren die *Jünger* enttäuscht, ratlos, mutlos. Einige waren nach Galiläa zurückgekehrt, andere – vom Offenbarwerden der Auferstehung Jesu betroffen – blieben zwar in Jerusalem, aber hinter verschlossenen Türen. Sie waren ein Rest ohne Leben, ohne Initiative, in sich gekehrt und mit sich selbst beschäftigt.

Und dann berichtet Lukas vom *Wirken* des Geistes. »Als der Pfingsttag gekommen war« (Apg 2,1), bricht er herein wie Sturm, wie Feuer; er bringt neues Leben. Türen werden aufgestoßen: Petrus beginnt, öffentlich die Frohe Botschaft vom gekreuzigten Messias zu *verkünden*. Mit Freimut, Entschlossenheit, Begeisterung, Überzeugungskraft treten die Jünger auf und gewinnen Menschen dazu, Jesus Christus nachzufolgen. Die Kirche wächst (Apg 2,47), neue Dienste werden notwendig (Apg 6,1–7). Paulus überschreitet die Grenzen Israels und wendet sich an die Heiden; er beginnt, im ganzen Mittelmeerraum Christus zu verkünden. Missionserfolge geben Zeugnis vom Wirken des Geistes; mehr noch das Leben in den jungen Gemeinden selbst.

Ein solches *Pfingsten* bricht immer wieder in der *Kirche* auf. Der *Heilige Geist* weckt die Christen aus dem Schlaf, sprengt Grenzen, erfüllt leer gewordene Worte und erstarrte Formen mit neuem Leben. Das Wirken des Geistes macht *Vergebung* möglich und *verändert* das Leben der Menschen. Deshalb glauben Christen: Gottes Heiliger Geist ist ausgegossen »über alles Fleisch« (Joel 3,1–5 und Apg 2,17–18); jeder kann von ihm erfaßt werden.

> Ein lateinisches Lied aus dem neunten Jahrhundert, das »Veni Creator Spiritus«, beginnt in der Übertragung von Friedrich Dörr (1969) so:
> **Komm, Heiliger Geist, der Leben schafft,/ erfülle uns mit deiner Kraft./ Dein Schöpferwort rief uns zum Sein:/ nun hauch uns Gottes Odem ein.** (1) *Gotteslob 241*

Galiläa: Landschaft im Norden Palästinas: der See Gennesaret, die Städte Nazaret, Tiberias, Kafarnaum liegen dort.
Joel: Einer der zwölf sogenannten »Kleinen Propheten« des AT (→ 19.2 Prophet).
Fleisch: Bedeutet im Hebräischen einfach »Mensch«, so wie er sich in der Welt vorfindet, der Mensch von Fleisch und Blut (vgl. Joh 1,14); »alles Fleisch« = jedermann (Jes 40,5 = Lk 3,6).

19.2 Der Heilige Geist ist der Geist Gottes
→ 25.1 Vater/Sohn/Geist; 24.2 Gottes Zuwendung

Wenn die Bibel ausdrücken will, daß Gott in dieser Welt wirkt, spricht sie häufig vom Geist Gottes. Für die vielfältige Zuwendung Gottes verwendet sie aber nicht nur einen Begriff. Die Vergleiche und Bilder wechseln, die Ausdrücke sind nicht festgelegt; immer aber geht es um die Art und Weise, in der Menschen den *Geist Gottes* als treibende Kraft in ihrem *Leben* erfahren.

Gottes Geist weht, wo er will (Joh 3,8). Er schwebt als schöpferische Kraft über dem Wasser der Urflut (Gen 1,2); als Geist des Herrn ergreift er Seher und Propheten und macht sie zu *Zeugen* von Gottes Wort (Ez 11,5). Als Gottes Lebensatem schenkt er dem Menschen das Leben (Gen 2,7). Jesus schenkt seinen Jüngern den Heiligen Geist, der in der Vergebung *neuen Anfang* möglich macht; zum Zeichen dafür haucht er sie an (Joh 20,22). Auf Jesus ruht Gottes Geist (Lk 1,35 und 4,18); auch jenen, die ihm nachfolgen, wird dieser Gottesgeist zugesagt (Lk 12,12).

Eine Unterscheidung aber muß klar bleiben: Der Geist Gottes ist nicht der Geist dieser Welt (Joh 14,17); darum wird er Heiliger Geist genannt. Er überfällt die Jünger wie ein Sturm (Apg 2,2), er setzt sich durch, er ist der machtvolle Geist des Herrn (Apg 6,10). Wie Feuer zerstört er das, was sich Gottes Wirken entgegenstellt (Lk 12,49); er erhellt das Dunkel, erwärmt das Kalte (Apg 18,25), macht Herzen aus Stein zu Herzen aus Fleisch (Ez 11,19), gibt ein neues Herz (Ez 36,26). Mehr noch als die Propheten wurde *Jesus* als einer erfahren, der ganz vom Geist Gottes getrieben ist (Mk 1,12). Das erkennen die Dämonen, wenn sie – wie Markus (1,24) schreibt – rufen: Du bist der Heilige Gottes. Gottes Geist bewegt ihn (Lk 1,17), wirkt in ihm (Mt 12,28). Gottes Geist führt die ersten Glaubensboten, wenn sie ausziehen, um im Geist Jesu (Joh 15,27) das *Evangelium* zu verkünden (Apg 8,29–39).

Menschen, die Jesus *nachfolgen*, haben die Erfahrung gemacht, daß Gottes Geist lebendig macht, daß er bis heute die Menschen verändert und neues Leben schafft (2 Kor 3,6). Sie erfahren ihn so, wie das Johannesevangelium ihn nennt: als Tröster (Joh 16,7). Weil in dieser Erfahrung Gott selbst da ist, ruft die Kirche den Heiligen Geist als Person an und bittet ihn um seine Gaben. »Mit deinem eingeborenen Sohn und dem Heiligen Geist bist du *ein* Gott, *ein* Herr: nicht als wärest du nur eine Person, du bist vielmehr in drei Personen ein Einziger«, bekennt die Kirche in der alten Dreifaltigkeitspräfation.

> Im Großen Glaubensbekenntnis betet die Kirche:
> **Wir glauben an den Heiligen Geist, der Herr ist und lebendig macht, der aus dem Vater und dem Sohn hervorgeht, der mit dem Vater und dem Sohn angebetet und verherrlicht wird, der gesprochen hat durch die Propheten.** *Aus dem Credo. Gotteslob 356*

Prophet: Im AT Verkünder einer Gottesbotschaft; weiß sich von Gott (von Gottes Geist) dazu berufen. Propheten traten vor allem in der Zeit zwischen dem 8. und dem 5. Jahrhundert v. Chr. auf. Es gab Propheten wie Elija, die nur predigten; andere verfaßten auch Schriften. Nach dem Umfang ihrer Schriften unterscheidet man vier »große« (Jesaja, Jeremia, Ezechiel, Daniel) und zwölf »kleine« Propheten.

Göttliche Personen: Die Glaubenserfahrung der Kirche, daß Gott sich in Jesus Christus gezeigt hat, wie er ist, und daß im Heiligen Geist Jesus Christus und damit Gott erfahrbar bleibt, läßt darauf schließen, daß Gott selbst Leben in Beziehungen ist. Die Kirche bekennt deshalb die drei göttlichen Personen: Vater, Sohn und Heiliger Geist.

19.3 Der Heilige Geist wirkt in den Menschen
→ 22.4 Gottes Zuwendung; 36.3 Die Heiligen; 1.2 Nachfolgen

Überall, wo Menschen nach dem Beispiel und im Geiste Jesu leben, da ist *Gottes Geist* am Werk – ob der einzelne es weiß oder nicht. Das Wirken des Geistes engt den Menschen nicht ein, zwingt ihn nicht zu etwas, was er nicht bejaht. Der Heilige Geist kann erst da recht wirken, wo sich Menschen für Jesus und seine Botschaft öffnen. Dabei erfahren sie ihre *Freiheit* nicht als ein Recht, auf das sie pochen müssen, sondern als *Geschenk*. Wer sich dem Heiligen Geist öffnet, entdeckt – oft zu seiner eigenen Überraschung – Fähigkeiten in sich, von denen er kaum eine Ahnung hatte. Es gelingt ihm, andere zu begeistern.

Paulus schreibt im Korintherbrief, daß niemand sich zu Jesus Christus *bekennen* kann ohne den Heiligen Geist (1 Kor 12,3); also kann auch niemand als Christ leben ohne ihn, niemand *beten* ohne ihn. Die Christen sind überzeugt: Wo jemand gut vom andern redet oder denkt, da wirkt der Heilige Geist. Wo jemand nicht zuerst an sich denkt, sondern brüderlich lebt; wo einer die *Hoffnung* auf die Vollendung der Menschen und der Welt nicht aufgibt, da ist Gottes Geist am Werk. Er schenkt *Vertrauen* und *Zuversicht*, die Energie, nicht stehenzubleiben bei dem, was man gerade geschafft hat. Er gibt die Weisheit, sich selbst nicht so wichtig zu nehmen.

Paulus sieht im Heiligen Geist den Urheber der wahren Freiheit. Er sagt den Galatern: »Weil ihr aber Söhne seid, sandte Gott den Geist seines Sohnes in unser Herz, den Geist, der ruft: Abba, Vater. Daher bist du nicht mehr Sklave, sondern Sohn« (Gal 4,6–7). Paulus will also sagen, daß der Heilige Geist die Menschen zu »*Kindern Gottes*« und zu Brüdern untereinander macht.

Es gibt Merkmale, an denen erkannt werden kann, ob der Heilige Geist es ist, der in den Menschen wohnt: »Liebe, Freude, Friede, Langmut, Freundlichkeit, Güte, Treue, Sanftmut und Selbstbeherrschung« (Gal 5,22); diese einzelnen Haltungen zusammengefaßt nennt Paulus »*Frucht des Geistes*«, gewachsen im Glauben. Das sind Gaben, die man nicht festhalten kann, wohl aber Begabungen, die anstecken und volles menschliches Leben ermöglichen.

> Dem Kirchenvater Augustinus wird dieses Gebet zugeschrieben:
> **Atme in mir, du Heiliger Geist, daß ich Heiliges denke.**
> **Treibe mich, du Heiliger Geist, daß ich Heiliges tue.**
> **Locke mich, du Heiliger Geist, daß ich Heiliges liebe.**
> **Stärke mich, du Heiliger Geist, daß ich Heiliges hüte.**
> **Hüte mich, du Heiliger Geist, daß ich das Heilige nimmer verliere.** *Aurelius Augustinus. Gotteslob 4/6*

Gaben des Heiligen Geistes: Im Anschluß an Jes 11,1–3 (dort wird der Messias beschrieben) kennt die christliche Überlieferung sieben Gaben des Heiligen Geistes: den Geist der Weisheit, des Verstandes, des Rates, der Stärke, der Erkenntnis, der Frömmigkeit, der Furcht des Herrn.
Frucht des Geistes: Die von Paulus (Gal 5,22) unter dieser Bezeichnung zusammengefaßten Haltungen zeigen, wo die Gaben des Geistes wirksam geworden sind (im einzelnen sind »Gaben« und »Frucht« schwer auseinanderzuhalten).
Kinder Gottes: Letztlich sind alle Menschen Kinder (Söhne und Töchter) Gottes; allen hat Gott sein Heil zugedacht. Paulus redet von den Christen als den Kindern Gottes, weil in ihnen durch das Wirken des Geistes (in Glaube und Taufe) die Liebe Gottes in besonderer Weise wirksam geworden ist. Sie sollen sich als Kinder des »Vaters im Himmel« erweisen (Mt 5,45), indem sie auch die anderen Menschen als Kinder Gottes lieben (→ 2; 22.2).
Sekte »Kinder Gottes«: Die Mitglieder einer der neuen sog. Jugendreligionen nennen sich so; ein viele irreführender Name einer einflußreichen Gruppe, die ihre Anhänger mit fragwürdigen Methoden erfolgreich zu binden weiß. Geborgenheit wird durch autoritäre Bindung vermittelt; kein »frei machender Geist« (→ 10.1 Jugendreligionen).
Charismatische Bewegung: Kirchliche Erneuerungsbewegung, die sich – von den USA kommend – in verschiedenen Gruppen auch in Europa ausbreitet, z. B. katholische Pfingstbewegung. Diese Gruppen wollen zu einer Gemeindeerneuerung beitragen, indem sie versuchen, das Wirken des Heiligen Geistes erfahrbar werden zu lassen durch freies Beten in Gemeinschaft, bewußte Tauferneuerung, bewußt vollzogene Lebenswende. Manche Gruppen sehen auch in der Kritik an verhärteten kirchlichen Institutionen eine Aufgabe.

20 Die heilige katholische Kirche

→ 26 Zeichen des Heils; 34 Kirche konkret

Das Wort »*Kirche*« wird sehr vielfältig verwendet, als Bezeichnung für ein Bauwerk, eine *Gemeinde*, eine *Konfession*, die Kirchenleitung, die *Weltkirche*, oft auch für einen *Gottesdienst*. Was ist hier gemeint? In welchem Sinn kann »die heilige katholische Kirche« selbst Inhalt des Glaubens sein? Kann man überhaupt sagen: »an die Kirche glauben?« Steht das im Glaubensbekenntnis?

Im Glaubensbekenntnis ist die Kirche buchstäblich nur durch ein Komma vom *Heiligen Geist* getrennt. Heißt das, daß man in der Kirche nicht leben kann, ohne an den Heiligen Geist zu glauben? Oder heißt es, daß der Glaube an den Heiligen Geist sich im Glauben der Kirche verwirklicht? Kirchenvater Irenäus von Lyon (um 200) sagte: »Wo die Kirche ist, da ist auch der Geist Gottes, und wo der Geist Gottes ist, da ist auch die Kirche und alle *Gnade*.«

Kirchenvater: Ehrentitel für altchristliche Theologen, deren Art, über den Glauben zu schreiben, und deren Lebensweise für die Kirche bleibende Bedeutung haben.

20.1 Die Kirche – das Werk des Heiligen Geistes

→ 19.3 Der Heilige Geist wirkt; 26 Zeichen des Heils; 34 Kirche konkret

Der Geist Jesu steckt nicht nur Menschen als einzelne an; er ist es auch, der sie versammelt und verbindet. Darum ist, was in jeder einzelnen christlichen *Gemeinde* und in der ganzen *Kirche* geschieht, nicht zuerst das Werk von Menschen. Christen sind vielmehr davon überzeugt, daß Jesus Christus im *Heiligen Geist* alle Glieder der Kirche miteinander verbindet und durch sie wirkt.

Die Apostelgeschichte berichtet von der Pfingstpredigt des Petrus, die so mitreißend war, daß Tausende sich den *Jüngern* Jesu anschlossen. Sie *glaubten* dem Wort und ließen sich *taufen*. Sie hielten zusammen, hatten alles gemeinsam und teilten mit denen, die es nötig hatten. Sie waren einmütig im Gebet, lobten Gott, hielten fest an der Lehre der Apostel und brachen miteinander das Brot (vgl. Apg 2,41–46). Treffender kann man kaum sagen, was Kirche eigentlich sein soll.

Weil Kirche zusammengeführt und erfüllt ist von dem einen Geist Jesu, kann es nur »*eine Kirche*« geben. Deshalb ist es schlimm, daß sie sich im Laufe ihrer Geschichte durch

menschliche Schuld immer wieder gespalten hat. Doch im Vertrauen auf das Wirken von Gottes Geist hoffen Christen, daß er sie zur Einheit bewegt und antreibt.
Weil es Gottes Heiliger Geist ist, der die Kirche eint und erfüllt, redet man von der »*heiligen Kirche*«. Christen glauben, daß Gottes heiligende Kraft sich bei ihnen durchsetzt, obwohl sie eine »Kirche der Sünder« sind.
Weil das, was die Kirche verkündet und weitergibt, die ganze Welt betrifft, ist sie die »*katholische Kirche*«. Das heißt, sie steht allen offen, die bereit sind, die überlieferte Botschaft anzunehmen und sich vom Geist Jesu Christi bewegen und taufen zu lassen.
Weil die Kirche auf dem Bekenntnis der Apostel gründet und die Sendung der Apostel fortführt, wird sie »*apostolische Kirche*« genannt. Sie ist auf das »Fundament der Apostel« gebaut, Jesus Christus ist der Schlußstein (Eph 2,20), der Heilige Geist hält sie zusammen.

> Schon zu Beginn des zweiten Jahrhunderts beteten die Christen mit diesen Worten für die Kirche:
> **Gedenke deiner Kirche. Erlöse sie von allem Übel. Mach sie vollkommen in deiner Liebe und führe sie zusammen aus allen Enden der Welt in dein Reich, das du ihr bereitet hast. Dein ist die Macht und die Ehre in Ewigkeit.** *Aus der Zwölfapostellehre. Gotteslob 28/8*

Kennzeichen der Kirche: Das Große Glaubensbekenntnis redet nicht nur von der heiligen katholischen Kirche, sondern nennt vier Kennzeichen: »die eine, heilige, katholische und apostolische Kirche«.
eine Kirche: → dazu 20.3
heilige Kirche: Zunächst gilt: Gott allein ist heilig (→ 3.2); aber er verändert durch seinen Geist die Menschen, die sich seinem Sohn im Glauben anschließen; er heiligt sie.
katholisch (griech.=allumfassend, weltweit): Die Kirche weiß sich von Jesus Christus zu allen Menschen gesandt, allen soll sie durch den Erweis ihrer Liebe und durch ihre frohmachende Botschaft dienen. Darum müssen auch alle Kulturen in ihr Heimatrecht haben. – Seit den Spaltungen der Kirche wird das Wort »katholisch« in einem einschränkenden Sinn gebraucht. Damit hat es in der Umgangssprache etwas von seinem alten Glanz der Weite und des Reichtums verloren. Man spricht jetzt von der »katholischen« Kirche im Unterschied zur »evangelischen« und zur »orthodoxen«. – Weil so das Wort »katholisch« zur Konfessionsbezeichnung (→ Römisch-katholisch 34.9) geworden ist, übersetzen evangelische Christen das griechische Wort mit »allgemein« und bekennen sich darum im Glaubensbekenntnis zur »heiligen, allgemeinen Kirche« (einziger Unterschied im deutschen Wortlaut des Glaubensbekenntnisses; → II).
apostolisch: Der Zusammenhang der Kirche mit den Aposteln findet im Bischofsamt (lückenlose Nachfolge seit der apostolischen Zeit) seinen besonderen Ausdruck (eine um 1860 gegründete Sekte nennt sich *Neuapostolische Kirche*«, um damit ihr Sendungsbewußtsein anzuzeigen).

20.2 Überlieferung im Heiligen Geist
→ 21.1 Kirche als Gemeinschaft; 19 Der Heilige Geist; 1.3 In der Gemeinschaft

Eine Gemeinschaft wie die Kirche muß ein gutes Gedächtnis haben. Sie muß Erinnerungen wachhalten, um daraus Kraft für die Gegenwart und *Hoffnung* für die *Zukunft* zu gewinnen. Das gute Gedächtnis der Kirche überliefert die Erfahrungen, die die *Gemeinschaft der Glaubenden* von den Anfängen an bis heute mit Gott gemacht hat. Sie überliefert, was Gott in alter und neuer Zeit für uns getan hat, vor allem durch seinen Sohn. Indem sie das tut, vertraut die Kirche darauf, von Gottes Heiligem Geist geführt zu werden, der sie davor bewahrt, das ihr Anvertraute zu veruntreuen.
Schon im alten *Israel* erzählte man sich, wie Gott einst an den Vätern gehandelt hat. Bevor die *Überlieferungen* von Gottes Taten in Israel aufgeschrieben wurden, gingen sie über viele Generationen von Mund zu Mund: beim Gottesdienst, bei Volksfesten, im Familienkreis. So wurden uns Lieder und Gebete, Legenden und Sagen, Gesetze, Sprüche und Berichte überliefert. Die Eigenart der Gruppen, in denen ein bestimmter Text entstand und weitergetragen wurde, hat seine Form mitbestimmt. Erst allmählich wurden diese *Zeugnisse* des gemeinsamen Glaubens aufgeschrieben und gesammelt. Wir finden sie im *Alten Testament*.
Mit der *Jesusüberlieferung* ging es ähnlich wie mit der Glaubensüberlieferung Israels. Am Anfang steht das persönliche Glaubenszeugnis der *Augen- und Ohrenzeugen,* ihr Bekenntnis zu Jesus Christus. Was sie weitergaben im Gottesdienst, im Glaubensgespräch, bei der Katechese oder in der Missionspredigt, wurde da und dort aufgeschrieben. Dazu kamen Apostelbriefe an christliche Gemeinden, die ebenfalls geeignet waren, im *Gottesdienst* vorgelesen zu werden. Das alles ist im *Neuen Testament* gesammelt. Die Erinnerung an das, was Gott durch Jesus für uns getan hat, belebt so den Glauben der Christen, und mit Israel schöpfen sie noch heute aus der Erinnerung an die *großen Taten Gottes* Hoffnung und Mut.
Die Kirche als Gemeinschaft der Glaubenden, die sich als Werk des Heiligen Geistes versteht, verläßt sich darauf, daß »der Geist der Wahrheit« sie »in die ganze Wahrheit führen« wird (Joh 16,13). Deshalb nimmt die Kirche ihren *Auftrag* ernst, zu bewahren und weiterzugeben, was sie als Überlieferung im Heiligen Geist erkannt hat. Christen erzählen deshalb auch von Männern und Frauen aus der *Geschichte der Kirche,* die ihr Leben ganz von Jesus Christus bestimmen ließen – von den *Heiligen*. Auch Feste und

Bräuche, Bilder und Lieder sind Teile dieser lebendigen christlichen Erinnerung. So entsteht eine Kette der Überlieferung, in der die Kirche von heute das neueste Glied ist. Sie muß Sorge tragen, daß diese Kette für die Kirche von morgen nicht abreißt.

> Die Christen erinnern sich – wie die Juden – der Taten Gottes und feiern sie:
> **Kommt und seht die Taten Gottes./ Staunenswert ist sein Tun an den Menschen./ Ihr alle, die ihr Gott fürchtet, kommt und hört;/ ich will euch erzählen, was er mir Gutes getan hat.** *Psalm 66,5.16*

Tradition (lat. = Weitergabe, Überlieferung): Das Zweite Vatikanische Konzil sagt (1965): »Was von den Aposteln überliefert wurde, umfaßt alles, was dem Volk Gottes hilft, ein heiliges Leben zu führen und den Glauben zu mehren. So führt die Kirche in Lehre, Leben und Kult durch die Zeiten weiter und übermittelt allen Geschlechtern alles, was sie selber ist, was sie glaubt.« Die lebendige Überlieferung der Kirche als Quelle des Glaubens war ein Streitpunkt in der Glaubensauseinandersetzung der Reformationszeit. Die Reformatoren beriefen sich auf die Bibel allein (= sola scriptura = »nur die Schrift«). Weil aber die Bibel ohne die Gemeinschaft der Glaubenden nicht denkbar ist, betont die katholische Kirche die Zusammengehörigkeit von Schrift und Tradition.

Patriarchen: »Stammväter« des Volkes Israel; häufige Bezeichnung für Abraham, Isaak und Jakob (»*Väter des Glaubens*«). Davon zu unterscheiden: Patriarch als kirchlicher Amtstitel (→ 34.8).

20.3 Die Bibel – das Buch der Kirche

→ 10.3 Gott macht sich offenbar; 1.4 Bibel lesen; 19 Der Heilige Geist

Es gab die glaubende *Gemeinde* – das heißt: die *Kirche* – bevor es das Buch gab, das wir das *Neue Testament* nennen, wie *Israel* vor dem Buch war, das wir das *Alte Testament* nennen. Ohne das glaubende *Volk Gottes* des alten und neuen Bundes, das seine Erinnerungen an Gottes große Taten wachhalten will, gibt es also keine *Bibel*.

Das Alte Testament ist über den langen Zeitraum von einem Jahrtausend entstanden. Die jüngsten Bücher, die in die Sammlung dieser Heiligen Schriften aufgenommen wurden, entstanden etwa 150 Jahre vor Christus. Die Juden nennen diese Sammlung: die Heilige Schrift Israels. Sie teilen sie ein in Gesetz, Propheten und Schriften. Die Christen bezeichnen die gleiche Sammlung als das Alte Testament.

In der gemeinsamen Anerkennung der Heiligen Schrift Israels als Heilige Schrift zeigt sich der Zusammenhang von

Christentum und Judentum: Die Gotteserfahrung Israels ist der Mutterboden christlichen Glaubens.

Auch das Neue Testament ist nicht in einem Zug entstanden; auch hier gibt es verschiedene Formen von Glaubenszeugnissen. Sie stammen aus der zweiten Hälfte des ersten Jahrhunderts. Die Sammlung aller Schriften des Neuen Testaments und ihre Zusammenstellung mit dem Alten war in der Mitte des zweiten Jahrhunderts im wesentlichen abgeschlossen. Das Ergebnis der Sammlung wird *Kanon* der Heiligen Schrift genannt.

Die Bibel ist also das Buch der glaubenden Gemeinde, der Kirche, der Gemeinschaft, die sich von Gottes Geist geführt weiß. Deshalb nimmt die Kirche auch für sich in Anspruch, dieses Buch zuverlässig zu erklären. Aus der Erfahrung mit dem Geist vertraut sie darauf, auch die Sprache des *Heiligen Geistes* zu verstehen, vermag sie, seinen Anruf gültig auszusprechen, zu bewahren und auszulegen. Denn mit den Glaubenden Israels teilen die Christen die Überzeugung, daß beim Schriftwerden der biblischen Bücher der Heilige Geist wirksam war *(Inspiration).*

Die Kirche verfügt aber nicht frei über die Schrift. Dadurch, daß sie den Kanon festgelegt hat, hat sie sich auch ein für allemal an ihren Ursprung gebunden. So schützt sie die Botschaft vor Wucherungen und Schrumpfungen. Die Kirche ist zwar »vor« der Bibel; zugleich aber steht sie auch »unter« ihr.

> Die Kirche gibt das Wort Gottes weiter und weiß sich selbst von diesem Wort gerichtet:
> **Denn lebendig ist das Wort Gottes, kraftvoll und schärfer als jedes zweischneidige Schwert; es dringt durch bis zur Scheidung von Seele und Geist, von Gelenk und Mark; es richtet über die Regungen und Gedanken des Herzens.** *Hebräer 4,12*

Inspiration (lat. = Einhauchung): Nach dem Glauben von Juden und Christen war bei der Abfassung der biblischen Schriften der Heilige Geist Gottes wirksam; er inspirierte die Verfasser; das heißt: ihre Schriften bezeugen Gottes Wort für die Kirche.

Kanon (griech. = Richtschnur): Was von der Gemeinschaft der Glaubenden als Heilige (= inspirierte) Schriften anerkannt wurde, darf im Gottesdienst verlesen werden; diese Schriften wurden in den Kanon (das Verzeichnis) der Heiligen Schrift aufgenommen. – Welche Bücher zur Bibel gehören und in welche Gruppen sie eingeteilt werden, ist aus jeder vollständigen Bibelausgabe zu ersehen.

Apokryphen (griech. = verborgen: geheime Schriften): Neben den zum Kanon gehörenden Büchern gibt es andere, die von der Kirche als unecht ausgeschieden wurden; sie geben vor, von Propheten verfaßt zu sein (alttestamentliche Apokryphen; auch von den Juden nicht anerkannt) oder

über Worte und Taten Jesu zu berichten (neutestamentliche Apokryphen). Apokryphen kann man mit frommer Romanliteratur vergleichen; sie wurden von den christlichen Gemeinden nicht grundsätzlich verboten; es wurde nur untersagt, sie im Gottesdienst zu verlesen.
Altes und Neues Testament: → 10.3
Bibel: → 10.3

20.4 Einheit in der Vielheit
→ 34.2 Leitung der Kirche; 39.4 Einheit der Christen

Die *Kirche* soll allen Völkern das in Jesus Christus erfahrene Heil Gottes bezeugen und weitergeben. Die Christen können aber dieses werbende Zeugnis nur in dem Maß geben, als sie sich einig und einmütig auf Jesus Christus berufen. Darum dürfen sie unter sich nicht zerstritten sein. Nicht zufällig überliefert das Johannesevangelium vor Jesu Leiden und Sterben das große Gebet um die *Einheit* der Glaubenden (Joh 17,20–26).

Die Kirche hat nur ein *Fundament,* und das ist *Jesus Christus* (1 Kor 3,11). Aber dieses Fundament ist nicht etwas Starres, sondern es ist geprägt von Lebendigkeit und Vielfalt. Schon das Neue Testament zeigt, auf welch vielfältige Weise von dem einen Christus gesprochen wird; dementsprechend bietet das Leben der ersten Gemeinden ein buntes Bild. Bei der Verschiedenheit der Kulturen und der religiösen Voraussetzungen in den ersten Gemeinden kommt es selbstverständlich zu Auseinandersetzungen über die Bewahrung der Lehre Christi und ihre Auslegung. Das belegen die Paulusbriefe genauso wie die Apostelgeschichte. Die Mehrstimmigkeit des Zeugnisses zeigt sich auch in der Eigenart der *vier Evangelien.* Das Urchristentum hat sich mit verschiedenen Richtungen auseinandergesetzt, aber es ist nicht in *Konfessionen* und nicht in sich gegenseitig bekämpfende »Lager« auseinandergefallen. Es hat die Kraft besessen, Spannungen auszuhalten und hat zugleich verstanden, das Gespräch zwischen verschiedenen Gruppen lebendig zu halten.

Es gibt in der Geschichte der Kirche zahlreiche Beispiele für positive Lösungen solcher *Glaubensauseinandersetzungen.* Wenn die Einheit der Kirche dabei nicht aufs Spiel gesetzt wird, wenn Rechthaberei nicht triumphiert, wenn alle Beteiligten einander den guten Willen nicht absprechen, geht die Kirche aus solchen Spannungen bereichert und im Glauben gestärkt hervor. Es gibt aber auch die tragische Weise, wie Konflikte »bewältigt« werden können, sei es, daß sie in *Schisma* und *Häresie* enden oder in allgemeiner Interesselosigkeit.

Die Fülle von Glaubenserfahrungen, wie sie in Glaubensgesprächen dann und wann ausgesagt wird, die Reichhaltigkeit von neuen Impulsen und Ideen, wie sie in Büchern der Theologen zum Ausdruck kommen; die *Vielfalt der Charismen,* die in den Gemeinden sich zeigt – das ist ein großer Reichtum für die Kirche.

Einheit in Freiheit und Freiheit in der Einheit ist der Nährboden, auf dem die Kirche lebt. Die *Vielfalt* muß sich entfalten können um der *Wahrheit* willen. Und das geschieht da am besten, wo man die Kirche als Kirche Jesu Christi liebt, nicht nur das, was an ihr und ihrer *Frohen Botschaft* gefällt, was nach dem eigenen Geschmack ist, sondern die ganze Kirche und ihr ganzes Evangelium.

> Zu Beginn des zweiten Jahrhunderts entstand die »Zwölfapostellehre«. Darin steht folgendes Gebet:
> **Wie dieses Brot zerstreut war auf den Hügeln hin und nun, zusammengebracht, eines geworden ist, also werde zusammengebracht deine Kirche von den Enden der Erde in dein Reich.** *Aus der Zwölfapostellehre*

Markusevangelium (Evangelium nach Markus): Ältestes Evangelium, das aus überlieferten Jesusworten und Jesuserzählungen einen zusammenhängenden Bericht von der Taufe Jesu bis zur Auffindung des leeren Grabes herstellt; für heidenchristliche Leser geschrieben, daher zeigt sich im Bekenntnis des heidnischen Hauptmanns zu Jesus als Gottessohn (Mk 15,39) der Zielpunkt der ganzen Schrift.

Matthäusevangelium (Evangelium nach Matthäus): Hauptquelle ist das Markusevangelium, dessen Reihenfolge fast ganz beibehalten wird; dazu kommt Redestoff (z. B. die Bergpredigt), der etwa zur Hälfte aus einer uns nicht überlieferten Sammlung stammt, die dem Verfasser des Lukasevangeliums ebenfalls bekannt war. Hauptaussage: Jesus ist der für Israel gesandte Messias, der der Welt das Heil bringt und sich als Gottessohn erweist. Großes Interesse an Gemeindebildung. Wohl für eine heidenchristliche Gemeinde geschrieben (nach 70 n. Chr.).

Lukasevangelium (Evangelium nach Lukas): Rechenschaft des Verfassers 1,1–4. Mehr als die Hälfte des Markusevangeliums wurde (überarbeitet) übernommen; dazu wurden die Redequelle (die auch Matthäus verwendete) und nur ihm bekannte andere Überlieferungen eingearbeitet; doppelt so lang wie Markus. Für Heidenchristen geschrieben, die den jüdischen Hintergrund nicht kennen. Der »Weg« des Christen ist eine Fortsetzung des »Weges Jesu«; Mahnung zur Wachsamkeit. Jesus als Heiland der Sünder bringt das Heil für alle Völker. Gleicher Verfasser wie Apostelgeschichte; in den 90er Jahren geschrieben.

Johannesevangelium (Evangelium nach Johannes): Unterscheidet sich nach Aufriß und Sprache von den andern drei (=sogenannten *synoptischen*) Evangelien (→ 1.2); von jüdischem Milieu, aber auch von spätgriechischer (=hellenistischer) Philosophie beeinflußt. Hauptakzent: Offenbarung der Herrlichkeit Gottes in Jesus; Zeichenhaftigkeit dessen, was Jesus tut, in der Bedeutung für Glauben und Leben der Gemeinde ausgelegt; Gegenwart des erhöhten Herrn in seiner Gemeinde. Abfassung: Jahrhundertwende (sicher vor 120).

Schisma (griech. = Spaltung): Trennung von der unter dem Papst geeinten römisch-katholischen (→ 34.9) Kirche, ohne daß die Lehre der Kirche geleugnet wird. Besonders tiefgreifend war die Trennung der griechischen Kirche des Ostens (Byzanz) von der lateinischen Kirche des Westens (Rom) im Jahr 1054.
Häresie (griech. = Auswahl, Sondermeinung): Eine vom Glauben der katholischen Kirche abweichende, diesen verfälschende oder verkürzende Lehre (Irrlehre).
Kirchenspaltung: Oft im gleichen Sinn gebraucht wie »Schisma«; manchmal auch davon unterschieden; man versteht dann unter Kirchenspaltung die Trennung aus Glaubensgründen.
Reform: Erneuerung bzw. Neuordnung von Teilbereichen des kirchlichen Lebens (z. B. Liturgie, Kirchenordnung); gelegentlich auch: grundlegende Neugestaltung des christlichen Lebens (oder eines Ordens) nach dem Vorbild Jesu Christi. In diesem Sinne bedarf die Kirche ständig der Reform (davon zu unterscheiden: Reformation → 34.9).

20.5 Ich glaube die Kirche

→ 10.4 Ich glaube; 34.2 Leitung der Kirche; 20.1 Kirche als Gemeinschaft; 1.3 in der Gemeinschaft

Ein Christ kann sagen: »Ich glaube Gott«, wie er vielleicht zu einem Menschen sagt: »Ich glaube dir«, das heißt: Ich vertraue dir; man kann glauben, was du sagst; du bist mir ein zuverlässiger Zeuge.

Im Glaubensbekenntnis ist formuliert: »Ich glaube *an Gott.*« Wer das mit Überzeugung spricht, der bekennt: Gott ist das Ziel meines Glaubens; an ihn hänge ich meinen Glauben, das heißt: mein Leben. Auf ihn verlasse ich mich ganz und gar.

Im gleichen Sinn verstanden kann man nicht »an die *Kirche* glauben«; sie ist nicht das Ziel christlichen Glaubens; Ziel ist nur Gott. Ein Christ kann jedoch sagen: »Ich glaube der Kirche«, das heißt: Ich vertraue darauf, daß die Kirche mir die Botschaft von Jesus Christus vermittelt, daß sie mir zuverlässig überliefert, was Gott für uns getan hat; die *Kirche* ist mir ein zuverlässiger *Zeuge.* Ich darf sie sogar als »Säule und Fundament der Wahrheit« bezeichnen (1 Tim 3,15).

Demgegenüber ist die Formulierung: »Ich glaube die Kirche« sehr ungewohnt. Und doch: so steht es im Glaubensbekenntnis, wenn man es aus dem Griechischen und Lateinischen wörtlich übersetzt. Wir sagen im Deutschen auch: »Ich glaube die Geschichte«. Wer das sagt, der hält die Geschichte für wahr, das heißt, er glaubt den Inhalt, die Sache, die da berichtet wird. Wer sagt: »Ich glaube die Kirche«, der bekennt damit, daß die Kirche trotz aller Mängel das Werk Jesu Christi bleibt. Er selbst lebt in ihr fort. Das bedeutet: Kirche ist für den Christen nicht nur eine zweckmäßige Organisation, ein sinnvoller Zusammenschluß von glaubenden Menschen, sondern Kirche gehört notwendig zum christlichen Glauben. »Ich glaube die Kirche« heißt also: Ich glaube, daß die Kirche zum Christsein gehört. *Ein* Christ für sich allein ist kein Christ. Denn der christliche Glaube lebt nur im Zusammenhang einer *Gemeinschaft* und kann sich nur so wirksam entfalten. Das läßt schon der Ursprung der Kirche erkennen; sie wächst aus dem Volk Israel und der Gemeinschaft der Jünger, die durch *Jesus* und seine *Botschaft* zu einer neuen Verbundenheit untereinander kamen. »Ich glaube die Kirche« heißt: Ich zähle mich selber zur Kirche als jemand, der ihre Sache mitträgt, der sich mit ihr um Gottes Reich müht, das Jesus Christus gebracht hat.

> Das Zweite Vatikanische Konzil schreibt über die Kirche als Volk Gottes:
> **In allen Völkern der Erde wohnt also dieses eine Gottesvolk. Alle über den Erdkreis hin verbreiteten Gläubigen stehen mit den übrigen im Heiligen Geiste in Gemeinschaft. Er ist für die ganze Kirche und die Gläubigen einzeln und insgesamt der Urgrund der Einheit.**
> *Aus Kirchenkonstitution 13*

21 Gemeinschaft der Heiligen

→ 27 Lebensmitte

Eine *Gemeinschaft* kann entstehen, wenn Menschen durch ein gemeinsames Interesse zusammengeführt werden. Je intensiver dieses Interesse ist, um so beständiger wird die Gemeinschaft, um so fester die Bindung. Von außen betrachtet ist auch die Kirche eine solche Gemeinschaft, eine gesellschaftliche Gruppe unter anderen.
Von innen her versteht sich die *Kirche* anders: Sie ist Gemeinschaft der *Heiligen* und Gemeinschaft des *Heils*.
Was ist mit den beiden Aussagen gemeint? Daß die Kirche heilig genannt wird, kann man noch verstehen; daß aber die Christen selbst sich als Heilige bezeichnen? Sind sie denn weniger Sünder als andere? Und was bedeutet »Gemeinschaft des Heils?« Besitzt die Kirche das Heil? Für sich? Für die Welt? Ist nicht durch Vertreter der Kirche viel Unheil in der Welt verursacht worden? Was veranlaßt die Kirche, so groß von sich selber zu sprechen?

21.1 Kirche als Gemeinschaft

→ 4.1 Reich Gottes verkündet; 20.1 Werk des Geistes; 26.1 Für die Völker; 1.3 In der Gemeinschaft

Christen sind überzeugt, daß Gott die Gemeinschaft der Menschen will. Sie glauben auch, daß Gott selbst *Gemeinschaft* stiftet; er hat neue Gemeinschaften mit den Menschen begonnen: indem er Israel herausführt aus Ägypten und zum treuen Gefährten dieses Volkes wird; indem er das neue Gottesvolk, seine *Kirche,* durch Jesus beruft und auf den Weg bringt.

In der Gemeinschaft der Kirche, der Gemeinschaft der an Christus Glaubenden, lebt der Christ. Ohne die Mitchristen müßte sein Glaube verkümmern. Die Kirche ist seine »Heimat«, seine »Familie«, seine »Mutter«. Die Christen vor ihm und neben ihm tragen seinen Glauben mit, und er selbst trägt ihn weiter zu denen, die nach ihm kommen.

Diese Gemeinschaft der Kirche ist nicht um ihrer selbst willen da; sie steht im Dienst des ankommenden *Reiches Gottes.* Deshalb ist sie keine Organisation wie sonst ein Verein. Im Glaubensbekenntnis bekennen die Christen: Die Kirche ist lebendig durch Gottes Geist, sie ist das Werk des *Heiligen Geistes.*

Vom Wirken des Gottesgeistes haben schon die Propheten gesprochen, zum Beispiel Ezechiel, der als Gottes Wort für die kommende Zeit überliefert: »Ich schenke ihnen ein anderes Herz und gebe ihnen einen neuen Geist. Ich nehme das Herz von Stein aus ihrer Brust und gebe ihnen ein Herz von Fleisch, damit sie nach meinen Gesetzen leben und meine Gebote achten und erfüllen. Sie werden *mein Volk* sein und ich werde ihr Gott sein« (Ez 11,19–20). Das kann für die Kirche Verheißung sein und Anklage zugleich. Denn in der Kirche gibt es versteinerte Herzen, und diese nehmen ihr viel von ihrer Lebendigkeit und Frische. Die Kirche braucht den *»neuen Geist«,* der die Menschen ergreift. Und das geschieht auch immer wieder. Davon geben zum Beispiel die Ordensgemeinschaften und verschiedene Bewegungen in der Kirche Zeugnis; doch nicht nur sie, sondern alle, die sich aufmachen, den Geist der Brüderlichkeit neu zu leben. Von solchen Menschen will der Funke überspringen auf die große Gemeinschaft der Kirche.

Der Wunsch nach mehr Gemeinschaft untereinander und mit Christus läßt die Christen rufen:
Herr, führ uns zusammen, daß wir eins sind in dir.
Fritz Schieri. Gotteslob 646/4

Exkommunikation: Ausschluß aus der Gemeinschaft (lat. = communio) der katholischen Kirche wegen schweren Verstoßes gegen ihre Ordnung oder Lehre (wenn formell ausgesprochen: »Kirchenbann« genannt).

21.2 Kirche der Heiligen
→ 36.3 Die Heiligen; 3.2 Der Heilige

Paulus nennt die Christen häufig »Heilige« oder »geliebte Heilige«, wenn er sie in seinen Briefen anredet (z. B. Röm 1,7; 1 Kor 1,2). Damit will er nicht die hohe moralische Qualität der Christen in Rom oder in Korinth rühmen; denn er nennt im Laufe seiner Briefe Mißstände in den Gemeinden durchaus beim Namen und tadelt sie (z. B. 1 Kor 5,1–6,20). »*Heilige*« sind die Christen vielmehr aufgrund ihrer *Berufung* durch Jesus Christus, der sie in der Taufe »heiligt«, ihnen Teilnahme schenkt am *Heil,* das er selber ist. Dieses Verbundensein mit Christus ruft die Christen auf, gemäß ihrer Berufung auch zu leben: »Ich ermahne euch, ein Leben zu führen, das des Rufes würdig ist, der an euch erging« (Eph 4,1).

Im Laufe der Geschichte der Kirche wurde der Name »Heilige« mehr und mehr auf diejenigen eingeschränkt, bei denen sich besonders deutlich zeigte, zu welch erstaunlichem Verhalten sie durch den Geist Jesu Christi angetrieben wurden. Weil ihre Form der *Nachfolge* als beispielhaft gilt – sei es durch Taten der *Nächstenliebe,* durch ihre mitreißende Begeisterung für Gott oder gar durch ihre Bereitschaft zum Bekennertod *(Martyrium)* – werden sie als Heilige verehrt. Mit ihnen wissen sich die Christen auf ihrem Weg verbunden. Sie rufen jene, die ganz in Gottes Nähe sind, um ihre *Fürbitte* an. Sie bitten Gott, daß er alle Toten ganz in seine Nähe nimmt. Und sie selber beten füreinander und helfen einander, daß sie ihr Ziel erreichen.

Weil sich so im Geist Jesu Christi und durch diesen Geist alle Christen miteinander verbunden wissen, redet man von der »*Gemeinschaft der Heiligen*«. Sie zeigt sich besonders deutlich bei der *Eucharistiefeier:* Die versammelten Gläubigen beten für die Lebenden und die Toten, sie rufen die in Christus vollendeten Heiligen um ihre Fürbitte an und sprechen so vor Gott als große von ihm geheiligte Gemeinschaft.

Im ersten Korintherbrief veranschaulicht Paulus mit einem Bild, was die Christen zusammenhält:
Ihr aber seid der Leib Christi, und jeder einzelne ist ein Glied an ihm. *1 Korinther 12,27*

21.3 Gemeinschaft des Heils
→ 27 Lebensmitte; 26 Zeichen des Heils; 26.3 Kirche als Sakrament

Christen sind überzeugt, daß man von der *Kirche* nur sehr wenig verstanden hat, wenn man sie nur als menschliche Institution betrachtet. Zwar spielen auch in ihr Organisation, Gesetze und Geld eine Rolle – und das alles ist sicher notwendig –, doch das Wesen der Kirche ist mehr als all das zusammengenommen. Katholische Christen glauben: Was die Kirche ist und darstellt und was in ihr zur Entfaltung kommen soll, ist nicht durch menschlichen Beschluß entstanden. Es ist vor allem das, was ihr von ihrem Herrn vorgegeben ist.

Am deutlichsten stellt sich die Kirche dar als *Tischgemeinschaft* um den *auferstandenen Herrn:* Gesammelt aus vielen Völkern, geeint durch das Wirken des *Heiligen Geistes,* lebendig gehalten durch die Gaben des Heils: das *Wort Christi* und den *Leib Christi.*

Die Eucharistiefeier verbindet diese beiden Elemente: Jesus Christus erweist sich lebendig in seinem Wort und im Brot der *Eucharistie.* In diesen Gaben des Heils wirkt Gottes Geist; so wächst durch ihn die Gemeinschaft des Heils. Diese Gaben sind der Kirche vorgegeben und ihr anvertraut als Angebot für alle Menschen, an diesem Heil teilzuhaben. Darum legt die Kirche so großen Wert darauf, daß alle ihre Mitglieder regelmäßig die Eucharistie mitfeiern. Denn sie ist Ausdruck für die sichtbare Gemeinschaft aller *Getauften* auf der weiten Erde.

> In der Eucharistiefeier ist die Gemeinschaft der Kirche begründet; deshalb kann die Kirche am Ende einer Eucharistiefeier beten:
> **Herr, unser Gott, das heilige Mahl ist ein sichtbares Zeichen, daß deine Gläubigen in dir eins sind. Laß diese Feier wirksam werden für die Einheit der Kirche. Darum bitten wir durch Christus, unsern Herrn.**
> *Schlußgebet vom 11. Sonntag im Jahreskreis*

»Gemeinschaft am Heiligen«: So hat man in den ersten christlichen Jahrhunderten die hier besprochene Formulierung im Glaubensbekenntnis verstanden, d. h. dieser Satz ist zunächst ein Bekenntnis zur Gemeinschaft der Eucharistie (sie hieß »das Heilige«) und erst in zweiter Linie ein Bekenntnis zur Gemeinschaft all derer, die als Geheiligte auch zu heiligmäßigem Leben aufgerufen sind.

22 Vergebung der Sünden
→ 28 Taufe

Wenn man den dritten Teil des Apostolischen Glaubensbekenntnisses überblickt, hat man Mühe, den Zusammenhang zu erkennen. Was soll an dieser Stelle der Satz von der Vergebung der Sünden? Muß denn immer von *Sünde* die Rede sein? Muß man sich erst zum Sünder erklären, bevor man wirklich an Gottes Güte glauben kann? Ist es nicht besser, sein Leben ohne große Selbstvorwürfe zuversichtlich und optimistisch in die Hand zu nehmen?
Das *Glaubensbekenntnis* denkt in eine andere Richtung. Ein Textvergleich mit dem großen Glaubensbekenntnis hilft weiter; dort heißt es: »Wir bekennen die eine *Taufe* zur *Vergebung* der Sünden« (Gotteslob 356). Es ist notwendig, sich zu erinnern, daß das Glaubensbekenntnis ursprünglich ein Taufbekenntnis ist. Geht es hier also um die Taufe? Ist sie so wichtig, daß sie eigens im Glaubensbekenntnis erwähnt werden muß?

22.1 Von ihm die Versöhnung empfangen
→ 16.3 Wir sind erlöst; 30 Schuld; 28.1 Neues Leben

Erfahrungen von *Glück* und *Leid,* von überschäumender Freude und bodenlosem Schmerz, von Langeweile und Sehnsucht – das sind nicht Ausnahmesituationen im menschlichen Leben, sie sind der Normalfall. Man kann darauf unterschiedlich reagieren: Man kann sich mit dieser Spannung zwischen wohltuenden und mörderischen Erfahrungen auseinandersetzen; man kann die Augen davor verschließen; man kann daran auch zugrundegehen.
Christlicher Glaube hebt diese Spannung nicht auf; im Gegenteil: Der Glaubende sieht vielleicht noch schärfer; er nimmt ernst, was er sieht; denn in der Mitte christlichen Glaubens steht das Kreuz.
Menschen, die glauben, riskieren es, um ihre guten und bösen Erfahrungen eine Klammer zu machen und davor das *Kreuz* als Plus-Zeichen zu setzen – und an das Ende auch. Sie sind Menschen, die – trotz aller schrecklichen Erfahrungen – in Jesus Christus Anlaß und Grund sehen, das Gute, das sie erfahren, zur treibenden Kraft ihres Lebens zu machen. Und das wagen sie, weil sie sich bejaht wissen. Sie sind überzeugt, daß das *Leben,* die *Liebe,* das Gute stärker sind als alle *Mächte des Bösen,* stärker als der Böse selbst,

stärker als Sünde, Haß und Tod. Darauf setzen die an Jesus Christus Glaubenden, trotz aller Unheils-Erfahrungen, trotz Versagen und Bosheit, trotz eigener *Schuld*.
Solche Haltung gründet im Glauben, daß Gott sich in Jesus Christus den Menschen bedingungslos zugewandt hat. Diese *Zuwendung Gottes* zeigt, daß er Ja und Amen zu uns gesagt hat (2 Kor 5,18). Aus Gottes großer Liebe empfangen die Menschen die *Versöhnung* (Röm 5,10). Weil Gott in Jesus Christus sich an die Seite des Menschen stellte, mit ihm bis in die letzte Verlorenheit ging und den menschenfeindlichen, lebensbedrohenden Mächten widerstand bis in den Tod, deshalb haben Christen den Mut, das Kreuz als Versöhnungszeichen Gottes anzunehmen. Allen anderslautenden Erfahrungen zum Trotz setzen sie in engagierter Stellungnahme für das Gute ein Plus-Zeichen vor ihr Leben und vor das *Leben der Welt*.

> Dieses Lied könnte man nicht nur in der Fastenzeit beten:
> **Denn wenn du ja sagst, kann ich leben;/ stehst du zu mir, dann kann ich gehn,/ dann kann ich neue Lieder singen/ und selbst ein Lied für andre sein./ Tu meinen Mund auf, dich zu loben,/ und gib mir deinen neuen Geist.** (4)
> *Diethard Zils. Gotteslob 165*

Versöhnung: Neben der Taufe wird auch das Bußsakrament als Sakrament der Versöhnung bezeichnet. Der Sünder empfängt von Gott Versöhnung und so Vergebung der Sünden.

22.2 Aus der Macht der Sünde befreit

→ 12.5 Weltordnung mit Rätseln; 7.1 Keiner ist ohne Schuld; 8.3 Erlöse uns; 12.2 Mächte und Gewalten

Durch Jesus Christus haben wir »die *Versöhnung* empfangen« (Röm 5,11), sind wir »aus der *Macht der Sünde* befreit« (Röm 6,18); Gott gibt uns »das ewige Leben in Christus Jesus, unserem Herrn« (Röm 6,23). Solche Aussagen werfen helles Licht auf das menschliche Leben. Doch je stärker das Licht – desto dunkler auch die Schatten.
Man müßte die Augen verschließen, wollte man sagen: Es ist alles in Ordnung mit der Welt und den Menschen. Schon die ersten Seiten des Alten Testaments versuchen eine Antwort auf die Frage nach dem *Bösen*. Denn es läßt sich nicht leugnen: Wir werden hineingeboren in eine Welt, in der Unrecht und Bosheit herrschen, und obwohl wir darunter leiden, tragen wir doch selber mit dazu bei, daß die

Macht des Bösen Einfluß hat. Wir wirken mit in einer Geschichte, die von Dummheit und Gemeinheit strotzt. Wir leiden unter ungerechten Zuständen und bauen sie zugleich noch weiter aus. Das ist unsere Erbschaft, jeder übernimmt sie, keiner kann sich ihr entziehen. Solange die Welt besteht, wuchern *Schuld* und *Unrecht* weiter. Der Glaube der Kirche spricht deshalb von der Erbschuld, die auf der ganzen Menschheit liegt. Mein eigenes Verhalten, für das ich verantwortlich bin und haftbar gemacht werde, ist von dieser Schuld und diesem Unrecht geprägt. Jeder erfährt es: »Ich tue nicht das, was ich will, sondern das, was ich hasse« (Röm 7,15), und ich suche die Schuld dafür gern anderswo und finde oft auch Schuldige. Und doch kann ich mich selber nicht freisprechen von eigener Schuld.

Es gibt viele Erklärungsversuche für diese heillose Situation. Das Alte Testament beschreibt den Grund so: Der Mensch – Adam – sündigt gegen Gott (Gen 3), und der Fluch dieser Tat liegt auf seiner ganzen Nachkommenschaft. Noch deutlicher sagt es das Neue Testament: Wir werden hineingeboren in eine von Sünde gezeichnete Welt; wir sind *Erben der Sünde*. Die Macht der Sünde ist groß; wie groß sie ist, erkennt der Glaubende an dem Menschen *Jesus Christus* – dem Gegenbild Adams (Röm 5,15). An ihm wird deutlich, wie sehr den Menschen das fehlt, was die Kirche die »heiligende Gnade« nennt; und es wird deutlich, was es für den Menschen bedeutet, von Gott begnadet, durch Jesus Christus aus der Macht des Bösen herausgerissen zu sein. Er hat sich der Macht der Sünde gestellt und wurde von ihr zugrunde gerichtet. Doch Gottes Macht hat sich als die stärkere erwiesen. Gott hat seinen Christus nicht dem Tod überlassen; er hat ihn dem Tod entrissen. Jetzt wird klar: Nicht die Macht dessen, der die Menschen immer neu in nicht einlösbare Forderungen verstrickt, trägt den Sieg davon, sondern die Macht, die aus Liebe den Weg der Ohnmacht geht, um dem Menschen den Weg des Vertrauens auf den immer größeren Gott zu eröffnen und ihn so aus der Macht der Sünde zu *befreien*.

Das bringt Licht in unsere Situation. In diesem Licht erst wird die Macht der Finsternis (Kol 1,13) erkannt und gebannt. Nicht mehr die Verstrickung in die Sünde bestimmt das Schicksal des Menschen, sondern das von Gott in Jesus Christus *geschenkte Heil*. Deshalb kann Paulus im Römerbrief schreiben: »Wo jedoch die Sünde mächtig wurde, da ist die Gnade übergroß geworden« (Röm 5,20); die sich vom Geist Gottes führen lassen, sind Söhne Gottes (Röm 8,14), also auch Erben Gottes, das heißt *Miterben Jesu Christi* (Röm 8,17) – und nicht mehr Erben der Sünde.

> Am 23. Sonntag im Jahreskreis betet die Kirche:
> **Gütiger Gott, du hast uns durch deinen Sohn erlöst und als deine geliebten Kinder angenommen. Sieh voll Güte auf alle, die an Christus glauben, und schenke ihnen die wahre Freiheit und das ewige Erbe. Darum bitten wir durch Jesus Christus** *Tagesgebet der Eucharistiefeier*

Erbschuld (Erbsünde): Bezeichnung für die Erfahrung, daß alle Menschen von Anfang an – »seit Adam« – unter dem Einfluß der in ihrer Umgebung herrschenden Sündenmacht stehen, der sich kein Mensch aus eigener Kraft entziehen kann. Durch die kirchliche Glaubenslehre von der allgemeinen Erbschuld wird die Macht Jesu Christi unterstrichen; denn durch ihn hat uns Gott »der Macht der Finsternis entrissen« (Kol 1,13). Das Zweite Vatikanische Konzil sagt (1965): »Das ganze Leben der Menschen, das einzelne wie das kollektive, stellt sich als Kampf dar, und zwar als ein dramatischer, zwischen Gut und Böse, zwischen Licht und Finsternis. Der Mensch findet sich unfähig, durch sich selbst die Angriffe des Bösen wirksam zu bekämpfen, so daß ein jeder sich wie in Ketten gefesselt fühlt. Der Herr selbst aber ist gekommen, um den Menschen zu befreien und zu stärken, indem er ihn innerlich erneuerte und »den Fürsten dieser Welt« (Joh 12,31) hinauswarf, der ihn in der Knechtschaft der Sünde festhielt (vgl. Joh 8,34). Die Sünde mindert aber den Menschen selbst, weil sie ihn hindert, seine Erfüllung zu erlangen. Im Licht dieser Offenbarung finden zugleich die Berufung wie das Elend, die die Menschheit erfährt, ihre letzte Erklärung.«

Macht der Sünde: Eine andere Bezeichnung für das Verstricktsein in die Sünde; dieser Ausdruck legt den Akzent mehr auf das dunkle Geheimnis der Sünde und der allgemeinen Sündenverfallenheit als auf den Anteil des einzelnen; außerdem will er einem Mißverständnis wehren, das durch das Wort »vererben« entstehen könnte.

22.3 Leben in Christus Jesus

→ 28.1 Neues Leben; 7.2 Ein Gott, der vergibt

Der Schlußteil des Glaubensbekenntnisses spricht vom Wirken des Geistes in der *Gemeinschaft* der *Kirche*. Was Gott durch Jesus Christus getan hat, erfahren die Glaubenden durch die Vermittlung der heiligen Gemeinschaft. Das wird sichtbar gemacht in der *Taufe*. Hier wird dem Glaubenden die *Versöhnung* mit Gott geschenkt, damit er im Geist Jesu Christi lebt.

Das Neue Testament versteht das Untertauchen in der Taufe als Begrabenwerden mit Christus (Kol 2,12). Dieses Bild besagt: Mit Jesus Christus sterben und leben (Röm 6,8) bedeutet, tot sein für die Sünde und leben für Gott (Röm 6,11). Das heißt: der *Macht der Sünde* entrissen und mit Gott versöhnt werden.

Für einen Christen sind das nicht nur schön klingende Wortspiele. Er lernt begreifen, daß das aus der Versöhnung mit Gott entspringende »*neue Leben*« Konsequenzen für

sein Leben hat. Wer sich von Gott angenommen weiß, kann auch sich selber annehmen, er braucht seine Schattenseiten nicht zu verdrängen. Mit Gott versöhnt kann er mit seinem Leben versöhnlich umgehen lernen. Und wer erfahren hat, daß wir mit Gott versöhnt sind, der kann auch auf das Ganze der Welt mit versöhntem Blick schauen; weder resigniert noch aggressiv, sondern hellsichtig und umsichtig. Er weiß, daß die Macht des Bösen gebrochen und daß Gottes Macht größer ist; so kann er im Geiste Jesu Christi leben.
Dieses in der Taufe geschenkte »neue Leben« hat ein klares *Ziel*. Das Glaubensbekenntnis bezeichnet es so: »*Auferstehung* der Toten und das *ewige Leben*«.

> Ein Osterlied spricht den Zusammenhang von Auferstehung, Taufe und Leben in Christus aus:
> **Verklärt ist alles Leid der Welt,/ des Todes Dunkel ist erhellt./ Der Herr erstand in Gottes Macht,/ hat neues Leben uns gebracht. (2)**
> **Wir sind getauft auf Christi Tod/ und auferweckt mit ihm zu Gott./ Uns ist geschenkt sein Heil'ger Geist,/ ein Leben, das kein Tod entreißt. (3)**
> *Heinrich Bone und Friedrich Dörr. Gotteslob 220*

Rechtfertigung: Ein theologischer Begriff, besonders in den Paulusbriefen: Jeder Mensch steht unter dem Druck, zu beweisen, daß er »gut« ist, und sich positiv darzustellen; er sucht Anerkennung, Liebe und Rechtfertigung durch seine Leistungen und Werke. Dadurch tut er sich selbst und oft auch anderen Gewalt an, z. B. durch Überforderung seiner selbst und anderer. Der Glaubende aber findet Anerkennung und Rechtfertigung nicht in seinen Werken, sondern im Gott Jesu Christi. Das Konzil von Trient sagt (1563): »Der Glaube ist der Beginn des Heils für den Menschen, Grundlage und Wurzel jeder Rechtfertigung.« Gott ist es also, der uns im Geschenk des Glaubens rechtfertigt, und zwar »gratis«, ohne Vorleistungen, aus lauter Liebe. Zum Glauben an die Rechtfertigung durch Gott gehört, daß der Mensch jeden Widerstand gegen Gottes Güte aufgibt; daß er bereit ist, Gottes Zuwendung zu empfangen: in seinem Wort und den Zeichen des Heils (→ 26.3 Sakramente).
Neues Leben: So versuchten die ersten Christen ihre Erfahrung vom Leben aus dem Glauben auszudrücken; verwandt mit: Reich Gottes, Heil, Gnade. Dieser Ausdruck kann sowohl das endgültige Leben der Auferstehung wie das durch Glaube und Taufe gewandelte irdische Leben,wie auch die durch den Glauben veränderte Sehweise des irdischen Lebens bezeichnen.

22.4 Gottes Zuwendung im Heiligen Geist

→ 28.1 Neues Leben; 19.3 Der Heilige Geist wirkt; 35.1 Gott ist uns voraus

»Gnade sei euch und Frieden!« – so beginnen viele Briefe des Neuen Testaments. Die Verfasser wünschen den Lesern und Hörern damit nicht eine besondere Sache, die man haben kann oder nicht. Sie sagen vielmehr, wie es sich durch Jesus Christus ein für allemal mit Gott und den Menschen verhält: Gott ist den Menschen liebend zugewandt; das hat Jesus Christus gezeigt. Wer sich der *Liebe Gottes* nicht verschließt, erfährt »im Heiligen Geist«: Die Glaubenden sind neue Menschen, *Kinder Gottes,* Glieder des Leibes Christi; sie haben Anteil an dem Leben, das Gott schenkt; sie sind »begnadet«, wie die Bibel sagt (1 Petr 2,10).

In der Sprache der Bibel hat das Wort »*Gnade*« viele Bedeutungen: Gott ist barmherzig und vergibt, so antwortet er auf unsere *Sünde.* Gott ergreift die Initiative, er wendet sich uns zu ohne Vorleistung. Gott wirkt so in uns, daß wir uns lieben und verändern lassen. Wir kommen heraus aus dem Teufelskreis von Leistung und Gegenleistung. Wir werden aktiv in seinem Sinn. Gnade ist neues Leben.

Die Zuwendung Gottes gilt allen und jedem einzelnen ganz. Sein *Heiliger Geist* führt uns aus der Vereinzelung heraus; er führt uns zusammen; wir werden die Gemeinschaft der *Kirche. Gottes Zuwendung* vollzieht sich jedoch nicht in einer Sonderwelt; sie ist mit der ganzen Wirklichkeit verwoben: Sie begegnet in Menschen, Dingen und Situationen des Alltags, manchmal in scheinbar ganz unscheinbaren Erlebnissen und Begegnungen. Vor allem aber in der Gemeinschaft der Kirche leuchtet Gottes Liebe auf, und hier besonders in den *Sakramenten.* Sie sind sprechende Signale seiner Zuwendung, sichtbare Zeichen seiner Gnade.

> Gottes Zuwendung im Heiligen Geist ist für die Christen Grund, ihn zu loben:
> **Nun lobet Gott im hohen Thron,/ ihr Menschen aller Nation;/ hoch preiset ihn mit Freudenschalle,/ ihr Völker auf der Erden alle.** (1)
> **Denn sein Erbarmen, seine Gnad,/ er über uns gebreitet hat./ Es wird die Wahrheit unsres Herren/ in Ewigkeit ohn Ende währen.** (2)   *Caspar Ulenberg. Gotteslob 265*

Gnade (lat. = gratia): Ein Kernwort im NT; es bezeichnet Gottes Zuwendung zu uns. Schon das AT ist durchzogen vom Staunen über das Gutsein, über die Gnade Gottes (Ex 34,6; Dtn 7,7; 9,4); die Psalmen sind vielfach Danklieder für Gottes Gnade (z. B. Ps 36; 63; 136). Das mit Jesus gekommene Heil ist das Gnadengeschenk Gottes schlechthin; es ist »gratis« (d. h. ohne Vorleistung) gegeben. Gottes Gnade macht den Menschen gerecht vor Gott und den Menschen und schafft ihm neues, bleibendes Leben (Röm 6,23). Weil die Gnadenfülle, die Gott schenkt, übergroß ist, unterscheiden die Theologen verschiedene Arten von Gnade (z. B. die helfende, die heiligende). Damit soll nicht nur das Wohlwollen von seiten Gottes, sondern auch die Wirkung im Menschen ausgedrückt werden (z. B. Kindschaft Gottes, Heiligung). Bei solchen Unterscheidungen muß man sich allerdings vor der Gefahr hüten, über Gottes liebende Zuwendung wie über eine »Sache« zu reden. – Zur Zeit der Reformation gaben die evangelischen Christen den »Kampfruf« aus: sola gratia, allein durch Gnade. Sie wollten betonen, daß die guten Werke der Menschen nur Früchte der Gnade Gottes sind. – Heute ist dies kein Streitpunkt mehr zwischen den Kirchen (→ Charisma 33,1).

23 Auferstehung der Toten

→ 16.4 Grund unseres Glaubens; 12.1 Die Welt

Daß die Menschen selbst das Leben auf dieser Erde gefährden, ist eine noch junge Erkenntnis. Man braucht dabei nicht nur an einen Atomkrieg zu denken; die zunehmende Verschmutzung und Vergiftung von Wasser und Luft, die Eingriffe in das Gleichgewicht der Naturkräfte, der rücksichtslose Abbau und Verbrauch der Bodenschätze unseres Planeten – das sind Krisenpunkte.
Angesichts dieser Probleme, bei denen es um das *Überleben* der Menschheit geht, mag der Satz »Ich glaube die *Auferstehung* der Toten« wie eine Ausflucht wirken. Laßt die Toten tot sein und sorgt dafür, daß das Leben noch eine Chance behält – so müssen sich die Christen von Nicht-Christen sagen lassen. Und die *Christen* müssen sich selber fragen, was ihnen dieser *Glaube* tatsächlich bedeutet. Was sagen sie, wenn sie am offenen Grab ihrer Toten gefragt werden? Leben sie aus diesem Glauben? Werden sie besser mit dem Tod fertig als Menschen, die nicht an die Auferstehung glauben? Entspricht diesem Glauben eine Wirklichkeit? Ist er mehr als ein altertümliches Bild für die unsichere *Hoffnung,* »irgendwie« sei mit dem Tod vielleicht doch nicht alles aus? Und was bedeutet dieser Glaube für das Leben hier und jetzt? Für das Überleben der Menschheit?

23.1 Im Zeichen der »Endlichkeit«

→ 12.3 Geschöpf Gottes; 31.3 Sterben des Christen; 10.1 Fragen

Der Mensch trägt die Zeichen des Endes an sich. Er muß vergehen. Krankheit und *Tod* sind dafür schmerzliche Zeichen. Der Mensch ist nicht sein eigener Herr. Juden und Christen sagen: Der Mensch ist *Geschöpf;* ein anderer ist sein Schöpfer. Der Mensch ist ein endliches Wesen. Darum kann er sich nicht selbst genügen; er ist darauf verwiesen, sich seine Erfüllung von einem schenken zu lassen, der un-endliches Leben ist.

Zwar setzen die Menschen alle Kräfte ein, um ihre Lebensqualität zu erhöhen, um besser und länger zu leben; in wachsendem Maße erfahren sie aber in eben diesem Bemühen: Das Leben auf dieser Erde ist nicht *vollkommen;* es ist vielfach bedroht. Der Lebensraum ist begrenzt; die Wünsche der Menschen stehen einander im Weg. Und nicht nur das. Jeder Mensch erfährt Krankheit und zunehmende Gebrechlichkeit. Wenn er älter wird, spürt er das Nachlassen seiner Kräfte, er steht *ohnmächtig* dem Zerfall gegenüber. Das alles sind sichere Zeichen der *Endlichkeit.* Das Leben geht von Anfang an auf den Tod zu.

Mit dieser Erkenntnis hat sich die Menschheit noch nie abgefunden. Mythen und Märchen träumen von Menschen, die den Tod überlisten. Auf die verschiedenste Weise kommt in den Religionen die Vorstellung von der Fortdauer des Lebens, von neuem Leben, von *Unsterblichkeit* zum Ausdruck. Sagenhafte Gestalten suchen das Kraut, das unsterblich macht. Sind das nur fromme Wünsche?

In der Heiligen Schrift wird »*Leben*« zum faszinierenden Stichwort. Das Leben, das Gott gibt, setzt der Endlichkeit ein Ende. Gott beschenkt den vergänglichen Menschen mit *unvergänglichem* Leben. Er »brennt« geradezu darauf, dies zu tun.

Ein lateinischer Hymnus aus dem 15. Jahrhundert, von Martin Luther ins Deutsche übertragen, spricht vom Vertrauen, daß nur Gott uns aus unserer Vergänglichkeit befreien kann:
Mitten wir im Leben sind mit dem Tod umfangen./ Wer ist, der uns Hilfe bringt, daß wir Gnad erlangen? Das bist du, Herr, alleine. (1) *Gotteslob 654*

Unsterblichkeit der Seele: In der griechischen, ägyptischen und iranischen Religion sowie beim griechischen Philosophen Plato wird die Vorstellung von der Unsterblichkeit der Seele vertreten. Die Bibel, vor allem das Neue Testament, meint nicht weniger, sondern mehr: sie spricht vom ewigen Leben des *ganzen* Menschen. Die Kirche hat jedoch, um den Zwischenzustand zwischen dem Tod des Menschen und der verheißenen Auferweckung am Jüngsten Tag zu kennzeichnen, den Ausdruck »Unsterblichkeit der Seele« aufgegriffen. Man wird auch kaum einen besseren finden können. Auch das Fünfte Larterankonzil (1512–1517) legte Wert auf diesen Begriff, um die Einmaligkeit jedes Menschen auszusagen und zu betonen, daß der Mensch mehr ist als Materie. Für den Glauben des Christen aber ist es wesentlich, daß das vollendete Heil den *ganzen* Menschen umfaßt.
Endlichkeit: Theologische Aussage, daß alles Geschaffene seiner Eigenart nach nur zeitlich begrenzte Dauer hat und daher unvollkommen ist.
Mythos (griech. = Erzählung, Sage; Plural: Mythen): Götter-, Helden-, Weltentstehungssagen, in denen Grundauffassungen und Probleme bestimmter Völker- und Kulturkreise ihren Ausdruck gefunden haben.

23.1

23.2 Der Glaube macht Mut

→ 16.1 Auferweckt; 16.2 Macht des Todes; 10.4 Ich glaube; 21.1 Bilder vom ewigen Leben

Die *Hoffnung* der Menschen, den Tod zu überleben, ist fast ebenso groß, wie ihre *Angst* vor dem Tod. Gehört er nicht zum Leben? Warum wehren sich die Menschen gegen den Tod? Sie empfinden ihn offenbar als etwas, das eigentlich nicht sein sollte, und sie weigern sich, ihr Leben dem Gesetz des »Stirb und Werde«, das sie bei Pflanzen und Tieren so natürlich finden, einfach unterzuordnen.

Der christliche *Glaube* an die *Auferstehung* der Toten antwortet auf dieses rätselhafte Verlangen des Menschen nach nie endendem Leben. Dieser Glaube ist jedoch nicht das Ergebnis langen philosophischen Nachdenkens, sondern er wächst aus der Zuversicht: Gott läßt die Menschen nicht im Tod untergehen. Diese Hoffnung findet in einem Ereignis Bestätigung: in der *Auferweckung Jesu*. Sie ist zugleich ein Hinweis, wie man sich die Auferstehung der Toten nicht vorstellen darf.

Auferstehung bedeutet nicht Rückkehr in ein irdisches Dasein, als ob der zum Leben Erweckte »irgendwie« weiterlebt, wie er vorher lebte. Auferstehung bedeutet auch nicht die »Rückkehr der unsterblichen Seele zu Gott«, vergleichbar der Welle, die ins Meer zurückfällt.

Die *Osterzeugnisse* des Neuen Testaments helfen hier weiter. Sie sprechen von Jesu Leib, der Wundmale trägt: Sie berichten von Essen und Trinken, von Kommen und Gehen des Auferstandenen. Damit wollen sie aussagen: Derselbe, der am Kreuz gestorben ist, lebt. »Leib«, das meint sein ganzes Menschsein. Die Bibel redet aber auch vom »*verklärten*«, das heißt der Vergänglichkeit entzogenen Leib, in dem Gottes Leben aufleuchtet.

Obwohl unsere Worte versagen und biblische Bilder nicht »wörtlich« genommen werden dürfen, haben viele Maler ihren Glauben ins Bild gesetzt und haben dargestellt, wie am Jüngsten Tag die Toten aus ihren Gräbern steigen. Die Aussage dieser *Glaubensbilder* lautet: Unser ganzes leibhaftes, vergängliches Leben wird gerettet und geht als unvergängliches ein in Gottes »*Neue Schöpfung*«.

Paulus erklärt den Korinthern die Auferstehung der Toten im Bild vom Samenkorn:
Was gesät wird, ist verweslich, was auferweckt wird, unverweslich ... Gesät wird ein irdischer Leib, auferweckt ein überirdischer Leib. *1 Korinther 15,42.44*

23.3 Leben im Zeichen der Hoffnung

→ 37.3 Welt ernst nehmen; 1.5 Mit Jesu Augen; 24.2 Vollendung;
31.2 Krankensalbung

Vielleicht gibt es Leute, die denken: Wenn einer an die *Vollendung* seines Lebens in der *Auferstehung* glaubt, dann machen ihm *Leid* und Not, die er in der Welt sieht, nichts aus. Dieser Gedanke wäre nur dann richtig, wenn dieses irdische Leben mit dem »neuen Leben« nichts zu tun hätte. Aber der Glaube an Gottes neue Schöpfung, an die »Leibhaftigkeit« der Auferstehung, spricht eine große *Hoffnung* aus: Diese vergängliche Welt wird in die künftige verwandelt, sie ist jetzt dabei, Gottes neue Welt zu werden. Wenn Christen daher mit allen Menschen guten Willens für eine gerechtere Welt kämpfen, dann tun sie das nicht nur aus ethischen Gründen, die auch Christen dazu verpflichten, sondern weil sie auf die Verwandlung der Welt, die Auferstehung hoffen. Sie bemühen sich darum, diese irdische Welt wenigstens einigermaßen den Verheißungen Gottes entsprechend zu gestalten; denn sie wissen um die *Gültigkeit* dessen, was hier gelebt und gewirkt wird; denn nichts, was geschieht, ist vor Gott umsonst. Christen handeln dabei nicht wie solche, die nur auf ihre eigene Kraft setzen. Sie kennen ihre Schwäche, aber sie resignieren und verzweifeln nicht, wenn sie etwa im Kampf gegen gefährliche Krankheiten zu der Erkenntnis kommen: Mehr können wir nicht tun. Sie vermögen mit den *Grenzen* ihres irdischen Daseins zu leben und sie auszuhalten. Sie können gelassen sein und sich dennoch mit aller Kraft gegen Leid und Unsinn stemmen. Das ist etwas anderes, als die Augen vor dem Elend der Welt zu verschließen und so zu tun, als wäre es nicht da.

Der gläubige Mensch sieht die Wirklichkeit, wie sie ist. Aber er hofft, daß das, was Menschen nicht *vollenden* können, von Gott zum guten Ende gebracht wird. Sein Bemühen ist ein anschauliches und tapferes *Bekenntnis* dazu, daß Gott seine *Verheißungen* erfüllen wird.

> Ein Gebet um die Kraft zu richtigem Handeln:
> **Herr, öffne meine Augen, daß ich die Not der anderen sehe; öffne meine Ohren, daß ich ihren Schrei höre; öffne mein Herz, daß sie nicht ohne Beistand bleiben.**
> *Gotteslob 29/3*

Verwandlung der Welt: Die von den Christen erwartete Verwandlung der Welt bedeutet keine Vernichtung des Alten. Die Bibel redet von »Verklärung« und »Neuer Schöpfung«. Paulus gebrauchte dafür ein Bild: der Same wird zum Baum; Same und Baum sind in gewisser Weise identisch, jedoch in anderer Gestalt (vgl. 1 Kor 15,42–44).

24 Und das ewige Leben
→ 39 Handle genauso

Kein Mensch kann leben, ohne an seine *Zukunft* zu denken, die nahe oder die endgültige. Freiheit, Fortschritt, *Hoffnung,* all das zielt auf Zukunft hin. Es gibt Zukunft, die der Mensch planend gestalten und vorbereiten kann; damit beschäftigen sich viele Wissenschaftler, Politiker, Dichter, Phantasten und »Wahrsager«. Aber das Unheimliche daran ist: Je mehr der Mensch die Zukunft »in den Griff bekommt«, um so mehr zeigen sich neue, größere Probleme. Es läßt sich nicht übersehen: »Zukunft« ist immer auch das, was Menschen nicht planen und machen können: das, was auf sie zu-kommt.

Der Schluß des Glaubensbekenntnisses handelt von dieser Zukunft. Was vom *Wirken des Geistes* gesagt ist, wird mit dem kurzen Satz zusammengefaßt und abgeschlossen: »Ich glaube das *ewige Leben*«. Ist das die christliche Zukunftserwartung? Oder kann man sagen: Wer zur Kirche gehört, hat das ewige Leben? Oder beginnt das ewige Leben erst nach dem Tod, mit der »Auferstehung der Toten«? Ist dann dieser Satz des Glaubensbekenntnisses inhaltlich nur eine Wiederholung des vorausgehenden?

Zukunftserwartungen: Zukunft hat für Christen eine andere Dimension, als in der Alltagssprache deutlich wird; gemeint ist nicht das, was wir mit unseren Planungen beeinflussen können; Zukunft ist – christlich gesprochen – zunächst das, was von Gott her auf uns zu-kommt, was von Gottes Vollendungsplänen in dieser Welt jetzt schon wirksam ist und – nur zum Teil – auch durch Menschen wirksam gemacht werden kann. Das alles sind für den Christen Vorausbilder der neuen Schöpfung, der Vollendung der Welt durch Gott.

24.1 Bilder vom ewigen Leben
→ 17.2 Herrlichkeit des Vaters; 18.2 Die Welt richten; 23.2 Glaube macht Mut

Altes und Neues Testament sprechen oft vom Kommen des *Reiches Gottes,* vom Leben beim Vater, vom *ewigen Leben*. Was das ist und wie es »dort« sein wird, darüber hat auch Jesus nur in Bildern gesprochen. Das muß kein Nachteil sein: Wo eine Wirklichkeit so groß ist, daß sie unser Begreifen übersteigt, kann man sie nur noch in Bildern beschreiben. Bilder sind zwar nicht die bezeichnete Wirklichkeit selbst, aber sie können Bedeutsames über die gemeinte Wirklichkeit aussagen.

Eine Reihe von *Bildern der Bibel* beschäftigt sich mit dem *Gericht.* In ihm wird offenbar, wie sich an Jesus Christus die Geister scheiden. Den Aussagen über das ewige Leben sind Bilder der Bedrängnis vorgeschaltet; sie mahnen die Menschen zur *Wachsamkeit* (Mk 13,35). Da wird gesprochen von Ernte und Kelter (Joel 4,12–15; Offb 14,15–20), von Naturkatastrophen, Kriegen, Verfolgungen (Joel 2,1–11; Mk 13,3–8). All das kommt wie ein Dieb in der Nacht (1 Thess 2,5); das heißt, es gibt keine Galgenfrist mehr: Jetzt – immer – gilt es, bereit zu sein (Mt 24,43). Diese Bilder sagen uns an: Das ewige Leben ist ein Geschenk, und doch kann sich der Mensch in Freiheit dafür entscheiden.
Zur Möglichkeit der *Entscheidung* für Gott gehört auch die Möglichkeit, daß einer sich ganz dem Willen Gottes verschließt und damit sich selbst endgültig von der Gemeinschaft mit Gott ausschließt. Davon sprechen die Bilder von Feuerhölle (Mt 25,41) und Finsternis (Mt 22,13), vom Heulen und Zähneknirschen (Zef 1,14–18; Mt 8,12).
Nicht direkt von der Bibel bezeugt, wohl aber durch einige biblische Hinweise zu ermitteln, ist die Lehre der Kirche vom *Fegfeuer.* In dieser bildhaften Aussage spricht sich die Überzeugung der Kirche aus, daß es auch für die Menschen, die keineswegs »Heilige« waren, aber doch in grundsätzlicher Offenheit für Gott starben, die Möglichkeit einer Läuterung nach dem Tod gibt. Darum meint das Wort »Fegfeuer« etwas völlig anderes als das Wort »Hölle«. Bei der Erklärung solcher Worte und Bilder merken wir, wie schnell wir mit unserer Sprache an Grenzen kommen. Es ist schwer, darüber zu reden und dabei unangemessene Aussagen zu vermeiden.
Andere Bilder der Bibel sprechen vom ewigen Leben selbst; die Bilder vom Ende gleichen denen vom Anfang: ein »*Paradies*« unendlicher *Freude* und selbstverständlicher Gottnähe, mit Quellwasser in Fülle – der Inbegriff des Lebens für jeden Wüstenbewohner (Offb 22,1–2). Es ist ein Ort des *Friedens:* Lamm und Wolf liegen nebeneinander (Jes 11,6), Säuglinge spielen vor dem Versteck der Natter (Jes 11,8), aus Schwertern schmiedet man Pflugscharen (Jes 2,4). Es ist wie ein Freudenfest, ein Fest der *Versöhnung* (Jes 55,1–3; Lk 15,32), eine *neue Schöpfung* (Jes 35,1–9; Offb 21,5), eine Stadt, das himmlische Jerusalem (Offb 21,10): Schönheit und Sicherheit dieses Lebens werden in kostbaren Farben vorgestellt. Mittelpunkt dieser herrlichen Stadt ist Gott selber: Er erleuchtet sie (Offb 21,23); er wird alle Tränen abwischen; es wird keine Trauer mehr geben, kein Leid, *keinen Tod.* Denn die alte Welt ist vergangen (Offb 21,4), die *neue Welt* ist vollendet.

> Das zweite Vatikanische Konzil faßt verschiedene biblische Aussagen zusammen:
> **Wir werden belehrt, daß Gott eine neue Wohnstätte und eine neue Erde bereitet, auf der die Gerechtigkeit wohnt und deren Seligkeit jede Sehnsucht nach Frieden, die in den Herzen der Menschen aufsteigt, erfüllen und übertreffen wird.** *Aus der Pastoralkonstitution 39*

Paradies: Das Wort stammt aus der griechischen Übersetzung des Alten Testaments (= sog. Septuaginta) und bedeutet »Gottesgarten«.
Fegfeuer: → 18.2.

24.2 Die Vollendung
→ 4.4 Herrlichkeit wird offenbar; 18.1 Unser Herr wird kommen; 35.2 Der liebenswürdige Gott

Immer wieder wundern sich Menschen darüber, daß nach 2000 Jahren Christentum noch so wenig von einer Veränderung der Menschen zum Besseren zu sehen ist. Deshalb sind manchmal auch Christen versucht zu sagen: Die *Vollendung* kommt erst im *Jenseits*. Wenn keiner mehr sündigt, wenn alle Grenzen und Gefahren für das Leben der Menschen überwunden sind, dann ist die Vollendung da, dann ist das *ewige Leben* angebrochen, dann ist die neue Welt erstanden. Doch Gottes Geist läßt sich von den Menschen kein Heute oder Morgen, kein Hier oder Dort aufnötigen. Immer und überall, wo Menschen sich seinem Wirken nicht widersetzen, ist Anfang der Vollendung. Was in den Augen der Menschen nur ganz langsam wächst, was immer wieder durch schwere Rückschläge beeinträchtigt wird, das ist bei Gott schon da. Worum sie sich unter Einsatz all ihrer Kräfte bemühen, das ist bei ihm schon vollendet. Deshalb heißt es auch im Evangelium: »Das *Reich Gottes* ist (schon) mitten unter euch« (Lk 17,21).

Das heißt keineswegs, daß es letztlich auf unser Tun gar nicht ankommt – im Gegenteil. Wir leben in der Zeit, und an uns liegt es, ob mitten unter uns schon etwas vom Reich Gottes sichtbar wird. Auch in seiner Vollendung dürfen wir uns dieses Reich nicht als ein Werk Gottes vorstellen, das auf uns zukommt wie ein Geschenk von einem andern Stern. Es ist jetzt schon *»mitten unter uns«,* Gott wirkt es – und er will es mit uns wirken.

Wenn wir »die Auferstehung der Toten glauben«, so heißt das auch, daß alles, was wir im Geist Jesu tun, als unser neuer »Leib« auferstehen und Gestalt und Dauer gewinnen wird. Anders gesagt: Christen glauben, daß alles, was hier

Gutes geschieht, nicht verloren ist, sondern miteingeht in *Gottes Neuschöpfung,* wenn er kommt, die Welt zu vollenden. In der Offenbarung des Johannes heißt es: »Ihre Werke begleiten sie« (Offb 14,13). Und dennoch wird das, was Gott denen bereitet hat, die ihn lieben, jegliche Vorstellung übersteigen. Vielleicht läßt das Bild vom Hochzeitsmahl noch am ehesten die unendliche *Freude* in der *Gemeinschaft der Heiligen* erahnen (Jes 25,6–9; Offb 19,7–9).

> Als Jesus von den Pharisäern gefragt wurde, wann das Reich Gottes komme, antwortete er:
> **Das Reich Gottes kommt nicht so, daß man es an äußeren Zeichen erkennen könnte. Man kann auch nicht sagen: Seht, hier ist es! oder: Dort ist es! Denn: Das Reich Gottes ist (schon) mitten unter euch.**
> *Lukas 17,20–21*

Jenseits: Seit etwa 1800 üblich gewordene Bezeichnung für den »Ort«, wohin die guten Menschen nach ihrem Tod gelangen; manchmal wird damit auch die »jenseitige Welt«, d. h. die nach dem Jüngsten Tag anbrechende gemeint. – Der Begriff leistet dem Mißverständnis Vorschub, als habe das »Diesseits« mit dem »Jenseits« wenig zu tun. – Für den Christen gibt es nur die eine Wirklichkeit Gottes, die schon in dieses Leben hereinreicht. Sie wird in Jesus Christus und denen, die ihm glauben, sichtbar. Aber wir sehen nur in »rätselhaften Umrissen« und wie »in einem Spiegel«. Das Schauen »von Angesicht zu Angesicht« steht noch bevor (vgl. 1 Kor 13,12).

25 Amen

→ 10 Ich glaube an Gott

Das Glaubensbekenntnis ist ein Preislied auf Gott: Ihm als unserm Vater verdanken wir uns und alles, was wir haben; in Jesus Christus hat er der Welt *Heil* und *Frieden* geschenkt; im Wirken seines Geistes treibt er uns an, seine Menschenfreundlichkeit weiterzusagen und weiterzugeben. Das Glaubensbekenntnis wird eingerahmt von den Worten: »*Ich glaube*« und »*Amen*«. Es kann nicht gesprochen werden, ohne den Ausdruck des Vertrauens in Gottes Geschichte mit den Menschen und ohne Bekräftigung durch unser eigenes Leben. Von diesem Vertrauen in den lebendigen und lebenwirkenden Gott soll beim letzten Wort des Glaubensbekenntnisses – beim Amen – die Rede sein.
Dem Glaubensbekenntnis liegt ja das *Taufbekenntnis* zu

Grunde. Wer sich zu Gott bekennt: dem Vater, dem Sohn Jesus Christus, dem Heiligen Geist – der kann getauft werden. Und er wird getauft »Im Namen des Vaters und des Sohnes und des Heiligen Geistes« – das ganze Heil, das Gott dem Menschen bereitet hat, wird dem Täufling zugesprochen.

Wenn sich katholische Christen mit dem *Kreuz* bezeichnen, sprechen sie die gleichen Worte. Wenn ihnen Sünden nachgelassen werden, dann im Namen von Vater, Sohn und Geist. Wenn sie sich bei der Eheschließung die *Treue* versprechen, tun sie es ebenfalls unter dem *Bekenntnis* zum drei-einigen Gott. Und noch über den Gräbern machen Priester und Gläubige das Zeichen des Kreuzes und sprechen dieselben Worte.

Und doch – wenn Christen gefragt werden, was sie mit ihrem Beten »im Namen des Vaters und des Sohnes und des Heiligen Geistes« meinen – wer kommt da nicht ins Stottern?

Taufbekenntnis: Der Aufbau des Glaubensbekenntnisses läßt sich an den Fragen des Taufbekenntnisses leicht ablesen (vgl. Gotteslob 47/9).

25.1 Gott – Vater, Sohn und Heiliger Geist
→ 19.2 Heiliger Geist – Gottes Geist; 10.4 Ich glaube

Die Glaubenslehre vom *dreieinigen* Gott wirkt auf viele fremd und unverständlich, auch auf Christen, die ganz selbstverständlich »im Namen des *Vaters,* des *Sohnes,* des Heiligen *Geistes*« beten. Es kann der Eindruck entstehen, man müsse vieles wissen, um dieses christliche Bekenntnis zu verstehen.

Der Glaube an den dreieinigen Gott ist nicht das Ergebnis komplizierter Denkvorgänge. Er erwächst vielmehr aus den Erfahrungen mit Jesus von Nazaret. Jesus Christus ist so ganz von Gott bewegt und bestimmt, daß die an ihn Glaubenden erkennen: Dieser Mensch ist ganz bei Gott, und Gott ist ganz bei ihm; dieser Mensch und Gott sind eins. Davon spricht das Neue Testament, wenn der Sohn sagt: »Wer mich gesehen hat, hat den Vater gesehen« (Joh 14,9) und wenn der Vater sagt: »Das ist mein geliebter Sohn« (Mt 3,17).

Und noch etwas Überraschendes erleben die, die mit Jesus gehen: *Derselbe Gott,* der in Jesus wirkt, ist auch in denen wirksam, die Jesus folgen. Jesu Geist ist Gottes Geist, und jene, die ihm glauben, sind voll desselben Geistes. Der Heilige Geist ist die treibende Kraft im Leben der einzelnen Glaubenden und in der ganzen Kirche.

Diese Kraft ist nicht ein Etwas, sondern ist Person, ist ein Du. Die Christen bekennen im Credo: »Wir glauben an den Heiligen Geist, ... der mit dem Vater und dem Sohn angebetet und verherrlicht wird.« Jesus nennt den Heiligen Geist den »Beistand«, den er den Jüngern aufgrund seiner Erhöhung senden wird (Joh 14,15).

Und als die Jünger den Geist empfangen haben, beginnen sie, die *Frohe Botschaft* zu verkünden: vom Vater, der die Menschen unendlich liebt; vom Sohn, der in der Kraft dieser Liebe die Menschen aus der Macht des Bösen befreit; vom Geist, der die Glaubenden mit der Lebensfülle Jesu Christi durchdringt.

Aus Gottes Handeln in Jesus Christus und durch seinen Geist in den Glaubenden, die ihn als Urheber des Lebens erkennen, läßt sich folgern: Gott selbst ist beziehungsreiches Leben. So wie sich Gott in Jesus Christus und den Glaubenden als unbedingte Güte offenbart, so ist er wirklich selbst; er ist in sich so, wie er in Jesus Christus für uns da ist. Von dieser *Größe Gottes* können Menschen nur stammelnd zu sprechen versuchen.

> Der zweite Korintherbrief endet mit dem Gebetswunsch:
> **Die Gnade Jesu Christi, des Herrn, die Liebe Gottes und die Gemeinschaft des Heiligen Geistes sei mit euch allen!** *2 Korinther 13,13*

Trinität (lat. = *Dreieinigkeit*): Die Besonderheit des christlichen Glaubens an einen Gott in drei Personen. Die Bezeichnung »Dreieinigkeit« betont die Einheit der göttlichen Personen, die Bezeichnung »Dreifaltigkeit« ihre Verschiedenheit. Der Glaube an den dreieinigen Gott trennt die Christen vom Judentum (und vom Islam). Aber zusammen mit den Juden und den Muslim bekennen die Christen den Glauben an den einen Gott. Juden und Muslim sind den Christen eine ständige Mahnung, den Glauben an den dreieinigen Gott nicht zum Glauben an drei Götter zu machen.

Kreuzzeichen: Seit Ende des 2. Jh. bekannter Ritus, um sich selbst oder andere Personen (oder auch Gegenstände) zu segnen. Die Verbindung von Kreuzzeichen und Bekenntnis zum dreieinigen Gott weist auf den Zusammenhang mit dem Taufbekenntnis und der Taufspendung hin. Der Ritus der Kirche kennt das »große« Kreuzzeichen (auf Stirn, Brust und Schultern, mit ausgestreckter Hand; Bedeutung: ich bin ganz umfaßt von der Kraft des Erlösers) und das »kleine« (mit dem Daumen allein, je ein Kreuzzeichen auf Stirn, Mund und Brust; Bedeutung: Gott segne mein Denken, Sprechen und Wollen).– Die Worte, die beim Kreuzzeichen gesprochen werden, lauten: »Im Namen des Vaters und des Sohnes und des Heiligen Geistes. Amen.« Mit diesem Gebet, verbunden mit dem Kreuzzeichen, beginnen viele Christen ein neues Werk oder den neuen Tag.

Darstellung der Dreifaltigkeit: Ein frühes Symbol war das dreifache Christuszeichen. Im 12. Jh. entstanden die ersten Bilder mit Vater, Sohn und Geist-Taube in Irland (sog. Gnadenstuhl). Die Ostkirche kennt die Darstellung in Gestalt dreier Engel (vgl. Gen 18,1–33).

25.2 Der bekannte und der unbekannte Gott
→ 11.2 Der große Gott; 4.1 Reich Gottes verkündet

Viele Menschen glauben zwar an *Gott;* aber er ist für sie weit weg; sie können sich nicht vorstellen, daß er sich von den Problemen der Welt und ihres Lebens berühren läßt. Manche nehmen zwar an, Gott halte die Fäden der Weltgeschichte in seiner Hand; aber sie betonen, man könne nicht erkennen, wie das geschieht. Andere sagen: Gott hat zwar die Welt geschaffen, aber seitdem läuft sie nach ihren eigenen Gesetzen. Wieder andere sind der Auffassung, in allen Dingen der Natur sei etwas von Gott zu finden.
Gottferne und *Gottnähe* – das bleibt für uns Menschen ein *Geheimnis.* Gott ist auf geheimnisvolle Weise uns ganz nahe, uns innerlicher als wir uns selbst. Paulus kann sagen: »Denn in ihm leben wir, bewegen wir uns und sind wir« (Apg 17,28). Gleichzeitig aber bleibt Gott für uns immer größer als unser Verstand, unser Gefühl, unser Herz. Hätte Gott sich den Menschen nicht mitgeteilt in *Jesus Christus,* dem Sohn, dann wäre er der unbegreiflich Ferne geblieben. In ihm aber ist er den Menschen nahe gekommen und hat seine *Liebe* sichtbar und spürbar gemacht. Im Wirken seines *Geistes* treibt er die Glaubenden an. Wer glaubt, dem ist ein Weg eröffnet, um Gott zu begegnen.
Und doch bleibt Gott ein Geheimnis. Das ist etwas anderes als ein Rätsel; dieses kann man lösen, jenes bleibt. Menschen zum Beispiel, die sich lieben, kommen sich immer näher; sie erfahren aber ihre Liebe um so mehr als ein Geheimnis, das bleibt. So ist es auch mit der Liebe Gottes. Sie ist in Jesus Christus und denen, die ihm folgen, ganz offenbar, und dennoch ist sie ein unerschöpfliches Geheimnis. Gott ist offenbar und zugänglich – gerade als Verborgener. Anders können wir es nicht sagen.
Deshalb sprechen wir von Gott immer mit stotternden Worten. Selbst der ganz von *Gott* erfüllte Mensch erlebt, daß er mit seinem Überlegen und Meditieren an ein Ende kommt, daß er verstummen muß in der *Anbetung* von *Gottes Größe.*

Wer betet, vertraut Gott und ehrt ihn; deshalb werden viele Gebete mit dem Lobpreis auf den dreifaltigen Gott beschlossen:
Ehre sei dem Vater und dem Sohn und dem Heiligen Geist, wie im Anfang, so auch jetzt und alle Zeit und in Ewigkeit. Amen. *Gotteslob 2/3*

Mysterium (lat. = Geheimnis): Glaubensgeschehen, durch das der Mensch Heil und Heilung erfährt; es übersteigt das Denken und Planen des Menschen und antwortet zugleich auf dessen tiefste Sehnsucht (→ 4.1 Geheimnis).

Amen: Mit diesem hebräischen Wort bestätigen die Glaubenden, daß sie sich und ihr ganzes Leben »in Gott festmachen« wollen. Gemeint ist nicht nur der fromme Wunsch »so sei es«, sondern der feste Glaube »wahrhaftig, so ist es«, »wir sind überzeugt, daß es so ist«. Im Alten wie im Neuen Testament ist das Wort ebenso gebräuchlich wie in der Liturgie der Kirche und im Beten der Christen und Juden. »Amen« ist Ausdruck des festen Glaubens daran, daß Gott seine Zusagen einhalten wird. Wenn Jesus seine Aussagen mit besonderem Nachdruck unterstreichen will, beginnt er sie mit »Amen« (Mt 5,18–26; 6,2.5). Jesus Christus selbst wird sogar »der Amen« genannt (Offb 3,14), weil er der »treue und zuverlässige Zeuge« Gottes ist. Paulus sagt von Christus: »Er ist das Ja zu allem, was Gott verheißen hat. Darum rufen wir durch ihn zu Gottes Lobpreis auch das Amen« (2 Kor 1,20).

III Kirche und Sakramente

**Die Kirche
feiert sieben Sakramente:**

**Taufe, Firmung, Eucharistie,
Buße, Krankensalbung,
Priesterweihe und Ehe.**

**Das christliche Leben
wird grundgelegt
durch den Empfang
der ersten drei Sakramente.**

Gotteslob 41/2

Einleitung

Wenn Christen über ihren Glauben Rechenschaft geben, liegt es nahe, daß sie vom *Vaterunser* und vom *Glaubensbekenntnis* sprechen; aber auch die alltägliche christliche *Lebenspraxis* muß zu Wort kommen. Denn der christliche Glaube ist weit mehr als nur eine Lehre über Gott und die Menschen. Er ist eine bestimmte Art zu leben und die Welt zu gestalten. Er ist ein besonderes Verhältnis zu allen persönlichen und gesellschaftlichen Bereichen; er ist christlicher Lebensvollzug als Kirche.
Christliche Art zu leben und die Welt zu sehen ist keine private Angelegenheit: Im Vaterunser wird Gott angerufen als Vater aller Glaubenden, ja aller Menschen, als »unser Vater«. Es geht um sein Reich, um seine Herrschaft, um sein Gutsein für alle. Das Glaubensbekenntnis ist nicht zuerst privates *Zeugnis*; es ist Ausdruck und Einübung des Glaubens aller Christen, also der *Glaubensgemeinschaft*. Darum wird im folgenden ausführlich von der Gemeinschaft der Glaubenden, der *Kirche* und dem *Zusammenleben der Christen* die Rede sein. Christliche Lebenspraxis geschieht in Gemeinschaft und soll so dem Wohl und Heil aller Menschen dienen.
In der Gemeinschaft der Glaubenden wird das Wirken von Gottes Geist in besonderer Weise in der Welt sichtbar. In dieser Gemeinschaft ist durch die Jahrhunderte hindurch gegenwärtig und verborgen, worauf es Jesus Christus ankam und wofür er starb: *Gottes Reich* ist im Kommen; Gott ist da und kommt in Jesus Christus und denen, *die ihm folgen*. Christen sind unterwegs zu einem Leben, in dem Gott alles in allem sein wird. Die Kirche ist *Zeichen für dieses Heil;* sie ist für die Christen ein besonderer Ort, wo sie Gottes Nähe »für uns und um unseres Heiles willen« erfahren können. Sie ist »*Sakrament*« der Einheit der Menschen mit Gott und untereinander; das heißt, sie ist das Voraus-Zeichen, das *Signal* der *kommenden Welt,* in dem schon das Kommende wirksam wird.
Daß die Gemeinschaft der Glaubenden derart zentral und umfassend Heilszeichen ist, kann anschaulich werden, wenn Glaubende dem Evangelium gemäß leben. Es kann im Tun der Kirche offenbar werden. Erlebbar wird es dort, wo die Christen ihre Verbundenheit mit Gott und den Menschen in greifbaren Zeichen darstellen und feiern: in den Sakramenten, besonders in *Eucharistie und Taufe*. Diese beiden Sakramente werden deshalb auch im Glaubensbekenntnis ausdrücklich erwähnt, wenn von der Gemeinschaft am Heiligen und von der Sündenvergebung gesprochen wird.

26 Zeichen des Heils

→ 21 Gemeinschaft der Heiligen; 22 Vergebung der Sünden

Die Kirche ist eine Glaubens- und Bekenntnisgemeinschaft. Man kann sie auch eine »Erzählgemeinschaft« nennen, denn sie bewahrt und sagt weiter und überliefert, was ihr aufgetragen ist. Da der *Glaube* vom *Hören* kommt (Röm 10,17), drückt er sich zunächst aus in der Antwort des Bekenntnisses und des Dankes.

Doch Glaube hängt nicht allein am Wort. Wie für die wichtigsten Dinge im Leben Worte nicht ausreichen, so braucht auch der Glaube *Zeichen und Gesten,* um sich auszudrücken. Die wichtigsten Ausdrucksformen des Glaubens sind die Sakramente. Sie sind mehr als nur äußere Formen, sie sind Signale, die anzeigen, daß das, wovon geredet wird, Wirklichkeit ist. Christen glauben, daß die Kirche selber ein Zeichen ist, das *Signal* dafür, daß mit Jesus Christus die Neue Zeit angefangen hat, in der die Welt Gottes im Kommen ist.

Das sind große Worte. Können sich Christen daran halten, obwohl sie die konkrete *Kirche* kennen? Ist die Gemeinschaft der Christen nicht manchmal eher ein Zeichen für die Sünde in der Welt? Kann in der Gemeinschaft der Kirche die *Liebe Gottes,* die sich in Jesus Christus gezeigt hat, erfahren werden? Wie kann die Kirche für die Welt zum *Zeichen des Heils* werden?

26.1 Heilszeichen für die Völker

→ 10.2 Aus allen Völkern; 34.1 Im Volk Gottes; 20.2 Überlieferung; 21.3 Gemeinschaft des Heils; 20.5 Ich glaube die Kirche

Das Volk Israel war ständig in Gefahr, seine Erwählung durch Jahwe ausschließlich auf sich zu beziehen, obwohl über der Berufung des Stammvaters Abraham das Wort vom »Segen für alle Geschlechter der Erde« steht (Gen 12,3). Israel war nicht um seiner selbst willen erwählt, es sollte den andern Völkern *Zeugnis* geben von Jahwes Größe und von seiner *Treue,* damit sie erkennen, wer Gott ist.

Auch die ersten Christen mußten sich mit der Frage auseinandersetzen: War *Jesus* nur für das Volk Israel gekommen, oder galt das von ihm angesagte *Heil* allen? Manche Briefe des Neuen Testaments, vor allem der Römerbrief, manche Stellen in den Evangelien (Mk 7,24–30) und einige Abschnitte in der Apostelgeschichte (10,1–48 und 15,1–35) lassen erkennen, welche Auseinandersetzungen die junge Gemeinde zu bestehen hatte, bis sie zur Erkenntnis kam: Die Kirche ist als das »neue Volk Israel« offen für alle, für Juden und Heiden. Sie ist zusammengerufen aus allen *Völkern.*

Wem in Jesus Heil widerfahren ist, der kann das nicht für sich behalten. Die Einsicht in das, was Jesus gebracht hat, drängt dazu, dieses Geschenk an alle weiterzugeben. Alle Menschen sollen erfahren, was Gott durch Jesus für die Welt getan hat.

Durch *Wort* und *Lebenszeugnis* versuchen bis heute Christen, anderen von Gottes Liebe zu erzählen, sie ihnen erfahrbar zu machen. Sie nehmen sich der Armen, Kranken, Hungernden an; sie sprechen mit den Menschen über ihre Fragen und Nöte. Sie unterweisen die zum Glauben Gekommenen und taufen sie. Sie leben einfach mit ihnen, teilen das Leben anderer und geben so Zeugnis von ihrem Herrn, der ein Leben lang und noch darüber hinaus für andere da ist.

So entstehen neue *Gemeinden;* die *Kirche* wächst in allen Völkern. Sie ist in Christus gleichsam das Sakrament, das heißt wirksames Zeichen für die Vereinigung Gottes mit den Menschen wie für die Einheit der ganzen Menschheit. Sie ist zum *Zeichen des Heils* für alle geworden; alle Völker sollen durch sie erfahren, daß Gott das Heil für alle will. Darum nennt das Zweite Vatikanische Konzil die Kirche das »allumfassende Heilszeichen für die Welt«.

> Dem ganzen Volk Gottes ist der Missionsauftrag erteilt:
> **Ihr aber seid ein auserwähltes Geschlecht, eine königliche Priesterschaft, ein heiliger Stamm, ein Volk, das sein besonderes Eigentum wurde, damit ihr die großen Taten dessen verkündet, der euch aus der Finsternis in sein wunderbares Licht gerufen hat.** *1 Petrus 2,9*

Mission (von lat. missio = Sendung): Die Ableitung vom entsprechenden griechischen Wort heißt *Apostolat* (→ 33.1). – Alle Gläubigen sind beauftragt, die frohmachende Wahrheit Gottes, die sie selbst empfangen haben, an andere weiterzugeben. Das Zweite Vatikanische Konzil sagt (1965): »Als Glieder des lebendigen Christus, durch Taufe, Firmung und Eucharistie ihm eingegliedert und gleichgestaltet, ist allen Gläubigen die Pflicht auferlegt, an der Entfaltung und an dem Wachstum seines Leibes mitzuwirken, damit dieser sobald wie möglich zur Vollgestalt gelange.« – Mission im engeren Sinn meint die Weitergabe der Botschaft in anderen Ländern *(Weltmission).*
Missionar: Ein Christ, der in fremden Ländern den Nichtchristen das Evangelium verkündet; oft auch nur im eingeschränkten Sinn gebraucht: Missionar = Angehöriger eines Ordens, der missionarisch tätig ist.
Missionierungsmethoden: Haben sich im Lauf der Geschichte entsprechend den allgemeinen Auffassungen über Religion, Glaubensfreiheit, Toleranz usw. gewandelt (Problemfelder: Mission und gewaltsame Bekeh-

rungen; Mission und Kolonialisierung; Bindung des Christentums an die abendländische Kultur; Mission und Toleranz). Mission und Entwicklungshilfe (→ 39.8) gehen heute meist Hand in Hand.
Missio: → 34.5 Kirchliche Werke
Volksmission: Eine besondere Veranstaltung innerhalb der Pfarrgemeinde zur Stärkung und Erneuerung des geistlichen Lebens; meist durch Ordenspriester abgehalten. Heute in dieser Form seltener geworden.

26.2 Bilder von der Kirche

→ 21.1 Kirche als Gemeinschaft; 20.1 Werk des Geistes; 13.3 Der Herr; 27.4 Christus feiert mit uns

In der christlichen Überlieferung gibt es viele Ausdrücke und Bilder für das Verhältnis der Kirche zu ihrem Herrn. Sie alle besagen: Wer die Kirche im *Glauben* betrachtet, stößt auf eine Wirklichkeit, die man mit Begriffen schwer erfassen kann.
Wie das *Volk Gottes* im Alten Testament als *heilige Versammlung* bezeichnet wird, so auch die Kirche in der Apostelgeschichte (Ps 74,2; Apg 20,28). Auch »Gottesvolk« und »heilige *Priesterschaft*«, die ganz zu Gottes Dienst berufen ist, wird die Kirche genannt (1 Petr 2,9–10).
Die Kirche ist auch der *Weinberg* Gottes. Wie der Winzer einen Weinstock pflegt, damit er Frucht bringt, so sorgt Gott für seine Kirche (Jes 5,1–4; 27,2; Joh 15,1–5). Wie der *Tempel* aus vielen Steinen erbaut war, so erbaut Gott seine Kirche aus »lebendigen Steinen«, den Gläubigen (1 Petr 2,5); der Eckstein und Schlußstein aber ist Jesus Christus (Mt 21,42).
Auch die *Herde* ist ein Bild für die Kirche. Das Johannesevangelium redet von Jesus Christus als dem guten Hirten. So wie ein Hirt seine Herde umsorgt und bereit ist, für die Herde sein Leben zu geben, so sorgt Christus für seine Kirche (Joh 10,1–18; vgl. Ez 34). Im Epheserbrief wird die Kirche mit einer *Braut* verglichen (Eph 5,26; vgl. Hos 2,18–22), die von Christus wie von einem Bräutigam geliebt wird.
Die Kirchenväter sahen in der Kirche die *neue Eva*, die lebenspendende Frau, die Mutter der Lebendigen (Gen 3,20), die sich der »Letzte Adam« – Christus (vgl. 1 Kor 15,45) – erwählt hat. Viele Kirchenväter haben auch Maria als Urbild der Kirche bezeichnet: Sie hat gezeigt, was Glauben ist; sie hat in vollkommener Einheit mit Jesus Christus gelebt und ist von ihm vollendet worden. So sagt der heilige Augustinus von Maria: »Sie ist dem Geiste nach die Mutter der Glieder des Leibes Christi, denn sie hat durch

ihre Liebe mitgewirkt, daß die Gläubigen, die die Glieder des Hauptes Christus sind, in der Kirche geboren werden.«
Schon der Epheser- und Kolosserbrief sowie der erste Korintherbrief (1 Kor 12,12–31) vergleichen die Kirche mit einem *Leib,* der aus vielen Gliedern besteht und ein Haupt hat: Christus (Eph 1,22; 4,15; Kol 1,18). Von ihm her wird alles zusammengefaßt und erneuert. Die enge Beziehung zwischen Christus und seiner Kirche deutet die Glaubenssprache dadurch an, daß sowohl die Eucharistie wie auch die Kirche *»Leib Christi«* genannt wird. Deshalb ist es in mehrfacher Hinsicht bedeutungsvoll, wenn gesagt wird: In der Feier der Eucharistie verwirklicht sich die Kirche. Katholische *Christen* heben darum besonders hervor: Wer zur Kirche gehört und in ihr lebendiges Mitglied ist, steht gleichzeitig in einem größeren Zusammenhang: Er ist Glied am Leib Christi.
In der christlichen Überlieferung werden zahlreiche Bildworte gebraucht, um das Wesen der Kirche zu deuten: Braut, Leib, Organismus, neue Eva, Weinstock – das alles sind Bilder und Bezeichnungen für eine Wirklichkeit, die man nicht einfach vorzeigen kann; aber eine Wirklichkeit, die größer ist, als menschliche Sprache aussagen kann.

> Zu Beginn des Kolosserbriefs steht ein großer Hymnus auf Jesus Christus. Dort heißt es:
> **Er ist vor aller Schöpfung, in ihm hat alles Bestand. Er ist das Haupt des Leibes, der Leib aber ist die Kirche.**
> *Kolosser 1,17–18*

26.3 Kirche als Sakrament
→ 20 Katholische Kirche; 21 Gemeinschaft der Heiligen; 13.1 Der Christus; 4.2 Gleichnisse vom Reich Gottes

Bei dem Wort »Kirche« werden viele zuerst an eine große Organisation mit eigenen Gebäuden, mit Verwaltungen, Gesetzen und Steuern denken, an Macht und Autorität, an ihre Amtsträger und an große Feierlichkeiten. Das alles gibt es gewiß, und die Kirche kann nicht ohne all dies existieren; aber es ist nicht die ganze Kirche. Die Kirche ist mehr als eine *Institution.*
Was die Kirche eigentlich ist, läßt sich nur an *Jesus Christus* ablesen. Er hat das Reich Gottes verkündet. Um dieses Reiches Gottes willen sammelt er Menschen um sich, heilt Kranke, treibt Dämonen aus, hält Mahl mit Sündern, unterweist Jünger und sendet sie aus, damit immer mehr

Menschen von ihm ergriffen werden. Das ist der Anfang der Kirche. Sie steht ganz im Dienste dieser angekündeten *Herrschaft Gottes.* Wenn Jesus Christus am Ende der Zeit wiederkommt und das Reich Gottes vollendet, ist Kirche nicht mehr nötig. Bis dahin aber setzt die Kirche im Namen Jesu fort, was er begründet hat. Er hat ihr Auftrag und Weisung gegeben und ihr seinen Beistand verheißen. Sein *Heiliger Geist* erfüllt sie mit Leben. Jesus Christus lebt und wirkt in der Kirche weiter, damit Gottes Herrschaft und sein Reich offenbar werden und ans Ziel kommen.

Wie Jesus durch *Worte und Taten* den Heilswillen Gottes für die Menschen seiner Zeit hörbar und sichtbar machte, so soll ihn die Kirche im Auftrag Jesu Christi durch die Zeit hin hörbar und sichtbar machen. Die Kirche ist das *Signal der Heilsgemeinschaft,* die Gott durch Jesus Christus mit den Menschen begründet hat, das *wirksame Zeichen* seiner *Nähe;* durch sie wird Gott den Menschen nahegebracht. Deshalb ist sie das *Grundsakrament* der Menschenliebe Gottes. Nur wer diesen Zusammenhang zwischen Christus und der Kirche sieht, kann Verständnis dafür haben, daß katholische Christen glauben: In der Kirche bleibt Jesus Christus sichtbar, hörbar und greifbar.

Neben der *Verkündigung des Evangeliums* und dem *Bruderdienst* geschieht dies vor allem in den *Sakramenten* der Kirche. Sie sind wirksame Zeichenhandlungen, die anzeigen, was Gott durch Jesus Christus an uns tut. Was die Kirche als ganze ist, das vermitteln die Sakramente im besonderen: Gemeinschaft mit Gott. Die Organisationsformen der Kirche, die die Reich-Gottes-Botschaft verstellen können, müssen sich von dieser Mitte her immer wieder überprüfen lassen, wie sie auf diesen Auftrag hingeordnet sind und ihm dienen.

> Das Zweite Vatikanische Konzil sagt über die Kirche:
> **Die Kirche ist Sakrament, das heißt Zeichen und Werkzeug für die Gemeinschaft mit Gott und die Einheit der ganzen Menschheit.** *Kirchenkonstitution 1*

Sakrament (von lat. sacramentum = unverbrüchliche Besiegelung; meist als Übersetzung des griechischen: »Mysterium« = Geheimnis verwendet): Theologen sagen: Jesus Christus ist das Ur-Sakrament der Menschenliebe Gottes; das heißt: er verkündet sie (Wort), er tut sie (Handlung) und er ist sie selber (Wirkung). In demselben Sinn ist auch die Kirche Sakrament (Theologen reden deshalb vom Grund-Sakrament); das heißt: Die Kirche hat den Auftrag, die Menschenliebe Gottes zu verkünden, zu tun und wirksam werden zu lassen. Dies wird entfaltet in einzelnen Zeichenhandlungen (»Signalen«), den Sakramenten, die sichtbar, hörbar, greifbar anzeigen, wie Gott durch Christus uns liebt.
Symbol (griech. = Zeichen): Zeichen, das auf etwas anderes hinweist.

Bilder, Gesten, Handlungen können zum Symbol werden. Das wichtigste gegenständliche Symbol der Christen ist das Kreuz.

Sakramentalien: Handlungen zu Weihen und *Segnungen,* die in der Kirche seit langem in Übung sind; den Sakramenten ähnlich. Es sind »heilige Zeichen«, durch die in einer gewissen Nachahmung der Sakramente Wirkungen, besonders geistlicher Art, bezeichnet und kraft der Fürbitte der Kirche erlangt werden (Vatikanum II, Konstitution über die heilige Liturgie, Artikel 60). Von Weihe spricht man, wenn ein Mensch (z. B. die Äbtissin eines Klosters) oder ein Gegenstand (z. B. Kirchenglocken) ganz für Gott bzw. den Gottesdienst bestimmt wird; von Segnung, wenn der Segen Gottes auf Menschen (z. B. Kindersegnung) oder Dinge (z. B. Haussegen) herabgerufen wird.

26.4 Die Sakramente der Kirche

→ 21.3 Gemeinschaft des Heils; 22.4 Gottes Zuwendung

In den Sakramenten der Kirche wird Gottes heilbringende *Gemeinschaft* mit den Menschen sichtbar, hörbar, greifbar. Sie sind in *Jesus Christus,* in seinem Leben, Sterben und Auferwecktwerden begründet, denn er ist die menschgewordene *Liebe Gottes* zu den Menschen. Papst Leo der Große († 461) sagt: Alles, was sichtbar, hörbar, greifbar war am Heilsereignis Jesu Christi, wirkt weiter in den Sakramenten der Kirche.

Das wird besonders anschaulich in der *Eucharistie:* Sie verspricht nicht nur Gemeinschaft mit Gott und den Menschen, sondern schafft sie; in ihr wird nicht nur vom neuen Leben geredet, sondern Jesus teilt sich selbst zu neuem Leben aus. Ähnliches läßt sich von allen Sakramenten sagen: In ihnen wirkt Gott das, wovon sie reden und was sie anzeigen.

Die Sakramente lassen sich dem Lebenslauf des Menschen zuordnen. An den Höhe- und Wendepunkten seines Lebens spricht die Kirche ihm im Namen Jesu Christi wirksam Gottes Liebe und Heil, seine Gnade, zu und zeigt durch *Zeichenhandlungen* an, wie Gott uns Menschen zugetan ist. In der *Taufe* wird dem Menschen zu Beginn seines Christenlebens die Gemeinschaft mit Jesus Christus und allen Christen wirksam zugesagt. In der *Firmung* wird durch die Stärkung mit Heiligem Geist bekräftigt, was in der Taufe begann: Leben als Christ. Deshalb gehören Taufe und Firmung zusammen.

Auch in der Schuld ist der Christ nicht ohne ein Zeichen der Nähe Gottes. Im *Sakrament der Buße* bietet ihm Gott die Versöhnung an und schenkt ihm aufs neue Vergebung.

Dem Schwerkranken wird in der *Krankensalbung* Mut und Hoffnung auf Gottes Heil und seine Barmherzigkeit zugesprochen und vermittelt.

Wenn jemand als Diakon, Priester oder Bischof zum besonderen Dienst in der Kirche beauftragt wird, wird ihm diese Aufgabe durch das *Weihesakrament* übertragen.

Im *Sakrament der Ehe* wird den Brautleuten zugesagt, daß die Liebe Gottes in ihrer gegenseitigen Liebe wirksam wird. Die eheliche Gemeinschaft wird zum Zeichen der Gemeinschaft, die Gott schenkt.

Die Sakramente machen also die gemeinschaftsstiftende Liebe Gottes den Menschen leibhaft, sinnenfällig erfahrbar.

> In einem Religionsbuch von 1969 heißt es von den Sakramenten:
> **Sie weisen nicht nur hin auf ein neues Leben, sie geben es uns. Sie reden nicht nur von unserer Erlösung, sie geben Erlösung. Sie reden nicht nur von der Nähe des Herrn, in ihnen ist der Herr mit uns.**
> Aus dem Arbeitsbuch »glauben-leben-handeln«

Zahl der Sakramente: Überlegungen zur Abgrenzung der Sakramente von den Sakramentalien sind erst im Hochmittelalter (12. Jh.) erfolgt; damals wurde über die Zahl der Sakramente Übereinstimmung erzielt. Das heißt nicht, daß es sieben Sakramente »erst seit dem 12. Jh. gibt«; vorher wurden Sakramente und Sakramentalien gespendet, ohne genauer unterschieden zu sein. Das Konzil von Trient (1545–1563) zählt – als Antwort auf den Streit mit den Reformatoren – verbindlich die sieben Sakramente auf.

Sakramente in den Kirchen und kirchlichen Gemeinschaften der Reformation: Über die Zahl der Sakramente besteht keine Einheitlichkeit; unumstritten sind Taufe und Abendmahl (mit Einschränkung anerkannt auch die Buße). Nach Überzeugung der reformatorischen Kirchen und kirchlichen Gemeinschaften sind die Sakramente nur durch den Glauben wirksam.

Göttliche Tugenden: Glaube, Hoffnung, Liebe (»Tugenden« von »taugen« =Fähigkeiten zum Guten). Sie werden »göttlich« genannt, weil sie nicht aus der Anstrengung des Menschen erwachsen, sondern von Gott geschenkt, »eingegossen« (vgl. Röm 5,5) werden. (Gotteslob 4)

27 Lebensmitte der Kirche: Eucharistie

→ 21.3 Gemeinschaft des Heils

Leute, die auf dem Weg zur Eucharistiefeier sind, sagen, sie »gehen in die Kirche«. Das ist gar nicht so ungenau, wie es scheint, denn Kirche verwirklicht sich tatsächlich in der *Feier der Eucharistie* wie nirgendwo sonst. Hier zeigt die *Gemeinschaft* der Christen, woher sie kommt, wo sie steht und wohin sie geht. Hier feiert sie Gottes Wohlwollen, wie es durch Jesus Christus zum Vorschein (Tit 3,4) gekommen ist.

Dank, Lobpreis Gottes, Bitte und Sühne durchziehen die Feier wie das Leitmotiv ein Musikstück.

Wer zum ersten Mal an einem solchen *Gottesdienst* teilnimmt, wird seinen Ablauf, seine Handlungen, seine Gebete nicht ohne weiteres verstehen; man muß in die *heilige Handlung* eingeführt werden. Früher war das wesentlich schwieriger; bis 1963 wurde die Messe von allen römisch-katholischen Gemeinden auf der ganzen Welt in lateinischer Sprache gefeiert.

Weshalb eigentlich ist die Messe so wichtig? Warum kann sie Lebensmitte der Kirche genannt werden? Seit wann feiert man eigentlich Eucharistie? Hat Jesus das auch getan?

Liturgiereform: Die Art und Weise, wie in der Kirche die heilige Messe gefeiert wird, welche Texte gebetet, welche Bücher verwendet werden, ist in der katholischen Kirche einheitlich vorgeschrieben. Seit dem Konzil von Trient (1545–1563) ist das lateinische Meßbuch (mit Ausnahme der Heiligen Woche = Karwoche) nicht mehr geändert worden bis zur Liturgiereform des Zweiten Vatikanischen Konzils (1962–1965). Seitdem ist das Meßbuch in alle Landessprachen übersetzt, und die Auswahl der Bibeltexte, die bei der Eucharistiefeier gelesen werden, ist wesentlich erweitert worden. – Dennoch bleibt das Lateinische offizielle Kirchensprache für die Weltkirche.

Meßbuch: Das vorgeschriebene liturgische Buch für die Eucharistiefeier. Davon gibt es auch Ausgaben für die Gläubigen (in Auswahl, z. B. nur für die Sonntage, oder auch vollständig). Die das ganze Jahr hindurch gleichbleibenden Teile – sozusagen das Gerüst – stehen auch im »Gotteslob« (353–369).

27.1 Die Kirche verkündet die Botschaft Gottes

→ 20.3 Buch der Kirche; 1.4 Bibel lesen; 9.4 Arten des Betens; 4.1 Reich Gottes verkündet

Christen hören nicht auf, von ihrem Glauben zu reden. Sie bringen *Gottes Großtaten* zu Wort, um sie dankend weiterzuerzählen. Ein besonders wichtiger Ort, wo die Christen die *Botschaft Gottes* verkünden, ist die Eucharistiefeier, auch heilige Messe genannt. Sie ist die große Danksagung für alles, was Gott durch Jesus Christus getan hat.

Die *Eucharistiefeier* hat eine lange Geschichte. Formen und Texte haben ihre Wurzel in vorchristlich-jüdischer Zeit. Vor allem der *Wortgottesdienst* geht in seiner Gestalt auf den jüdischen Sabbat-Gottesdienst zurück. Dem Wortgottesdienst voraus geht die Begrüßung der Gemeinde und ein allgemeines Schuldbekenntnis.

Kyrie-Ruf, Gloria und Tagesgebet, Beten und Singen der Gemeinde bestimmen den Ablauf des Wortgottesdienstes. In seinem Mittelpunkt stehen mehrere *Lesungen* aus der Bibel. Die erste – manchmal auch eine zweite – ist dem

Alten Testament, der Apostelgeschichte oder einem Apostelbrief entnommen; sie wird auch Epistel genannt. Die letzte Lesung ist immer ein Abschnitt aus einem der vier *Evangelien*. An Festtagen wird das Evangelium, wie diese letzte Lesung auch genannt wird, zuweilen feierlich gesungen.

Weil die Gemeinde Christus in seinem Wort gegenwärtig glaubt, erhebt sie sich bei der Ankündigung des Evangeliums und ruft: »Ehre sei dir, o Herr.« An Festtagen wird das Evangelienbuch, von Kerzenlicht und Weihrauch begleitet, zum Lesepult (Ambo) gebracht; der Priester küßt es. Es gibt Evangelienbücher, die kostbar ausgestattet sind. Der ehrfürchtige Umgang mit diesem Buch gilt dem, dessen Wort hier verkündet wird.

Das *Wort Gottes* will aber nicht nur verehrt werden, sondern bei den Menschen ankommen; Kopf, Herz und Mund der Christen sollen von ihm bewegt werden. Das deutet das Kreuzzeichen an, mit dem die Gläubigen sich zu Beginn des Evangeliums bezeichnen.

Die *Predigt* will dem Wort Gottes für heute Gehör verschaffen, es erklären und auf das Leben der Gläubigen beziehen. So sagt die Kirche weiter, was die Bibel von Menschen erzählt, die vor uns *Gottes Nähe* erfahren haben. So treten die Hörer ein in die große Erzähl- und Glaubensgemeinschaft beider Testamente. Sie gewinnen Mut, nach der Nähe Gottes Ausschau zu halten, sie in den Ereignissen ihres eigenen Lebens zu finden und auch den Nichtglaubenden zu bezeugen – durch ihr Leben, und indem sie davon sprechen.

An Sonntagen und bei feierlichen Gottesdiensten bekennt die Gemeinde, nachdem sie das Wort Gottes gehört und seine Auslegung bedacht hat, im *Credo* ihren Glauben an Gott und sein heilbringendes Wirken.

Was im Wortgottesdienst verkündet und weitergesagt wird, ist Anlaß, Gott in der nachfolgenden Eucharistiefeier zu danken, zu loben und zu preisen.

Zuvor aber erinnern sich die Gläubigen daran, daß sie eine große Gemeinschaft sind, in der der eine für den andern eintritt. In den allgemeinen *Fürbitten* werden die Anliegen der Gemeinde und der ganzen *Weltkirche,* die Bitte für die Notleidenden, für die Sorgen der Menschen und für das Heil der ganzen Welt vor Gott getragen.

Auch der Wortgottesdienst kann deutlich machen, was mit dem Jesus-Wort gemeint ist:
Wo zwei oder drei in meinem Namen versammelt sind, da bin ich mitten unter ihnen. *Matthäus 18,20*

27.1

Wortgottesdienst: Solche Gottesdienste können auch unabhängig von der Eucharistiefeier gehalten werden. Ein Gottesdienst kann Wortgottesdienst genannt werden, wenn eine Schriftlesung (mit Auslegung) im Mittelpunkt steht, gefolgt von Antwortgesängen und Gebeten.
Eucharistie (griech. = Danksagung): Bezeichnung für die ganze Meßfeier; in eingeschränktem Sinn: für den zweiten Teil der Messe, in dessen Mittelpunkt das Hochgebet steht (ein großes Dankgebet für Gottes Wirken »durch Christus unseren Herrn«); oder auch Bezeichnung für das *konsekrierte* Brot, das in der Eucharistiefeier (oder außerhalb von ihr) empfangen und verehrt wird.
Epistel (lat. = Brief): Bezeichnung für jene Lesung im Wortgottesdienst, die den neutestamentlichen Briefen, der Apostelgeschichte oder auch Büchern des AT entnommen ist.
Perikope (griech. = Ausschnitt): Für den Gottesdienst ausgewählter Abschnitt aus der Bibel. Die katholische Kirche kennt festgelegte *Perikopenordnungen,* d. h., die Schriftlesungen sind je nach Festzeit für das Kirchenjahr (in dreijährigem Wechsel) festgelegt (*Perikopenbuch:* eigenes Buch, in dem die Abschnitte für die Schriftlesungen in der Reihenfolge des Kirchenjahres abgedruckt sind). Auch in den evangelischen Kirchen und kirchlichen Gemeinschaften gibt es solche Perikopenordnungen.
Ritus: Regeln, nach denen ein Gottesdienst oder eine liturgische Handlung (z. B. die Taufe) verlaufen soll. Die Kirche gibt ihren gottesdienstlichen Feiern durch einen vorgeschriebenen Ritus eine feste Form.
Kult (lat. = Pflege): Gottesdienst. Alle Formen der öffentlichen Verehrung Gottes oder der Heiligen: z. B. Gebete, Lieder, Festfeiern.

27.2 Die Kirche erinnert sich an Jesu letztes Mahl

→ 16.3 Wir sind erlöst; 15.2 Gewaltsam beseitigt; 1.3 In der Gemeinschaft; 20.2 Überlieferung

In der Eucharistiefeier tut die Kirche, was ihr Herr am Abend vor seinem Tode tat. Er hat sie dazu beauftragt und ermächtigt: »Tut dies zu meinem *Gedächtnis!*« (Lk 22,19; 1 Kor 11,23–25).
»*Erinnern*« und »*Gedenken*« ist im jüdisch-christlichen Verständnis mehr als bloßes Nicht-Vergessen, mehr als eine »schöne Erinnerung«, an die man gern zurückdenkt. »Gedenken« bedeutet: Gott läßt Vergangenes *lebendige Gegenwart* sein, die uns miteinbezieht, jetzt wirksam wird. So wird Jesu letztes Mahl in jeder Eucharistiefeier gegenwärtig.
Die *Gemeinde* versammelt sich um den Tisch (Altar). Der Leiter der Gemeinde, der Priester, ist auch der Vorsteher der Eucharistiefeier. Er spricht in der Vollmacht Christi für die Gemeinde das große Dankgebet, das *eucharistische Hochgebet,* mit den Worten des Gedächtnisses an Jesu *letztes Mahl* mit seinen Jüngern. Dabei sagt er über Brot und Wein die Worte, die Jesus gesprochen hat: »Das ist mein Leib – das ist mein Blut« (Wandlung). Die Gemeinde bestätigt mit ihrem »Amen« und dem Vaterunser den Dank. Dann empfangen Priester und Gemeinde das heilige Brot, den Leib Christi. Diese Mahlgemeinschaft ist nicht nur ein

Erinnern des *Abendmahls,* sie ist jetzige Tisch- und Opfergemeinschaft mit dem gekreuzigten und auferstandenen Herrn und zugleich ein Vorausweisen auf das himmlische *Hochzeitsmahl,* das Mahl der endgültigen Freude, von dem Jesus in vielen seiner Gleichnisse redet.

Jesu letztes Abendmahl wird in den Evangelien nicht im einzelnen beschrieben. Wir wissen aber, wie das jüdische Paschamahl gefeiert wurde. Es war eine festliche Mahlzeit mit Brot und Wein, mit Gesängen und Gebeten und mit dem Essen des Paschalammes. Was die Evangelien hervorheben, ist das Ungewohnte und das Neue: Als Jesus das Brot brach und den Jüngern austeilte, sagte er: »Nehmt, das ist *mein Leib*« (Mk 14,22). Das sind unerhörte Worte. Beim Herumreichen des Kelches sagte er: »Das ist *mein Blut,* das Blut des Bundes, das für viele vergossen wird« (Mk 14,24). Mit diesen Worten deutet Jesus seine *Hingabe* an, die bis zum Tod am Kreuz geht. So holt die Eucharistiefeier nicht nur Jesu letztes Mahl in die Gegenwart; sie vergegenwärtigt ihn selbst, sein ganzes Leben und sein Sterben »für alle« am Kreuz.

> Die Liturgie kennt vier verschiedene Hochgebete. Immer gleich sind jedoch die Worte des Priesters über Brot und Wein. Er spricht, was Jesus selbst gesagt hat:
> **Nehmet und esset alle davon: Das ist mein Leib, der für euch hingegeben wird.**
> **Nehmet und trinket alle daraus: Das ist der Kelch des neuen und ewigen Bundes, mein Blut, das für euch und für alle vergossen wird zur Vergebung der Sünden. Tut dies zu meinem Gedächtnis.** *Gotteslob 360/4*

Abendmahl: Das Abschiedsmahl Jesu mit seinen Jüngern in der Nacht vor seinem Tod wird auch »letztes Abendmahl« genannt. In der katholischen Kirche wird die Gedächtnisfeier an dieses Mahl auch »heilige Messe« genannt (von lat. missa=Sendung). Die evangelischen Christen nennen ihren Sakramentsgottesdienst »Abendmahl«.

Manna: Nach Exodus 16,4.15 das »Brot vom Himmel« für die Israeliten auf ihrem Zug durch die Wüste. Eigentlich erstaunter Ruf: Man-hu? (Was ist das?) Eßbare Körner, Absonderungen der Manna-Tamariske, die wie Reis aussehen. In der Kirche auch bildhafte Bezeichnung für das eucharistische Brot (→ 6.1).

Pascha: Jüdisches Fest zum »Gedenken« (Erinnern, Vergegenwärtigen) der Befreiung aus der Knechtschaft Ägyptens. Termin: Frühjahrsvollmond.

Brotbrechen: Beim jüdischen Mahl bricht der Hausvater das Brot in Stücke – so auch Jesus beim letzten Abendmahl. In der frühen Kirche wurde mit diesem Wort vermutlich die ganze Eucharistiefeier bezeichnet (vgl. Apg 2,42). Bis heute blieb der Brauch des Brotbrechens in der Eucharistiefeier erhalten.

Eucharistisches Hochgebet: Kernstück der Eucharistiefeier; Lobgebet, das

mit der Präfation beginnt und bis zum Vaterunser reicht. Lobpreis für Gottes Machttaten in Jesus Christus (Gotteslob 360; 367–369; → 1.3; 27.1).
Wandlung: Gegen alle Versuche, die Worte Jesu »das ist mein Leib«, »das ist mein Blut« nur bildhaft zu verstehen, betont dieser leicht mißzuverstehende Ausdruck: In der Eucharistiefeier werden kraft des Wortes Jesu und seines Auftrags Brot und Wein in Leib und Blut Christi verwandelt, ohne daß sich die sichtbare Gestalt ändert. Die Glaubenden verlassen sich hier ganz auf Jesu Wort. Das Konzil von Trient (1545–63) sagt dazu, daß im Sakrament der Eucharistie nach der Wandlung von Brot und Wein »unser Herr Christus als wahrer Gott und Mensch wahrhaft, wirklich und wesentlich unter der Gestalt jener sichtbaren Dinge (Brot und Wein) gegenwärtig ist«.
Kommunion: Teil der Messe, bei dem die Gläubigen das eucharistische Brot empfangen (Mahlfeier). Auch Bezeichnung für das eucharistische Brot selber (die Kommunion empfangen).
Fleisch und Blut: In der Bibel oft als Formel (z. B. Sir 17,31 oder Mt 16,17) für das ganze irdische Menschsein (meint also nicht Teile des Körpers).
Leib: Da die Bibel nicht unterscheidet zwischen Leib und Seele, sondern die Menschen als unteilbare Einheit sieht, meint Leib den ganzen Menschen, wie er lebt und handelt. »Das ist mein Leib« heißt also: »Das bin ich«.
Blut: Gilt in der Bibel (wie in fast allen alten Religionen) als Sitz des Lebens. »Das ist mein Blut« heißt also: »Das ist mein Leben, das für euch hingegeben wird« – »Das bin ich«.

27.3 Die Kirche gedenkt der Hingabe ihres Herrn
→ 15 Gekreuzigt, gestorben, begraben; 22.1 Die Versöhnung empfangen; 16.3 Wir sind erlöst; 26.4 Sakramente

Jesus hat sein ganzes Leben anderen Menschen gewidmet. Im Vertrauen auf *Gottes Nähe* war er für andere da, ohne Angst um sich selbst. Diese Hingabe prägt auch sein letztes Zusammensein mit seinen Freunden. Wenn er sagt: »Das ist mein Leib«, so heißt das auch: Das ist *mein Leben,* so bin ich da *für euch,* auch in der Stunde des Verrats und des Leidens, auch im Tod am Kreuz. Jesus verausgabt sich ganz für Gott und die Menschen. Er *opfert* sich. Wenn er am Kreuz die Arme ausbreitet, sehen Christen darin das Zeichen seiner freiwilligen Ohnmacht und seiner *Hingabe.* In der Eucharistiefeier wird nicht nur das letzte Mahl Jesu, sondern auch sein Sterben und seine Auferstehung lebendige Gegenwart. Wenn katholische Christen vom *Opfer Christi* oder vom *Meßopfer* sprechen, meinen sie nicht Opfer, wie sie in manchen Religionen der Gottheit dargebracht werden. Sie meinen die ganze Lebenshaltung Jesu, seine Hingabe im Leben und Sterben. Diese Lebenshingabe versöhnt die Menschen mit Gott und miteinander; sie besiegelt und bekräftigt die *Gemeinschaft* zwischen Gott und den Menschen; sie stiftet die *Vergebung* der Sünden, sie dient dem

Glück und dem Heil aller. Sie wird wirksame Gegenwart, wenn die Kirche Eucharistie feiert. »Tut dies zu meinem Gedächtnis« heißt also auch: Laßt die Lebenshingabe, den Tod Jesu, an euch wirksam werden; *tut weiter,* was Jesus getan hat im Dasein für Gott und die Menschen.

> Wenn der Priester die Worte Jesu über Brot und Wein gesprochen und Leib und Blut Christi der Gemeinde gezeigt hat, bekennen die Gläubigen:
> **Deinen Tod, o Herr, verkünden wir, und deine Auferstehung preisen wir, bis du kommst in Herrlichkeit.**
> *Gotteslob 360/5*

Opfer: Das deutsche Wort geht zurück auf das lat. offerre = darbringen, entgegenbringen, hingeben. In fast allen Religionen bringen Menschen durch Opfer zum Ausdruck, daß sie alles, was sie sind und haben Gott (den Göttern) verdanken. Als Zeichen geben sie einen Teil ihres Besitzes zurück (durch Verbrennen = Vernichten oder auch durch Verschenken). Im Tempel des AT spielten Opfer eine wichtige Rolle. Das NT kennt nur ein einziges Opfer, das alle anderen aufhebt: Jesus, der am Kreuz sein Leben im Dienst für die Menschen hingibt. Diese Hingabebereitschaft bis zum Opfer seines Lebens nimmt Jesus in der Feier des Letzten Abendmahles vorweg in den Worten und Gesten des Brotbrechens und des Weinausteilens. Das Zweite Vatikanische Konzil (1963) sagt: »Unser Erlöser hat beim Letzten Abendmahl ... das eucharistische Opfer seines Leibes und Blutes eingesetzt, um dadurch das Opfer des Kreuzes durch die Zeiten hindurch bis zu seiner Wiederkunft fortdauern zu lassen und so der Kirche ... eine Gedächtnisfeier seines Todes und seiner Auferstehung anzuvertrauen.«
Opfer der Kirche: Indem die Kirche in der heiligen Messe die Gedächtnisfeier Jesu Christi begeht, schließt sie sich dem einmaligen Opfer Christi an. So heißt es im Dritten Hochgebet: »Gütiger Vater, wir feiern das Gedächtnis deines Sohnes. Wir verkünden sein heilbringendes Leiden, seine glorreiche Auferstehung und Himmelfahrt und erwarten seine Wiederkunft. So bringen wir dir mit Lob und Dank dieses heilige und lebendige Opfer dar« (Gotteslob 368).

27.4 Jesus Christus feiert mit uns Eucharistie
→ 16 Auferstanden von den Toten; 9.4 Arten des Betens; 9.1 Loben und preisen; 21.3 Gemeinschaft des Heils

Jesu gewaltsamer Tod war den Jüngern zunächst unbegreiflich. Die Augen gingen ihnen erst auf, als sie dem *Auferstandenen* begegneten. Da verstanden sie, was er beim letzten Abendmahl von seinem Tod gesagt hatte. Da erkannten sie, was sich am Kreuz tatsächlich abgespielt hatte. Vor allem sahen sie, wie Tod und Auferstehung zusammengehören. Der Tod »am Galgen« wurde für sie zum Ausdruck der *Liebe Gottes* in diesem Jesus bis zum Äußersten. Das Kreuz wurde zum Siegeszeichen.
Aufgrund dieser Ostererfahrung der ersten Zeugen beken-

nen Christen: Gott hat Jesus auferweckt; Jesus *Christus lebt*. Er ist in unserer Mitte, wenn wir uns zur Eucharistiefeier versammeln. Er führt die Menschen zusammen. Ihm verdankt die Kirche alles, was sie hat. Wie wichtig er für sie ist, zeigt sich im Brechen und Austeilen des Brotes: Er ist lebensnotwendig wie Brot. Er teilt sich an die Menschen aus, wie man Brot zerbricht, um es auszuteilen. Unter den Gestalten von Brot und Wein wird er den Menschen zur Nahrung. Was er in seinem Leben und Sterben, seinem Tod und seinem Auferstehen für die Menschen getan hat, das gibt er ihnen hier. Davon lebt die *Kirche*. So werden die Christen, was sie empfangen: ein Leib, der *Leib Christi*. Deshalb sagen Christen von der Eucharistiefeier: Sie ist Feier des Lebens, Sterbens und Auferstehens Jesu. Sie ist Gedächtnis seines *letzten Abendmahls*. Sie ist die gegenwärtige *Hingabe Christi* für Gott und die Menschen. Sie schenkt *Versöhnung* mit Gott, sie ist Ankunft des *Reiches Gottes;* sie ist Vorschein kommender Herrlichkeit in der neuen Welt. Diese Fülle von Bedeutungen ist nicht immer bewußt und nie ganz zu verstehen und auszuschöpfen. Jede Zeit gibt der einen oder andern Bedeutung den Vorrang, ohne deshalb die übrigen auszuschließen. Heutigen katholischen Christen ist die Eucharistiefeier besonders vertraut als Mahl in Gemeinschaft mit ihrem erhöhten Herrn.

Das Hochgebet der Eucharistiefeier schließt mit einem Lobpreis auf den Gott und Vater Jesu Christi; dieser Lobpreis wird von der Gemeinde mit dem Amen bestätigt:
Durch ihn und mit ihm und in ihm ist dir Gott, allmächtiger Vater, in der Einheit des Heiligen Geistes alle Herrlichkeit und Ehre jetzt und in Ewigkeit. Amen. *Gotteslob 360/7*

Aufbau der Meßfeier: Der Wortgottesdienst umfaßt Schriftlesungen mit Auslegung (= *Predigt*), Antwortgesänge und Gebet. – Zur Eucharistiefeier gehören (nach der Gabenbereitung) das Hochgebet und die Kommunion. Eröffnung und Entlassung (mit Segen) bilden den Rahmen. Nähere Einzelheiten: Gotteslob 352.
Zelebrant (von lat. celebrare = feiern): Priester; Vorsteher, Leiter einer liturgischen Feier.
Kelch (von lat. calix = Becher): Bei der Eucharistiefeier verwendetes Trinkgefäß.
Hostie (von lat. hostia = Opfergabe): In kleinen Scheiben gebackenes Weizenbrot (Oblate), das bei der Eucharistiefeier verwendet wird.
Ziborium (lat. = Speisebecher): Großer Kelch, der zur Aufbewahrung des eucharistischen Brotes im Tabernakel dient (statt dessen wird oft auch eine *Hostienschale* verwendet).
Monstranz (von lat. monstrare = zeigen): Kunstvolles, kostbares Gerät, in dem das eucharistische Brot (der in der Eucharistie gegenwärtige Christus)

den betenden Gläubigen gezeigt wird (Anbetungsstunden, Fronleichnam).
Tabernakel (lat. = Zelt): Kostbarer, abschließbarer Schrank zur Aufbewahrung des eucharistischen Brotes für die Krankenkommunion und, um tagsüber davor beten zu können.
Krankenkommunion: Schon die Urkirche legte Wert darauf, daß Kranke an der Eucharistiefeier der Gemeinde teilhaben. Priester, Diakon oder Kommunionhelfer bringen ihnen die Kommunion ins Haus.
Altarsakrament: Andere (früher häufig gebrauchte) Bezeichnung für die Eucharistie; bringt den Begriff Sakrament mit dem am Altar gefeierten Meßopfer und dem auf dem Altar (früher meistens zugleich Standort des Tabernakels) aufbewahrten eucharistischen Brot in Verbindung.
Erstkommunion: Bezeichnung für die erste volle Teilnahme an der Eucharistiefeier der Gemeinde durch den Empfang der Kommunion.

27.5 Jede Woche einmal Ostern
→ 16.1 Auferweckt; 9.3 Ohne Unterlaß; 39.4 Arbeiten/feiern

Nach dem jüdischen Kalender war der Tag der Auferstehung Jesu der *Tag nach dem Sabbat,* also der erste Arbeitstag der Woche (Mk 16,2). Von Anfang an wurde für die Christen dieser Tag der Woche zum Tag ihrer Zusammenkunft (vgl. Joh 20,19.26). Später nannten sie ihn »*Tag des Herrn*«; denn in der Feier der Eucharistie erfuhren sie die Gegenwart ihres Herrn Jesus Christus. Unsere Sprache hat die alte römische Bezeichnung »*Tag der Sonne*«, Sonntag, übernommen. Die Christen übertrugen das Gebot, den Sabbat zu heiligen, auf diesen Tag und feierten Jesus Christus als die »wahre Sonne« (vgl. Joh 1,9; 8,12).
Der Sonntag ist der Auferstehungstag Jesu. Jeder Sonntag ist deshalb ein *Osterfest* im kleinen. Das wird in der Sonntagsmesse spürbar. Sie ist von der Osterfreude geprägt. Der Sonntag ist für die meisten ein arbeitsfreier Tag. Die Menschen sind frei von der Last und dem Einerlei der alltäglichen Arbeit. Hier sollen sie aufatmen können, denn der Sonntag ist für den Menschen da (vgl. Mk 2,27). Jeder Sonntag sollte ein *Fest* sein, an dem die Menschen zueinander und zu sich selbst finden und sich Gott öffnen.
In vielen Gemeinden wird nicht nur am Sonntag, sondern täglich die Messe gefeiert. So wird Gott immerfort *Dank gesagt* und das Leben der Menschen mit Jesus Christus und seiner *Hingabe an Gott* und die Menschen verknüpft.
Das eucharistische Brot wird im Tabernakel aufbewahrt. So können auch Kranke und Sterbende an der Gemeinschaft des Leibes Christi teilhaben. Vor allem aber können die Gläubigen auch außerhalb der Eucharistiefeier den hier gegenwärtigen Herrn verehren. Äußeres Zeichen der Anbetung ist die Kniebeuge. Das »ewige Licht« erinnert an die *Gegenwart des Herrn* in der Gestalt des Brotes.

> Der Kehrvers aus der Meßfeier des Ostersonntags gilt für jeden Sonntag. Er lautet:
> **Das ist der Tag, den der Herr gemacht, laßt uns jubeln und seiner uns freun.** *Nach Psalm 118,24*

Kehrvers (griech. = Antiphon): Kurzer, mehrmals wiederholter Gebetsruf (z. B. zwischen den Versen eines Psalms), der Bezug nimmt auf den Inhalt des betreffenden Festes.
Drittes Gebot: Gedenke, daß du den Sabbat heiligst (Gotteslob 61; → 35.4 Zehn Gebote; 34.3 Weisungen der Kirche).
Sonntagsruhe: Schon der römische Kaiser Konstantin untersagte im Jahre 321 durch Gesetz gewerbliche Tätigkeit am Sonntag. Im Mittelalter wurden Übertretungen streng bestraft. Im Zeitalter der 40-Stunden-Woche hat die gesetzliche Regelung der Sonntagsruhe an Bedeutung verloren. Die »Heiligung« des Sonntags ist darum wieder zu einer Aufgabe der Christen geworden.
Eucharistische Frömmigkeit: z. B. die stille Anbetung vor dem Tabernakel oder vor der in der Monstranz gezeigten heiligen Hostie.
Konsekration (von lat. = Heiligung, Übereignung an Gott): Eine feierliche Weihe (vgl. Sakramentalien), die dem Bischof vorbehalten ist (z. B. Altar, Kirche), nennt man Konsekration. Im Zusammenhang der Eucharistiefeier spricht man von Konsekration der Gestalten von Brot und Wein (Wandlung), also auch von konsekrierten Hostien (die im Tabernakel aufbewahrt werden).
Pfarrkirche (im Unterschied etwa zu Wallfahrtskirchen): Zur Pfarrei gehört die Pfarrkirche, das Haus, in dem die Gemeinde Eucharistie feiert; vom Bischof geweiht. Bei der Weihe werden der Altar und die zwölf Apostelkreuze besonders hervorgehoben: Hinweis auf die Bedeutung der Eucharistiefeier und auf die Verbundenheit der Gemeinde mit der apostolischen Überlieferung. In der *Sakristei* (von lat. = heilig), einem Nebenraum der Kirche, wird alles aufbewahrt, was für den Gottesdienst gebraucht wird: Bücher, Gewänder, Geräte sowie die heiligen Öle für Taufe und Krankensalbung, die am Gründonnerstag vom Bischof geweiht und von der Bischofskirche in alle Pfarrkirchen, die zu dieser Diözese gehören, gebracht werden.
Ewiges Licht: Zum Zeichen der Gegenwart Christi in Gestalt des eucharistischen Brotes brennt in den Kirchen eine (rote) Öllampe: Christus ist das Licht der Welt (Joh 8,12).
Kniebeuge: Bei katholischen Christen Zeichen der Verehrung und Anbetung Jesu Christi als ihres Herrn. Ausdruck ihres Glaubens an die Gegenwart Christi in der Gestalt des Brotes.
Kelchkommunion: Seit dem Mittelalter auf den Zelebranten beschränkt (Ehrfurcht, Gefahr des Verschüttens, Problem der Aufbewahrung des konsekrierten Weines); für die Gläubigen im 15. Jh. verboten (Auseinandersetzung mit Jan Hus, der die Kelchkommunion für heilsnotwendig hielt). Die Ostkirche hat die Kommunion unter beiden Gestalten beibehalten. Die Kirchen oder kirchlichen Gemeinschaften der Reformation kennen von Anfang an die Kelchkommunion. – Seit dem Zweiten Vatikanischen Konzil ist die Kelchkommunion in der katholischen Kirche grundsätzlich gestattet und bei besonderen Gelegenheiten auch empfohlen (soweit praktisch durchführbar), um das volle Zeichen der Eucharistie wieder sichtbar zu machen.
Kommunionhelfer: Auf Antrag des Ortsgeistlichen kann der Bischof geeignete Männer und Frauen zur Austeilung der Kommunion beauftragen.

27.6 Das Kirchenjahr
→ 9.3 Ohne Unterlaß; 13 Jesus Christus

Im *Jahreskreis* entfaltet die Kirche in besonderen Festen, was Gott durch Jesus Christus für die Menschen getan hat. In der *Liturgie* wird den Gläubigen die Bedeutung des Lebens, Sterbens und der Verherrlichung Jesu Christi zugänglich. Wer das Jahr hindurch den Gottesdienst der Kirche mitfeiert, wird tiefer in die *Gemeinschaft* mit Christus einbezogen, gewinnt teil an der Heilswirklichkeit Christi.

Das höchste Fest des liturgischen Jahres ist *Ostern;* es dauert bis Pfingsten. Auf das Osterfest bereitet sich die Kirche in der österlichen Bußzeit, der Fastenzeit vor; sie beginnt mit dem Aschermittwoch. Für das Osterfest gibt es keinen festen Termin; es richtet sich nämlich nach dem jüdischen Paschafest, das am Tag des ersten Frühlingsvollmonds gefeiert wird. Ostern ist jeweils am Sonntag danach. Ostern und alle Feste, die von Ostern abhängig sind, also Himmelfahrt, Pfingsten, Dreifaltigkeitssonntag und Fronleichnam, werden deshalb »bewegliche« Feste genannt.

Das nach Ostern nächst hohe Fest ist *Weihnachten* (25. Dezember). Es wird in der Liturgie bis zum Tag der Erscheinung des Herrn (Epiphanie) gefeiert (6. Januar bzw. der 2. Sonntag nach Weihnachten). Die Vorbereitungszeit auf Weihnachten heißt Advent. Mit dem ersten der vier Adventssonntage beginnt das Kirchenjahr.

Die Sonntage zwischen Epiphanie und Fastenzeit und zwischen Pfingsten und Adventszeit werden als »Sonntage im Jahreskreis« gezählt. Die liturgische Farbe an diesen Sonntagen ist grün. Daher heißen sie auch die »grünen Sonntage«.

> Die gottesdienstlichen Feiern im Kreislauf des Jahres bilden zusammen das liturgische Jahr, meist Kirchenjahr genannt:
> **In ihrem Gottesdienst das Jahr hindurch bewahrt und offenbart die Kirche die Fülle ihres Glaubens.**
> *Holländischer Katechismus*

Advent (lat. = Ankunft): Vorbereitung auf Weihnachten (liturgische Farbe: violett). Erinnerung an das Warten auf den Retter, verbunden mit der Erwartung der Wiederkunft Christi (vgl. Gotteslob 102).
Weihnachten (= heilige Nacht): Fest der Geburt Jesu am 25. Dezember. Das Fest der Erscheinung des Herrn am 6. Januar (griech. = *Epiphanie* = »Aufleuchten« Christi zum Heil der Welt) wird in der Ostkirche so festlich begangen wie bei uns Weihnachten (vgl. Gotteslob 128). Liturgische Farbe: weiß.

Österliche Bußzeit oder Fastenzeit (vgl. Gotteslob 159): 40 Tage (liturgische Farbe: violett), beginnend mit dem *Aschermittwoch*. Die Bezeichnung der Gläubigen mit dem Aschenkreuz ist seit dem 11. Jh. bezeugt. Für die Taufbewerber war die Fastenzeit die Zeit der letzten Vorbereitung auf die Taufe in der Osternacht. Für die Getauften: eine Zeit für Tauferneuerung, Umkehr, Gebet, Verzicht (Fasten) zugunsten Notleidender (z. B. Misereor → 35.4).

Heilige Woche (vgl. Gotteslob 195, 201, 202): Letzte Woche der Fastenzeit (auch *Karwoche*), mit *Palmsonntag* (Einzug Jesu in Jerusalem; liturgische Farbe: rot), *Gründonnerstag* (von »greinen« = weinen; Tag der Versöhnung mit den Sündern; Gedächtnis des Abendmahls; liturgische Farbe: weiß) und *Karfreitag* (von »kara« = Trauer; Tag des Todes Jesu; liturgische Farbe: violett).

Ostern (vgl. Gotteslob 212): Überwindung des Todes in der Auferstehung; Hoffnung auf ewiges Leben. Die *Osternacht* ist in besonderer Weise das Tauffest der Kirche (liturgische Farbe: weiß). – 40 Tage nach Ostern: Das Fest der *Himmelfahrt* Christi. – 10 Tage danach schließt mit dem *Pfingstfest* (= der 50. Tag) der Osterfestkreis (vgl. Gotteslob 239). Die Kirche feiert am Pfingstfest das Kommen und Wirken des Heiligen Geistes (liturgische Farbe: rot).

Dreifaltigkeitssonntag: Eine Woche nach Pfingsten. In der evangelischen Kirche werden die Sonntage bis zum Advent nach diesem Fest gezählt (Sonntage nach Trinitatis = Dreifaltigkeitsfest).

Weitere »Herrenfeste« (= Christusfeste): Am 25. März (9 Monate vor Weihnachten) Fest der *Verkündigung des Herrn* (Ankündigung der Geburt Jesu). – Am Donnerstag nach der Pfingstwoche das *Fronleichnamsfest* (Nachfeier der Stiftung der Eucharistie = »froher Gründonnerstag«); Fronleichnam (ursprüngliche Bedeutung: lebendiger Leib des Herrn) war früher Bezeichnung für die Eucharistie überhaupt. – Am Freitag der dritten Woche nach Pfingsten das *Hochfest Heiligstes Herz Jesu.* – Am letzten Sonntag im Kirchenjahr: *Christkönigsfest*. Christus wird als Herr der ganzen Welt gefeiert.

Fast- und Abstinenztage: Das sind der Aschermittwoch und der Karfreitag. Fasten: Nur einmalige Sättigung am Tag, verpflichtend für katholische Christen vom 21.–60. Lebensjahr. Abstinenz: Enthaltung von Fleischspeisen; für katholische Christen vom 14. Lebensjahr ab. Das »Freitagsgebot« (früher Aufforderung zum Verzicht auf Fleischspeisen) wird heute ganz allgemein als Aufforderung zum Verzicht verstanden (Genußmittel aller Art, Fasten, Werke der Buße, Taten der Liebe); → 34.4 Weisungen der Kirche.

Heiligenfeste: An vielen Tagen des Kirchenjahres gedenken die Gläubigen der Heiligen als solcher, die Jesus nachgefolgt sind, die Vorbilder sein können, die um ihre Fürbitte angerufen werden. Die wichtigsten Heiligenfeste sind die *Marienfeste: Hochfest* der ohne Erbsünde empfangenen Gottesmutter (8. Dezember), *Mariä Geburt* (8. September), *Mariä Aufnahme* in den Himmel (15. August). Andere wichtige Feste sind die der Apostel und Evangelisten, des heiligen Josef (19. März) und das Fest der *Geburt Johannes des Täufers* (24. Juni); → 21.2; 36.3 und 36.4.

Allerheiligen (1. November), **Allerseelen** (2. November): An diesen Tagen gedenken die Gläubigen derer, die vor ihnen geglaubt haben und denen sie ihren Glauben verdanken: an Allerheiligen denken sie betend daran, daß Menschen ihnen vorausgegangen sind, die sich von Gottes Gegenwart ganz bestimmen ließen; an Allerseelen setzen sie sich betend dafür ein, daß Gott ergänzen möge, was im Leben Verstorbener durch Unvermögen, Schwäche, Verfehlung und Schuld nicht zur Erfüllung gekommen ist (→ 31.3).

28 Zum Leben gerufen: Taufe

→ 30.4 Vergebung der Sünden; 1 Ein Christ

Ein Christ ist jemand, der sich nach Jesus Christus richtet. Wer bereit ist, das *Leben Jesu* zur Richtschnur seines Lebens zu machen, wird in der *Taufe* in die *Kirche* aufgenommen. Die Taufe ist Ausdruck von Gottes »Ja« zu diesem Menschen, und sie ist zugleich das »Ja« des Getauften zu einem Leben aus dem *Geiste Jesu* Christi. Was die Taufe bedeutet, läßt sich daher leichter an der Taufe eines Erwachsenen ablesen als an der Taufe kleiner Kinder.
Ist es also richtig, schon Kindern die Taufe zu spenden? Verstößt das nicht gegen das Wesen der Taufe, von der gesagt wird, daß sie Umkehr und Glauben voraussetzt? Verstößt die Kindertaufe nicht auch gegen die Freiheit der *Entscheidung* – gerade dann, wenn die Taufe mehr ist als ein frommer Brauch? Warum also tauft die Kirche dennoch die Kinder christlicher Eltern?

28.1 Die Taufe als Anfang neuen Lebens

→ 10.4 Ich glaube; 22.1 Versöhnung empfangen; 22.3 Leben in Christus; 24 Das ewige Leben; 29.1 Erwachsenwerden; 26.4 Sakramente

Die christliche Taufe ist der Anfang eines *neuen Lebens,* eines Lebens in der Gemeinschaft mit Christus Jesus und mit allen, die durch ihn glauben.
Als Zeichen des Neuanfangs wird der Täufling mit seinem Namen gerufen. Vielleicht erhält er sogar einen neuen Namen, den Taufnamen. Wie radikal die Kirche den in der Taufe gesetzten *Neuanfang* versteht, zeigt ihre Rechtsordnung: Eine gültig gespendete Taufe kann nicht wiederholt und nicht widerrufen werden. Auch wer sich von *Gottes Liebe* und der Gemeinschaft der Glaubenden abwendet, bleibt ein Getaufter; denn die Zusage Gottes gilt ein für allemal. Gott nimmt seine Liebe nicht mehr zurück. Der Getaufte ist Christus gleichgestaltet (Röm 6,5), hat teil am Priestertum Christi (1 Petr 2,9) und steht in Gottes Güte.
Obwohl die Taufe so entscheidend ist für das Leben als Christ, ist es einfach, sie zu spenden. Im Notfall kann jeder taufen. Es genügt, wenn der Taufende Wasser über den Kopf des Täuflings gießt und dabei spricht: »*Ich taufe dich* im Namen des Vaters und des Sohnes und des Heiligen Geistes.« In der frühen Kirche war die *Zeichenhandlung*

noch anschaulicher: Der Täufling wurde dreimal ins Wasser getaucht. In der Ostkirche geschieht das heute noch.
Das Untertauchen ins Wasser zeigt an, daß der Täufling mit Christus begraben wird; das Auftauchen zeigt an, daß er mit Christus zu einem neuen Leben aufersteht. Die übrigen Zeichenhandlungen der Taufe – Bezeichnung mit dem Kreuzzeichen, Salbung mit heiligem Öl, Überreichen des weißen Kleides, Übergabe der an der Osterkerze entzündeten Taufkerze – bekräftigen das Grundzeichen. Bevorzugter Tauftermin ist die *Osternacht,* in der auch das Taufwasser geweiht wird.
Christen glauben, daß der Getaufte Anteil hat am Leben des *Auferstandenen.* Im Innersten von Jesus Christus geprägt, ist er Bruder, Schwester Jesu Christi, Sohn, Tochter Gottes geworden. Voll Vertrauen darf er nun zu Gott sagen: »Abba, lieber Vater.« Christen vertrauen darauf: Wer in der Taufe mit Christus gestorben und auferstanden ist, der ist *mit Gott versöhnt.* Der Macht der Sünde entrissen, von der Erbschuld befreit, lebt er in Christus Jesus. So ist die Taufe der Beginn eines Lebens aus der Kraft Jesu Christi.

> Im Kolosserbrief heißt es von der Taufe:
> **Mit Christus wurdet ihr in der Taufe begraben, mit ihm auch auferweckt, durch den Glauben an die Kraft Gottes, der ihn von den Toten auferweckt hat.** *Kolosser 2,12*

Wassertaufe: Untertauchen in Wasser zum Zeichen der Reinigung und des Neubeginns ist auch bei anderen Religionen bekannt. Dem Judentum z. Z. Jesu war es nicht nur durch Johannes den Täufer bekannt; auch die Qumran-Sekte (klösterliche Gemeinschaft am Toten Meer, deren Schriften 1947 in einer Höhle entdeckt wurden) kannte die Wassertaufe. Jesus ließ sich von Johannes taufen, wohl auch einige Jünger Jesu. Jesus selbst hat offenbar nicht getauft (Joh 4,1–2). Der große »Taufbefehl«, mit dem Matthäus sein Evangelium schließt (Mt 28,19), kommt erst in der Kraft des Geistes zur Verwirklichung (Apg 2,41).
Taufe als Wiedergeburt (vgl. Mt 19,28; Tit 3,5; »Geburt von neuem« Joh 3,3; 3,5; »neue Schöpfung« 2 Kor 5,17; Gal 6,15): Im NT bildhafter Ausdruck für das, was den Christen durch Glaube und Taufe geschenkt wird: ein ganz neues Leben, geprägt von Gottes- und Nächstenliebe. Aber auch der Getaufte muß leidvoll erfahren, wie sehr noch der »alte Mensch« (vgl. Eph 4,22; Kol 3,9) in ihm wirksam ist.
Unauslöschliches Merkmal: Weil Gottes Liebe und Zuwendung zu den Menschen in Jesus Christus ein für allemal und unauslöschlich ist, lehrt die Kirche, daß die Taufe ein »unauslöschliches Merkmal«, vermittelt. Das will die Einmaligkeit der Zugehörigkeit zu Jesus Christus, die von Gott her nicht rückgängig gemacht wird, aussagen.
Taufritus: Im Normalfall wird die Taufe vom Priester (oder Diakon) gespendet. Der Ritus sieht – neben dem Taufakt – Gebet, Predigt, Glaubensbekenntnis, Fürbitten und Lied vor (vgl. Gotteslob 45–48).
Taufwasser: Von Anfang an wurde mit Wasser (lebensspendendes Element) getauft; Untertauchen ist ein Sinnbild für das Sterben des alten und

das Auferstehen des neuen Menschen. Wasser hat auch reinigende Kraft. Daher gehört zur Symbolik des Taufwassers das Abwaschen (vgl. Apg 22,16). Im Laufe der Zeit bildete sich der Brauch einer eigenen Taufwasserweihe in der Osternacht (Gotteslob 211) oder auch unmittelbar vor der Taufe (Gotteslob 47/7) heraus.

Weihwasser: Vom Priester (wenn möglich unter Beimischung von Salz) geweihtes Wasser; oft in kleinen Becken am Kircheneingang oder in den Wohnungen zu finden. Die Gläubigen besprengen sich damit, machen ein Kreuzzeichen und erinnern sich dabei an ihre Taufe. Wird auch bei Weihungen und Segnungen gebraucht (Sakramentalien).

Chrisam: Vom Bischof am Gründonnerstag geweihtes Öl (Mischung aus Balsam und Olivenöl), das bei der Spendung von Taufe, Firmung und Priesterweihe verwendet wird.

Nottaufe: Bei Lebensgefahr eines Täuflings darf jeder taufen. Er übergießt den Täufling mit Wasser und spricht dabei die Worte: »Ich taufe dich im Namen des Vaters und des Sohnes und des Heiligen Geistes« (Gotteslob 49). Wenn gläubige Eltern ihr sterbendes Kind taufen, bekennen sie sich zu dem Gott, der in Jesus Christus ewiges Leben gibt und stellen ihr Kind in jene Gemeinschaft, die Lebende und Tote in Jesus Christus verbindet.

Ungetaufte: Die Kirche glaubt, daß Gottes Liebe alle Menschen umfängt, auch wenn sie – ohne eigene Schuld oder wegen mangelnder Einsicht – den Weg zu Glauben und Taufe nicht finden.

Wirkungen der Taufe: Die Taufe nimmt den Menschen aus dem Bereich der Sündenmacht heraus (Kol 1,13), befreit von Erbschuld (→ 22.2) und persönlicher Sünde (Röm 6,7; Kol 2,13); sie stellt den Menschen in den Bereich der Macht Christi (Röm 6,4) und läßt das neue Leben aus der Zuwendung Gottes in ihm wachsen; sie führt in die Gemeinschaft der Kirche ein und verpflichtet auf deren Sendung, das Kommen des Reiches Gottes der Welt anzusagen (vgl. 1 Kor 15,28).

28.2 Mitglied der Kirche

→ 21.1 Kirche als Gemeinschaft; 1.3 In der Gemeinschaft; 33.1 Ämter und Dienste; 34.1 Im Volk Gottes

Keiner glaubt für sich allein. Der Glaube des einzelnen steht in Beziehung zum Glauben der andern, die mit ihm den Weg Jesu gehen. Diese *Gemeinsamkeit* stärkt den *Glauben* des einzelnen.

Bei der Taufhandlung wird diese Gemeinschaft im Glauben sichtbar. Erst wenn durch das *Bekenntnis* feststeht, daß der Täufling den überlieferten Glauben der Gemeinschaft der Glaubenden sucht, kann ihm die Taufe gespendet werden. Bei der Kindertaufe stehen Eltern und Paten für den Glauben des Kindes ein. Stellvertretend sagen sie sich von allem Gott-Widrigen los und bekennen sich gemeinsam mit der anwesenden *Gemeinde* zu Gott und seinem Heilswirken zugunsten der Menschen. Es sollten möglichst viele Gemeindemitglieder bei einer Taufe zugegen sein, damit erkennbar wird, was hier geschieht: Der Täufling wird in das *Volk Gottes,* die Kirche, aufgenommen und so dem Leib Christi eingegliedert. Die Taufe ist also keine »private«

Angelegenheit; sie geht die ganze Gemeinde an. Deshalb wird an manchen Orten – nach dem Vorbild der Osternacht – die Taufe innerhalb einer *Eucharistiefeier* gespendet, die die Lebensmitte der Kirche ist.

In den ersten Jahrhunderten der Kirche begann das Christwerden mit dem Taufkatechumenat; hier wurde das Leben als Christ erlernt und eingeübt. Die *Taufbewerber* nahmen an den Wortgottesdiensten der Fastenzeit teil; diese sind deshalb besonders auf die Taufvorbereitung ausgerichtet. Wer heute als Erwachsener Christ werden und die Taufe empfangen will, wird ebenfalls durch eine längere Glaubensunterweisung vorbereitet.

Bei der Taufe von Kindern übernimmt die Pfarrgemeinde zusammen mit den Eltern und Paten die Pflicht, dem Kind durch Vorleben des Glaubens und durch *Unterricht* die spätere persönliche *Glaubensentscheidung* möglich zu machen. Zu Beginn der Taufe erklären die Eltern vor allen Anwesenden, daß sie sich ihrer Aufgabe bewußt sind.

> Der Täufling erhält in der Taufe Anteil am neuen, von Gott geschenkten Leben und wird in die Gemeinschaft der Getauften aufgenommen. So kann er sagen:
> **Christus der Herr hat mich erwählt,/ ihm soll ich fortan leben./ Ihm will ich dienen in der Welt/ und Zeugnis für ihn geben./ So leb ich nicht mehr mir allein,/ sein Freund und Jünger darf ich sein./ Ich trage seinen Namen;/ sein bleib ich ewig. Amen.** (3)   *Friedrich Dörr. Gotteslob 635*

Taufgespräch: Vor der Spendung der Kindertaufe soll der Pfarrer mit den Eltern ein Taufgespräch führen über die Bedeutung der Taufe und den Ablauf der Taufspendung. Es soll den Eltern helfen, sich ihrer Aufgabe, die sie für das Kind übernehmen, bewußt zu werden und soll den Glauben der Eltern ermutigen.

Pate (=Bürge): Der Pate verpflichtet sich, für die religiöse Erziehung des Getauften (oder Gefirmten) mitzusorgen. Er sollte deshalb im Glauben und im christlichen Leben gereift sein. Er muß der katholischen Kirche angehören. Ein nichtkatholischer Christ kann zusammen mit einem katholischen Paten ebenfalls zugelassen werden (Gotteslob 44/3; 51/3).

Katechumenat: Das Wort meint die Vorbereitungszeit der *Katechumenen* (von griech.=die im Glauben unterwiesen werden) und die Form der Unterweisung; der Katechumenat ist für die Taufbewerber bestimmt, während die *Katechese* als Glaubensunterweisung auch die schon Getauften einbezieht (→ 34.2).

Taufstein: Ein meist künstlerisch gestaltetes Becken aus Stein (oder Metall) für die Aufnahme des Taufwassers; es steht in einer von der übrigen Kirche abgeteilten Taufkapelle oder auch besonders deutlich sichtbar im Kirchenraum. In beiden Fällen soll die Bedeutung der Taufe für die Gemeinde unterstrichen werden.

Baptisterium (von griech. baptisma=Taufe): Raum in der Kirche – mitunter auch eigenes Gebäude in der Nähe der Kirche –, in dem die Taufe gespendet wird.

28.3 Die Taufe als Lebensprogramm
→ 1.2 Jesus nachfolgen; 7.3 Wem Gott vergibt; 36.1 Notwendig; 39.9 Mit-leiden

Bei uns werden die meisten schon als Kinder getauft. Das macht – mehr noch als die Taufe Erwachsener – deutlich, daß das neue Leben und die Zugehörigkeit zur *Gemeinschaft der Glaubenden* ein unverdientes *Geschenk* Gottes ist. Etwas anderes aber läßt die *Kindertaufe* leicht übersehen, nämlich, daß Taufe und Glaube zusammengehören. Die Taufe hat Folgen. Der Getaufte soll anders leben als der Ungetaufte. Jesus ist für den Getauften zum Maßstab seines Lebens geworden. Daher kann für ihn die Taufe nicht nur ein Ereignis der Vergangenheit sein. Sie stellt ihm die *lebenslange Aufgabe,* sich Jesus anzugleichen. Das heißt für einen Christen, daß er als Grundgebot übernimmt, die Bedürfnisse des Nächsten zu seinen eigenen zu machen; daß er sich auf das Mit-Leiden mit den Schwächeren verpflichtet; daß er in allem, was ihm begegnet, den Willen Gottes sucht und sich liebend an diesen Gott bindet.

Einmal im Jahr, bei der Feier der Osternacht, erneuern die Christen ihr *Taufversprechen.* Sie sagen sich los von allem Gott-Widrigen, sie widersagen von neuem dem Bösen und bekennen sich zu Gott, der das Heil der Menschen will. Sie vertrauen darauf, daß Gott sie neu annimmt, auch wenn sie versagt und die Taufe als Quelle und *Fundament ihres Lebens* aus dem Blick verloren haben. So machen sie sich gegenseitig Mut zum Christwerden.

Ein besonderer Anlaß für den einzelnen, an seine Taufe zu denken, kann der *Namenstag* sein. Der Namenspatron, mit dessen Namen er bei der Taufe gerufen wurde, kann dem Getauften Leitbild sein auf seinem *Weg* als Christ.

> An die Verpflichtung, die aus der Taufe erwächst, erinnert der Kolosserbrief:
> **Ihr habt Christus Jesus als Herrn angenommen. Darum lebt auch in ihm! Bleibt in ihm verwurzelt und auf ihn gegründet.** *Kolosser 2,6–7*

Gemeinsames Priestertum aller Gläubigen (auch: allgemeines Priestertum): Nach dem 1. Petrusbrief (2,9) ist das gesamte christliche Volk »eine königliche Priesterschaft« (vgl. dazu auch Ex 19,6); alle haben teil am Priestertum Christi. Martin Luther brachte dieses wichtige Thema wieder in Erinnerung, er bestritt aber das besondere Priestertum, das durch das Weihesakrament übertragen wird. Das Zweite Vatikanische Konzil (1962–1965) bestätigte die Tradition der frühen Kirche: Das besondere Priestertum und das allen Getauften gemeinsame Priestertum können nicht losgelöst voneinander wirksam werden.

29 Der Christ in der Welt: Firmung

→ 21.1 Kirche als Gemeinschaft; 19 der Heilige Geist; 33.1 Ämter und Dienste

Das *neue Leben,* das der Christ in der Taufe empfängt, soll wachsen und sich entfalten. Für ein Kind geschieht das zunächst, indem es am Glaubensleben in Familie und Gemeinde teilnimmt und »mitglaubt«.
Eines Tages genügt es dem jungen Menschen nicht mehr zu sagen: Das machen meine Eltern auch so. Je älter er wird, um so mehr soll er eigene Glaubensschritte tun. Er muß selbst *entscheiden,* welchen *Weg* er einschlägt, welches Lebensprogramm er wählt, welches Ziel er sich setzt.
Vor diesem Lebensabschnitt wird das Sakrament der *Firmung* gespendet. In unseren *Gemeinden* gewinnt es zunehmend an Bedeutung als Sakrament des *Mündig-Werdens.* Dementsprechend wird die Vorbereitungszeit länger; das Firmalter rückt höher, als es früher der Fall war.
Sind damit alle Voraussetzungen erfüllt? Was ist zu tun, damit das durch die Firmung geweckte *Engagement* nicht erstickt und die Firmung im Leben wirksam wird?

Konfirmation (lat. = Bekräftigung): In den evangelischen Kirchen die öffentliche Aufnahme der jungen Christen in die Erwachsenengemeinde. Alter: etwa 15 Jahre. Die Vorbereitungszeit ist unterschiedlich lang; in einigen Kirchen bis zu zwei Jahren. Nach der Konfirmation (die in den evangelischen Kirchen und kirchlichen Gemeinschaften nicht als Sakrament gilt) erstmalige Zulassung zum Abendmahl.

29.1 Sakrament des Erwachsenwerdens

→ 28.1 Neues Leben; 20.1 Werk des Geistes; 22.4 Gottes Zuwendung; 28.3 Lebensprogramm; 34 Kirche konkret; 39 Handle genauso; 26.4 Sakramente

Erst als Gottes Geist sie erfüllte, war die Kirche für die Menschen sichtbar (Apg 2,1–47). So ist es auch mit dem Glauben des einzelnen Christen: Das neue Leben aus der *Taufe* erhält in der *Firmung* seine volle Kraft. Die Firmung ist das Zeichen für den einzelnen Christen, daß Gottes *Heiliger Geist* ihn ergreifen und bewegen will, – der Geist, den Jesus den Seinen versprochen hat (Joh 16,7–13). Das Wort »Firmung« kommt aus dem Lateinischen und heißt wörtlich »Stärkung«. Manchmal wird die Firmung auch als »*Siegel*« bezeichnet. In ihr wird besiegelt und vollendet, was in der Taufe angelegt ist: Die Gemeinschaft mit Christus und seiner Kirche, das Wirken für die Menschen im Geiste Jesu.

Die Firmung ist das Sakrament des Erwachsenwerdens. Der Christ wird für seinen *Weltauftrag* gestärkt. Die Christen glauben an die besondere Kraft des Heiligen Geistes, die dazu ermutigt und befähigt, für Christus *Zeugnis* abzulegen in Kirche und Öffentlichkeit.

Was die Firmung bewirkt, wird im Zeichen sichtbar, wenn der *Bischof* dieses Sakrament spendet: Zunächst streckt er die Hände über die Firmlinge aus und ruft den Heiligen Geist auf alle herab. Dann legt er jedem einzelnen die Hand auf – eine Geste des Segens der Verbundenheit und zugleich der In-Dienst-Nahme. Er nennt den Firmling bei seinem Namen und spricht: »Sei besiegelt durch die Gabe Gottes, den Heiligen Geist«, zugleich salbt er ihm die Stirn mit Chrisam. Der Geist *Jesu Christi,* des *Gesalbten,* gibt dem Gefirmten Mut und stiftet ihn an, in seinem Leben das zu tun, was Jesus der Christus tat: *ganz für Gott* zu leben und *für andere* da zu sein in seinem Auftrag.

> In seinem Brief an die Gemeinde von Rom schreibt Paulus vom Leben im Geiste Gottes:
> **Ihr aber seid... vom Geist bestimmt, da ja der Geist Gottes in euch wohnt. Wer den Geist Christi nicht hat, der gehört nicht zu ihm... Der Geist aber ist Leben.**
> *Römer 8,9–10*

Firmritus: In der Regel spendet der Bischof die Firmung; im Auftrag des Bischofs kann aber auch ein Priester firmen (vgl. Gotteslob 51–52).

29.2 Dienst in Kirche und Welt

→ 13.1 Der Christus; 34.1 Im Volk Gottes; 21.1 Kirche als Gemeinschaft; 34.7 Kirche in der Welt; 39 Handle genauso

Die Taufe als Beginn des Lebens als Christ weist auf Eucharistie und Firmung hin. Diese drei Sakramente bezeichnet man als Sakramente der *Grundlegung* des christlichen Lebens.

Die Firmung empfängt der Christ nicht nur für sich selbst. Die *Gabe des Geistes* soll weiter wirken. Durch die Christen soll der Geist Christi den Menschen begegnen, sollen sie seine zum Guten anstiftende Wirkung erfahren können.

Das gilt zunächst innerhalb der *Gemeinde.* Hier soll der Christ seine *Fähigkeiten* und Kräfte zur Verfügung stellen; zum Beispiel bei der Gestaltung der Meßfeier, im Einsatz für soziale Probleme in seiner Umwelt, in der Sorge für alte und einsame Menschen, in der Jugendarbeit, im Pfarrgemeinderat. Für den Gefirmten heißt die Frage nicht: »Was habe ich davon, was kriege ich dafür, was bringt's?«, sondern: »Wo werde ich gebraucht?« »Wo kann ich meinen Fähigkeiten entsprechend mitarbeiten?« Nur so wird die Gemeinde zu einer »Einheit im Heiligen Geist«, zu einer brüderlichen Gemeinschaft, die Vertrauen weckt und anziehend wirkt.

Der Auftrag des Gefirmten ist nicht auf den Bereich der Kirche beschränkt. Für die Welt ist er gefirmt: Er soll in ihr zum Boten der gütigen *Nähe Gottes* werden. Wie das im einzelnen aussieht, läßt sich nicht festlegen. Alles, was über das Leben und Handeln des Christen in der Welt, über seinen *Weltauftrag,* zu sagen ist, gehört hierher.

Ein paar Beispiele können deutlich machen, was gemeint ist. Überall gibt es Menschen, die am Leben verzweifeln; einen solchen Menschen erfreuen heißt, ihm das Licht der Güte Gottes bringen. Wer sich von Gott in Einsatz, Schwung, Freude bestärkt weiß, kann auf Zusammenarbeit und Solidarität setzen; er kann darauf verzichten, für sich selbst möglichst viel herauszuschlagen. Wer für den Heiligen Geist offen ist, wird *herausgefordert,* gegen Ungerechtigkeit zu kämpfen, seine Kräfte für Sozialarbeit, Entwicklungshilfe, Missionstätigkeit zur Verfügung zu stellen. Vielleicht will er sogar die Sache Jesu in einem *kirchlichen Dienst* zu seinem Beruf machen.

In jedem Fall ist ein Christ aufgerufen, in dem, was er tut, *Zeichen zu setzen* für den menschenfreundlichen Gott, den er erfahren hat – ohne daß er darüber im Alltag viel reden müßte. Wird er aber herausgefordert zu bekennen, was die Triebfeder seines Handelns ist, soll er sich »keine Sorge machen«, was er »sagen soll«. Er soll ganz selbstverständlich aus seiner Überzeugung heraus reden und sich darauf verlassen, was im Matthäusevangelium versprochen ist: »Es wird euch in jener Stunde eingegeben, was ihr sagen sollt. Nicht ihr werdet dann reden, sondern der Geist eures Vaters wird durch euch reden« (Mt 10,19–20). Wer Christ sein will, muß mit Widerspruch gegen seine Glaubensüberzeugung rechnen.

> Ein Wort aus der Bergpredigt veranschaulicht die Berufung des Christen:
> **Ihr seid das Licht der Welt. Eine Stadt, die auf einem Berg liegt, kann nicht verborgen bleiben. Man zündet auch nicht ein Licht an und stülpt ein Gefäß darüber, sondern man stellt es auf den Leuchter; dann leuchtet es allen im Haus. So soll euer Licht vor den Menschen leuchten.** *Matthäus 5,14–16*

Einmaligkeit der Firmung: Die Firmung gehört (neben Taufe und Priesterweihe) zu den Sakramenten, die – einmal empfangen – ein für allemal ihre Gültigkeit haben. Der Auftrag Gottes, in der Kraft des Heiligen Geistes in Kirche und Welt als Christ zu wirken, bedarf keiner späteren erneuten Bestätigung.

Firmtermin: Über den angemessenen Termin der Firmung gibt es keine einhellige Meinung. Die Ostkirche spendet sie zusammen mit der Taufe und macht dadurch die enge Zusammengehörigkeit beider Sakramente deutlich. Bei uns hat sich der Brauch durchgesetzt, den Gesichtspunkt des Mündig-Werdens herauszustellen und die Firmlinge auf ihre Verantwortung als Christen anzusprechen; daher wird die Firmung gewöhnlich erst einige Zeit nach der Erstkommunion gespendet.

30 Die Schuld im Leben der Christen: Sakrament der Buße

→ 7.1 Keiner ist ohne Schuld; 22.2 Macht der Sünde

Christsein heißt nicht nur, anderen vergeben, sondern zunächst, sich selbst vergeben lassen. Jede Eucharistie wird gefeiert »zur *Vergebung der Sünden*« und im Bewußtsein des Versagens, der Schuld. Das ganze christliche Leben soll getragen sein von der Kraft der Vergebung und dem Mut, *Versagen und Schuld* vor Gott und den Menschen einzugestehen, um dadurch als Mensch und Christ zu wachsen. Das ist zwar oft schwer, aber wo es geschieht, ist es – wie die Erfahrung lehrt – eine Quelle der Erneuerung und Befreiung. Schuld loswerden, neu anfangen und weitergehen, das entspricht der Sehnsucht jedes Menschen.

Besonderen Ausdruck findet dies im Sakrament der *Buße und Versöhnung;* es dient der Erneuerung, der Freude, der Versöhnung mit Gott und mit der Gemeinschaft der Glaubenden, dem Kommen des Reiches Gottes. Sich als Sünder zu bekennen tut weh, aber Sündenvergebung zu erfahren tut gut. Sie trägt in besonderer Weise dazu bei, daß Mensch und Welt neu werden für das Kommen des *Reiches Gottes.*

Um so drängender sind die Fragen: Wie werden Menschen heute mit ihrer Schuld fertig? Sind die häufigen seelischen Erkrankungen ein Hinweis darauf, daß viele Schuld nicht bekannt und verziehen, sondern verdrängt wird? Warum machen auch katholische Christen heute so wenig Gebrauch vom Angebot der Vergebung und dem Sakrament der Buße? Ist ihre Scheu vor dem Bekenntnis der Schuld stärker als das Verlangen nach der Versöhnung?

30.1 Sünde und Buße
→ 7.2 Ein Gott, der vergibt; 22.4 Gottes Zuwendung

Sünde ist nicht einfach Fehlverhalten, Versagen, Fehlleistung, schlechtes Verhalten gegenüber den Mitmenschen. Sünde richtet sich *gegen Gott.* Je mehr einer Gott erkennt, umso besser versteht er, was Sünde ist. Von manchen Heiligen wird berichtet, daß sie sich als große Sünder fühlten. Manche Menschen betrachten das als Übertreibung. In Wirklichkeit haben die Heiligen mehr wahrgenommen von der Herrlichkeit und der *Liebe Gottes* als andere Menschen. Im Licht Gottes kommt ihnen ihr eigenes Dunkel erschreckend zu Bewußtsein.

Aber nicht nur das ist *Sünde,* was sich ausdrücklich gegen Gott richtet. Auch wenn einer sich an *Menschen* verfehlt und dabei nicht an Gott denkt, ist Gott mitbetroffen. Christen sind sich bewußt: In allem Fehlverhalten stellen wir uns bewußt oder unbewußt auch gegen Gott und seinen Plan mit unserer Welt. Unsere Sünde hemmt das Kommen des Reiches Gottes. Wir weisen Gottes Gutsein zurück, sei es ausdrücklich oder stillschweigend.

Wer sündigt, tut so, als liebte Gott uns nicht. Wer sündigt, handelt, als wäre der *Wille Gottes* belanglos oder völlig unbekannt. Er vergißt, daß er seit seiner *Taufe* mit Christus verbunden ist. Dem, der sündigt, liegt nicht viel am Mitmenschen und an einer menschlichen Welt, obwohl Gott alles daran liegt. Er schwächt die Gemeinschaft der Glaubenden und macht die heilige Kirche für seinen Teil zur unheiligen Kirche.

Gott hört trotzdem nicht auf, die Menschen zu lieben; im Gegenteil, er schenkt immer neu die *Vergebung.* Gott sagt Ja auch zu denen, die Nein zu ihm sagen. Dafür ist Jesus Zeuge. Er ist Gottes Ja in Person; er ist das volle Ja Gottes zu unserem Glück und Heil (2 Kor 1,20) – mitten in unserer Schuld; zugleich ist Jesus Christus das volle Ja der Menschen zu Gott.

Wenn jemand die Vergebungsbereitschaft Gottes »begreift«, ist er so überwältigt, daß es ihm leid tut, wenn er Unrecht getan hat (Lk 7,36–50; 15,11–32). Er beschließt, nach Kräften wieder gutzumachen, was er angerichtet hat (Lk 19,1–10). Er will einen *neuen Anfang* setzen (Joh 8,11). Er verläßt seinen falschen Weg, kehrt um und wendet sich wieder ganz Gott zu. *Umkehr* geschieht nicht in einem Augenblick; sie ist langwierig und anstrengend. Der ganze Mensch ist daran beteiligt. Mit dem aber, der neu anfangen will, hat Gott selbst schon einen neuen Anfang gemacht. Gott vergibt Sünde und Schuld.

> Das allgemeine Schuldbekenntnis zu Beginn der Eucharistiefeier kann folgenden Wortlaut haben:
> **Bevor wir das Wort Gottes hören und das Opfer Christi feiern, wollen wir uns bereiten und Gott um Vergebung unserer Sünden bitten.**
> **Erbarme dich, Herr, unser Gott, erbarme dich./ Denn wir haben vor dir gesündigt./ Erweise, Herr, uns deine Huld./ Und schenke uns dein Heil.**
> **Nachlaß, Vergebung und Verzeihung unserer Sünden gewähre uns der allmächtige und barmherzige Herr. Amen.**
> *Gotteslob 353/5*

Buße: In der Alltagssprache Bezeichnung für Strafe (»Bußgeld«); im kirchlichen Sprachgebrauch zuweilen eingeengt auf das Sakrament der Buße; nach dem AT und NT der immer wieder notwendige Grundakt der *Umkehr*: entschiedene Abkehr von allem Gott-Widrigen und Hinkehr zu Gott und zum Guten. Buße findet ihren Ausdruck in Reue, Vorsatz, Wiedergutmachung, Werken der Buße (vgl. Gotteslob 54–58).
Reue: Sie ist mehr als Angst vor dem Urteil der Menschen oder vor den Folgen der Sünde; sie ist mehr als das Bewußtsein, etwas falsch gemacht zu haben und mehr als »moralischer Katzenjammer«. Reue hat mit Gott zu tun; sie ist von Gottes Geist bewirkt, ist verbunden mit dem Vertrauen auf Gottes Güte; dieses Vertrauen befähigt, der eigenen Schuld ins Gesicht zu schauen, sie als Sünde zu erkennen und sich von ihr abzuwenden (vgl. Gotteslob 54/4).
Vorsatz: Mit der Reue verbunden ist der Vorsatz, in Zukunft das Böse zu meiden und das Gute zu tun; er ist um so wirksamer, je genauer er eingegrenzt ist; zum Vorsatz gehören der Mut, immer wieder neu anzufangen, und das Vertrauen, daß Gott auf den guten Willen sieht (vgl. Gotteslob 54/5).

30.2 Wer ist ein Sünder?

→ 36.2 Freiheit; 22.2 Macht der Sünde; 7.1 Keiner ist ohne Schuld; 39.6 Sich entscheiden

Um zu erkennen, was Sünde ist und was nicht, sind *Unterscheidungen* notwendig. Wo Schwächen, Fehler, »Pannen«, »Ausrutscher« vorliegen, wo einer unwissentlich und ohne Absicht etwas falsch macht, kann man eigentlich nicht von *Sünde* reden.
Nur wenn jemand in *klarer Einsicht* aus *freier Entscheidung* in einer *wichtigen Sache* sich gegen Gottes Willen stellt, sagt er damit Nein zu Gott und bricht mit ihm: er sündigt. Sünde hat also mit Glauben zu tun. Sie bezeichnet die Schuld, die sich zwischen Gott und den Menschen stellt. Je bewußter sich einer für das Böse entscheidet, je gewichtiger eine Sache ist, um so schwerer ist die Sünde. »Es gibt Sünde, die zum Tod führt..., aber es gibt (auch) Sünde, die nicht zum

Tod führt« (1 Joh 5,16–17). Entscheidend ist, wie weit das Hauptgebot der *Gottes- und Nächstenliebe* verletzt wird. Wer auf Gott hören will und sich bemüht, seinen Willen zu erkennen und zu tun, gehört trotz seiner Schwächen und Fehler auf die Seite Gottes; denn keiner von uns ist ohne Sünde. Wer gut sein will, ist schon auf dem Weg des Guten. *Versuchung* ist noch keine Sünde.

Man sündigt nicht nur durch das Tun des Bösen; auch das *Unterlassen* des Guten kann Sünde sein. Selbst mit Worten und Gedankenspielen kann man sündigen, wenn man ihnen freien Lauf läßt.

Wer aber ohne böse *Absicht* etwas Schlechtes tut, zum Beispiel einen Verkehrsunfall verursacht, ist vor Gott nicht schuldig, auch wenn er für die Folgen seiner Tat gerichtlich bestraft wird. Bei Gott zählt das, was wir wollen, mehr als das, was wir tun.

Keine Schuld ist so groß, daß Gott sie nicht vergeben kann. Auch der schlimmste Sünder kann mit *Gottes Hilfe* neu anfangen.

> Zu Beginn der Eucharistiefeier können die Gläubigen im allgemeinen Schuldbekenntnis Gott um Vergebung bitten:
> **Ich bekenne Gott, dem Allmächtigen,/ und allen Brüdern und Schwestern,/ daß ich Gutes unterlassen und Böses getan habe./ Ich habe gesündigt in Gedanken, Worten und Werken/ durch meine Schuld, durch meine Schuld,/ durch meine große Schuld./ Darum bitte ich die selige Jungfrau Maria,/ alle Engel und Heiligen/ und euch, Brüder und Schwestern,/ für mich zu beten bei Gott, unserem Herrn.** *Gotteslob 353/4*

Schwere Sünde: Daß der Anteil der Schuld des einzelnen bei verschiedenen Vergehen verschieden groß ist, sagt schon das natürliche Empfinden des Menschen. Demnach »wiegt« auch die Schuld vor Gott, die Sünde, verschieden »schwer«. Immer wieder wurde versucht, schwere und weniger schwere Sünden genau zu benennen. Man spricht z. B. entsprechend der Bezeichnung »Todsünden« (d. h. Taten, die nicht zum Leben mit Gott, sondern zum ewigen Tod führen) von »Wundsünden«, also von Verfehlungen, die nicht so radikal vernichtende Wirkung haben. Solche Verschuldung wird auch »läßliche« Sünde genannt; das will sagen: die Schuld ist nicht so groß, daß sie unbedingt der Vergebung (des »Nachlasses«) im Bußsakrament bedarf. Man kann solche Unterscheidungen treffen, doch ist es nicht gut, wenn der einzelne Christ an solchen Unterscheidungen verbindlich »ablesen« will, »ob er zur Beichte gehen muß«, oder »ob es auch ohne das geht«. Das Wissen um Gottes grenzenlose Liebe, die aller menschlichen Umkehr immer voraus ist, sollte solchem »Rechnen« einen Riegel vorschieben. Das Bußsakrament ist ein Angebot von Gottes vergebendem Erbarmen; je mehr sich einer bewußt ist, daß er dessen bedarf, desto weniger wird er sich ihm entziehen.

30.3 Sünde und Gemeinschaft

→ 7.3 Wem Gott vergibt; 21.1 Kirche als Gemeinschaft; 18.3 Maßstab des Gerichts; 39.3 Solidarisch handeln

Niemand tut Böses um des Bösen willen. Man tut das Böse oft deshalb, weil es im Augenblick vorteilhaft erscheint. Doch der Vorteil für den einen ist ein Schaden für den andern: Wer stiehlt, bringt einen andern um seinen rechtmäßigen Besitz. Wer etwas für sich allein in Anspruch nimmt, das allen gehört, schädigt die *Gemeinschaft.* Wer zu seinem eigenen Schutz Unwahres über einen andern verbreitet, schädigt dessen guten Ruf, vergiftet das Klima und erstickt das Vertrauen.

Sünde ist keine »Privatsache«. Sie hat böse Auswirkungen, auch wenn auf den ersten Blick niemand geschädigt scheint. Vor allem macht sie sorglos gegenüber dem Bösen. Sie kann andere zum Nachahmen reizen und kann ansteckend wirken wie eine Krankheit. Die *Sünden der Christen* mindern außerdem die Glaubwürdigkeit der Kirche und behindern das Kommen des Reiches Gottes. Deshalb ist für den Christen, der sich ganz gegen Gottes Gebot, das heißt gegen das Hauptgebot der Liebe gestellt hat und in dieser Haltung verharrt, kein Platz in der Gemeinschaft der Glaubenden. Seine Schuld fordert Umkehr und Vergebung; dann erst ist Gemeinschaft aufs neue möglich.

Wer einen andern Menschen beleidigt, muß nicht nur Gott um *Vergebung bitten,* er muß es auch dem Beleidigten gegenüber tun. Wer sich fremdes Gut aneignet, kann nicht sagen, es genüge, *Reue* zu empfinden; er muß den angerichteten Schaden wiedergutmachen. Der Wille zur *Wiedergutmachung* ist ein Prüfstein der *Umkehr.*

Der Christ muß auch bereit sein, dem zu vergeben, der ihn um Verzeihung bittet. Wer erfahren hat, daß Gott ihm verzeiht, der wird auch dem Mitmenschen verzeihen. Deshalb lehrt Jesus seine Jünger zu beten: »Vergib uns unsere Schuld, wie auch wir vergeben unsern Schuldigern.« Christen dürfen nicht nachtragend sein. Der Epheserbrief gibt daher den Rat: »Die Sonne soll über eurem Zorn nicht untergehen« (Eph 4,26). Um *Verzeihung* zu schenken, bedarf es nicht vieler Worte; manchmal genügt eine Geste der Versöhnung.

Die *Kirche* kennt besondere *Bußzeiten:* die österliche Bußzeit (Fastenzeit) und die Adventszeit. Sie dienen dem gründlichen Einüben des Guten und der Abkehr von der Sünde. Deshalb werden in vielen Gemeinden in der Fasten- und Adventszeit die Gläubigen zu *Bußgottesdiensten* eingeladen.

> Ein Zuspruch für alle Tage aus dem Brief des Apostels Paulus an die Römer:
> **Laß dich nicht vom Bösen besiegen, sondern besiege das Böse durch das Gute!** *Römer 12,21*

Bußgottesdienst: In ihm wird besonders sichtbar, daß Versöhnung nicht nur mit Gott, sondern auch mit der Kirche, der Gemeinschaft der Glaubenden, nötig ist. Die Anwesenden bitten gegenseitig um Verzeihung und vergeben einander. Gemeinsam bitten sie Gott um Verzeihung für ihre eigene Schuld und die Schuld der ganzen Kirche. Wer sich von Gott und der Kirche entfremdet hat, kann durch den Bußgottesdienst auch den Weg zum Empfang des Bußsakramentes finden (vgl. Gotteslob 55).
Wiedergutmachung: Zur Buße gehört die Bereitschaft, angerichteten Schaden nach Kräften wieder gut zu machen (vgl. Gotteslob 54/6).
Werke der Buße: Die Umkehr will Ausdruck finden im Handeln. Wer Verzeihung erhalten hat, will auf Gottes Großzügigkeit antworten. Wie jede Sünde von Gott entfernt, so bringt uns alles Gute, das wir denken und tun, ihm näher. Die Formen tätiger Buße sind so vielfältig wie das Leben selbst. Seit frühesten Zeiten wird für besonders wichtig gehalten: Beten, Fasten und anderen Gutes tun. Bei allem aber, was wir tun können, bleibt, daß wir auf die Barmherzigkeit Gottes und das Verzeihen unserer Mitmenschen angewiesen sind (vgl. Gotteslob 54/6).

30.4 Vielfältige Vergebung

→ 7.2 Ein Gott, der vergibt; 27.3 Hingabe ihres Herrn; 22.1 Versöhnung empfangen

Die Kirche kennt viele Möglichkeiten, *Vergebung der Sünden* zu erbitten: das Lesen der Heiligen Schrift zum Beispiel; deshalb sagt der Priester nach der Lesung des Evangeliums: »Herr, durch dein Evangelium nimm hinweg unsere Sünden.« Oder wenn jemand auf etwas verzichtet, um einem andern zu helfen, wenn er sich ganz für einen andern einsetzt (1 Petr 4,8), wenn er sich beim Eintritt in eine Kirche mit Weihwasser bekreuzigt und sich erneut dazu bekennt, daß er getauft ist, – alles das sind Wege der Umkehr und der Sündenvergebung. Besonders die Mitfeier der heiligen Messe hat sündenvergebende Kraft; denn sie ist die Feier des Glaubens, daß Jesu Blut »für euch und für alle vergossen wird zur Vergebung der Sünden«. Ein anderer Weg ist der Bußgottesdienst; er zeigt, daß die *Gemeinschaft* der Glaubenden ein Ort der Versöhnung ist.
Im Vaterunser betet der Christ: »Vergib uns unsere Schuld, wie auch wir vergeben unsern Schuldigern.« Wer am Ende eines Tages rückblickend ein *Reuegebet* spricht, das den Willen zu Umkehr und Neuanfang aussagt, darf auf die Vergebung durch Gott vertrauen. Wer seinen Stolz überwindet und einen andern *um Verzeihung bittet,* erlangt nicht nur Vergebung von ihm, sondern auch von Gott.

Besondere Bedeutung haben die *Sakramente:* In der Taufe holt Christus die Menschen aus der Schuldverstricktheit der Welt heraus und stellt sie auf die Seite Gottes. Darum heißt es im großen Credo: »Wir bekennen die eine Taufe zur Vergebung der Sünden.« Im Angesicht des Todes erfahren die Gläubigen die Vergebung ihrer Sünden in der Krankensalbung. Zwischen Taufe und Tod ist unser Christenleben begleitet von Gottes ständigem Angebot zu Umkehr und Versöhnung im *Sakrament der Buße.*

> Im Alten Testament wird den Werken der Barmherzigkeit hohe Bedeutung zuerkannt; das Buch Tobias läßt den Engel Rafael sagen:
> **Barmherzigkeit rettet vor dem Tod und reinigt von jeder Sünde.** *Tobias 12,9*

Ablaß: In der frühen Kirche mußten Sünder für schwere Sünden verschieden lange öffentliche Bußen auf sich nehmen, bevor sie die Lossprechung erhielten und wieder in die Gemeinschaft der Kirche aufgenommen wurden. Wenn ein Mitchrist, der in der Zeit der Verfolgung um des Glaubens willen gelitten hatte, Fürbitte für einen Sünder einlegte, konnte diesem die Buße erlassen werden. Diesen Nachlaß öffentlicher Bußwerke (also nicht den Nachlaß der Sünden) nannte man später Ablaß. Noch später wurde diese Praxis unter Berufung auf die »Verdienste« Jesu Christi und der Heiligen verallgemeinert. Schließlich wurde es zu einer frommen Übung, für die »Armen Seelen« im »Fegfeuer« »Ablässe« zu gewinnen (um die Zeit ihrer Läuterung abzukürzen). Im Mittelalter kam es zu schlimmen Entartungen des Ablaßwesens (vor allem in Verbindung mit Geldzahlungen, die als Bußleistungen gewertet wurden): einer der äußeren Anlässe für die Reformation. In der heutigen Frömmigkeitspraxis spielt der Ablaß nur noch eine geringe Rolle. Weil aber mit dem Wort »Ablaß« viel Unbehagen gegenüber der katholischen Kirche verbunden ist, ist es gut zu wissen, was damit gemeint ist. – Die kirchliche Lehre sagt: Durch den Ablaß werden zeitliche Strafen nachgelassen für Sünden, die bereits vergeben sind. Um einen Ablaß zu gewinnen, muß man »im Stand der Gnade«, das heißt ohne schwere Sünde sein und die vorgeschriebenen guten Werke oder Gebete verrichten.

30.5 Das Sakrament der Buße

→ 22.2 Macht der Sünde; 8.2 Nicht untergehen; 16.3 Wir sind erlöst; 21.1 Kirche als Gemeinschaft; 26.4 Sakramente

Was ein Christ tut, betrifft immer die Gemeinschaft der Glaubenden mit – zum Guten wie zum Bösen. Wenn einer schuldig geworden ist, so ist das zugleich ein Verstoß *gegen Gott* und gegen die von Gott gestiftete und *geheiligte Gemeinschaft,* die Kirche. Deshalb muß er seine Schuld auch in der Gemeinschaft der Kirche bekennen. Nach der überlieferten Praxis und Lehre der Kirche ist zur Vergebung schwerer Schuld die sakramentale *Einzelbeichte* notwendig.

Im Namen Christi und der kirchlichen Gemeinschaft nimmt der Priester das *Schuldbekenntnis* des Sünders entgegen und erteilt ihm die *Lossprechung* im Namen Gottes, das heißt: Gott schenkt ihm Vergebung durch den Dienst der Kirche. Die Lossprechung im Bußsakrament setzt, wie alle Vergebung, die *Reue* des Sünders, seinen guten *Vorsatz* und den Willen zur *Wiedergutmachung* voraus.

Das Sakrament der Buße ist das Versöhnungsangebot Gottes vor allem bei schwerer Schuld. Wer sich aus der Eucharistiegemeinschaft ausgeschlossen hat, findet in diesem Sakrament Versöhnung mit Gott und mit den Mitchristen. Er darf wieder das Opfer Christi mitfeiern und am Mahl der *Eucharistie* teilnehmen. Die Gemeinde zeigt ihm ihren Glauben an Gottes vergebende Liebe dadurch, daß sie ihm nicht verurteilend, sondern vergebend und ermutigend begegnet. Das Sakrament der Buße ist das Zeichen, daß Gott den Menschen niemals aufgibt, sondern ihm einen neuen Anfang anbietet (Mt 18,18; Joh 20,20–23). Er bleibt ihm zugewandt, auch wenn der Mensch sich von ihm abgewandt hat. Gott sieht nicht nur großzügig über die Sünden hinweg – so, als ob er zwar vergebe, aber nicht vergesse. Wenn die Sünden vergeben sind, so sind sie für immer ausgelöscht (getilgt). Mehr noch; das Lukasevangelium überliefert uns das Jesus-Wort: Bei Gott ist »mehr Freude über einen einzigen Sünder, der umkehrt, als über neunundneunzig Gerechte« (Lk 15,7). Dieses Wissen kann vieles an Unbehagen aufwiegen, das mancher überwinden muß, weil das Bekennen der Schuld nicht leicht fällt.

Auch wer keine schweren Sünden zu beichten hat, kann das Sakrament der Buße sinnvoll empfangen. Er bekennt sich dadurch bewußt zur *Gemeinschaft der Sünder*. Das Bußsakrament hilft ihm, Klarheit über sich selbst zu gewinnen und einen neuen Anlauf zur Besserung zu nehmen. Darum empfiehlt die Kirche allen Gläubigen den regelmäßigen Empfang des Bußsakraments.

Der Priester erteilt die Lossprechung mit folgenden Worten:
Gott, der barmherzige Vater, hat durch den Tod und die Auferstehung seines Sohnes die Welt mit sich versöhnt und den Heiligen Geist gesandt zur Vergebung der Sünden. Durch den Dienst der Kirche schenke er dir Verzeihung und Frieden. So spreche ich dich los von deinen Sünden: Im Namen des Vaters und des Sohnes und des Heiligen Geistes.
Der Beichtende antwortet: **Amen.** *Gotteslob 60/3*

Bußsakrament: Die katholische Kirche lehrt: Gott schenkt dem getauften Sünder, der seine Schuld bereut, bekennt und zur Wiedergutmachung bereit ist, in diesem Sakrament durch den bevollmächtigten Priester Verzeihung und gibt ihm Kraft zu einem neuen Anfang (vgl. Mt 18,18; Joh 20,20–23). Wer sich schwerer Schuld bewußt ist, ist zum Empfang des Bußsakramentes verpflichtet, aber auch alle anderen Christen sind zu dessen regelmäßigem Empfang eingeladen: Das Bußsakrament ist eine wichtige Hilfe zu einem Leben als Christ (vgl. Gotteslob 58).
Sündenbekenntnis: Ein allgemeines Bekenntnis der Sünden steht am Beginn jeder Eucharistiefeier (→ 30.1; 30.2). Zum Bußsakrament gehört ein persönliches Bekenntnis, in dem wenigstens alle schweren Sünden, deren man sich bewußt ist, genannt werden (Gotteslob 61–66).
Einzelbeichte (auch »Ohrenbeichte« genannt): Bekenntnis, Ermahnung und Lossprechung erfolgen im Rahmen eines Beichtgesprächs, gewöhnlich im Beichtstuhl oder Beichtraum.
Lossprechung: Sie geschieht im Namen Christi und unterstreicht die Gewißheit, daß Gott die Schuld vergibt (Gotteslob 60,3).
Beichtgeheimnis: Strenge Verpflichtung des Priesters zur Verschwiegenheit über alles, was er in einer Beichte erfährt, selbst wenn es sich um ein strafrechtliches Verbrechen handelt oder er selbst durch das Verschweigen in größte Schwierigkeit kommt.
Beichtraum: Der »*Beichtstuhl*« in der Kirche oder ein angrenzender Raum, in dem Priester und Beichtender das Beichtgespräch führen.

30.6 Schuld – Sünde – Selbsterkenntnis

→ 36.2 Freiheit; 7.1 Keiner ist ohne Schuld; 39.6 Sich entscheiden

Keiner kann von außen her beurteilen, was für den einzelnen Menschen *Sünde* ist. Jeder muß selbst in sein Leben schauen, sein *Gewissen* befragen, seine Taten und Unterlassungen vor Gott prüfen. Dabei kommen die Menschen zu ganz verschiedenen Ergebnissen. Jemand mit einem feinen Gewissen kann eine unterlassene Aufmerksamkeit als egoistisch und sündhaft empfinden, obwohl die Umwelt nicht einmal eine Verfehlung bemerkt. Ein anderer hat ohne *Absicht* erheblichen Schaden angerichtet, so daß alle »Schuld« schreien, während der Täter, der sein Inneres und seine Absichten kennt, vor Gott ganz ruhig ist.
Es gibt keine Sündenkataloge, keine Beichtspiegel, die für jede Situation zutreffen; der Tatbestand allein sagt noch nichts über die Umstände, die Absichten, die Beweggründe, den Mangel an Liebe, die mit im Spiel waren. Selbst wenn eine Tat ein Menschenleben kostet, muß man unterscheiden, ob es sich um kaltblütigen Mord bei klarer *Erkenntnis* und freier *Entscheidung,* um fahrlässige Tötung, mangelnde Sicherung, Nachlässigkeit mit schrecklichen Folgen, um ein völlig unverschuldetes Unglück oder um berechtigte, vielleicht auch um voreilige Notwehr handelt. Sünde ist nicht zuerst eine isolierte Tat, entscheidend ist vielmehr die *Haltung,* aus der heraus die Tat in einer bestimmten

Situation geschieht. Nur Gott kennt das Herz des Menschen. »Gott ist größer als unser Herz, und er weiß alles« (1 Joh 3,20) – und dies zu unserm Glück und Heil.
Beicht- oder *Gewissensspiegel,* wie sie sich zum Beispiel im »Gotteslob« finden, können bei richtigem Gebrauch zur *Selbsterkenntnis* helfen. Sie erinnern und machen hellhörig für manches, was man vielleicht nicht wahrhaben will.
Das Gespräch mit einem Freund, einem erfahrenen Menschen, einem Priester ist oft noch hilfreicher. Wer sich und sein Leben immer wieder im Angesicht Gottes prüft, gewinnt mit der Zeit ein feines Gespür. Er lernt seine Taten und die Beweggründe seines Denkens, Redens und Handelns besser *beurteilen.* Er weiß, wo und wann sein Gewissen ihn anklagt. Er lernt verstehen, was Gott von ihm will.

> Ein Beter des Alten Testaments beginnt seinen Psalm mit dem Satz: Herr, du hast mich erforscht und du kennst mich. Er beendet sein Gebet mit der folgenden Bitte:
> **Erforsche mich, Gott, und erkenne mein Herz,/ prüfe mich, und erkenne mein Denken!/ Sieh her, ob ich auf dem Weg bin, der dich kränkt,/ und leite mich auf dem altbewährten Weg!** *Psalm 139,23–24*

Beichtspiegel: Vgl. Gotteslob 61–66

31 In schwerer Krankheit und Todesnot: Krankensalbung

→ 17.1 Vorausgegangen

Das Leben jedes Menschen ist begrenzt: seine Jahre, Tage und Stunden sind gezählt. In jeder Minderung und *Schwächung* des Lebens meldet sich das Ende, der *Tod.* Diese Erfahrungen von Schwäche, Ohnmacht und Schmerz stellen uns auf eine harte Probe. Sie brauchen uns aber nicht von Gott zu entfernen. Im Sakrament der *Krankensalbung* wird uns *Gottes Nähe* gerade für diese äußerste Not mitgeteilt.
Es ist aber auch die stärkende und tröstende Nähe der Gemeinschaft der Glaubenden, die der Kranke und Sterbende in diesem Sakrament erfahren soll. Dies bezeugt schon der Jakobusbrief (5,14–15). Wenn jedoch nur bei einer schweren Krankheit der Priester kommt, und dies womöglich nur ein einziges Mal, und der Kranke sonst niemand von der Gemeinde sieht, kann er das kaum als tröstende Anteilnahme der Gemeinde empfinden. Die

Christen einer *Gemeinde* müssen sich deshalb fragen, was sie tun können, um als *Glaubende* Kranken und Sterbenden in ihrer Einsamkeit beizustehen.

31.1 Fürbitte und Fürsorge der Gemeinde

→ 21.1 Kirche als Gemeinschaft; 39.10 Gott bitten; 34.1 Im Volk Gottes; 29.2 Weltdienst; 37.1 Den Nächsten lieben

Allein sein und niemand haben, der Anteil nimmt, kann sehr quälend sein. Wer aber so krank ist, daß sein Leben auf dem Spiel steht, leidet besonders, wenn er alleingelassen wird. Er fühlt sich »von Gott und der Welt verlassen«, von den Gesunden bereits »abgeschrieben«. Kranke besuchen gehört deshalb zu den sieben leiblichen *Werken der Barmherzigkeit* (vgl. Mt 25,36.43).

Das Christentum hat in einer Welt, in der die Kranken oft aus der Gesellschaft ausgestoßen wurden, eine besondere Aufgabe darin gesehen, den Kranken beizustehen. Es hat die Krankenpflege als Bruderdienst aufgefaßt. Die ersten Krankenspitäler gab es in den Klöstern, und bis heute gibt der Dienst von christlichen Krankenschwestern, Ärzten und Pflegern *Zeugnis* von der *Menschenfreundlichkeit Gottes,* die diese Menschen treibt. Es gibt Orte in der christlichen Welt – zum Beispiel in Lourdes – an denen die Kranken als die »wichtigsten Kinder Gottes« gelten. In vielen christlichen Gemeinden werden auch fürsorgende Krankendienste geleistet: von der krankengerechten Mahlzeit bis zum Besuch mit Blumenstrauß, vom Brief an die Krankenversicherung bis zur häuslichen Pflege.

Medizinische Betreuung allein reicht nicht aus. Wer schwer krank ist, braucht vor allem *Nähe und Zuwendung* der Menschen. Ein besonders stärkendes und helfendes Zeichen der Verbundenheit ist das fürbittende Gebet für die Kranken, Gott möge sie innerlich und äußerlich aufrichten und sie trösten. Der Kranke selbst wird zumeist um seine Genesung bitten. Vielleicht lernt er auch, um die Kraft zu beten, seine Krankheit anzunehmen und so *Jesus* auf seinem Leidensweg ähnlicher zu werden.

> Die Krankheit kann für den Christen zur bewußten Teilnahme am erlösenden Leiden Christi werden; mit Paulus kann er sagen:
> **Keiner von uns lebt sich selber, und keiner stirbt sich selber: Leben wir, so leben wir dem Herrn, sterben wir, so sterben wir dem Herrn. Ob wir leben oder ob wir sterben, wir gehören dem Herrn.** *Römer 14,7–8*

Werke der Barmherzigkeit: Neben den leiblichen Werken der Barmherzigkeit (→ 37.1) kennt die christliche Überlieferung auch die geistigen Werke der Barmherzigkeit (→ 39.10).
Krankenpflege: Der Anstoß zur christlichen Krankenpflege liegt im Gebot der Nächstenliebe; sie hat ihre tiefste Begründung in der Gleichsetzung der Person Christi mit dem Geringsten seiner Brüder (Mt 25,36). Die ersten Hospitäler des Mittelalters verdankten kirchlichen Einrichtungen ihr Entstehen; die ältesten Pflegeorganisationen waren die Hospitaliter und die Ritterorden.
Jesusgebet: Der oben angegebene Satz aus dem Römerbrief (14,7–8) ist in vereinfachter Form ein volkstümlicher Gebetsruf geworden: »Jesus, dir leb ich, Jesus dir sterb ich, Jesus, dein bin ich tot und lebendig« (vgl. Gotteslob 79/1).

31.2 Das Sakrament der Krankensalbung
→ 23.2 Glaube macht Mut; 39.9 Mit-leiden; 26.4 Sakramente

Unter den sieben Sakramenten gibt es eine *Zeichenhandlung,* die für den Schwerkranken vorgesehen ist: die Krankensalbung.
Der Kranke selbst, ein Angehöriger oder sonst jemand aus der Gemeinde ruft den Priester an das Krankenbett, wenn eine Krankheit lebensbedrohlich ist oder wenn – zum Beispiel wegen seines Alters – die Kräfte eines Kranken sehr nachgelassen haben. Der Priester *betet* mit den Angehörigen für den Kranken. Er *salbt* dessen Stirn und Hände mit geweihtem Öl und spricht dabei: »Durch diese heilige Salbung helfe dir der Herr in seinem reichen Erbarmen; er stehe dir bei mit der Kraft des Heiligen Geistes. Der Herr, der dich von *Sünden* befreit, *rette* dich; in seiner *Gnade* richte er dich auf. Amen.«
Ist der Kranke bei Bewußtsein, so soll er außer der Krankensalbung auch die Sakramente der *Buße* und *Eucharistie* empfangen (*»Wegzehrung«*). Die Krankensalbung kann bei jeder neuen schweren Krankheit wiederholt werden.

> Die Krankensalbung wird zuerst im Jakobusbrief bezeugt. Dort heißt es:
> **Ist einer von euch krank? Dann rufe er die Ältesten der Gemeinde zu sich; sie sollen Gebete über ihn sprechen und ihn im Namen des Herrn mit Öl salben. Das gläubige Gebet wird den Kranken retten, und der Herr wird ihn aufrichten; wenn er Sünden begangen hat, werden sie ihm vergeben.** *Jakobus 5,14–15*

Letzte Ölung: Frühere Bezeichnung des Sakraments der Krankensalbung; sie kommt daher, daß dieses Sakrament praktisch nur Sterbenden

gespendet wurde. Der wiederholte Empfang der Krankensalbung ist noch nicht stark verbreitet.
Wegzehrung: Vgl. Gotteslob 78
Vorbereitung der Krankensalbung: Manche Christen versäumen es, rechtzeitig einen Priester zu verständigen, damit einem schwerkranken Angehörigen das Sakrament der Krankensalbung gespendet werden kann. Sie scheuen die ungewohnte Situation und sind unsicher, was sie vorbereiten sollen (ein weißgedeckter Tisch mit einem Kreuz, wenn möglich Kerzen und Weihwasser). Das Wissensnotwendige steht im Gotteslob (76–78).

31.3 Sterben des Christen und kirchliches Begräbnis
→ 18.2 Die Welt richten; 16.2 Macht des Todes; 16.4 Grund unseres Glaubens

Der Kranke, dessen Tod nahe ist, bedarf ganz besonders des mitfühlenden Beistands. Manche scheuen sich, einem Menschen diesen letzten Liebesdienst zu tun; in einem Krankenhaus wird er ihnen außerdem oft durch die moderne Organisation unmöglich gemacht. Deshalb sterben heute viele einsam und verlassen. Das ist menschenunwürdig und ein Armutszeugnis, eine Anklage gegen unsere Gesellschaft.
Christen, die einem *Sterbenden* beistehen, sollen ihn spüren lassen, daß er nicht allein gelassen ist. Oft sind hier Worte weniger wichtig als stilles Anwesendsein, zärtlicher Kontakt und einfühlende *Fürsorge*. Solange der Sterbende ansprechbar ist, können Christen seine Hoffnung auf Gottes Treue stärken und ihm helfen, die Angst vor dem Tod im Glauben durchzustehen. Wie Jesus können sie mit dem Sterbenden beten: »Vater, in deine Hände lege ich meinen Geist« (Lk 23,46), in deine Hände lege ich mein Leben. So kann der Christ in *Hoffnung* sterben. Viele Christen bereiten sich auf ihren Tod auch dadurch vor, daß sie insbesondere von der Mutter Jesu Hilfe erwarten: »Bitte für uns Sünder, jetzt und in der Stunde unseres Todes« (Ave Maria).
Am Tage des *Begräbnisses* versammelt sich die Gemeinde mit den Verwandten und Freunden des Toten zu einer Eucharistiefeier für den Verstorbenen. Sie geleiten den Toten zum Grab. In den *Gebeten* und Liedern bei der Beerdigung kommt zum Ausdruck, daß die Christen trotz aller Trauer über den Verlust eines lieben Menschen auf ein endgültiges Leben hoffen. Christen dürfen in Hoffnung trauern, weil sie den Toten bei Gott wissen und weil sie an die *Auferstehung* von den Toten glauben. Die frühe Kirche hat den Todestag ihrer Heiligen als Geburtstag des neuen, endgültigen Lebens gefeiert.

> Gebet für die Toten:
> **Herr, gib ihnen die ewige Ruhe, und das ewige Licht leuchte ihnen. Laß sie ruhen in Frieden. Amen.**
> *Gotteslob 35/7 und 91*

Sterbegebete: Vgl. Gotteslob 79
Allerseelen: An diesem Tag (2. November) gedenkt die Kirche in besonderer Weise der Verstorbenen. In der Feier der Eucharistie, in Gebeten und durch Besuch der Friedhöfe zeigen die Gläubigen ihre Verbundenheit mit denen, die ihnen zu Gott vorausgegangen sind (→ 27.6).
Requiem (von lat. requies=Ruhe): Totengottesdienst, so genannt nach dem ersten lateinischen Wort des Gebetes »Requiem aeternam dona eis, Domine« = »Herr, gib ihnen die ewige Ruhe«, mit dem die Totenmesse beginnt.
Begräbnisfeier: Vgl. Gotteslob 81–91. Im Glauben an die Auferstehung ehrt die Gemeinschaft der Kirche auch den Leib des Verstorbenen. Beim Begräbnis verkündet der Priester oder Diakon am offenen Grab die Verheißung der Auferstehung mit dem Wort Jesu Christi: »Ich bin die Auferstehung und das Leben. Wer an mich glaubt, wird leben, auch wenn er stirbt« (Joh 11,25). Der Leib des Verstorbenen wird auf dem »Friedhof«, der oft auch »Gottesacker« genannt wird, wie ein Samenkorn in die Erde gesenkt. Das Grab wird zum Zeichen der Hoffnung auf das neue Leben geschmückt.
Feuerbestattung: Verbrennen der Leiche und Beisetzung der Asche in einer Urne. Bis vor kurzem war die Feuerbestattung Katholiken untersagt; sie galt als Zeichen des Unglaubens und der Leugnung der Auferstehung; seit 1964 ist sie auch für katholische Christen erlaubt, wenn dadurch der christliche Glaube nicht ausdrücklich geleugnet werden soll.
Fürbitte für die Toten: »Für Lebende und Tote Gott bitten« (→ 39.10), das ist eines der sieben geistigen Werke der Barmherzigkeit. – Bei Gott gibt es keine Zeit; aber die Menschen, die in der Zeit leben, sind aufgerufen, füreinander vor Gott einzutreten. Was der eine für den andern im Lauf seines Lebens tut, das ist vor Gott immer schon Gegenwart. Deshalb ist es auch sinnvoll, für Verstorbene zu beten, die schon lange tot sind.

32 Lebensgemeinschaft: Ehe

→ 39.1 Das Leben lieben; 26.2 Bilder von der Kirche

Die Ehe ist ein Bund auf *Lebenszeit*. Er soll der Liebe der Partner Schutz und Dauer geben und den Kindern, die aus dieser Liebe hervorgehen, Geborgenheit sichern. Gesellschaft und Staat haben ein natürliches Interesse an Ehe und Familie. Sie schützen und stützen sie.
Schon in ältester Zeit stellten die Menschen den Geschlechter-*Bund* von Mann und Frau unter den besonderen Schutz der Götter. Im Alten Testament ist die Ehe ein Bild für den Bund, den Gott mit seinem Volk geschlossen hat. Im Neuen Testament wird die Verbindung zwischen *Christus* und

seiner Kirche mit der Ehe verglichen. Die Ehe, die Christen miteinander schließen, ist ein Sakrament; das heißt, sie ist Zeichen, durch das Jesus Christus selbst in der *Liebe* der beiden Partner gegenwärtig ist.

Sind das die Gründe, weshalb nach Lehre und Praxis der katholischen Kirche eine Ehe nicht geschieden werden kann? Und man kann weiter fragen: Ist eine Ehe, die Christen miteinander schließen, weniger gefährdet als die von Nicht-Christen?

Monogamie (griech. = Einehe): Die heute bei allen vom Christentum geprägten Völkern gesetzliche Form der Ehe. Andere Religionen (z. B. der Islam) gestatten dem Mann, mehrere Ehefrauen zu haben *(Polygamie)*.

32.1 Mann und Frau

→ 37.4 Leibhaftig lieben; 37.5 Lieben lernen; 37.6 Verzichten können

Der Mensch existiert nur als Mann oder als Frau. Sein Geschlecht prägt ihn. Dieser Geschlechterunterschied übt eine starke Anziehungskraft aus. Mann und Frau fühlen sich zueinander hingezogen, sie freuen sich, wenn sie zusammen sind, sich sehen, sich sprechen, sich berühren, zärtlich zueinander sind. Sie erfahren ihre *Gemeinsamkeit* als Steigerung ihres Lebens, als Glück. Mit vielen Zeichen und Gesten zeigen und bestätigen sie sich ihre Zuneigung und Liebe. Ihre geschlechtliche Vereinigung übertrifft alle anderen Gesten an Innigkeit und Leidenschaft; sie verlangt letzte *Entschiedenheit* füreinander, fordert Dauer und Treue. Geschlechtliche Hingabe ist der äußerste Ausdruck des *Vertrauens*. Die Ehe ist der *Bund* dieses Vertrauens.

Die Ehe als Lebensbund ist die stärkste Bejahung, die ein Mensch durch einen andern erfahren und zugleich einem andern schenken kann. In der Eheschließung geben sich Mann und Frau öffentlich das *Versprechen* lebenslanger Partnerschaft und Liebe. Sie teilen fortan nicht nur »Tisch und Bett«, sondern auch ihr Vermögen, ihre Sorgen und ihre Freuden. Sie führen ein gemeinsames Leben, geraten in Krisen und helfen sich gegenseitig durch Schwierigkeiten hindurch. In jeder Ehe gibt es großen und kleinen Ärger, Verfehlen, Schuld und Verzeihen. In den *Kindern* wird das Einssein und das Einswerden der Eheleute anschaulich. Erfreut und betroffen entdecken sie in ihren Kindern sich selbst mit vielen ihrer Möglichkeiten und Schwächen. Durch die Kinder wird aus der Ehe eine Familie. Weil Mutter und Vater sich für immer aneinander gebunden haben, können sich die Kinder in der Familie sicher und geborgen fühlen.

> Über das Verhältnis von Mann und Frau zueinander heißt es im Buch Genesis:
> **Gott schuf den Menschen als sein Abbild... Als Mann und Frau schuf er sie. Gott segnete sie, und Gott sprach zu ihnen: Seid fruchtbar und vermehrt euch, bevölkert die Erde.** *Genesis 1,27–28*

Sechstes Gebot: »Du sollst nicht die Ehe brechen!« (→ 35.4 Zehn Gebote; Gotteslob 61).

Neuntes Gebot: »Du sollst nicht begehren deines Nächsten Frau!« (→ 35.4 Zehn Gebote; Gotteslob 61).

Ehebruch: Wer aus freier Entscheidung seinem Ehepartner untreu ist, ihn verläßt und sich einem anderen zuwendet, bricht die Ehe. Er macht sich schuldig vor seinem Ehepartner, weil er sein Treueversprechen bricht; vor den Kindern, weil er die ihnen notwendige Geborgenheit gefährdet; vor der Gemeinschaft, weil er eine lebenswichtige Ordnung verletzt; vor Gott, weil er die gottgewollte Lebensgemeinschaft zerstört.

Keuschheit: Ordnung des geschlechtlichen Verhaltens im Denken, Sprechen und Handeln, innerhalb und außerhalb der Ehe (→ 37.6 Schamhaftigkeit).

Empfängnisverhütung: Um eine Schwangerschaft zu vermeiden, gibt es verschiedene Methoden, über deren Erlaubtheit auch unter Christen die Meinungen auseinandergehen. Die Lehre der katholischen Kirche unterscheidet zwischen erlaubten und unerlaubten Methoden. Unerlaubt sind alle »künstlichen« Mittel; erlaubt ist nur die »natürliche« Methode der Zeitwahl. Der Ausdruck »*verantwortete Elternschaft*« sagt positiv, worum es eigentlich geht. Sie gibt den Eltern nicht nur eine gewisse Freiheit, sondern legt ihnen auch die Verpflichtung auf, ihre Entscheidungen zugunsten neuen Lebens gewissenhaft abzuwägen. Die Gewissensentscheidung katholischer Christen muß sich an der Lehre der Kirche ausrichten.

Ehescheidung: Eine gültig geschlossene Ehe kann nach katholischer Lehre nicht geschieden werden. Nach bürgerlichem Recht ist es möglich. Wenn Mann und Frau sich scheiden lassen, ist das für alle Beteiligten sehr schwer. Für den Christen gilt jedoch: Gott hat ein Herz für die Gescheiterten; sie können sein Erbarmen finden. Sie können im Glauben Zuversicht und Ermutigung für einen Neuanfang gewinnen. Sie sollten vor allem in der christlichen Gemeinschaft Stärkung und Hilfe erfahren. Grundsätzlich hält aber die Kirche fest an dem Wort Jesu: »Was aber Gott verbunden hat, das darf der Mensch nicht trennen« (Mt 19,6). So bleibt auch bei einer Scheidung der Ehepartner die einmal gültig geschlossene Ehe bestehen; kirchliche Wiederheirat ist nicht möglich. Die Kirche ist aber um des Evangeliums willen verpflichtet, den Geschiedenen in jeder ihr möglichen Weise beizustehen.

Ehehindernis: Eine Gegebenheit, die das Eingehen einer kirchlichen Ehe hindert. Zum Beispiel: Konfessions- oder Religionsverschiedenheit. Bei einigen Ehehindernissen kann Dispens erteilt werden.

Dispens (lat.=Erlaß): Befreiung von einem kirchlichen Gesetz, z. B. vom Fastengebot oder von einem Ehehindernis.

Konfessionsverschiedene Ehe (Mischehe): Ehe zwischen Christen verschiedener Konfessionen; verbunden mit dem Problem der Uneinheit in wichtigen Lebensfragen, der religiösen Erziehung der Kinder und der Gefahr der eigenen Glaubensentfremdung. Mischehen verlangen von den Ehepartnern ein hohes Maß an Hochachtung vor dem Glauben des andern und eine starke Bindung an die eigene Konfession.

32.2 Das Sakrament der Ehe

→ 38.1 Die Familie; 26.2 Bilder von der Kirche; 39.5 Zuverlässig sein; 26.4 Sakramente

Die Ehe als gesellschaftliche und rechtlich geordnete »Einrichtung« besteht unabhängig davon, ob die Ehepartner an Jesus Christus glauben oder nicht.
Wer aber an *Jesus Christus* glaubt und mit der *Kirche* lebt, für den ist die Ehe mehr als »die natürlichste Sache der Welt«. Wenn zwei getaufte Christen heiraten, so ist ihre Ehe ein *Sakrament*. Das heißt: Die Eheleute schenken sich nicht nur ihre menschliche Liebe, sondern Gottes Liebe »mischt sich ein«. In der ehelichen Liebe von Mann und Frau ist Gottes Liebe zu diesen beiden Menschen – und durch sie zu vielen anderen – zugegen. So ist die Ehe ein *wirkendes Zeichen* der Bejahung und Treue, die Gott uns Menschen schenkt.
Der Ausdruck *»Kirchliche Trauung«* ist mißverständlich. Das Sakrament der Ehe spenden sich nämlich die Brautleute selbst, wenn sie vor dem Priester und zwei Zeugen der Gemeinde einander das Jawort geben. Rechtskräftig wird ihr Bund mit dem ersten Vollzug der ehelichen Geschlechtsgemeinschaft. Aber die Wirkung des Sakraments ist nicht auf die Feier der Hochzeit beschränkt. Während der ganzen Dauer ihrer Ehe teilen sich die Eheleute in ihrer *Liebe* und *Treue* auch die Liebe und Treue Gottes mit.
Aus der Überzeugung, daß Gott seine Treue niemals aufkündigt, gewinnen Christen auch den Mut, den Ehebund einzugehen, »bis der Tod sie scheidet«. Gott hat sich im Bundesschluß mit Israel und endgültig in Jesus Christus und seiner Kirche an die Menschen gebunden: *Gottes Treue* ist die Wurzel für die Treue der Menschen.

> Die Brautleute spenden sich das Sakrament der Ehe mit folgenden Worten:
> **N., ich nehme dich an als meine Frau/meinen Mann und verspreche dir die Treue in guten und bösen Tagen, in Gesundheit und Krankheit. Ich will dich lieben, achten und ehren, so lange ich lebe.** *Gotteslob 73/4*

Brautmesse: Meßfeier mit Trauungsritus; die Trauung findet im Anschluß an den Wortgottesdienst, vor Beginn der Eucharistiefeier, statt.
Ökumenische Trauung: Dieser weitverbreitete Begriff ist ungenau; gemeint ist eine kirchliche Trauung für konfessionsverschiedene Paare. Es handelt sich entweder um eine katholische Trauung in Anwesenheit eines evangelischen Pfarrers oder umgekehrt. Die Ordnung dieser Trauungsform wurde von der Deutschen Bischofskonferenz und dem Rat der Evangelischen Kirchen Deutschlands gemeinsam herausgegeben (1970).

33 Für den Dienst am Volke Gottes bestellt: Weihesakrament

→ 34.1 Im Volk Gottes; 34.2 Leitung der Kirche; 20.2 Werk des Geistes; 28.2 Lebensprogramm

Die Gemeinde als Gemeinschaft der Glaubenden braucht feste *Formen,* eine überschaubare Gliederung, eine klare Verteilung der Aufgaben und eine eindeutige *Leitung,* damit das gemeinsame Ziel erreicht wird. Dieses Ziel ist ihr vorgegeben: dem Kommen des Reiches Gottes für alle zu dienen. Alle Mitglieder der Kirche sind aufgerufen und befähigt, zur Erlangung dieses *Ziels* beizutragen.
Die Gemeinde braucht die verschiedensten Fähigkeiten und Dienste, um dem Auftrag Jesu gerecht zu werden und die *Aufgaben* in der Gemeinde wahrzunehmen. Besonders drei Weisungen des Neuen Testamentes verdeutlichen diesen Auftrag: »Tut dies zu meinem Gedächtnis!« (Lk 22,19) – »Macht alle Menschen zu meinen Jüngern« (Mt 28,19) – »Wer der Erste sein will, soll der Letzte von allen und der Diener aller sein« (Mk 9,35). Alle in der Kirche sollten sich diesem Auftrag verpflichtet wissen. Doch besonders gilt er für jene, die für die Leitung der Gemeinde und für die Verkündigung ausdrückliche und öffentliche Verantwortung tragen, die also ein *kirchliches Amt* innehaben.
Manchen Christen fällt es schwer, dieses besondere Amt vom allgemeinen Auftrag der Christen zu unterscheiden. Worin besteht der besondere Auftrag der Priester? Haben nicht alle Gläubigen Anteil am gemeinsamen Priestertum?

33.1 Ämter und Dienste in der Gemeinde

→ 34.1 Im Volk Gottes; 28.2 Mitglied der Gemeinde; 29.2 Weltdienst

Unter den vielen, die Jesus folgten, gab es einige, denen er besondere Aufträge gab: seine *Jünger.* Er schickte sie in alle Städte und Dörfer voraus, in die er selbst gehen wollte, mit dem Auftrag: »Heilt die Kranken, die dort sind, und sagt den Leuten: Das Reich Gottes ist euch nahe« (Lk 10,9).
Unter den Jüngern gab es die Zwölf, die Jesus besonders berief und aussandte: die *Apostel.* Im Kreis der Zwölf ragten wieder drei Apostel hervor: Simon, Jakobus und Johannes. Schließlich berief Jesus den Simon zum *Petrus,* das heißt: zum Felsen, auf den er seine Kirche bauen wollte (Mt 16,18).
Die verschiedenen Aufgaben im Jüngerkreis fanden ihre

Entsprechung in der *Geschichte der Kirche.* Als die Kirche sich ausbreitete, brauchte sie Männer und Frauen, die bestimmte Dienste übernahmen. Diese Dienste lassen sich nach den drei Grundaufgaben der Gemeinde gliedern: Die Gemeinde als verkündende braucht den *Prediger,* den Katecheten und den Missionar (Sendboten). Die Gemeinde als feiernde braucht den bevollmächtigten *Vorsteher der Liturgie.* Die Gemeinde als dienende braucht die Beauftragten für *Diakonie und Caritas.*

Die Arbeit in der Gemeinde ist aber nicht nur Aufgabe derer, die ein besonderes Amt haben. Jeder Christ hat eine Berufung, ein »*Charisma*«, in der Gemeinde. Eine Gemeinde steht um so deutlicher im Dienst des Reiches Gottes, je mehr die einzelnen Mitglieder ihre Berufung erkennen und Gelegenheit bekommen, sie auszuüben.

> Es gibt in der Kirche viele Ämter und Dienste. Der heilige Paulus schreibt:
> **Es gibt verschiedene Gnadengaben, aber nur den einen Geist. Es gibt verschiedene Dienste, aber nur den einen Herrn... Einem jeden teilt der Geist seine besondere Gabe zu, wie er will.** *1 Korinther 12,4.5.11*

Apostolat (griech. = Sendung): Teilnahme aller Getauften am Sendungsauftrag (→ 26.1) der Kirche *(Laienapostolat).*

Charisma (griech. = Gnadengabe): Besondere, durch den Heiligen Geist gewirkte Begabung zum Dienst an den andern. Jeder hat sein Charisma.

Pfarrgemeinderat: Von der Gemeinde gewählte Gruppe, die zusammen mit dem Pfarrer und den anderen Pfarrgeistlichen und Mitarbeitern für das Leben und Wirken der Gemeinde sorgt, – je nach Diözese sind Rechte und Aufgaben des Pfarrgemeinderats verschieden festgelegt (in manchen Diözesen sind Pfarrgemeinderat und Kirchenvorstand in einem Gremium vereint: *Kirchengemeinderat* genannt).

Kirchenvorstand (in manchen Diözesen Verwaltungsrat genannt): Von der Pfarrgemeinde gewählt, befaßt er sich beratend oder beschließend mit den finanziellen Angelegenheiten der Gemeinde.

Katechet: Lehrer für Religions- und Glaubensunterricht in Schule und Gemeinde. Er wird dazu vom zuständigen Bischof beauftragt und möglicherweise auch angestellt (→ 34.1 Missio Canonica).

Gemeindereferent(in) (früher Seelsorgehelfer(in) genannt): Hauptamtlicher Mitarbeiter in der Gemeinde mit einer theologischen und praktischen Ausbildung (Fachschule oder Fachhochschule).

Pastoralreferent(in): Kirchlicher hauptamtlicher Mitarbeiter in der Pfarrgemeinde, der an einer Hochschule (Universität) ausgebildet wurde.

Laientheologen: Männer und Frauen mit einem theologischen Studium, aber ohne Diakonats- oder Priesterweihe, die als Religionslehrer, als Mitarbeiter in der Gemeinde oder als Wissenschaftler tätig sind.

Laien (von griech. laos = Volk): Ursprünglich Ehrenbezeichnung für alle, die zum Volk Gottes (zur Kirche) gehören, später Name für jene Mitglieder der Kirche, die nicht zum Klerus oder zum Ordensstand gehören.

Tischmütter: Frauen, die kleine Gruppen von Kindern auf die Erstkommunion (oder auch die erste Beichte) vorbereiten.

33.2 Das Sakrament der Weihe

→ 34.2 Leitung der Kirche; 34.8 Kirchenorganisation; 34.1 Im Volk Gottes; 26.4 Sakramente

Für die vielen Dienste in der Gemeinde hat das Sakrament der *Weihe* besondere Bedeutung. In der Apostelgeschichte wird berichtet, daß die Gemeinde eines Tages zur Entlastung der Apostel sieben Männer »von gutem Ruf und voll Geist und Weisheit« als Diakone der Gemeinde auswählte. »Sie ließen sie vor die Apostel hintreten, und diese beteten und legten ihnen die Hände auf« (Apg 6,6). Auch aus den Briefen an Timotheus erfahren wir (1 Tim 4,14 und 2 Tim 1,6), daß das Leitungsamt durch Handauflegung übertragen wurde. Noch heute geschieht dies so wie in den Anfängen der Kirche. Männer, die sich zum Dienst in den Gemeinden berufen fühlen, werden von den *Bischöfen* als den Nachfolgern der Apostel durch *Gebet* und *Handauflegung* zu diesem Dienst beauftragt: Sie empfangen das Sakrament der Weihe, die Priesterweihe. Dem geht ein langjähriges Studium voraus. Wer ein Weiheamt in der Kirche erhält, übt es nicht für sich selbst, sondern für die Kirche aus. Ein solcher Dienst in der Kirche prägt natürlich auch das Leben dessen, der ihn ausübt. Es gewinnt seine Gestalt aus der Bereitschaft zu diesem Dienst.

Zur Weihe neuer Priester kommen, soweit möglich, die Priester einer Diözese zusammen. Auch sie legen den Berufenen die Hände auf – ein Zeichen der Zusammengehörigkeit aller zum Amt in der Kirche Geweihten. Gemeinsam feiern alle mit dem weihenden Bischof die heilige Messe. Dadurch wird deutlich: Die Geweihten sind in ihrem Dienst Vertreter des Bischofs, handeln in seinem *Auftrag*, sind ihm zunächst verantwortlich. Der Bischof trägt seinerseits für sie Sorge. So haben sie Anteil an Auftrag und Vollmacht des Bischofs.

Der *Bischof*, der so mit den *Priestern* und *Diakonen* seiner Diözese zusammenarbeitet, empfängt seine Weihe und Vollmacht durch Gebet und Handauflegung anderer Bischöfe. Diese Gemeinschaft der Bischöfe in Einheit mit dem Bischof von Rom steht in der ununterbrochenen Nachfolge der Apostel. Das Weihesakrament wird also denen gespendet, die der Kirche als Bischof, Priester oder Diakon dienen sollen.

Der Bischof ist Glied des Bischofskollegiums und Nachfolger der Apostel. Er leitet die Diözese. Er ist verantwortlich für Verkündigung, Gottesdienst und die Sorge um den Bruderdienst in seiner Diözese, aber auch in der Gesamtkirche. Er firmt die Gläubigen, er spendet die Weihe an

Diakone, Priester und weitere Bischöfe; er weiht neue Kirchen.

Die *Priester* leiten *im Auftrag des Bischofs* eine Gemeinde der Diözese oder arbeiten in besonderen kirchlichen Diensten. Sie predigen und unterrichten. Sie haben die Vollmacht, die Eucharistie zu feiern und die Sakramente der Buße und der Krankensalbung zu spenden. Zu ihren Vollmachten gehört auch die Spendung der feierlichen Taufe und die Entgegennahme des Eheversprechens der Brautleute (die beiden letztgenannten Vollmachten hat auch der Diakon). Sie sollen sich um alle sorgen, besonders um die Notleidenden, Kranken und Sterbenden. Sie sollen sich um die Einheit der Gemeinde bemühen.

Die *Diakone dienen* der Gemeinde beim Gottesdienst, in der Predigt, im Unterricht und in der Sorge um Notleidende und Kranke. In Gemeinden, für die kein Priester zur Verfügung steht, halten sie Wortgottesdienste und spenden die Kommunion.

> Der Apostel Paulus sagt über das Amt des Priesters:
> **Wir wollen ja nicht Herren über euren Glauben sein, sondern wir sind Helfer zu eurer Freude.**
> *2 Korinther 1,24*

Klerus (von griech. kleros=Los, Anteil): Wie der Stamm Levi haben die Kleriker den Dienst vor Gott zum »Anteil und Erbe« (Num 18,20); Sammelbegriff für alle sakramental geweihten Männer in der Kirche: Diakone, Priester und Bischöfe. – Die Frau ist vom Amt in der Kirche ausgeschlossen; dies ist Anlaß zu vielfältigen Diskussionen (zumal die evangelischen Kirchen und kirchlichen Gemeinschaften hier anders verfahren).

Priester (von griech. presbýteros=der Ältere): In der Kirche Bezeichnung für die geweihten Leiter der Gemeinden und die Vorsteher der Eucharistiefeier. Das Zweite Vatikanische Konzil sagt: »Die Priester sind kraft des Weihesakramentes ... zur Verkündigung der Frohbotschaft, zum Hirtenamt an den Gläubigen und zur Feier des Gottesdienstes geweiht. Am meisten üben sie ihr Amt im eucharistischen Kult, d. h. beim Herrenmahl aus.« Die katholische Kirche sieht in der Priesterweihe nicht die Einsetzung in ein möglicherweise zeitlich begrenztes Amt, sondern eine ein für allemal ausgesprochene Berufung, die von Gott her unbegrenzte Gültigkeit hat. Deshalb ist die Priesterweihe auch nicht wiederholbar und nicht widerrufbar (→ 28.1 und 29.2).

Primiz: Erste Eucharistiefeier eines neugeweihten Priesters, zumeist in seiner Heimatgemeinde.

Konzelebration (lat.=Mitfeier): Gemeinsame Eucharistiefeier mehrerer Priester, vor allem des Bischofs mit den neugeweihten Priestern; Zeichen für die Gemeinschaft der Priester untereinander und mit dem Bischof als Nachfolger der Apostel.

Zölibat (von lat. caelebs=ehelos): Ehelosigkeit, zu der der Priester der katholischen Kirche gemäß kirchlicher Vorschrift verpflichtet ist. Diese Verpflichtung übernimmt er aufgrund freier Entscheidung. Sie ist Ausdruck eines ungeteilten Dienstes für Gott und die Menschen. Der Zölibat wird schon seit dem 4. Jh. in der Kirche verpflichtend gefordert.

Priestermangel: In fast allen Ländern feststellbar; der Rückgang der Priesterweihen in den Diözesen der Bundesrepublik Deutschland läßt errechnen, daß in absehbarer Zeit viele Pfarreien ohne Priester sein werden. In manchen anderen Ländern ist der Priestermangel noch größer.

Diakon (griech. = Diener): Das schon in der Apostelgeschichte erwähnte Amt des Diakons ist in seiner Bedeutung erst vor wenigen Jahren in der katholischen Kirche wieder erkannt worden. Dadurch soll die Sorge um den Bruderdienst in der Kirche neu belebt werden. Auch verheiratete Männer können zu Diakonen geweiht werden. Die Diakonatsweihe vermittelt jedoch nicht die Vollmacht zur Feier der Eucharistie und zur Spendung des Sakraments der Buße.

Geistliche Berufe: Unter diesem Stichwort werden heute die Berufung zum Diakon, Priester und Ordensstand zusammengefaßt. Das Bemühen um das Interesse an den geistlichen Berufen gehört zur Sorge der ganzen Kirche.

Lektor (lat. = Vorleser): Trägt bei Wortgottesdiensten und bei der Messe die Lesung(en) vor. Häufig wirkt er auch (zusammen mit dem Priester) bei den Fürbitten mit. Das Amt des Lektors geht bis in die frühe Kirche zurück.

Timotheusbriefe: Die beiden neutestamentlichen Briefe an den Paulusbegleiter Timotheus (Apg 16,1–3) und den an Titus nennt man Pastoral- d. h. Hirtenbriefe. Sie sind Zeugnisse der urkirchlichen Paulusverehrung und beschäftigen sich vor allem mit der zuverlässigen Weitergabe der apostolischen Überlieferung in den paulinischen Gemeinden zu Ende des 1. Jh.

34 Kirche konkret

→ 20 Katholische Kirche; 26 Zeichen des Heils

Wenn wir von der Kirche sprechen, genügt es nicht, ihre wichtigsten Glaubensaussagen zu kennen. Man muß auch wissen, wie die *Kirche* konkret lebt und wirkt, welche *Organisationsformen* sie entwickelt hat, um ihrer Aufgabe gerecht zu werden: dem ankommenden Reich Gottes zu dienen.

Die Kirche ist eine *Gemeinschaft* von Menschen, die von einem gemeinsamen Glauben geprägt, von einer Hoffnung getragen, sich zur Liebe zu Gott und den Menschen aufgerufen wissen. Sie ist eine Bewegung, die Jesus Christus selbst ausgelöst hat, ein Organismus, der durch Jesus Christus lebt, sein Leib. In der Kraft seines Geistes breitet sie sich über die ganze Welt aus.

Eine Bewegung braucht eine äußere Ordnung, damit sie auf Dauer wirksam bleibt; so auch die Kirche. Doch man muß wissen, daß vieles an der *Ordnung der Kirche* geschichtlich bedingt und daher auch veränderbar ist. Daß etwas »schon immer« so war – in Wirklichkeit vielleicht »erst« 500 Jahre lang so ist –, ist allein noch kein Grund, daß es »für immer« so bleiben muß. Nur die Grundgestalt der Kirche ist der Frage entzogen. Sie ist eine von *Jesus Christus* und in seinem

Heiligen Geist gesendete und mit einer rechtmäßigen Leitung ausgestattete Gemeinschaft, dazu bestimmt, das Kommen des Reiches Gottes vorzubereiten. Das kann eine Menge Fragen nach sich ziehen. Vor allem einer Frage muß sich jede Generation neu stellen: Wie kann die konkrete Kirche heute das sein, was sie sein soll, eine lebendige Bewegung im Geist Jesu Christi, die den Verheißungen Gottes möglichst weitgehend entspricht? Was kann der einzelne Christ dazu beitragen?

34.1 Verantwortung im Volk Gottes
→ 38.4 Die große Welt; 29.2 Weltdienst; 33.1 Ämter und Dienste; 30.3 Sünde und Gemeinschaft; 31.1 Fürbitte und Fürsorge

Im Laufe von fast 2000 Jahren haben sich in der *Kirche* vielfältige Institutionen und Strukturen herausgebildet; Rechte und Pflichten der kirchlichen Ämter sind genau festgelegt worden. Diese äußere *Organisation* der Kirche läßt sich leicht beschreiben. Es gäbe aber ein falsches Bild, wollte man Kirche nur von denen her bestimmen, die eine Weihe empfangen und ein Amt innehaben. Was Kirche sein und tun soll, ist dem ganzen *Volk Gottes* anvertraut. Bei der Verwirklichung der Kirche kann man nicht nach Gutdünken verfahren. Denn wesentliche Elemente, wie zum Beispiel die grundlegende Bedeutung der Heiligen Schrift und der Sakramente, aber auch die Bedeutung der Dienstämter (Papst, Bischöfe, Priester), sind ihr von Christus eingestiftet worden. Innerhalb dieses Rahmens kann sich im Laufe der Geschichte vieles ändern. Das Wesentliche an der Gestalt der Kirche aber kann sich nicht ändern. Zu jeder Zeit muß das ganze Volk Gottes darauf bedacht sein, das Leben der Kirche so zu gestalten, daß es dem Auftrag Jesu Christi möglichst gut entspricht. Dafür tragen alle Glieder der Kirche *Verantwortung,* wenn auch auf unterschiedliche Weise. Kirche wird nicht durch Organisation, nicht durch Verwaltung und Recht lebendig – obgleich das alles für eine lebensfähige *Gemeinschaft* unverzichtbar ist. Das eigentliche Leben der Kirche kommt aus dem Einsatz der Gläubigen in Familie und Beruf, in der Gemeinde und in der Weltöffentlichkeit.

Für die Gestaltung des Gottesdienstes fühlen sich Lektoren, Schola und Kommunionhelfer mit verantwortlich; andere kümmern sich um Kranke und Alte oder um Leute, die in Not sind. Wieder andere sind tätig in Kinder- und Jugendarbeit, gestalten Ferienprogramme und Gemeindefeste. Mütter und Väter bereiten Kinder in kleinen Gruppen auf den

Empfang der Buße, der Eucharistie und der Firmung vor. Heute besteht manchmal die Neigung, aus jeder neu erkannten *Aufgabe* in der Kirche einen eigenen Beruf zu machen, ein besonderes Amt, eine neue Beauftragung. Dadurch hat eine beachtliche Zahl von Laien verantwortungsvolle Aufgaben in der Kirche übernommen. Diese Entwicklung kann jedoch auch eine Gefahr mit sich bringen: Sie kann zur Untätigkeit der »normalen« Gemeindemitglieder führen. Jeder *Glaubende* in der Gemeinde sollte aber aus eigenem Antrieb tun, was er als Aufgabe erkannt hat. Denn die Kirche lebt vom lebendigen Glaubenssinn ihrer Glieder – und sie ist so aktiv oder so lahm wie ihre Glieder. Die Teilnahme jedes Christen an der Sendung der Kirche nennt man *Apostolat* aller Gläubigen. Es beruht auf dem gemeinsamen Priestertum aller (1 Petr 2,9).

> In einem Gebet für die Pfarrgemeinde heißt es:
> **Herr Jesus Christus, du bist das Haupt der Kirche, du bist das Haupt unserer Gemeinde. Gib uns füreinander den Blick der Liebe, das rechte Wort, die helfende Tat.**
> *Gotteslob 28/6*

Missio Canonica: Die der Bestimmung des Kirchenrechts (=Kanon) entsprechende Beauftragung (=missio) zur amtlichen Verkündigung des Glaubens im schulischen Religionsunterricht und in der Katechese. Die Missio wird durch den Bischof erteilt und kann auch durch ihn wieder entzogen werden. Unabhängig davon ist jeder Christ zur (nichtamtlichen) Weitergabe des Glaubens berufen und beauftragt.

34.2 Leitung der Kirche
→ 21.1 Kirche als Gemeinschaft; 20.1 Werk des Geistes; 33.2 Priesterweihe; 20.2 Überlieferung; 34.8 Kirchenorganisation

»Der Beistand aber, der Heilige Geist, den der Vater in meinem Namen senden wird, der wird euch alles lehren und euch an alles erinnern, was ich euch gesagt habe« (Joh 14,26). Dieses Wort gibt der Kirche die Zuversicht, daß der *Geist Gottes* sie in der *Treue* zu Gottes Wort stärkt und sie als Ganze vor Irrtum bewahrt bleibt. Einzelne oder Gruppen können abweichen und irren; doch die Kirche glaubt, daß die Gesamtheit der Glaubenden in wesentlichen Fragen des Glaubens nicht irrt. Dieser »Glaubenssinn« ist dem Gottesvolk vom Heiligen Geist geschenkt.
Die *Bischöfe* sind die zur *Leitung* des Gottesvolkes berufenen Nachfolger der *Apostel*. Sie tragen Sorge für die sichtbare *Einheit* der Kirche. In der Ausübung dieses Amtes sind sie zur Treue verpflichtet gegenüber der *Heiligen Schrift*

und der *Überlieferung* der Kirche, aber auch gegenüber den Menschen, die ihnen anvertraut sind. Ihr Auftrag ist es, dafür Sorge zu tragen, daß das *Evangelium* recht verkündet, die *Bruderliebe* verwirklicht und *Gottesdienst* und Sakramente würdig gefeiert werden. Alle Bischöfe der Weltkirche bilden gemeinsam das Bischofskollegium.

Der Nachfolger des Apostels Petrus ist der Bischof von Rom. Er wird *Papst* oder auch »Heiliger Vater« genannt. Zur Zeit des heiligen Petrus war Rom die Hauptstadt der damals bekannten Welt. Petrus hat von Jesus die Verheißung erhalten: »Du bist Petrus, und auf diesen Felsen werde ich meine Kirche bauen, und die Mächte der Unterwelt werden sie nicht überwältigen. Ich werde dir die Schlüssel des Himmelreiches geben; was du auf Erden binden wirst, das wird auch im Himmel gebunden sein, und was du auf Erden lösen wirst, das wird auch im Himmel gelöst sein« (Mt 16,18–19). Die katholischen Christen sind überzeugt: Diese Verheißung gilt nicht nur dem Petrus, sondern auch seinen Nachfolgern. Das bedeutet, der Papst ist nicht nur dem Rang nach der erste unter den Bischöfen, sondern auch hinsichtlich der *Leitungsgewalt*. Der Papst ist der Hüter der Einheit und der Förderer der Lebendigkeit der Kirche in der ganzen Welt.

Um das Evangelium unversehrt weiterzugeben und den der Kirche anvertrauten Glauben vor Irrtum, Verdrehung, Wucherung, Einengung und Schrumpfung zu bewahren, üben die Bischöfe zusammen mit dem Papst das *Lehramt* in der Kirche aus. Normalerweise geschieht dies dadurch, daß jeder Bischof in seiner Diözese um die wahre, lebendige Lehre besorgt ist – in Verbindung mit den anderen Bischöfen und dem Papst, durch fürbittendes Gebet und im Austausch von Fragen und Antworten, die den *gemeinsamen Glauben* betreffen. Es gibt aber auch die außerordentliche Weise, wie das Lehramt in der Kirche ausgeübt wird, nämlich durch ein *ökumenisches Konzil*.

Die Kirche glaubt, daß der Heilige Geist sie vor Irrtum bewahrt, wenn die mit dem Papst vereinten Bischöfe eine feierliche Glaubensentscheidung treffen – trotz aller menschlichen Begrenztheit der einzelnen Konzilsteilnehmer. Das Erste Vatikanische Konzil (1869–70) entschied: Eine solche Lehrentscheidung in Fragen des Glaubens oder der christlichen Lebensführung darf der *Papst* in Übereinstimmung mit den Bischöfen und mit der Glaubensüberlieferung der Kirche auch *allein* aussprechen. Er muß dies öffentlich und für die ganze Kirche verbindlich tun. Solche Entscheidungen gehören für katholische Christen dann zu den Grund-Sätzen des Glaubens.

Der 2. Brief an Timotheus, etwa um das Jahr 90 verfaßt, läßt bereits erkennen, welche Bedeutung das Bischofsamt in den Gemeinden besaß. Der Brief fordert den Bischof auf:
Verkünde das Wort, tritt dafür ein, ob man es hören will oder nicht; weise zurecht, tadle, ermahne, in unermüdlicher und geduldiger Belehrung! Denn es wird eine Zeit kommen, in der man die gesunde Lehre nicht erträgt.
2 Timotheus 4,2–3

Lehramt – Priesteramt – Hirtenamt: Bezeichnung der dreifachen Aufgabe der mit dem Papst vereinten Bischöfe (im Leben der Kirche oft eng miteinander verbunden). Diese sollen dafür sorgen, daß die ganze Kirche das Evangelium verkündet und die Lehre der Kirche richtig weitergibt; daß sie die Sakramente richtig spendet; daß die dem Evangelium entsprechende Ordnung eingehalten wird. – Priester und Diakone nehmen in abgestufter Weise am dreifachen Amt der Bischöfe teil (→ 33.2). An der Erfüllung der drei Grundaufgaben der Kirche, die diesen Ämtern zugrunde liegen, soll sich jeder Christ beteiligen (→ 28.3 gemeinsames Priestertum).
Primat (von lat. primus = der erste): Vorrangstellung des Papstes in der Kirche. Gemeint ist nicht nur der Ehrenvorrang *(Ehrenprimat)*, sondern die Vollmacht, für die römisch-katholische Kirche verbindliche Regelungen zu treffen *(Jurisdiktionsprimat; Jurisdiktion = Rechtsprechung)*. Der Bischof von Rom ist zwar nicht Vorgesetzter der Bischöfe, aber als Papst ist er Universalbischof der ganzen Kirche (→Bischofskollegium 34.8).
Synode (griech. = Zusammenkunft): Versammlung der Kirchenführer (oder auch gewählter und berufener Vertreter) einer Diözese oder eines Landes (Priester, Ordensleute und Laien), in der über Fragen des kirchlichen Lebens beraten und verbindliche Beschlüsse gefaßt werden (soweit sie nicht der Genehmigung durch den Papst bedürfen). Die erste Gemeinsame Synode der Bistümer in der Bundesrepublik Deutschland fand 1971–1975 in Würzburg statt.
Bischofssynode: Versammlung von etwa 200 Bischöfen aus allen Teilen der Welt; von den Bischofskonferenzen der einzelnen Länder gewählt; seit dem 2. Vatikanischen Konzil (1962–1965) alle drei Jahre in Rom.
Konzil (lat. Wort für Synode): Versammlung von Bischöfen. Die Begriffe »Konzil« und »Synode« können im gleichen Sinn verwendet werden; Konzil ist jedoch zur offizielleren Bezeichnung geworden. Wenn daher die Bischöfe aus aller Welt sich unter dem Vorsitz des Papstes versammeln, um über Fragen zu beraten, die die ganze Kirche betreffen, nennt man dies ein *Ökumenisches Konzil* (von griech. oekumene = auf den ganzen Erdkreis bezogen). Das letzte (21.) Ökumenische Konzil fand in Rom im Vatikan statt (1962–1965); es wird das *Zweite Vatikanische Konzil* genannt (das Erste war 1869–1870).
Unfehlbarkeit: Oft mißverstandener Begriff. Die Kirche glaubt, daß sie als ganze durch den Heiligen Geist vor Irrtum bewahrt wird. Wenn in Glaubensfragen für die ganze Kirche eine Entscheidung gefällt werden muß (von einem Konzil oder vom Papst allein), glaubt die Kirche, daß eine solche Entscheidung durch den Beistand des Heiligen Geistes »unfehlbar« (d. h. vor Falschentscheidung bewahrt) ist.
Lehrentscheidung *(Dogmatisierung):* Feierliche Entscheidung in Fragen des Glaubens oder des christlichen Lebens, durch die ein Grund-Satz des Glaubens für die Gesamtkirche verbindlich formuliert wird (Glaubenssatz, griech. = *Dogma*). Eine vom Papst verkündete Lehrentscheidung nennt

man auch eine »*ex cathedra*«-Entscheidung, das heißt von der Lehrkanzel aus (und mit der Autorität des heiligen Petrus) verkündet.

Apostolische Sukzession (lat. = Nachfolgeschaft): Fachausdruck dafür, daß die Bischöfe der katholischen Kirche in ununterbrochener Kette der Beauftragung ihr Amt auf die Apostel zurückführen.

Enzyklika (griech. = Rundbrief für den Erdkreis): Rundschreiben des Papstes an die ganze Kirche, in dem er sich zu wichtigen Problemen des Glaubens und des christlichen Lebens äußert.

Imprimatur (lat. = es darf gedruckt werden): Kirchliche Druckerlaubnis durch einen Bischof für Bücher, die sich mit Fragen des Glaubens oder des christlichen Lebens befassen.

Seelsorge: Die Sorge der Kirche um das Heil der Menschen und um alles, was für das Heil wichtig ist. Dies geschieht vornehmlich durch Verkündigung, Sakramentenspendung und Bruderdienst, aber auch durch Einzelgespräche und vieles andere.

Theologie (griech. = Wissenschaft von Gott): Im Christentum wurde von Anfang an das sorgfältige Nachdenken über den Glauben für wichtig gehalten. Wer sich hauptberuflich mit Theologie befaßt, wird *Theologe* genannt (→ 11.2).

Exegese (griech. = Auslegung): Erklärung der biblischen Schriften; Erforschung von Inhalt, Sprachform, Bedeutung. – Wichtiges Fach des Theologiestudiums.

Predigt: Rede, in der das Wort Gottes ausgelegt wird. In der katholischen Kirche darf nur der predigen (Priester oder Laie), der vom Bischof den Auftrag erhalten hat.

Katechese (griech. = mündlich unterrichten): Glaubensunterweisung, auch als Hinführung zu bestimmten Sakramenten. Die Vorbereitung eines Jugendlichen oder Erwachsenen auf den Eintritt in die Kirche nennt man *Katechumenat*.

34.3 Weisungen der Kirche

→ 35.4 Zehn Gebote; 30.5 Sakrament der Buße; 27.5 Jede Woche Ostern

Die Kirche will den Gläubigen *helfen,* in der Verbindung mit Gott, in der Nachfolge Jesu und in der *Gemeinschaft* der *Kirche* zu bleiben. Die wichtigsten *Weisungen* – früher auch »Kirchengebote« genannt – sind neu formuliert und im »Gotteslob« kurz erläutert. Sie lauten: 1. Feiere den Sonntag als »Tag des Herrn«. 2. An Sonn- und Feiertagen nimm regelmäßig an der Eucharistiefeier teil. 3. Am Freitag bring ein Opfer. 4. Empfange regelmäßig, wenigstens aber in der österlichen Zeit, die Sakramente der Buße und der Eucharistie. 5. Hilf der Kirche und deiner Gemeinde. (Vgl. Gotteslob 67)

> Die Gläubigen sollen auf die Weisungen der Kirche hören, denn sie können Hilfe sein auf dem Weg der Nachfolge Jesu:
> **Inmitten deiner Kirche, Herr und Gott, empfangen wir dein Erbarmen.** *Gotteslob 647/2*

Sonntag als »Tag des Herrn«: An diesem Tag gedenkt die Kirche in besonderer Weise des Todes und der Auferstehung ihres Herrn Jesus Christus. Die Christen begehen ihn als Tag der Feier und der Arbeitsruhe, als Tag der Gemeinschaft und der Familie (→ 35.4).

Eucharistiefeier an Sonn- und Feiertagen: Von Anfang an versammeln sich die Christen am Sonntag zur Eucharistiefeier. Sie ist Ausdruck ihres Glaubens und der Anbetung Gottes, zugleich aber auch Quelle der Kraft für ihr Leben als Christen. Wer ohne hinreichenden Grund der sonntäglichen Eucharistiefeier fernbleibt, geht an der Lebensmitte der Kirche vorbei. Er entfernt sich von der Gemeinschaft der Glaubenden, weist das Angebot der Nähe Gottes zurück (→ 35.4) und verfehlt sich so ernsthaft vor Gott und der Gemeinde. Deshalb schärft die Kirche seit alter Zeit den Gläubigen ein, am Sonntag die Eucharistie mitzufeiern (sog. »Sonntagspflicht«).

Freitagsopfer: Die Christen bemühen sich, an diesem Tag freiwillig auf etwas zu verzichten, um ihrer Verbundenheit mit ihrem leidenden Herrn und den leidenden Mitmenschen konkreten Ausdruck zu geben. Sie enthalten sich eines guten Essens, zum Beispiel der Fleischspeisen (Abstinenz, sog. »Freitagsgebot«), verzichten auf Genußmittel oder tun etwas Besonderes, um anderen zu helfen (→ 39.9).

Empfang der Sakramente der Buße und der Eucharistie: Die Eucharistie wenigstens in der österlichen Zeit zu empfangen, ist eine Minimalforderung, denn die Kirche sagt, daß eigentlich zu jeder Eucharistiefeier der Empfang der Kommunion gehört. Auch empfiehlt sie jedem Christen, regelmäßig die Vergebung der Schuld im Bußsakrament zu erbitten. Wer sich schwerer Schuld bewußt ist, den verpflichtet die Kirche zum Empfang des Bußsakramentes (→ 27.5 und 30.5).

Verantwortung für Kirche und Gemeinde: Jeder Christ ist dafür mitverantwortlich, daß die Kirche die Botschaft vom ankommenden Reich Gottes weitergibt, den Gottesdienst feiert und den notleidenden Menschen hilft. Der einzelne Christ kann verschiedene Aufgaben in der Gemeinde und in der Kirche übernehmen, angefangen von einzelnen Diensten bis hin zur finanziellen Unterstützung kirchlicher Werke. Jeder Christ sollte einen Teil seiner Freizeit für die Aufgaben der Kirche zur Verfügung stellen (→ 34.1; 33.1; 34.5).

Österliche Zeit: Liturgisch die Zeit von der Osternacht bis Pfingsten. Kirchenrechtlich die Zeit vom Aschermittwoch bis zum Dreifaltigkeitssonntag, in der jeder Katholik wenigstens einmal jährlich die Sakramente der Eucharistie und (bei schweren Sünden) der Buße empfangen soll (»Osterpflicht«).

34.4 Orden und Gemeinschaften

→ 35.2 Der liebenswürdige Gott; 37.6 Verzichten können; 36.1 Notwendig; 38.2 Freunde und Gruppe

Seit der frühen Kirche gibt es Männer und Frauen, die die Berufung spüren, das *Evangelium* ganz entschieden zu leben. Um dies besser zu können, haben sie sich zu *Orden* oder *Ordensgemeinschaften* zusammengeschlossen.

Das Leben in diesen Gemeinschaften ist geprägt von den drei »evangelischen Räten«, die auf das Evangelium bzw. auf Jesus selbst zurückgeführt werden. Sie sollen den Menschen helfen, ganz frei zu sein für Gott und die

Menschen: durch *Armut, Ehelosigkeit* und *Gehorsam*, um des Reiches Gottes willen. Wer aus Glaube und Liebe heraus freiwillig arm lebt, bringt seine Verbundenheit mit allen Armen und die Zusage der Nähe Gottes für sie zum Ausdruck. Wer aus dieser Haltung heraus auf Ehe und gelebte Sexualität verzichtet, zeigt sich glaubend bezogen auf alle Einsamen und Alleingelassenen. Wer auf Gott vertrauend auf eigene Macht verzichtet, stellt sich bewußt im Namen Gottes auf die Seite der Ohnmächtigen und lebt mit ihnen und für sie. So sind die Ordensgemeinschaften ein gelebtes Vor-Zeichen und Vor-Bild von Gottes kommender Welt, in der sich zeigt, daß alle Menschen in gleicher Weise geliebt sind.

Auf den Eintritt in eine solche Gemeinschaft bereiten sich die Bewerber jahrelang vor, zuerst als Postulanten, dann als Novizen. Erst nach der Erprobung dürfen sie die *Gelübde* ablegen, der Ordensregel entsprechend zu leben. Zunächst ist dieses Versprechen befristet; nach einigen Jahren der Bewährung werden (wenn auch nicht in allen Ordensgemeinschaften) lebenslänglich bindende Gelübde abgelegt.

Im Laufe der Jahrhunderte entstanden immer wieder neue Ordensgemeinschaften, weil durch veränderte Lebensumstände immer neue Herausforderungen auf den Glauben der Christen zukommen. Die Orden versuchen sie vorbildlich für die ganze Kirche zu beantworten.

Die verschiedenen Ordensgemeinschaften haben sich daher *Aufgaben* gestellt, die für sie kennzeichnend sind, zum Beispiel Pflege des Gebetes und der Liturgie, Predigt, Mission, Krankenpflege, Jugenderziehung. Manche sind nach ihrem Gründer benannt, zum Beispiel die Benediktiner, Franziskaner, Dominikaner. Viele Ordensstifter wurden später als Heilige verehrt.

Von ihrer Aufgabe her unterscheidet man zwischen »*tätigen*« und »*beschaulichen*« *Orden*, das heißt zwischen solchen, die vor allem im Dienst an den Menschen tätig sind, und solchen, die sich vor allem dem Gebet, der Betrachtung und der Feier der Liturgie widmen.

Die meisten Orden haben eigene Häuser und ein eigenes Ordenskleid für ihre Mitglieder. Es gibt aber auch ordensähnliche Gemeinschaften, deren Mitglieder ohne besonderes Ordensgewand und ohne *Kloster* in der »Welt« leben und in einem weltlichen Beruf tätig sind.

Nachdem die Kirchen oder kirchlichen Gemeinschaften der Reformation zunächst die Orden abgelehnt haben, entstehen seit einiger Zeit auch in diesen Kirchen Orden und ordensähnliche Gemeinschaften. Die bedeutendste ist die Brüdergemeinschaft von Taizé in Frankreich.

Jede Zeit braucht neu einzelne Christen und christliche Gruppen, die aus dem Glauben heraus so leben, daß Gottes Welt als Alternative zu unserer Welt konkret erfahrbar wird. Wie Abraham wandern sie auf *Gottes Ruf* hin aus den gewohnten bestehenden Verhältnissen aus und suchen das neue Leben schon jetzt.

> Wer um Jesu willen anders lebt als die Mehrzahl der Menschen, dem gilt, was Jesus sagt:
> **Jeder, der um meines Namens willen Häuser oder Brüder, Schwestern, Vater, Mutter, Kinder oder Äcker verlassen hat, wird dafür das Hundertfache erhalten und das ewige Leben gewinnen.** *Matthäus 19,29*

Evangelische Räte (besser: Ratschläge des Evangeliums): So nennt man die Ordensgelübde der Armut (Verzicht auf persönlichen Besitz), der Ehelosigkeit (Verzicht auf Ehe und Familie) und des Gehorsams (Verzicht auf Selbstbestimmung); unter Berufung z. B. auf Mk 10,17–31 gelten sie als angeratene, aber nicht vorgeschriebene Forderungen des Evangeliums.

Gelübde: Das feierliche Versprechen der Mitglieder einer Ordensgemeinschaft zu Armut, Ehelosigkeit und Gehorsam, entweder befristet (=»zeitlich«) oder lebenslänglich bindend (=»ewig«).

Kloster (von lat. claustrum=abgeschlossener Bezirk): Die Antragsteller zur Aufnahme in eine Ordensgemeinschaft nennt man *Postulanten;* solange sie sich prüfen, ob sie zu solch einem Leben berufen sind, werden sie *Novizen* (=Neulinge) genannt. In manchen Orden erhalten die Novizen das Ordensgewand (=den *Habit*) erst bei den Gelübden.

Orden (von lat. ordo=Ordnung, Regel): Ob man im kirchlichen Sprachgebrauch von Orden oder Ordensgemeinschaften redet, hängt von der *Ordensregel,* dem Grad der Abgeschlossenheit des Klosters (=*Klausur*) und der Zeit der Gründung der Gemeinschaft ab. Orden im strengen Sinn sind z. B. die Benediktiner. – Die in neuester Zeit gegründeten Gemeinschaften, deren Mitglieder »in der Welt« leben und einem Beruf nachgehen, nennt man *Säkularinstitute.* Die Mitglieder der älteren Orden werden *Mönche* (Männer) bzw. *Nonnen* (Frauen) genannt; oft heißen sie auch (Ordens)*Brüder* oder (Ordens)*Schwestern.* In manchen Männerklöstern wird unterschieden zwischen Patres (von lat.=Vater; Einzahl: *Pater.* Ordensangehörige mit Theologiestudium und Priesterweihe) und Brüdern (Laien, die sich den praktischen Aufgaben der Gemeinschaft widmen).

Klausur (lat.=abgeschlossen): Jener Bereich eines Klosters, zu dem Fremde, auch Gäste und Besucher, keinen Zutritt haben.

Abt: (=Vater; vgl. »abba«): Leiter eines Klosters. Der Abt wird in der Regel von der Klostergemeinschaft gewählt. In manchen Orden heißt der Leiter *Prior* (=Erster) oder *Guardian* (=Wächter) oder *Superior* (=Oberer).

Taizé: Ort in Frankreich; Sitz der Ökumenischen Brudergemeinschaft, 1942 von Roger Schutz (evangelisch) gegründet. Wichtigste Aufgabe: Bemühung um die Einheit der Kirche. Großer Einfluß auf die geistige Erneuerung der Jugend (Jugendkonzil). Gebet und soziales Engagement; Meditation und Gemeinschaftsleben.

Askese (griech.=Übung): Strenge, selbstauferlegte Übungen der Selbstbeherrschung und Enthaltsamkeit. Nicht nur für Ordensleute wichtig. Die negativen Folgen des Wohlstands haben unter jungen Menschen neuerdings Bereitschaft geweckt, Enthaltsamkeit im Konsum zu üben.

34.5 Kirchliche Werke

→ 26 Zeichen des Heils; 6.2 Brot für andere; 37.2 Durch die Tat; 29.2 Weltdienst

Innerhalb der katholischen Kirche gibt es freie Zusammenschlüsse aus allen Alters-, Berufs- und Sozialgruppen. Man nennt sie *Verbände* oder *Vereinigungen*. Sie übernehmen – meist in Absprache mit den Bischöfen – Aufgaben im sozialen oder bildungspolitischen Bereich oder auch im Bereich der Glaubensverkündigung. Manche Verbände haben internationale Verbreitung. An diesen Verbänden wird deutlich, daß die Gläubigen nicht nur in den Gemeinden, sondern auch auf der nationalen und internationalen Ebene für das Wirken der Kirche *mitverantwortlich* sind.
Neben diesen Verbänden, die meist der Initiative der Gläubigen entspringen, gibt es *Kirchliche Hilfswerke,* die oft zunächst »von unten her« entstanden und dann von den Kirchenleitungen bestätigt und eingerichtet wurden. Sie sind Zeichen der christlichen *Solidarität,* die der Kirche viel Vertrauen und Glaubwürdigkeit gegeben haben.

> Über die Hilfe der Christen schreibt Paulus an die Galater:
> **Einer trage des andern Last; so werdet ihr das Gesetz Christi erfüllen. Deshalb wollen wir, solange wir noch Zeit haben, allen Menschen Gutes tun, besonders aber denen, die mit uns im Glauben verbunden sind.**
> *Galater 6,2.10*

MISSIO: Zur Kirche gehört die Mission, die weltweite Verkündigung des Evangeliums (26.1). Jeder Christ, jede Pfarrei, jedes Bistum soll an der Erfüllung dieser Aufgabe mitwirken. Die Bemühungen der deutschen Katholiken um die Mission sind im Hilfswerk »MISSIO« (=Sendung) zusammengefaßt. MISSIO unterstützt wichtige Projekte der Glaubensverbreitung in aller Welt und ist auf partnerschaftliche Zusammenarbeit mit den Kirchen in anderen Ländern bedacht. 1832/1842 als Franziskus Missionsverein gegründet; ab 1922 Päpstliches Werk der Glaubensverbreitung, seit 1971 MISSIO genannt. Sitz in Aachen. Der 1838 für Bayern gegründete Ludwig Missionsverein (Sitz in München) wurde 1972 ebenfalls in MISSIO umbenannt, arbeitet aber selbständig weiter.
Bonifatiuswerk: Benannt nach dem heiligen Bonifatius († 754), dem bedeutendsten Missionar in Deutschland. Kümmert sich um Katholiken, die in der *Diaspora* (=Zerstreuung) leben (29.2); mit diesem Wort werden jene Gebiete bezeichnet, in denen die katholischen Christen eine Minderheit bilden (z. B. in der DDR und in den skandinavischen Ländern). Der Weg zur nächsten Kirche ist für sie oft weit; die Seelsorger haben es schwer, ihre Gemeindemitglieder zu erreichen; die Gemeinden sind klein und finanziell schwach. Darum werden die gut gestellten Gemeinden gebeten, den Gemeinden in der Diaspora zu helfen. Gegründet 1849.
Caritas (lat.=Liebe): So wird eine große Organisation der katholischen Kirche in Deutschland bezeichnet: der Caritasverband (37.1). Besondere

Bedeutung haben seine zahlreichen Anstalten: Heime, Krankenhäuser und Ausbildungsstätten. Auf diese Weise wird ein Stück sozialer Last in unserem Volk von der Kirche mitgetragen. Der Caritasverband braucht die finanzielle und personelle Unterstützung der Katholiken (Spenden und Mitgliedschaft), damit die Aufgaben, die anstehen, erfüllt werden können. Vor allen Dingen braucht er Menschen, die bereit sind, andern zu dienen. Auch in einer so großen Einrichtung wie dem Caritasverband gilt: Wichtiger als die Organisation ist der Geist der Liebe. Gegründet 1897. Auf evangelischer Seite entspricht ihm das »Diakonische Werk«.

Misereor (lat. = »Ich erbarme mich«, nach Mt 15,32): Name einer großen Spendenaktion, die jedes Jahr in der Fastenzeit von den deutschen Katholiken durchgeführt wird. Die Gläubigen werden aufgerufen, auf manches zu verzichten und mit dem so ersparten Geld kranken, hungernden und notleidenden Menschen in der Dritten Welt zu helfen (34.7). Misereor möchte nicht nur Almosen verteilen, sondern die Selbsthilfe der Notleidenden ermöglichen, nach dem chinesischen Sprichwort: »Gib dem Hungernden einen Fisch, und er wird wieder hungern; gib ihm ein Netz, und er wird nie mehr hungern«. Gegründet 1959.

Adveniat (aus dem lat. Vaterunser: »Adveniat regnum tuum« = dein Reich komme): Name für eine Hilfsaktion der deutschen Katholiken zugunsten der lateinamerikanischen Kirche. Dank dieser durch das Weihnachtsopfer finanzierten Hilfe kann die Kirche in Lateinamerika ihre dringendsten Aufgaben erfüllen und bleibt unabhängig von den Reichen und Mächtigen in diesen Ländern (34.1). Die wichtigste Wirkung von Adveniat könnte man so umschreiben: »Aus der Resignation zur Hoffnung«. Gegründet 1961.

Brot für die Welt: Seit 1959 jährliche Sammelaktion der evangelischen Kirche und der evangelischen Freikirchen in Deutschland gegen Not und Elend in der Welt. Parallele zu Misereor.

34.6 Friedensdienst der Christen

→ 5.2 Gottes Wille; 37.3 Die Welt ernst nehmen; 38.4 Die große Welt; 38.3 Gesellschaft und Staat

Unsere Erde ist voll von Konflikten. Immer wieder flammen kriegerische Auseinandersetzungen auf. Die Rüstungsausgaben wachsen ins Riesige, die Vernichtungskraft der Waffen ist so unvorstellbar, daß man leicht dazu neigt, zu resignieren und die Hoffnung auf Frieden aufzugeben.

Die einzelnen *Christen* und die Kirche als ganze sind aber verpflichtet, dem *Frieden zu dienen.* Solcher Friedensdienst ist schwierig, denn Frieden ist kein Zustand, der sich ein für allemal erreichen läßt. Er ist stets von neuem bedroht. Die Kirche, die nicht an Staatsinteressen und Ländergrenzen gebunden ist, hat besondere Chancen, sich für den Frieden einzusetzen. Im Dienst am Frieden bemüht sich die katholische Kirche auch zusammen mit anderen Kirchen; sie setzt ihre weltweiten Möglichkeiten ein und stellt auch die diplomatischen Beziehungen des Vatikans in diesen Dienst. In Konflikten wird sie sich für die gewaltfreie Lösung entscheiden.

Dienst am Frieden ist es, wenn Christen sich dafür einsetzen, daß die *Menschenrechte* überall geachtet werden und daß die berechtigten Ansprüche der Armen und Unterdrückten Geltung erhalten. – Dienst am Frieden ist es, wenn Menschen sich um Überwindung von *Vorurteilen* bemühen, wenn sie lernen, Haß, Neid und Mißtrauen zu überwinden. Dem Frieden dient es, wenn sie die Fähigkeit zum Protest gegen Unrecht, die mutige Parteinahme für die Benachteiligten und den *gewaltlosen Widerstand* gegen Unrecht entwickeln. Dem Frieden hilft es, wenn Christen Zeichen der Versöhnung setzen und Zusammenarbeit zwischen verschiedenen Gruppen anstreben.

Für den Dienst am Frieden sind auch *kleine Schritte* wichtig, die von einzelnen getan werden können. Christen müssen lernen, mit Konflikten so umzugehen, daß eine Lösung gelingt, die alle Beteiligten als gut empfinden.

Manchmal ziehen Christen aus dem Evangelium und der kirchlichen Lehre unterschiedliche Folgerungen. So sagen die einen, Wehrdienst ist nötig, damit der Friede erhalten bleibt; andere sagen, der Friede wird erhalten bleiben, wenn niemand zu den Waffen greift. In einer solchen Situation sind beide Gruppen aufgerufen, im *Gespräch* und in der Praxis zu zeigen, daß sie es mit dem Frieden ernst meinen. Der Wehrdienstleistende ist auf jeden Fall nur dann im Recht, wenn er dem Frieden dienen will, und der Wehrdienstverweigerer ist nur dann im Recht, wenn er sich für den *Dienst an der Gemeinschaft* bereit hält.

> Das Zweite Vatikanische Konzil erklärt:
> **Wir müssen mit all unseren Kräften jene Zeit vorbereiten, die auf der Basis einer Übereinkunft zwischen allen Nationen jeglichen Krieg ächtet.**
> *Pastoralkonstitution 82*

Pax Christi (von lat. pax = Friede): Katholische Friedensbewegung, entstanden 1944/45 in Lourdes. Bemüht sich um Völkerverständigung durch Bewußtseinsbildung, Gebetsaufrufe, politische Initiativen; in Deutschland besondere Förderung der deutsch-französischen und deutsch-polnischen Friedensarbeit.

34.7 Kirche in der Welt

→ 38.3 Gesellschaft und Staat; 38.4 Die große Welt; 39 Handle genauso

Die Kirche lebt in der Welt, sie weckt Erwartungen und erfährt Ablehnung. Auch wenn sie sich um *Gerechtigkeit,* Frieden und Minderung der Not unter den Menschen

bemüht, wird sie nicht selten beschimpft, in manchen Ländern sogar verfolgt. Zu keiner Zeit sind so viele Christen um ihres Glaubens willen benachteiligt, eingesperrt und sogar getötet worden wie in unserem Jahrhundert. Dennoch darf die Kirche nicht davon ablassen, sich in der Nachfolge Jesu zum Anwalt der *Würde* und *Freiheit* der Menschen zu machen, auch wenn ihr dies zum äußeren Schaden gereichen sollte.
Es ist schlimm, daß die Glaubwürdigkeit der Kirche häufig geschwächt wird durch das Verhalten vieler Christen, die egoistisch und rücksichtslos handeln, die nur ihren eigenen Vorteil und ihren Gewinn suchen und sich unbesehen auf die Seite der Reichen und Mächtigen stellen. Das widerspricht dem Evangelium.
Christen sind Staatsbürger; deshalb gibt es viele Berührungspunkte zwischen *Kirche und Staat.* Bei manchen Aufgaben arbeiten sie miteinander, andere Sachverhalte interessieren Kirche und Staat unter verschiedenem Gesichtspunkt, zum Beispiel Ehe und Familie, die Schule, das Sozialwesen. Das Neue Testament bejaht die staatliche Obrigkeit und bezeichnet den Gehorsam gegenüber ihren Gesetzen als Pflicht vor Gott (Röm 13,1–7), stellt aber die *Gewissensentscheidung* über jeden Herrschaftsanspruch des Staates: »Man muß Gott mehr gehorchen als den Menschen« (Apg 5,29).
Im Laufe der Geschichte hat sich das Verhältnis zwischen Kirche und Staat mehrfach gewandelt. In der Neuzeit bildete sich eine partnerschaftliche Lösung heraus: Staat und Kirche sollen als freie Partner das ihnen Zukommende zum Wohl der Menschen leisten. In der Bundesrepublik Deutschland ist dieses freie Zusammenwirken im Grundgesetz verankert (Artikel 4,1–2). In anderen Ländern, etwa in den USA, legt man großen Wert auf eine Trennung von Kirche und Staat, ohne daß deswegen eine Zusammenarbeit ganz ausgeschlossen wäre. In vielen Ländern gibt es vertragliche Vereinbarungen, sogenannte *Konkordate* zwischen Regierung und Vatikan. Hier einigt man sich über die gegenseitigen Rechte und Pflichten.
Wichtige Felder der Zusammenarbeit zwischen Kirche und Staat sind die *Sozialpolitik* und die *Bildungspolitik.* Hier versuchen Christen darauf hinzuwirken, durch geeignete Gesetze die *soziale Gerechtigkeit* und ein wirksames und dem christlichen Menschenbild entsprechendes Bildungswesen sicherzustellen. Doch in der Politik sind auch für Christen verschiedene Lösungen vertretbar. Darum sind grundsätzlich alle Parteien, deren Grundsätze mit dem *christlichen Gewissen* vereinbar sind, für Christen wählbar.

Andererseits müssen Christen gegenüber jenen Parteien kritisch sein und ihnen Widerstand leisten, deren Programme und Bestrebungen dem christlichen Gewissen widersprechen. Christen dürfen nicht schweigen, auch wenn es ihnen Nachteile einbringt.

Der Auftrag, die Botschaft vom ankommenden Reich Gottes allen Völkern zu künden, schließt mit ein, alles zu tun, damit das Leben in der Welt menschlicher und gerechter wird. Wie sehr sich die Kirche dieser Aufgabe verpflichtet weiß, wird vor allem in ihrer *Soziallehre* deutlich.

> Auf die Frage, ob es den gläubigen Juden erlaubt sei, dem heidnischen Kaiser in Rom Steuern zu zahlen, antwortete Jesus:
> **Gebt dem Kaiser, was dem Kaiser gehört, und Gott, was Gott gehört!** *Markus 12,17*

Katholische Soziallehre: Zusammenschau der Aussagen der katholischen Kirche über das Verhältnis des einzelnen zur Gesellschaft bzw. zu Problemen der sozialen Gerechtigkeit. Die katholische Soziallehre beruht auf drei Grundsätzen: Personalität, Solidarität, Subsidiarität.

Personalität (als Grundsatz der katholischen Soziallehre): Gesellschaft und Staat sind für den Menschen da, nicht umgekehrt.

Solidarität (als Grundsatz der katholischen Soziallehre): Zwischen Person und Gemeinschaft bestehen wechselseitige Beziehungen; der einzelne ist der Gemeinschaft verpflichtet und für das Wohl der Gemeinschaft verantwortlich und umgekehrt.

Subsidiarität (als Grundsatz der katholischen Soziallehre): Was der einzelne (oder bestimmte Gruppen) aus eigener Initiative leisten kann, soll nicht auf die (nächst größere) Gemeinschaft abgewälzt oder von ihr abgenommen werden. Die übergeordnete größere Gemeinschaft soll aber die untergeordneten so weit unterstützen, daß diese ihre Aufgaben bewältigen können (Hilfe zur Selbsthilfe).

Bildungspolitik: Bezeichnung für das Bestreben verschiedener Gruppen, ihr Bildungsideal öffentlich wirksam werden zu lassen; katholische Bildungspolitik versucht, das christliche Menschenbild im Bildungswesen zur Geltung zu bringen; katholische Schulen, Akademien und Bildungswerke sowie die Mitarbeit in Parteien tragen dazu bei.

Sozialpolitik: Sammelbegriff für das Bestreben verschiedener Gruppen der Gesellschaft, ihren sozialen Vorstellungen Geltung zu verschaffen und sie vertraglich auszuhandeln. Christliche Sozialpolitik weiß sich vom Evangelium her besonders der Hilfe für die Armen, Kranken, Hilflosen, Gastarbeiter usw. verpflichtet.

Konkordat (lat. = Übereinkunft): Vertrag zwischen einem Staat und der obersten Kirchenleitung (Vatikan) über gegenseitige Rechte und Pflichten.

Staatsreligion: Bevorzugung einer bestimmten Religion oder Konfession im öffentlichen Leben eines Staates (z. B. katholisch: in Italien; protestantisch: in Dänemark, Schweden, Norwegen; anglikanisch: in England). In anderen Ländern der Erde gelten z. B. Islam oder Hinduismus jeweils als Staatsreligion.

Staatskirche: Eine vom Staat mit besonderen Vorrechten ausgestattete und ihm praktisch untergeordnete Kirchengemeinschaft.

34.8 Aufbau der Kirchenorganisation
→ 21.1 Kirche als Gemeinschaft; 26 Zeichen des Heils;
33 Weihesakrament

Die kleinste organisatorische Einheit der Kirche ist die *Pfarrgemeinde*. Sie wird vom Pfarrer geleitet. Manchmal stehen ihm ein Kaplan oder ein Vikar, ein Diakon, ein Pastoralreferent oder ein Gemeindereferent zur Seite. Küster oder Mesner und der Organist gehören häufig auch zu den hauptberuflichen Mitarbeitern. Größere Gemeinden haben oft besondere Katecheten für Unterricht und Verkündigung. Manchmal verfügen die Gemeinden über einen eigenen Kindergarten oder eine Schwesternstation.
In einer lebendigen Gemeinde sind außer den hauptberuflichen vor allem zahlreiche ehrenamtliche Mitarbeiter tätig. Der Pfarrgemeinderat ordnet die verschiedenen Aktivitäten in der Gemeinde einander zu und berät den Pfarrer in Fragen der Seelsorge; der Kirchenvorstand befaßt sich mit der Vermögensverwaltung und den Finanzen der Gemeinde. Sichtbarer Mittelpunkt der Pfarrgemeinde ist die Pfarrkirche mit Altar und Ambo, Tabernakel und »ewigem Licht«, Taufbecken und Beichtraum. Andere Gebäude und Räume (Pfarrzentren, Jugendheim, Kindergarten) machen deutlich, daß in der Gemeinde Jesu Christi nicht nur der Gottesdienst wichtig ist.
Mehrere Pfarreien sind zu einem *Dekanat* zusammengeschlossen, das von einem Dekan oder Dechanten geleitet wird. Doch die älteste und wichtigste Einheit der katholischen Kirche ist das von einem Bischof geleitete *Bistum*. Die bischöfliche Behörde zur Leitung des Bistums heißt Ordinariat. Sie untersteht dem Generalvikar, daher wird sie auch in manchen Diözesen Generalvikariat genannt.
Mehrere Bistümer bilden eine *Kirchenprovinz*, die von einem Erzbischof geleitet wird. Die Bischöfe eines Landes sind in einer Bischofskonferenz vereinigt.
An der Spitze aller Bischöfe steht der Bischof von Rom, der Papst. Er ist als Nachfolger des heiligen Petrus das sichtbare Oberhaupt der *gesamten Kirche*. Er wird unterstützt von der römischen Kurie, die alle Aufgaben der gesamtkirchlichen Verwaltung wahrnimmt. Etwa alle drei Jahre tritt in Rom die Bischofssynode zusammen. Sie ist eine Versammlung von gewählten Vertretern der Bischofskonferenzen und berät den Papst in der Leitung der Kirche.
Eine besondere Aufgabe haben die Kardinäle. Sie werden vom Papst ernannt und unterstützen ihn – soweit sie in Rom sind – bei der Leitung der Kirche. Andere Kardinäle sind zugleich Bischöfe in verschiedenen Diözesen der Welt. Alle

Kardinäle zusammen bilden das Kardinalskollegium. Nach dem Tod eines Papstes tritt es in Rom zusammen und wählt den Nachfolger. Diese Regelung gilt seit dem Jahr 1059.

> Die Ämter in der Kirche stehen im Dienst des Gottesvolkes. Von ihnen gilt das Wort Jesu an seine Jünger:
> **Wer bei euch groß sein will, der soll euer Diener sein, und wer bei euch der Erste sein will, soll der Sklave aller sein. Denn auch der Menschensohn ist nicht gekommen, um sich dienen zu lassen, sondern um zu dienen.**
> *Markus 10,43–45*

Pfarrei – Pfarrgemeinde: Gemeinschaft von katholischen Christen, die in einem bestimmten Wohngebiet (auch Dorf, Stadtviertel) wohnen, zuweilen auch ein bestimmter Personenkreis (z. B. Studenten einer Hochschule).

Pfarrer: Der Leiter einer Pfarrgemeinde (Pfarrei). Diese Aufgabe wird nur einem Priester übertragen. Er wird vom Bischof beauftragt. Er hat oft weitere hauptamtliche, vor allem aber ehrenamtliche Mitarbeiter, oft in sehr großer Zahl. In manchen Gegenden wird der Pfarrer auch *Pastor* (lat. = Hirte) genannt.

Vikar (lat. = Stellvertreter): Ein (meist junger) Priester, der dem Pfarrer bei der Leitung und Betreuung seiner Gemeinde zur Seite steht (oft gleichbedeutend mit Kaplan).

Kaplan: Ein Priester mit abgeschlossener Ausbildung, der im Auftrag des Pfarrers und zusammen mit ihm als Seelsorger in der Pfarrgemeinde tätig ist. Häufig hat er einen Sonderauftrag: z. B. Jugendarbeit oder Betreuung von kirchlichen Gruppen und Verbänden. Manchmal auch *Kooperator* (von lat. = Mitarbeiter) genannt.

Diakon (griech. = Diener): Durch die Diakonatsweihe bestellt der Bischof Männer zu bestimmten Diensten in der Kirche. Das Amt des Diakons gibt es seit den Anfängen der Kirche (→ 33.2).

Dekan (oder *Dechant*, von lat. decem = zehn): Mehrere (ursprünglich: zehn) Pfarreien bilden ein Dekanat. Die Pfarrer wählen den Dekan aus ihrer Mitte. Die Wahl bedarf der Bestätigung durch den Bischof.

Diözese (auch Bistum genannt): Die älteste und wichtigste Aufgliederung der katholischen Kirche. Jede Diözese wird von einem Bischof geleitet.

Generalvikar: Bevollmächtigter, persönlicher Vertreter des Bischofs im Rechtsbereich; vom Bischof berufen; sein Amt endet mit der Amtszeit des Bischofs.

Generalvikariat: Zentralstelle, die die Aufgaben der Verwaltung einer Diözese wahrnimmt (z. B. Entscheidung über Kirchenbau, Bestellung von Pfarrern und Religionslehrern usw.); oft auch *Bischöfliches Ordinariat* genannt. Es hat auch die Aufgabe, in der Pastoral (= Seelsorge) mitzuwirken.

Kirchenrecht: Die in der katholischen Kirche geltenden Vorschriften und Gesetze, die das Leben der kirchlichen Gemeinschaft ordnen, z. B. Rechte und Pflichten der Pfarrer, der Bischöfe usw. Zusammengestellt im kirchlichen Rechtsbuch (dem sog. Codex).

Kurie (lat. = Hof): Kirchliche Verwaltungsbehörde unter der Leitung des Bischofs, zuständig für eine Diözese; für die Gesamtkirche ist es die römische (päpstliche) Kurie. Die römische Kurie ist in Kongregationen (= Abteilungen) gegliedert, die jeweils von einem Kardinal geleitet werden.

Weihbischof: Hilfsbischof, der den Diözesanbischof vor allem bei den Weihefunktionen (Firmung, Kirchenweihe) unterstützen soll und ihn bei öffentlichen Anlässen vertreten kann. Zuweilen auch als *Regionalbischof* zuständig für die Leitung der Seelsorge in einer Region der Diözese.

Domkapitel: Vom Bischof berufenes Priesterkollegium (das einzelne Mitglied = Domkapitular) an der Bischofskirche (Dom). Das Domkapitel berät als Senat den Bischof und übernimmt beim Tod eines Bischofs die Verwaltung der Diözese.

Bischofskonferenz: Versammlung von Bischöfen einer oder mehrerer Kirchenprovinzen (zuweilen auch eines ganzen Kontinents) unter der Leitung eines Vorsitzenden. Sie nimmt Stellung zu Fragen der Seelsorge und der Liturgie und zu gesamtkirchlichen Problemen, aber auch zur Politik ihres Landes. Sie beschließt gemeinsame Aktionen (in Deutschland z. B. Misereor) in ihrem Gebiet.

Bischofskollegium: Gesamtheit aller Bischöfe unter dem Vorsitz *(Primat)* des Papstes. Es wird am deutlichsten sichtbar, wenn alle Bischöfe zu einem Konzil zusammentreten. Dieses kann nur vom Papst einberufen werden.

Kardinal: Höchster Würdenträger in der katholischen Kirche nach dem Papst. Kardinäle werden vom Papst ernannt. Ein Kardinal ist entweder Bischof einer Diözese oder verwaltet ein Amt der päpstlichen Kurie *(Kurienkardinal).* Seit dem 11. Jh. wählen die Kardinäle den Papst.

Papst (von lat. papa = Vater): Der Bischof von Rom und damit Nachfolger des heiligen Petrus und Leiter der Gesamtkirche. Er ist in besonderer Weise Zeichen und Wahrer der Einheit der katholischen Kirche.

Apostolischer Stuhl: Bezeichnung für die päpstliche Regierung (Sitz der Nachfolger des Apostels Petrus).

Hierarchie: Ordnung der geweihten Amtsträger in der katholischen Kirche.

Patriarch: Bestimmte Bischofssitze hatten schon in den ersten Jh. größeres Ansehen und mehr Einfluß als andere (Antiochia und Alexandria; auch Jerusalem). Dazu kamen die beiden Regierungsstädte: Konstantinopel und Rom. Den vier Patriarchensitzen im Osten stand Rom im Westen gegenüber (andere »Oberbischöfe« kamen im Westen nicht zu Einfluß). Solange Ost- und Westkirche noch nicht getrennt waren, galten diese fünf Patriarchen als oberste Instanzen in der Kirche. Bis zur Trennung haben die Patriarchen der Ostkirche einen gewissen Vorrang des Bischofs von Rom anerkannt. In der Ostkirche hat der Patriarchentitel bis heute Bedeutung. Im Westen ist seine Bedeutung gering (obwohl es ihn als Ehrentitel noch gibt, z. B. Patriarch von Venedig), weil der »Patriarch des Abendlandes« zugleich Papst ist (→ 20.2).

Vatikan: Seit dem 14. Jh. *Wohnung des Papstes,* verbunden mit Arbeitsräumen für die päpstliche *Kurie.* Berühmt sind die *Sixtinische Kapelle* (Ort der Papstwahl: das Konklave) und die vatikanischen Museen.

Konklave (lat. = abgeschlossener Raum): Kardinalsversammlung zur Papstwahl, unter völligem Ausschluß der Öffentlichkeit, damit die Wahl des Papstes von jeder Beeinflussung von außen frei bleibt; 1274 eingeführt.

Vatikanstaat (oder Vatikanstadt): Selbständiger Stadtstaat im Westen Roms (0,44 km^2) mit Peterskirche, Petersplatz, Vatikanspalast und vatikanischen Gärten. Der Papst hat volle Selbständigkeit (Souveränität) über den Vatikan (1929 von Italien anerkannt) als eigenen Staat.

Kirchensteuer: Die zahlreichen seelsorglichen, sozialen und caritativen Dienste am Menschen finanziert die Kirche durch Spenden, Kirchgeld und Kirchensteuern. In der Bundesrepublik wird die Kirchensteuer mit der Lohn- bzw. Einkommensteuer abgeführt; sie bemißt sich an der Lohn- bzw. Einkommensteuer, und zwar in Höhe von 8–9% dieser Steuern. Die staatlichen Finanzämter überweisen die Kirchensteuerbeträge an die Finanzabteilungen der Diözesen. Für diese Amtshilfe behält das staatliche Finanzamt 3 Prozent des Kirchensteueraufkommens ein. Die Kirchensteuer ist nach dem Einkommen gestaffelt.

34.9 Bemühung um die Einheit der Christen

→ 20.4 Einheit in der Vielheit; 20.2 Überlieferung;
1.2 Nachfolgen; 1.4 Bibel lesen; 9.2 Jesus lehrt beten

Es ist ein Skandal, daß die eine Kirche Jesu Christi in viele Kirchen gespalten ist. Die *Einheit der Christenheit* ging verloren. Die in einer bestimmten Zeit aktuellen Meinungen traten so sehr in den Vordergrund, daß die Einheit im Glauben aus dem Blick verlorenging. Christen verkündeten mitunter mehr sich selber und ihre eigene Meinung als ihren Herrn Jesus Christus und seine Botschaft.
Die institutionelle Einheit der Kirche als Gemeinschaft der Bischöfe untereinander und mit dem *Bischof von Rom,* dem Papst, zerbrach und wurde nicht mehr von allen anerkannt. Christen konnten nicht mehr Eucharistie miteinander feiern. So haben sie die Glaubwürdigkeit ihres Glaubens gemindert, haben ihre eigene Meinung oft über den Anspruch gestellt, den Christus an alle Menschen hat.
Die Kraft, die Einheit zu schaffen, haben die Christen nicht aus sich selber, sondern von Jesus Christus und seinem *Heiligen Geist.* Darum ist es Pflicht aller Christen, darum zu *bitten,* daß die Einheit der Kirche und durch sie die Einheit der Welt mehr und mehr Wirklichkeit wird. Und sie haben die Pflicht, alles zu tun, was in ihren Kräften steht, um – bei aller Vielheit und Vielfältigkeit der Ausdrucksformen – die *Einmütigkeit* des christlichen Glaubens zu leben und so der Welt ein glaubwürdigeres Zeugnis zu geben.
In unserem Jahrhundert verstärkt sich die Einsicht, daß die *Trennung* in verschiedene Konfessionen und Sekten dem Willen Jesu Christi widerspricht. Die »*Ökumenische Bewegung*« bemüht sich um die Einheit aller Christen. Ein erster Schritt besteht darin, nicht mehr so sehr das zu betonen, was trennt, sondern das, was eint: Der Glaube an Gott den Vater, an Jesus Christus und den Heiligen Geist; die *Bibel* als gemeinsame Grundlage, die *Taufe,* das *Gebet* und das Warten auf das Kommen des *Reiches Gottes.*
Allerdings muß man nüchtern bleiben: Einheit im Glauben läßt sich nicht von oben diktieren; sie muß von unten her wachsen. Denn die Einheit ist zuerst eine Frage der Echtheit und *Entschiedenheit,* mit der die Christen und die verschiedenen Kirchen sich bemühen, nach dem Evangelium zu leben. Darum geschehen ökumenische Bemühungen nicht nur »auf höchster Ebene«; sie werden vor allem durch aktive Gemeinden getragen. In regelmäßigen ökumenischen Gottesdiensten *beten* Christen um die Einheit. In theologischen Gesprächen versuchen sie, den eigenen Glauben und andere christliche Überzeugungen besser kennen-

und verstehen zu lernen. Im *Dienst am Nächsten* arbeiten Christen zusammen. In den *Missionsgebieten* wird die Einheit der Christen als besonders dringlich empfunden. In manchen Ländern werden deshalb neue Formen der Zusammenarbeit der Kirchen versucht und auch verwirklicht. Je intensiver sich alle Christen an Jesus Christus orientieren und bereit sind, ihre Vorurteile aufzugeben, desto mehr werden sie imstande sein, Brücken zu schlagen und *Spaltungen zu überwinden*.

> In einem Lied aus unseren Tagen zum Thema »Kirche« wird Gott so angerufen:
> **Aus vielen Körnern ist ein Brot geworden;/ so führ auch uns, o Herr, aus allen Orten/ zu einer Kirche brüderlich zusammen/ in Jesu Namen.** (4)
> **In einem Glauben laß uns dich erkennen,/ in einer Liebe dich den Vater nennen;/ eins laß uns sein wie Beeren einer Traube;/ daß die Welt glaube.** (5)
> *Maria Luise Thurmair. Gotteslob 634*

Orthodoxe Kirchen (griech. = rechtgläubige Kirchen): Zwischen den beiden Teilen des römischen Reiches (mit den Hauptstädten Rom und Konstantinopel) entstand schon seit dem 4. Jh. eine zunehmende Rivalität; das wirkte sich auch auf kirchlichem Gebiet aus. Die Kirchen des Ostens (heute vor allem die griechisch- und die russisch-orthodoxe Kirche) hielten besonders sorgfältig an den Überlieferungen der alten Kirche fest. Es waren vor allem kirchenpolitische Konflikte, die zur Trennung führten. Mehrere kurzfristige Schismen konnten wieder beigelegt werden, bis zum Schisma von 1054. Seit dem Zweiten Vatikanischen Konzil (1962–1965) sind die Bemühungen um Annäherung intensiviert (→ 16.2).
Römisch-katholisch: Auch die orthodoxen Kirchen bezeichnen sich als katholisch (man redet auch von griechisch-katholischen oder russisch-katholischen Christen an Stelle von griechisch-orthodoxen oder russisch-orthodoxen). Wenn wir »katholische Kirche« sagen, meinen wir die »westliche« Kirche (im Unterschied zur östlichen) oder auch die lateinische (im Unterschied zur griechischen oder russischen) oder genauer die römisch-katholische Kirche, d. h. die Christen, die dem Bischof von Rom die Leitungsgewalt in der Kirche (= Primat) zuerkennen. Über das Verhältnis der katholischen Kirche zu anderen kirchlichen Gemeinschaften sagt das Zweite Vatikanische Konzil (1964): »Diese Kirche, in dieser Welt als Gesellschaft verfaßt und geordnet, ist verwirklicht in der katholischen Kirche, die vom Nachfolger Petri und von den Bischöfen in Gemeinschaft mit ihm geleitet wird. Das schließt nicht aus, daß außerhalb ihres Gefüges vielfältige Elemente der Heiligung und der Wahrheit zu finden sind, die als der Kirche Christi eigene Gaben auf die katholische Einheit hindrängen.« (→ 20.1)
Reformation: Auseinandersetzung um die Reform der Kirche im 16. Jh., die zur Spaltung der Kirche führte. Von da an gibt es Katholiken und »Protestanten« (die gegen die Beschlüsse des Reichstags von Speyer 1529 protestieren). Die Protestanten nennen sich auch evangelische Christen (d. h. sie wollen sich ausschließlich auf das Evangelium berufen).
Konfession (lat. = Bekenntnis): Seit der Reformation im 16. Jahrhundert

kennen wir vor allem zwei große christliche Konfessionen: die katholische und die evangelische.

evangelisch: Seit Luther übliche Selbstbezeichnung der protestantischen Kirchen, die das Evangelium allein zum Maßstab nehmen wollen.

Martin Luther (1483–1546): »Auslöser« der Reformation, Begründer des Protestantismus, bedeutender Theologe und Bibelübersetzer; erste gedruckte deutsche Bibel 1522.

Lutheraner: Bezeichnung für die Kirchen, die an der Lehre Luthers festhalten. Wichtigstes Bekenntnisbuch der Lutheraner ist die »Augsburger Konfession« von 1530. Darin sind Glauben und Lehre des Protestantismus niedergelegt.

Reformierte: Bezeichnung für die Kirchen, die an der Lehre Zwinglis und Calvins festhalten. Ihre wichtigste Bekenntnisschrift ist der Heidelberger Katechismus (1563). Ihr Name ist ein Programm: die Kirche soll reformiert (erneuert) werden.

Anglikanische Kirche: Ursprünglich englische Staatskirche; entstanden 1534, als König Heinrich VIII. sich wegen seiner vom Papst verweigerten Ehescheidung von Rom lossagte. Die Lehre blieb in den meisten Punkten katholisch. Heute drei Richtungen: »high church« (Hochkirche), die im Gottesdienst der katholischen Kirche sehr nahe steht; »low church« (niedere Kirche), die besonderen Wert auf tätiges Christsein legt; »broad church« (breite Kirche) mit freier Glaubenslehre.

Evangelische Freikirchen: Bezeichnung für kirchliche Gemeinschaften, die aus dem Protestantismus kommen und den persönlichen Glauben des einzelnen und die Gemeinschaft der »Bekehrten« betonen, z.B. die Baptisten.

Sekten (lat.=abgeschnitten): Kleinere christliche Gemeinschaften, die sich von einer großen Kirchengemeinschaft abgesondert haben: z.B. Adventisten, Zeugen Jehovas.

Sektierer sind Angehörige einer Sekte; im allgemeinen Sprachgebrauch: fanatische Verfechter einer abweichenden Meinung.

Ökumene (griech.=der bewohnte Teil der Erde=allgemein): Kennwort für alle christlichen Unionsbestrebungen. Die ökumenische Bewegung im engeren Sinn geht ins letzte Jahrhundert zurück (England). – 1948 wurde in Amsterdam der »Ökumenische Rat der Kirchen« (»Weltrat der Kirchen«) gegründet; Generalsekretariat in Genf. Ihm gehören fast alle christlichen Kirchen und kirchlichen Gemeinschaften (90 Prozent) an; die römisch-katholische Kirche ist nicht Mitglied, ist aber durch Beobachter vertreten. – 1960 errichtete Papst Johannes XXIII. in Rom das »Sekretariat für die Einheit der Christen«. Entscheidenden Anstoß für weitere Bemühungen gab das Zweite Vatikanische Konzil (1962–1965) mit der Veröffentlichung des Dekretes über den Ökumenismus. – Im deutschsprachigen Raum gibt es verschiedenste Formen ökumenischer Zusammenarbeit. Daraus erwuchs 1967 ein gemeinsamer deutscher Text des Vaterunsers und des Glaubensbekenntnisses; außerdem ist eine ökumenische deutsche Bibelübersetzung erstellt worden (1979 abgeschlossen). – Für die Ökumene in den Gemeinden ist noch viel zu tun, besonders für die konfessionsverschiedenen Ehen. – Ökumenische Gebetswochen vom 18.–25. Januar und in den Tagen vor Pfingsten.

IV Hauptgebot

Du sollst den Herrn, deinen Gott,
lieben
mit ganzem Herzen,
mit ganzer Seele
und mit all deinen Gedanken.

Das ist das wichtigste und erste Gebot.
Ebenso wichtig ist das zweite:

Du sollst deinen Nächsten
lieben
wie dich selbst.

Matthäus 22,37–39

Einleitung

»Was sollen wir tun?« (Apg 2,37) – so fragen nach der Predigt des Petrus jene, die von seinen Worten betroffen sind. Die Frage entspringt der Einsicht, daß der *Glaube* an Gott in Jesus Christus sich im *täglichen Tun* und Lassen der Menschen auswirken muß. Der Glaubende fragt, wie das Leben nach *Gottes Willen* aussehen soll.

Woher aber weiß der Mensch, was Gott von ihm will? Dazu hat er zunächst einmal Vernunft und *Gewissen*. Sie lassen ihn erkennen, was gut und richtig ist; was der Natur der Sache entspricht; was die Situation erfordert; was dem Frieden dient; was Gerechtigkeit schafft; was den Menschen glücklich macht – und eben darin wird der Wille Gottes erkannt.

Aus dem, was er Tag für Tag erfährt, lernt der Mensch vieles von dem, was er tun soll. Jesus greift einen alten Satz auf – »goldene Regel« genannt –, der diese Erfahrung zusammenfaßt: »Alles, was ihr also von anderen erwartet, das tut auch ihnen« (Mt 7,12). Das heißt: Jeder weiß sehr genau, was er nötig hat, was ihm gut tut, und wie er von den andern behandelt sein möchte. Und das ist es auch, was die andern von ihm erwarten.

Was den Christen zum Christen macht, geht jedoch über ein bloß vernünftiges Verhalten hinaus. Das *Verhalten Jesu* ist für den Christen Maßstab: »Ein neues Gebot gebe ich euch: Liebt einander! Wie ich euch geliebt habe, so sollt auch ihr einander lieben« (Joh 13,34). Jesus hat ganz für den Vater gelebt. Er hat auch ganz für die andern gelebt; daran hinderte ihn auch nicht die sichere Todesgewißheit. »Es gibt keine größere Liebe, als wenn einer sein Leben für seine Freunde hingibt« (Joh 15,13). Wer versucht, nach dem Beispiel Jesu für andere dazusein, der lebt nach Gottes Willen, wie Jesus ihn uns erschlossen hat, – der liebt Gott. Gott und den Nächsten lieben – das ist das *»Hauptgebot«*, das eigentliche und einzige Gebot des Christen, das alle anderen *Gebote* umgreift (Röm 13,9; Gal 5,14). Es ist das Grundgesetz christlichen Lebens.

Das Matthäusevangelium überliefert das Hauptgebot als Antwort Jesu auf die Frage eines Gesetzeslehrers nach dem wichtigsten Gebot im Gesetz (Mt 22,34–40). Bei Lukas wird der Wortlaut des Hauptgebots auf die Rückfrage Jesu vom Gesetzeslehrer selbst zitiert (Lk 10,27), und Jesus bestätigt: »Du hast richtig geantwortet. Handle danach, und du wirst leben« (Lk 10,28). Dann erzählt er als Auslegung des Gebots der Nächstenliebe das *Gleichnis* vom barmherzigen Samariter (Lk 10,30–37).

Für den Aufbau des IV. Teils dieses Katechismus ist die Lukasfassung des Hauptgebots zugrunde gelegt, samt den Schlüsselsätzen des Gleichnisses vom Samariter: »Wer ist mein Nächster?« (Lk 10,29) und »Geh und handle genauso!« (Lk 10,37)

Das »Hauptgebot« im AT: Das Gebot der Gottesliebe steht Dtn 6,5; das Gebot der Nächstenliebe Lev 19,18. Der Abschnitt Dtn 6,4–9 ist der erste Teil des sogenannten Schemá (hebr. = höre). Mit diesem Wort beginnt das tägliche Gebet der Juden bis heute (2. Teil: Dtn 11,13–32). Markus beginnt seine Überlieferung des Hauptgebots (Mk 12,28–34) mit dem vorausgehenden Vers aus dem Deuteronomium (6,4): »Höre, Israel! Jahwe, unser Gott, Jahwe ist einzig. Darum sollst du den Herrn, deinen Gott, lieben...« (→ 35.3 Gott lieben).

35 Du sollst den Herrn, deinen Gott, lieben

→ 37 Lieben wie dich selbst

Ich kann nur lieben, wenn ich selbst geliebt werde. Liebe weckt Gegenliebe, *Liebe* will Antwort. Das ist es, was die Bibel sagt: Gott liebt uns. Bevor wir anfangen, Gott zu lieben, sind wir schon von ihm geliebt. Und er hört niemals auf, uns zu lieben. Eine *Botschaft,* die Folgen hat, wenn wir sie an uns herankommen lassen. Denn wenn er uns liebt – hat er dann nicht Gegenliebe verdient?

Aber kann man jemand lieben, den man nicht kennt? Ich kenne Gott nur vom Hörensagen. Wie soll ich ihn dann lieben – und gar noch »auf Befehl«? Andererseits gibt es die *Erfahrung:* Erst wenn ich jemand liebe, lerne ich ihn wirklich kennen; erst dann wird er mir vertraut. Kennen wir vielleicht Gott deshalb nicht, weil wir ihn zu wenig lieben?

35.1 Gottes Liebe ist uns voraus

→ 23.3 Zeichen der Hoffnung; 24 Das ewige Leben; 2.3 Gott, Vater aller; 10 Ich glaube an Gott

Ich lebe, weil Gott will, daß ich da bin. Es gibt mich, weil Gott zu mir Ja sagt. Das ist Glaube der Christen wie der Juden. Was Gott dem Volk Israel durch den Propheten verkünden läßt, gilt für jeden Menschen: »Ich habe dich beim Namen gerufen, du gehörst mir« (Jes 43,1).

Ich bin frei, weil Gott mich frei gemacht hat. Daß ich so oder anders handeln, so oder anders sein kann, daß ich mein Leben selbst in die Hand nehmen kann, verdanke ich ihm.

Es war eine der grundlegenden Erfahrungen im Gottesvolk Israel, daß *Freiheit* ein Geschenk Gottes für die Menschen ist: »Ich bin Jahwe, dein Gott, der dich aus Ägypten herausgeführt hat, aus dem Sklavenhaus« (Ex 20,2). Diese Erfahrung der Befreiung durch Gott zeigt, von welcher Art seine *Liebe* ist. Sie schenkt nicht nur ein für allemal *Leben* und Freiheit, sondern sie begleitet die Menschen und eröffnet immer neu eine *Zukunft*. Der Glaubende weiß: Ich habe Zukunft, weil Gott sie mir zugesagt hat.

Diese *Hoffnung* ist im Gottesvolk der Christenheit noch mächtiger geworden. Paulus sagt: »Die Gabe Gottes aber ist das ewige Leben in Christus Jesus, unserem Herrn« (Röm 6,23). Gottes Liebe, in Jesus Christus offenbar geworden, schenkt Hoffnung gegen alle Verzweiflung. Das bezeugen Christen aus allen Jahrhunderten: Wer *glaubt,* kann in dem, was er erlebt, die Liebe Gottes erfahren, und deshalb kann er hoffen.

> Über die Liebe Gottes zu uns sagt der erste Johannesbrief:
> **Die Liebe Gottes wurde unter uns dadurch offenbart, daß Gott seinen einzigen Sohn in die Welt gesandt hat, damit wir durch ihn leben. Nicht darin besteht die Liebe, daß wir Gott geliebt haben, sondern daß er uns geliebt hat.**
> 1 Johannes 4,9–10

35.2 Der liebenswürdige Gott

→ 2.1 Gott ist nahe; 13.1 Der Christus; 15.1 Wer so lebt; 24.1 Bilder vom ewigen Leben

Viele zweifeln gar nicht daran, daß Gott die Menschen frei macht; sie wollen gern glauben, daß er ihnen eine unendliche *Zukunft* eröffnet. Dennoch bleibt Gott für sie nur ein Begriff, den sie vielleicht erklären, aber keine Person, die sie lieben können.

Gott scheint fern zu sein – aber er ist uns nahe gekommen. Er scheint unsichtbar zu sein – aber er hat sich sehen lassen: in Jesus *Christus.* »Niemand hat Gott je gesehen. Der Einzige, der Gott ist und am Herzen des Vaters ruht, er hat Kunde gebracht« (Joh 1,18), so wagen die Christen heute mit den Christen des ersten Jahrhunderts zu sagen. In Jesus hat Gott für uns Gesicht und Gestalt bekommen. So wie Jesus die Menschen angesehen, so wie er sich ihnen zugewandt hat, so ist Gottes Güte auf uns gerichtet. Die Evangelien haben die Erinnerung daran aufbewahrt, wie liebenswürdig und wohltuend Jesus war. In ihm ist Gott auf menschliche Weise liebenswert geworden.

Das Johannesevangelium hält in folgendem Gespräch für uns das Wissen um die *Nähe Gottes* wach, die Jesus bringt: »Philippus sagte zu ihm: Herr, zeig uns den Vater; das genügt uns. Jesus antwortete ihm: Schon so lange bin ich bei euch, und du hast mich nicht erkannt, Philippus? Wer mich gesehen hat, hat den Vater gesehen. Wie kannst du sagen: Zeig uns den Vater?« (Joh 14,8–9)

> In einem Lied aus dem 12. Jahrhundert heißt es:
> **O Jesu, der uns Freude bringt,/ du Quell, aus dem uns Kraft entspringt,/ Licht, das uns Gottes Liebe zeigt,/ die alles Sehnen übersteigt.** (5) *Gotteslob 550*

35.3 Gott in allem lieben

→ 37.1 Nächsten lieben; 37.3 Welt ernst nehmen; 21.2 Kirche der Heiligen; 34.4 Orden

Der Mensch braucht ein Ziel für sein Leben. Er möchte in seinem Dasein und im Ganzen der Welt einen *Sinn* sehen, mit dem er einverstanden sein kann.

Wer glaubt, daß der Gott, den Jesus seinen Vater nennt, die Welt und die Menschen geschaffen hat, ihnen nahebleibt und sie vollenden wird, der sieht in ihm den Sinn des Ganzen und seines eigenen Lebens. Gott lieben heißt, sich für diesen Glauben *entscheiden* und entschieden daraus zu leben versuchen: »Du sollst neben mir keine anderen Götter haben« (Dtn 5,7).

Gott lieben ist nicht nur Herzenssache. Gott lieben heißt, sein *Leben* auf ihn ausrichten, in seinem *Auftrag* und nach seinem Wort handeln und die Welt in seinem Sinn gestalten. Alles, was der Glaubende tut, kann so zum Ausdruck seiner Verbundenheit mit Gott werden. Das heißt: Gott in allem und über alles lieben.

Für den Israeliten war das ganze Leben von dieser Beziehung zu Gott und seiner Weisung bestimmt. Im Buch Deuteronomium heißt es vom Gebot der *Gottesliebe,* daß diese Worte ins Herz geschrieben sein sollen: »Du sollst sie deinen Söhnen wiederholen. Du sollst von ihnen reden, wenn du zu Hause sitzt und wenn du auf der Straße gehst, wenn du dich schlafen legst und wenn du aufstehst. Du sollst sie als Zeichen um dein Handgelenk binden. Sie sollen zum Schmuck auf deiner Stirn werden. Du sollst sie auf die Türpfosten deines Hauses und in deine Stadttore schreiben« (Dtn 6,7–9).

> Auf die Frage des Schriftgelehrten nach dem wichtigsten Gebot antwortete Jesus mit einer Stelle aus dem Deuteronomium (6,4–5). Sie gehört heute noch zum täglichen Gebet des frommen Juden:
> **Höre, Israel, der Herr, unser Gott, ist der einzige Herr. Darum sollst du den Herrn, deinen Gott, lieben mit ganzem Herzen und ganzer Seele, mit all deinen Gedanken und all deiner Kraft.** *Markus 12,29–30*

Deuteronomium (griech. = Zweites Gesetz oder Wiederholung des Gesetzes): Die ersten fünf Bücher der Bibel werden auch Bücher des Mose genannt; das Deuteronomium ist das fünfte; es enthält Mahnreden, Gesetzessammlungen und Erklärungen.

Gebetsriemen: In wörtlicher Ausführung des oben zitierten Textes aus dem Deuteronomium tragen die Israeliten (bis heute) beim Morgengebet zwei Gebetsriemen; mit ihnen werden an Stirn und linkem Oberarm zwei Kapseln befestigt, die vier auf Pergament geschriebene Abschnitte aus der Bibel enthalten (Ex 13,1–10; 13,11–16; Dtn 6,4–9; 11,13–21). Zur Zeit Jesu gehörten auch noch die Zehn Gebote dazu.

35.4 Weisungen Gottes: Die Zehn Gebote

→ 5.2 Gottes Wille; 39 Handle genauso; 34.3 Weisungen der Kirche

An vielen Stellen der Bibel finden sich *Gebote* und Forderungen. In ihnen ist zusammengefaßt, was die Glaubenden als *Willen Gottes* erkannt haben. Da und dort sind solche Gebote zu Listen zusammengestellt worden. Die bekannteste von ihnen ist die der »Zehn Gebote« (Ex 34,28). Sie steht zweimal im Alten Testament: im Buch Exodus (20,2–17) und im Buch Deuteronomium (5,6–21). Im Neuen Testament wird verschiedentlich auf sie Bezug genommen, zum Beispiel in der *Bergpredigt* (Mt 5,21 und 5,27), in der Geschichte vom reichen jungen Mann (Mk 10,19) und im Römerbrief (13,9); allerdings ist im Neuen Testament nirgendwo eine vollständige Aufzählung zu finden.

Diese *Zehn Gebote* haben eine besondere Bedeutung für Juden und Christen. Sie sehen in ihnen die wichtigsten lebenserhaltenden Weisungen Gottes für das Verhalten des Volkes Gottes zusammengefaßt. Darum werden sie auch seit den ältesten Zeiten in der christlichen Verkündigung und Unterweisung als Lebensregel des Glaubens weitergegeben.

Die Zehn Gebote nennen Grundbedingungen für das Weiterbestehen der Lebensgemeinschaft zwischen Gott und seinem Volk. Sie laden die Glaubenden ein, mitzuwirken bei dem befreienden Wirken, das Gott selbst begonnen hat, damit alle Menschen als Ebenbilder Gottes ihr Recht erhalten und als freie Menschen leben können.

Die Reihe der Gebote fängt an mit der Selbstvorstellung Gottes, der sich seinem Volk zugewandt und als Befreier gezeigt hat. Weil er der Gott seines Volkes ist, der es aus Ägypten herausgeführt hat, wird Israel keine anderen Götter verehren. Weil die Israeliten Gott ihre *Befreiung* verdanken, werden sie andere Menschen nicht unterdrücken; sie werden für die Lebensrechte der Schwachen und Bedrängten eintreten. Das »du sollst« der Gebote ist also eigentlich ein »du wirst (nicht mehr)« so handeln, weil du Gott so erfahren hast.

> Kurzfassung der Zehn Gebote auf der Grundlage des Wortlauts im Buch Exodus:
> **Ich bin Jahwe, dein Gott, der dich aus Ägypten herausgeführt hat, aus dem Sklavenhaus.**
> (1) Du sollst neben mir keine anderen Götter haben.
> (2) Du sollst den Namen Jahwes, deines Gottes, nicht mißbrauchen.
> (3) Denk an den Sabbat; halte ihn heilig.
> (4) Ehre deinen Vater und deine Mutter, damit du lange lebst in dem Land, das Jahwe, dein Gott, dir gibt.
> (5) Du sollst nicht morden.
> (6) Du sollst nicht die Ehe brechen.
> (7) Du sollst nicht stehlen.
> (8) Du sollst nicht falsch gegen einen andern aussagen.
> (9) Du sollst nicht nach der Frau eines andern verlangen.
> (10) Du sollst nicht nach dem Haus eines andern verlangen, nach seinem Sklaven oder seiner Sklavin, seinem Rind oder seinem Esel oder nach irgend etwas, das dem anderen gehört.
> *Nach Exodus 20,2–17. Vgl. Gotteslob 61*

Das erste Gebot richtet sich gegen die Verehrung falscher Götter. Für den Christen bedeutet es die Aufforderung, sich unbeirrbar zum wahrhaft befreienden Gott zu bekennen und ihm allein zu vertrauen. Die falschen, versklavenden Götter unserer Zeit heißen zum Beispiel Macht, Erfolg, Ruhm, Geld und Genuß (→ 10.2).

Das zweite Gebot warnt davor, sich in falscher Weise auf Gott zu berufen. Wo man sich auf ihn beruft, um »im Namen Gottes« Leben und Freiheit der Menschen zu beeinträchtigen, wird der Name Gottes mißbraucht (→ 3.1).

Das dritte Gebot ermahnt den Menschen, sich nicht in Betriebsamkeit und Leistungsstreben zu verlieren. An jedem siebten Tag soll er an der schöpferischen Ruhe Gottes teilnehmen, für Gott und sich selbst Zeit haben und sich von Gott neu schaffen, erneuern lassen. (→ 39.5; 27.5).

Das vierte Gebot ist eine Warnung: ein Volk, in dem die junge Generation die Eltern nicht mehr ehrt, kann keinen Bestand haben (→ 38.1).
Das fünfte Gebot schützt vor allem jene, die sich nicht wehren können. Der Christ sieht darin nicht nur das Verbot zu töten, sondern die Aufforderung, für die Lebensrechte aller, auch und gerade der Schwachen, einzutreten und gesunde Lebensbedingungen zu schaffen (→ 39.1).
Das sechste und das neunte Gebot zielen darauf, die Lebensgemeinschaft von Mann und Frau, die eheliche Liebe, die ein Abbild der Treue Gottes sein soll, vor der Zerstörung durch Eigensucht zu bewahren (→ 32.1; 37,6).
Das siebte und das zehnte Gebot weisen darauf hin, daß sichere und geordnete Besitzverhältnisse eine unerläßliche Bedingung für ein gutes Zusammenleben der Menschen darstellen. Gott will, daß die Menschen in Freiheit leben können. Darum hat er ihnen das versprochene Land geschenkt. Dabei geht es nicht allein um den Schutz des Eigentums. Wer Eigentum besitzt, muß gewissenhaft damit umgehen; er hat es nicht nur für sich, er ist verpflichtet, damit auch anderen Gutes zu tun (→ 39.9; 37.2).
Das achte Gebot spricht die Erfahrung aus, daß keine Gemeinschaft Bestand hat, daß die Freiheit und die Rechte der Menschen zugrunde gehen, wenn Täuschung, Lüge und Unzuverlässigkeit das Vertrauen zerstören (→ 39.5).

36 Mit ganzem Herzen und ganzer Seele, mit all deiner Kraft und all deinen Gedanken

→ 1.2 Nachfolgen; 21 Gemeinschaft der Heiligen

Wer etwas »von ganzem Herzen« tut, der tut es, ohne daß es ihm befohlen werden muß. Er tut es gern und mit *Freude*, nicht nur aus Gehorsam. Es kann keinem befohlen werden, etwas von Herzen zu tun, schon gar nicht, Gott zu lieben. Das »*Liebesgebot*« ist kein Gebot im Sinne einer gesetzlichen Vorschrift. Es ist ein Zeugnis jahrhundertelanger Erfahrung Israels, die als Weisung fürs Leben weitergegeben wird: Der Mensch, der erfahren hat, wer Gott ist, wird ihn von Herzen lieben. Das Volk Gottes weiß aus Erfahrung: Anders bleiben wir nicht am Leben.
Die Aufforderung »aus ganzer Seele, mit dem ganzen Denken und aller Kraft« zu lieben, will sagen: der ganze Mensch ist gemeint. Nichts ist an ihm, das von der *Liebe zu Gott* ausgenommen wäre.
So unbedingt, so grenzenlos und ohne Vorbehalt kann man nur Gott lieben – und so sollten die Glaubenden ihn auch lieben. Aber wer kann von sich sagen, er liebe Gott so, wie es hier erwartet wird? Und wer es versucht, verliert der nicht darüber die *Welt* aus dem Blick? Gibt es überhaupt Menschen, die es geschafft haben, so zu lieben, und wie sieht deren Leben aus?

36.1 Eines nur ist notwendig

→ 6.1 Sorget nicht; 23.3 Zeichen der Hoffnung; 21.2 Kirche der Heiligen

Wer daran glaubt, daß Gott ihn liebt, kann sein Leben ihm anvertrauen. Aus solchem *Vertrauen* leben heißt Gott lieben. Jesus hat uns dazu ermuntert: »Macht euch also keine Sorgen und fragt nicht: Was sollen wir essen? Was sollen wir trinken? Was sollen wir anziehen? Denn um all das geht es den Heiden. Euer himmlischer Vater weiß, daß ihr das alles braucht« (Mt 6,31–32).

Wer Gott vertraut, muß zwar auch für die Dinge sorgen, die zum *Leben* notwendig sind, aber er tut es im Bewußtsein, daß sein Leben nicht allein darin besteht und sein *Glück* nicht davon abhängt. Der Glaubende erfährt, daß er nicht selber für sich sorgen muß. Das macht ihn frei davon, immer nur auf das Seine bedacht zu sein. Er bleibt zwar vielen Notwendigkeiten unterworfen, die das Leben in dieser Welt bestimmen, aber sie verlieren für ihn ihre beherrschende Macht. Er weiß, sie sind vorläufig und finden ihr Ende. Das macht ihn unabhängig gegenüber irdischen Mächten und Gewalten. Er wird Gott mehr gehorchen als den Menschen.

Wer sein Leben auf Gott ausrichtet, braucht nicht zu fürchten, daß ihm dadurch unerträgliche Lasten auferlegt werden. Jesus sagt: »Mein Joch drückt nicht, und meine Last ist leicht« (Mt 11,30). Im Brief an die Galater mahnt Paulus die Gemeinde, sich nicht wieder das Joch der Gesetzesvorschriften auferlegen zu lassen: »Zur Freiheit hat uns Christus befreit« (Gal 5,1). Nicht mehr der Gehorsam gegenüber Gesetzen und Vorschriften soll das Leben des Christen bestimmen, sondern einzig und allein das »*neue Gebot*« (Joh 13,34): die Kraft der *Liebe* Jesu. Weil wir durch Christus Söhne Gottes geworden sind, haben wir auch teil an der »Freiheit und Herrlichkeit der Kinder Gottes« (Röm 8,21).

Ein Lied des Dichters Angelus Silesius singt von der Liebe, die Gott um seinetwillen liebt und nicht, weil sie auf Lohn wartet:
**Ich will dich lieben, meine Krone,
ich will dich lieben, meinen Gott,
ich will dich lieben sonder Lohne
auch in der allergrößten Not;
ich will dich lieben, schönstes Licht,
bis mir das Herze bricht.** (7)
Angelus Silesius. Gotteslob 558

Christliche Mystik: Christliche Frömmigkeitsbewegung betrachtender Versenkung in die Geheimnisse des Glaubens. Blütezeit im 12.–14. Jh., auch in Deutschland. Johann Scheffler (1624–1677), genannt Angelus Silesius, gilt als Begründer einer »neuen« mystischen Dichtung (→ 9.4).

36.2 Freiheit der Kinder Gottes

→ IV Hauptgebot; 37.3 Welt ernst nehmen;
30.6 Schuld/Selbstbekenntnis; 39.6 Sich entscheiden

Wer meint, ein freier Mensch könne tun und lassen, was ihm paßt, der hat *Freiheit* mißverstanden. Freiheit ist etwas anderes als Willkür und Zügellosigkeit. Sie ist schwieriger und anspruchsvoller als gedankenloser Gehorsam gegenüber Geboten und Vorschriften.

Wem nicht eindeutig gesagt oder vorgeschrieben wird, was er tun und lassen soll, der muß das Gute und Richtige selbst finden. Er trägt die *Verantwortung* für das, was er tut: sich selbst, der Gemeinschaft und Gott gegenüber. Aus dem, was er weiß und erfahren hat und was andere ihm vermittelt haben, muß er zu erkennen versuchen, was seine Situation von ihm verlangt.

Im allgemeinen haben die Menschen dafür ein richtiges Gespür, eine Art Tastsinn für Gut und Böse: das *Gewissen*. Wir reden von einem schlechten Gewissen und davon, daß es »schlägt«, wenn wir etwas Falsches oder Böses tun. Und das Gewissen drängt zum Guten – auch dort, wo niemand unser Gutsein einklagt oder belohnt.

Unser Gewissen muß allerdings »gebildet« werden; Gebote können uns helfen, von Kind auf allmählich Gutes und Böses unterscheiden zu lernen. Je selbständiger und reifer ein Mensch wird, desto mehr bindet er sich selbst an das, was er als *Willen Gottes* erkennt. Zum Kind Gottes befreit (Röm 8,21), wird er in freier *Entscheidung* zu einem, der in seinem Leben Gott von ganzem Herzen dienen will.

> Zum rechten Gebrauch der Freiheit mahnt auch der erste Petrusbrief:
> **Handelt als Freie, aber nicht als solche, die die Freiheit als Deckmantel für das Böse nehmen, sondern wie Knechte Gottes.** *1 Petrus 2,16*

Gewissen: Wenn auch die Grenzen zwischen Gut und Böse – von Lebensumständen, Erziehung, Umwelt und Geschichte beeinflußt – je anders gezogen werden, so herrscht doch Übereinstimmung darüber, daß jeder das tun muß – nach reiflicher Überlegung – was er für gut, und das lassen muß, was er – nach seiner Überzeugung – für böse hält.
Gewissensfreiheit: Eines der Grundrechte des Menschen; das Recht, unter

Berufung auf das Gewissen etwas Bestimmtes zu tun oder zu unterlassen, ohne deswegen äußeren Zwängen ausgesetzt zu werden.
irrendes Gewissen: Ein Gewissen, das nach objektiven Wertmaßstäben irrt; moralisch gesehen ist einer, der nach seinem Gewissen handelt, auch wenn dieses sich irrt, nicht zu verurteilen.
laxes Gewissen: Gleichgültiges Gewissen; man entscheidet nach Gutdünken und vorübergehendem Vorteil.
Skrupel: Unbegründete oder übertriebene Gewissensnöte. Solche überängstlichen Menschen bezeichnet man als *skrupulös* oder als *Skrupulanten*. Wer bedenkenlos und gewissenlos handelt, gilt als *skrupellos*.

36.3 Zeichen Gottes: die Heiligen

→ 3.2 Der Heilige; 21.2 Kirche der Heiligen; 35.2 Der liebenswürdige Gott; 37.8 Mitfreuen; 27.6 Kirchenjahr

Paulus hat alle Christen *Heilige* genannt, weil sie durch Glaube und Taufe Christus angehören (Röm 1,7). Wenn wir heute von Heiligen sprechen, meinen wir jene außerordentlichen Menschen, die ihren Glauben als Christen ganz ernstnehmen und vorbehaltlos aus ihm leben.
Heilige gibt es zu allen Zeiten, bei allen Völkern, in allen Berufen: Frauen und Männer, Eheleute und Geistliche, Staatsmänner und Bauern. Sie sind verschieden nach Herkunft und Charakter, nach Begabung und Temperament, nach Schicksal und Bedeutung.
Manche ziehen sich aus der Welt zurück und widmen sich ganz dem Gottesdienst und dem *Gebet*. Andere stehen im Brennpunkt des öffentlichen Lebens und setzen ihre Fähigkeiten und Kräfte ein, um mehr *Gerechtigkeit* und *Frieden* in der Welt zu schaffen. Es gibt unter ihnen Menschen, die sich fast unbemerkt um Kinder und Alte, Arme und Kranke, Gefangene und Verfolgte, Außenseiter und Ausgestoßene kümmern und so Gottes Liebe zu den Kleinen, Schwachen und Verachteten bezeugen. Es gibt andere, die als Missionare bis an die Grenzen der Erde die Botschaft vom Heil verkünden oder die als »Rebellen Gottes« den Verantwortlichen in Staat und Kirche das *Gewissen* wachrütteln oder als unerschrockene *Zeugen* ihre *Treue* zu Christus mit dem Leben bezahlen.
Heilige sind oft Gegenbilder zu den Glücksvorstellungen ihrer Zeit. Sie zeigen, daß Besitz und Wohlleben, Macht und Lust den Menschen nicht wirklich Mensch werden lassen; sie setzen andere Maßstäbe und andere Ziele.
Heilige sind deswegen keine Halbgötter. Sie bleiben Menschen. Sie haben ihre Fehler und Schwächen, ihre Zweifel und Anfechtungen. Sie versagen und werden schuldig. Aber sie sind »aufgeschlossene Sünder«; das heißt, sie wissen um ihre Grenzen, ohne sich damit abzufinden; sie bekennen

ihre Schuld, aber sie bleiben stets offen für Größeres und Besseres.
So unterschiedlich die Heiligen sind, zwei Dinge sind ihnen gemeinsam: ihr Bewußtsein, alles Gott zu verdanken, und ihr Streben, durch ihr Leben Antwort zu geben auf die *Liebe Gottes*. Heilige sind Modelle christlichen Lebens.

> Unter der Überschrift »Leben aus dem Glauben« steht im Gotteslob ein altes Lied aus der Zeit nach dem 30jährigen Krieg:
> **Wohl denen, die da wandeln/ vor Gott in Heiligkeit,/ nach seinem Worte handeln/ und leben allezeit./ Die recht von Herzen suchen Gott/ und seiner Weisung folgen,/ sind stets bei ihm in Gnad.** (1)
> *Cornelius Becker. Gotteslob 614*

Heilige: Christen, deren Leben als besondere Art der Nachfolge Christi erkannt wurde, und die deshalb verehrt werden. Seit dem 10. Jahrhundert wird dies mit päpstlicher Urkunde feierlich bestätigt. Anfangs wurden nur Martyrer (Blutzeugen) als Heilige verehrt; seit dem 5. Jh. auch solche, die – ohne das Martyrium erlitten zu haben – ihren Glauben öffentlich bekannt haben (Bekenner).
Heiligenverehrung: Heilige werden nicht angebetet; sie werden als Vorbilder verehrt und um ihre Fürbitte bei Gott angerufen (Allerheiligen-Litanei: Gotteslob 762). Heiligenverehrung ist eine Form der Frömmigkeit, die vor allem von katholischen (und orthodoxen) Christen (im Unterschied zu evangelischen) geübt wird.
Heiligsprechung: Die feierliche Erklärung der Kirche, daß ein Verstorbener zu Recht als Heiliger verehrt wird und deshalb allgemein und öffentlich um seine Fürbitte angerufen werden darf. Durch diese Erklärung wird er in das Verzeichnis der Heiligen aufgenommen (erste Heiligsprechungsurkunde: Ulrich von Augsburg am 31. 1. 993). Als Vorstufe erfolgt gewöhnlich die Seligsprechung. Der Heiligsprechung geht ein sorgfältiges Untersuchungsverfahren *(»Heiligsprechungsprozeß«)* voraus. Die von der Kirche als Heilige Verehrten der ersten 9 Jahrhunderte der Kirchengeschichte wurden nicht ausdrücklich »heiliggesprochen«. Wesentlich ist die allgemeine Verehrung der Verstorbenen durch die Gemeinschaft der Glaubenden (die heute durch die Heiligsprechung bestätigt wird). Die Kirche geht von der festen Überzeugung aus, daß die Heiligen durch Christus in der vollendeten Gottesgemeinschaft leben.

36.4 Königin der Heiligen – Mutter der Glaubenden
→ 14.3 Mutter unseres Herrn; 21 Gemeinschaft der Heiligen; 17.1 Vorausgegangen; 27.6 Kirchenjahr

Unter allen Heiligen der Kirche hat *Maria*, die Mutter Jesu, eine besondere Stellung. Sie wird deshalb auch Königin der *Heiligen* genannt.
Wir kennen nur wenige Einzelheiten aus ihrem Leben. Wir wissen vor allem, daß sie bedingungslos »Ja« gesagt hat zu dem, was sie als den *Willen Gottes* erkannt hat. Sie hat

geglaubt, was ihr vom Herrn gesagt wurde (Lk 1,45), und hat ihr ganzes Leben Gott anvertraut. Auch was ihr an der Botschaft Gottes fremd und unverständlich sein mußte, hat sie angenommen: »Ich bin die Magd des Herrn, mir geschehe, wie du es gesagt hast« (Lk 1,38), das ist ihre Antwort. Nach dem Johannesevangelium war Maria der Anlaß für das erste »Zeichen« Jesu, in dem Gottes Herrlichkeit den Jüngern aufleuchtete (vgl. Joh 2,1–12). Johannes schreibt auch, daß Maria unter dem *Kreuz* ausgeharrt hat, nachdem fast alle Jesus verlassen hatten (Joh 19,25–27).

Weil Maria zur *Mutter Gottes* erwählt war, glaubt die katholische Kirche, daß Gott sie vom Beginn ihres Lebens an geheiligt hat. Er hat sie ausgenommen von der Verstrikkung in die Sünde. Darum feiert die Kirche am 8. Dezember das »Hochfest der ohne Erbschuld empfangenen Jungfrau und Gottesmutter Maria«.

Wie mit dem Anfang, so verhält es sich nach der Überzeugung der katholischen Christen auch mit dem Ende ihres Lebens: Gott hat an Maria alle seine Verheißungen erfüllt, die er den Menschen gegeben hat: Maria ist mit ihrem ganzen Menschsein in den Himmel aufgenommen. Am »Fest der Aufnahme Mariens in den Himmel« (15. August) wird dieses Geheimnis gefeiert.

Weil Maria ganz aus dem *Glauben* lebte, wird sie auch »Mutter der Glaubenden« genannt. In Gebeten und Liedern wird Maria um ihre *Fürsprache* angerufen. An Wallfahrtsorten suchen Menschen im Vertrauen auf ihre Fürbitte die Hilfe Gottes.

Lukas macht deutlich, worin Jesus die Bedeutung seiner Mutter sieht. Er erzählt, wie aus der Menge, die Jesus folgte, eine Frau ihm zurief: »Selig die Frau, deren Leib dich getragen und deren Brust dich genährt hat«. Die Antwort Jesu auf diesen Zuruf macht nachdenklich: »Selig sind vielmehr die, die das Wort Gottes hören und es befolgen« (Lk 11,27–28). Das heißt: Der leiblichen Mutterschaft Mariens geht ihr Glaube voraus.

Das »Ave Maria« ist das bekannteste Mariengebet. Es verbindet den Gruß des Engels (Lk 1,28) und Elisabets (Lk 1,42) mit der Bitte um Fürsprache:

Gegrüßet seist du, Maria, voll der Gnade, der Herr ist mit dir. Du bist gebenedeit unter den Frauen und gebenedeit ist die Frucht deines Leibes, Jesus.

Heilige Maria, Mutter Gottes, bitte für uns Sünder, jetzt und in der Stunde unseres Todes. Amen. *Gotteslob 2/6*

Marienverehrung: Maria wird in der katholischen und in der orthodoxen Kirche mehr verehrt als in anderen christlichen Kirchen; Formen der Marienverehrung: Marienfeste, das Rosenkranzgebet, Maiandachten, Marienwallfahrt (vgl. Gotteslob 569; 570–603; 783).
Ave Maria (lat. = »Gegrüßet seist du, Maria«): Beginn des Gebets, das katholische Christen, neben dem Vaterunser, wohl am häufigsten beten (→ 13.3 Rosenkranz).
Unbefleckte Empfängnis: Früherer Name des »Hochfestes der ohne Erbschuld empfangenen Jungfrau und Gottesmutter Maria« am 8. Dezember (wird häufig verwechselt mit der jungfräulichen Geburt Jesu; → 14.1). Bedeutung: Maria war nach dem Glauben der Kirche vom ersten Augenblick ihres Lebens an (das heißt: als sie von ihrer Mutter empfangen wurde) ohne den Makel (= Flecken) der Erbsünde; Gottes Gnade hat sie davor bewahrt, weil sie zur Mutter Gottes erwählt ist.

37 Deinen Nächsten sollst du lieben wie dich selbst

→ 35 Den Herrn, deinen Gott, lieben

Manche meinen, fromm zu sein, und übersehen dabei den Menschen neben sich. Solche »Frommen« haben die *Kirche* oft in Verruf gebracht. Das ist schlimm genug; aber noch schlimmer ist es, »im Namen Gottes« anderen Böses zu tun, sie abzulehnen, sie zu verfolgen, weil sie anders sind: Sektierer, Ketzer, »Heiden«, Menschen anderer Völker und Rassen. All das ist vielfach geschehen und geschieht auch heute noch.
Andererseits gibt es »Ungläubige«, die sich um Religion und Gott nicht kümmern und doch wahre Menschenfreunde sind. Hier kann es für *Christen* schwierig werden, Stellung zu beziehen. Sind solche Menschen auf dem rechten Weg, obwohl für sie Gott nicht existiert? Wie ist das überhaupt mit der *Gottesliebe* und der *Nächstenliebe*: Schließt das eine das andere aus? Wer den Menschen seine Aufmerksamkeit zuwendet, muß der nicht Gott aus dem Blick verlieren? Und umgekehrt: Gott über alles lieben, bedeutet das nicht, daß neben ihm alles andere keine Rolle mehr spielt?

37.1 Den Nächsten lieben

→ 18.3 Maßstab des Gerichts; 1.5 Mit Jesu Augen; 39.10 Gott bitten; 31.1 Fürbitte und Fürsorge

Auf die Frage nach dem wichtigsten Gebot nennt Jesus nicht eines, sondern gleich zwei. Er hat das Gebot der *Gottesliebe* und der *Nächstenliebe* miteinander verbunden. Das »zweite Gebot« ist ebenso wichtig wie das erste. Das ist ein neues

Lebensprogramm. Die Beziehung zwischen Mensch und Gott wird neu bestimmt. Die Liebe zum andern gehört zum Grundgesetz des christlichen Lebens. Der Christ kann nur Christ sein, wenn er mitmenschlich denkt, fühlt und handelt. Es gibt also keine Konkurrenz zwischen Gottes- und Nächstenliebe. Niemand kann sagen: »Ich liebe Gott«, wenn er sich um die Menschen nicht kümmert. Und umgekehrt: Wer im Sinn Jesu für die Menschen da ist, der findet Gott. Je mehr einer dem anderen zum Nächsten wird, desto näher ist er Gott. Gott will im Nächsten geliebt sein. Nach diesem Maßstab wird der einzelne von Gott beurteilt. Das Matthäusevangelium stellt das *Endgericht* in einem Bild dar (Mt 25,31–46). Die »Guten« werden von den »Bösen« geschieden, wie ein Hirt am Abend nach der gemeinsamen Weide Schafe und Böcke trennt und in verschiedene Pferche treibt. Die Guten sind jene, die den Hungernden, Obdachlosen, Kranken, Gefangenen Gutes getan haben. Ihre erstaunte Frage verrät, daß sie dabei gar nicht an Gott gedacht haben; sie haben geholfen, weil Menschen Hilfe brauchten. Jetzt werden sie deshalb eingeladen, in Besitz zu nehmen, was Gott für sie bereit hält.

> Daß Gottes- und Nächstenliebe nicht zu trennen sind, sagt auch der 1. Johannesbrief:
> **Wenn jemand sagt: Ich liebe Gott!, aber seinen Bruder haßt, ist er ein Lügner. Denn wer seinen Bruder nicht liebt, den er sieht, kann Gott nicht lieben, den er nicht sieht.** *1 Johannes 4,20*

37.2 Durch die Tat lieben

→ 37.8 Mitfreuen; 39.9 Mit-leiden; 38 Mein Nächster

Nächstenliebe, wie Jesus sie meint, ist kein erhabenes und auch kein sentimentales Gefühl. Du sollst deinen Nächsten lieben, heißt wörtlich übersetzt: »Tu Liebes deinem Nächsten!« Das zielt weniger aufs Fühlen als aufs Tun. Von dem, was getan werden soll, wird im Neuen Testament manches genannt: Hungernde satt machen, Nackte bekleiden, Kranke heilen, Obdachlose beherbergen, Trauernde trösten, *Frieden stiften,* Geduld haben, *großmütig* sein. Das sind Beispiele, keine Vorschriften. Jeder muß selbst entdecken, was der andere nötig hat, womit er ihm *Liebes tun* kann. Ob einer wirklich liebt, zeigt sich auch daran, ob er Augen hat für die Bedürfnisse des anderen.

Liebe deinen Nächsten »wie dich selbst«, das heißt, »als wärest du es selbst«. Versetze dich in den andern hinein, versuche die Dinge mit seinen Augen zu sehen. Was du an seiner Stelle gern hättest, das sollst du ihm geben. Wie du Liebe erfahren möchtest, so sollst du deinem Nächsten Liebes tun.

> Der erste Johannesbrief ruft zu tätiger Liebe auf:
> **Wenn jemand Vermögen hat und sein Herz vor dem Bruder verschließt, den er in Not sieht, wie kann die Gottesliebe in ihm bleiben? Meine Kinder, wir wollen nicht mit Wort und Zunge lieben, sondern in Tat und Wahrheit.** *1 Johannes 3,17–18*

Zehntes Gebot: »Du sollst nicht begehren, deines Nächsten Hab und Gut« (5.4 Zehn Gebote; Gotteslob 61).
Neid: Haltung, die einem andern das Seine nicht gönnt, weil man es selbst besitzen möchte.
Leibliche Werke der Barmherzigkeit: Im Anschluß an Mt 25 und Tob 2 zählt die christliche Tradition »leibliche Werke der Barmherzigkeit« auf: Hungrige speisen, Durstige tränken, Nackte bekleiden, Fremde beherbergen, Gefangene erlösen, Kranke besuchen, Tote begraben (→ 39.9).

37.3 Die Welt ernst nehmen
→ 1.5 Mit Jesu Augen sehen; 12.1 Die Welt; 14.1 Mensch geworden; 34.7 Kirche in der Welt; 23.2 Zeichen der Hoffnung

Man wirft den Christen häufig vor, daß sie die Welt verachten, ja nicht einmal richtig zur Kenntnis nehmen, weil sie in Gedanken schon »im Himmel« sind. Daß es solche *Christen* gibt, heißt noch nicht, daß ihr Verhältnis zur Welt ein christliches ist. Denn es sollte niemanden geben, der die Welt ernster nimmt als ein Christ. Der glaubt nämlich: Gott hat die Welt geschaffen und dem Menschen anvertraut, und er glaubt an eine gute *Zukunft* der *Welt*. Darum kann er die Dinge sehen, wie sie sind, auch in ihrer Unvollkommenheit; er braucht nicht in Wunschträume zu flüchten, um das Leben ertragen zu können.

Gerade weil der Christ die Dinge im Lichte ihrer Zukunft von Gott her sieht, braucht er sich nicht blenden zu lassen. Sein Glaube an Gott macht ihn empfindlich gegenüber der Selbstherrlichkeit der Welt, gegenüber einer Vergötzung von Menschen und Sachen, von Leistung und Erfolg, von Geld und Macht. Den Dingen und den Menschen gerecht zu werden, das ist sein *Ziel*. Das versucht ein Christ in seinem Handeln zu berücksichtigen, dann nur kann er wirklich Nächstenliebe üben. Nächstenliebe will dem anderen leben helfen. Das ist nur dem möglich, der selber leben kann und darum weiß, was zu einem menschenwürdigen und lebenswerten Leben gehört.

Um zu *entscheiden,* was richtig oder falsch, gut oder böse ist, braucht der Mensch *Erfahrung.* Er muß wissen, was geschieht, wenn er so oder anders handelt. Aus der Abschätzung der Folgen ergibt sich, was in dieser oder jener Situation das Richtige ist. Die Liebe zum Nächsten besteht also nicht allein im guten Willen. Sie verlangt auch Erfahrung und Wissen, *Gewissen* und Regeln.

Wer im richtigen Handeln Erfahrung hat, in dem entwickeln sich dauerhafte Grundhaltungen. Sie machen ihn tauglich, im Guten zuverlässig zu sein und sich dafür einzusetzen, daß das Angesicht der Welt erneuert wird (Ps 104,29).

> Ein Gebet um Gottes Hilfe in der Verantwortung für die Welt:
> **Herr, zeig uns die Welt, wie sie wirklich ist, zeig uns die Aufgaben, die auf uns warten. Laß uns erkennen, wo du uns brauchst.** *Felicitas Betz. Gotteslob 31/4*

Welt (griech.: Kosmos): Inbegriff alles von Gott Geschaffenen = Schöpfung. Von ihr heißt es »Gott sah, daß alles, was er gemacht hatte, sehr gut war« (Gen 1,31); und: »Gott hat die Welt so geliebt, daß er seinen einzigen Sohn hingab« (Joh 3,16). Im Johannesevangelium wird das gleiche Wort aber auch in einem negativen Sinn gebraucht: Welt als Inbegriff des Unglaubens, der Gottferne, als Machtbereich Satans (Joh 17,14). Mit dieser Welt hat das Reich Christi nichts gemein (Joh 18,36); von dieser Welt sagt Jesus, daß er sie besiegt hat (Joh 16,33), und daß der Herrscher dieser Welt schon gerichtet ist (Joh 16,11).

Kardinaltugenden (lat. = Grundtugenden): Grundlegende Haltungen, die bereits in der vorchristlichen Antike als notwendig für die »Lebenstüchtigkeit« eines Menschen genannt werden: *Klugheit* (sachgerecht das Gute verwirklichen); *Gerechtigkeit* (jedem das Seine geben, wie es ihm zusteht); *Tapferkeit* (auch unter Schwierigkeiten dem Guten treu bleiben); *Zucht und Maß* (stark sein gegen ungezügeltes Haben- und Genießenwollen). Von diesen Kardinaltugenden leiten sich andere Tugenden ab.

Menschenwürde: Die jedem Menschen als Person zukommende Achtung.

Grundwerte: Aus der Menschenwürde (vor allem aus dem Personsein) abgeleitete grundlegende Werte wie Recht auf Leben, Gerechtigkeit, Liebe, Wahrheit, Treue, Freiheit, Frieden.

Naturrecht: Das im Wesen des Menschen und in der Schöpfungsordnung begründete Recht, das von Zeit, Ort und menschlicher Rechtssetzung unabhängig ist. In der Moraltheologie »natürliches Sittengesetz« genannt, das jedem von selbst einleuchtet. Quelle der Menschenrechte.

Menschenrechte: Unveräußerliche und unantastbare Rechte und Freiheiten des einzelnen gegenüber jeglichem Eingriff. Die Vereinten Nationen beschlossen 1948 eine »Allgemeine Erklärung der Menschenrechte«, die in ihren Hauptpunkten inzwischen in die Verfassung vieler Staaten übernommen wurde. Es gehört zu den Aufgaben der Kirche und der Christen, sich für die Verwirklichung der Menschenrechte mit Entschiedenheit einzusetzen.

Grundrechte: Garantie der Menschenrechte durch die Verfassung eines Landes.
Demut: Heute nicht sehr angesehene, trotzdem wichtige christliche Tugend (eigentlich: Mut zum Dienen); entspringt nicht dem Bewußtsein sozialer Unterlegenheit gegenüber anderen Menschen, sondern dem Wissen um den eigenen Wert und die eigene Unvollkommenheit. Demut wird genährt aus der Begegnung mit Gott und bewährt sich im Verhältnis zu den Menschen (Mt 11,29); Demut ist etwas wesentlich anderes als Bescheidenheit (oder gar Ängstlichkeit) und hat nichts zu tun mit Unterwürfigkeit oder mit Minderwertigkeitsgefühlen.

37.4 Leibhaftig lieben

→ 32.1 Mann und Frau; 37.5 Lieben lernen; 37.6 Verzichten können; 12.3 Geschöpf Gottes; 23 Auferstehung der Toten

Wer seinen Gefühlen für den andern, seiner Sympathie, seiner Liebe keine sichtbare und greifbare Gestalt gibt, der teilt sich nicht mit und bleibt ohne Antwort. Wer nicht bereit ist, sich die Hände schmutzig zu machen oder die Füße wund zu laufen, wer nicht mit den Fröhlichen lachen will oder sich weigert, einem Sterbenden die Hand zu halten, der sollte nicht von *Nächstenliebe* reden. Wo Zuwendung und Liebe sich nicht verleiblichen, verkümmern sie und sterben ab. Nächstenliebe ist Sache des ganzen Menschen.
Kann man diese Behauptung so einfach aufrechthalten? Hat man nicht dem Christentum oft vorgeworfen, es gehe ihm im Grunde nur um die »unsterbliche Seele«? Wird nicht der *Leib* nur als notwendiges Übel betrachtet, der mit seinen Lüsten und Begierden die Seele gefangen hält? Ist nicht die *Seele* die bessere Hälfte des Menschen?
Solche Stimmen gibt es tatsächlich unter Christen, ja es gab Zeiten, da dieses Denken im christlichen Raum sehr verbreitet war. Dennoch ist es nicht christliche Lehre und christlicher Glaube, und es entspricht nicht dem Zeugnis der Bibel. Für sie gibt es nur den ganzen Menschen, den Gott als sein Ebenbild geschaffen hat. Und es gibt den Glauben an die *Auferstehung* der Toten, das heißt den Glauben an die Vollendung des *ganzen* Menschen. Der Erste der Auferstandenen ist Jesus Christus selbst. Der christliche Glaube betont: Gott hat nicht nur seine Seele zu sich heimgeholt, sondern ihn auch dem Leibe nach von den Toten auferweckt.
Wie also zum Menschen unverzichtbar der Leib gehört, gehört für den Christen die Leiblichkeit unverzichtbar zum neuen Menschen. Folglich darf es ein leibfeindliches Christentum so wenig geben wie ein weltloses Christentum. Christliche Nächstenliebe muß sich also an den ganzen

Menschen wenden. Dies gilt für das Handeln des einzelnen Christen wie auch der ganzen Kirche.

> Weil der ganze Mensch zu ewigem Leben berufen ist, soll auch der Leib Gott verherrlichen; das schreibt Paulus an die Korinther:
> **Wißt ihr nicht, daß euer Leib ein Tempel des Heiligen Geistes ist, der in euch wohnt und den ihr von Gott habt? ... Verherrlicht also Gott in eurem Leib!**
> 1 Korinther 6,19.20

Leibfeindlichkeit: Den Leib als »Gefängnis der Seele« zu betrachten, geht zurück auf den griechischen Philosophen Platon (um 400 v. Chr.) und seine Schule. Damit verwandt ist die Vorstellung von der Gespaltenheit der Welt (= *Dualismus*, d. h. Lehre von der Zweiheit) in Gut und Böse, Licht und Finsternis; dies wird zurückgeführt auf einen guten und einen bösen Gott am Ursprung der Welt. Diese Gedanken sind auch in eine philosophische Richtung, die sog. *Gnosis* (von griech. = Erkenntnis) eingegangen, die in den ersten christlichen Jahrhunderten viele Anhänger hatte; mit der Gnosis, die alles Geistige ungleich höher bewertete als das Materielle, mußte sich das Christentum ernstlich auseinandersetzen (→ 12.3 Seele; 23.1 Unsterblichkeit; 27.2 Leib).

Gehorsam: Das »rechte Hören« auf die Belange der Mitmenschen, auf Gebote, Gesetze und Weisungen und das aus dem Herzen kommende Handeln danach. So gesehen verhilft der Gehorsam zu einem umsichtigen Leben. Von blindem Gehorsam bzw. Kadavergehorsam spricht man dagegen, wenn jemand Befehle eines anderen ausführt, ohne sich selbst ein Gewissen daraus zu machen.

37.5 Lieben lernen

→ 32.1 Mann und Frau; 32.2 Sakrament der Ehe; 39.1 Das Leben lieben

Die »Grundschule der Liebe« durchläuft das Kleinkind bei Mutter und Vater: Sie geben ihm Nahrung, halten es sauber, streicheln, herzen und küssen ihr Kind. In dieser hautnahen Zuwendung erfährt der kleine Mensch, was es bedeutet, geliebt zu werden. Er kann noch nicht sprechen, da hat er bereits die Erfahrung fürs Leben gemacht: Es ist gut zu leben. Wenn dies versäumt wurde, läßt sich diese *Erfahrung* nur unter großer Mühe nachholen.

Später geht das Kind die ersten eigenen Schritte in der *Liebe*. Es drückt seine *Zuwendung* aus, indem es der Mutter um den Hals fällt und dem Vater in die Arme springt, indem es mit anderen Kindern teilt, sie mitspielen läßt, etwas verschenkt, Tiere pflegt. Und noch einmal später entdecken die Jungen die Mädchen und umgekehrt. Eine rätselhafte Kraft zieht sie gegenseitig an. Sie stehen zusammen, »gehen miteinander«, tauschen kleine Aufmerksamkeiten und auch

Zärtlichkeiten aus. Sie erfahren auf neue Weise, was »lieben« heißt.

Wer liebt, versucht, dieser Liebe auch Ausdruck zu geben. Das kann auf vielfache Weise geschehen. Man kann sagen: »Ich hab dich lieb.« Aber auch ein Blick, eine Handbewegung, ein Kopfnicken, ein Lächeln können sprechen. Nicht zu allen Menschen kann man die gleiche *Nähe* haben. Der Ehepartner ist auf andere Weise Nächster als der Wohnungsnachbar, der Arbeitskollege oder der Postbote. Hier genügt ein Gruß oder ein Händedruck, um dem anderen zu zeigen, daß man ihm wohlgesonnen ist; dort braucht es Zeit für ein Gespräch. Eine Freundschaft verlangt vielfältigere Zeichen der *Zusammengehörigkeit* als der alltägliche Umgang mit Nachbarn. Freunde brauchen Zeit füreinander, sie müssen Interesse füreinander aufbringen, sich um die Sorgen des andern kümmern, treu sein, auch wenn es Konflikte gibt. Daraus ergibt sich: Lieben lernt man nicht nur in der Beziehung zum anderen Geschlecht.

Die erste Begegnung zwischen Jungen und Mädchen ist selten die große Liebe; oft wechseln in jungen Jahren die Beziehungen schnell, vielfach ohne innere Anteilnahme, oft aber auch unter großen inneren Schmerzen. Aus Verliebtheit kann auch Liebe werden: Für den einen schlägt schließlich das Herz höher. Beide fühlen sich füreinander *verantwortlich*, gestehen sich auch Schwächen und Versagen ein, lieben einander trotz aller Begrenztheit. Sie wollen ihrer Liebe Dauer geben. Aus Zuneigung und *Liebe* erwächst der Wille zur *Treue:* Du allein und Du für immer.

Dieses uneingeschränkte Ja bringt neue ganzheitliche Formen der Zuwendung zweier Menschen. In der körperlichen Vereinigung kommen sich Mann und Frau am nächsten. Ihre naturgemäße Lebensform ist die Ehe. Indem sich einer dem andern ganz schenkt, ist die höchste Form *leibhafter Liebe* erreicht. Das ist der innigste Ausdruck dafür, daß einer dem andern gehört. Diese Liebe von Mann und Frau kann buchstäblich leibhafte Gestalt gewinnen: in dem Kind, das dieser Vereinigung seinen Ursprung verdankt.

Lieben lernen, das ist ein lebenslanger Prozeß. Dabei geht es nicht vorrangig um Fragen des Sexualverhaltens, obwohl sie den Menschen sehr prägen, sondern vor allem um die Kraft der Zuwendung, die die Partner immer enger aneinander bindet. Solche *Bindung* bedeutet aber kein Sich-Aneinanderketten auf Kosten der *Freiheit*. Bindung aneinander und Freiheit zur Selbstentfaltung wachsen gleichzeitig in der Liebe. Auch das will eingeübt werden.

Viele Menschen leben freiwillig oder unfreiwillig ehelos. Auch sie lernen ein Leben lang, zu lieben und in der Kraft ihrer Zuwendung zu anderen zu wachsen. Wer bereit ist, seine Fähigkeiten uneigennützig in den Dienst für Gott und die Menschen zu stellen, kann seinen Wunsch nach einem geglückten Leben als erfüllt erfahren.

> Ein ganzes Buch des Alten Testaments handelt in dichterischer Form von der Liebe. Darin heißt es:
> **Stark wie der Tod ist die Liebe, die Leidenschaft ist stark wie die Unterwelt. Ihre Gluten sind Feuersgluten, gewaltige Flammen. Auch mächtige Wasser können die Liebe nicht löschen; auch Ströme schwemmen sie nicht weg.**
> *Hoheslied 8,6–7*

37.6 Verzichten können
→ 34.4 Orden; 32.1 Mann und Frau; 38.1 Die Familie; 39.8 Anders leben

In Fragen der *Sexualität* gilt die Kirche bei vielen Zeitgenossen als prüde und rückständig. Ihre Forderungen erscheinen unerbittlich und weit weg von der Wirklichkeit. Die Forderung der Ehelosigkeit für Priester löst ähnliches Befremden aus wie die kirchliche Haltung in der Frage der Empfängnisverhütung. Und wer für die Ordensgelübde der *Ehelosigkeit,* der Armut und des Gehorsams Verständnis wecken will, erntet oftmals nur Kopfschütteln. Ist das Christentum wirklich so *weltfern* und geschlechtsfeindlich, wie viele ihm vorwerfen?
Vielleicht sind gerade die *»evangelischen Räte«,* auf die die Ordensgelübde sich berufen, geeignet, deutlich zu machen, um welche Grundhaltung es der Kirche bei all dem geht, was manchen Zeitgenossen so seltsam erscheint. Das Versprechen einiger Menschen, auf privaten Besitz zu verzichten, ohne intime menschliche Beziehungen zu leben, sich unterzuordnen, kann auf eine Gefahr aufmerksam machen, die für alle besteht: daß für Christen *Besitz,* Sexualität und *Macht* wichtiger werden als die Sorge um das Reich Gottes. Daß *Gottes Herrschaft* in der Welt zum Zuge kommt, muß die erste Sorge der Christen sein (Mt 6,33).
Das bedeutet für die Sexualität keineswegs, daß das Leben des Christen nur von Verboten bestimmt ist; vielmehr steht der Christ unter der Aufforderung, das größere *Ziel* nicht aus dem Auge zu verlieren. Die Regeln, die die Christen in Fragen der Sexualmoral aufstellen, wollen das *Gewissen* schärfen und zugleich zu einem *menschenwürdigen* Sexualverhalten hinführen. Das heißt unter anderem auch, sich im

Verzicht zu üben. Ein Christ ist jemand, der *verzichten* kann, auch auf sexuellen »Besitz« und »sexuelle Macht«. Verzicht als solcher ist jedoch noch keine Tugend. Es gibt sehr oberflächliche und egoistische Motive zum Verzicht; es gibt auch den Verzicht unter fremden oder selbsterzeugten Zwängen. Christlich kann nur der Verzicht genannt werden, der aus der »größeren Liebe« kommt und zu einer neuen Freiheit befreit.

Die moralische Beurteilung einzelner Fragen des menschlichen Sexualverhaltens unterliegt Schwankungen. Was einer Zeit ganz natürlich erschien, hält eine spätere für unsittlich – und umgekehrt.

In bestimmten Lebensphasen wird die Sexualität zum »Thema Nr. 1«, zum Beispiel in der Pubertät. Ein fast unstillbarer Hunger nach *Liebe* bricht auf, greift nach allem, was Sättigung verspricht. Kaum einem Menschen bleiben Irrwege und Umwege erspart – nicht nur in dieser Zeit seines Lebens. Für den Christen ist es wichtig, eine klare Grundorientierung zu gewinnen. Es geht darum, die Geschlechtskraft in den größeren Zusammenhang schenkender und dienender Liebe einzubeziehen, statt sie zu isolieren und sich von ihr treiben zu lassen. Die nötige Selbstbeherrschung ist oft nur mühsam zu erlernen, aber sie ist wichtig für die Menschlichkeit der Menschen.

> In seinem Fastenhirtenbrief von 1979 schreibt der Bischof einer deutschen Diözese:
> **Tatsächlich haben es die Menschen von heute schwer, den richtigen Weg durchs Leben zu gehen. Sie werden vielfach nicht mehr geleitet durch klare Normen und allgemeingültige Werte. Viele Wege werden angeboten. Unsere Welt ist reicher, aber auch komplizierter geworden. Die persönliche Entscheidung ist gefragt.**
> *Johannes Joachim Degenhardt*

Schamhaftigkeit: Natürliche Scheu vor der Preisgabe der eigenen und fremden Privatsphäre; der persönliche Innenbereich ist nicht nur auf den Bereich des Geschlechtlichen beschränkt; in der Umgangssprache oft auch mit Taktgefühl bzw. Taktlosigkeit (= schamloses Verhalten) bezeichnet (→ Keuschheit).

Selbstbefriedigung: Vor allem in der Pubertät sind Jungen und Mädchen starken Stimmungsschwankungen ausgesetzt. In Phasen der Mutlosigkeit und Niedergeschlagenheit suchen sie ihr mangelndes Selbstvertrauen durch geschlechtliche Selbstbefriedigung zu ersetzen. Weil aber die Sexualität den Menschen auf seine Beziehung zum andern verweist, ist Selbstbefriedigung grundsätzlich nicht »in Ordnung«, das heißt sündhaft. Meist handelt es sich dabei um eine vorübergehende Erscheinung. Man sollte sie nicht dramatisieren; wo man sie aber als völlig beliebig hinstellt, läuft man Gefahr, den Egoismus zu fördern.

Vorehelicher Verkehr: Geschlechtsverkehr zwischen einem Mann und einer Frau, die sich lieben, aber (noch) nicht verheiratet sind. Obwohl in unserer Gesellschaft der voreheliche Verkehr nicht mehr als anstößig empfunden wird, wenn das Paar zur Ehe entschlossen ist, sind die Christen gehalten, der kirchlichen Ordnung in ihrem Leben zu entsprechen. Die katholische Kirche betrachtet den vorehelichen Verkehr nach wie vor als schweren Verstoß gegen die natürliche, sittliche und sakramentale Ordnung, nicht weil die Kirche den Geschlechtsverkehr als solchen – wie oft unterstellt wird – für sündig hält, sondern weil sie ihm als Zeichen der endgültigen Bindung besondere Bedeutung beimißt (vgl. 32.2).

37.7 Sich verschenken

→ 6.1 Sorget nicht; 37.6 Verzichten können; 15.1 Wer so lebt; 39.9 Mit-leiden; 39.10 Gott bitten

»Jeder ist sich selbst der Nächste«, sagt ein Sprichwort. In der Regel denken wir an uns zuerst, selbst wenn wir dem andern Gutes tun wollen.
Jesus verlangt eine Umkehrung dieser Reihenfolge. Der andere soll an die erste Stelle rücken. Im Evangelium stehen harte, unmißverständliche *Forderungen:* »Verkauft eure Habe, und gebt den Erlös den Armen!« (Lk 12,33). Der Jünger Jesu soll den letzten Platz wählen (Lk 14,10); er soll sich selbst verleugnen (Mk 8,34).
Solche Worte verstehen und danach handeln kann nur, wer sich selbst, seine *Zukunft* und sein *Glück* Gott anvertraut. Ein solcher Mensch kann davon absehen, immer zuerst an sich zu denken. Ihm ist es möglich, von sich frei zu werden, um frei zu sein für die andern. Weil Gott für ihn »vorsorgt«, kann er sich um das Glück der andern sorgen.
Es müßte gut zu leben sein in einer Welt, in der die Menschen großzügig sich selbst vergessen, zu andern freundlich sind, ohne mit Gegenleistung zu rechnen, bei ihrer Hilfe nicht nach *Sympathie* auswählen und sich sogar von Lieblosigkeit und Feindseligkeit nicht beirren lassen. Von einer solchen Welt hat Jesus gesprochen, wenn er aufruft, Maß zu nehmen an der Liebe Gottes, der »seine Sonne aufgehen läßt über Böse und Gute und regnen läßt über Gerechte und Ungerechte« (Mt 5,45). Jesus sagt sogar: »Liebt eure Feinde und betet für die, die euch verfolgen, damit ihr Söhne eures Vaters im Himmel werdet« (Mt 5,44–45).
Man muß sich auf die *Weisungen Jesu* einlassen, um zu erfahren, daß sie nicht unmenschlich sind. An ihnen wird erst deutlich, was Menschsein heißt. Wer sich an den andern verschenkt, verliert sich nicht, sondern kommt erst wirklich zu sich. Wer dagegen meint, er könne sich nur bewahren, wenn er für sich bleibt, der verdorrt und stirbt ab. So gilt:

Wer sein Leben nicht schont und sich einsetzt, wer sich verschenkt und nichts für sich behält, der erst wird finden, was *Leben* wirklich heißt (vgl. Mk 8,35).

> Der Mensch in der Nachfolge Jesu muß bereit sein, das Leben zu wagen:
> **So gab der Herr sein Leben, verschenkte sich wie Brot./ Wer dieses Brot genommen, verkündet seinen Tod.** (2)
> **Als Brot für viele Menschen hat uns der Herr erwählt;/ wir leben füreinander, und nur die Liebe zählt.** (4)
> Lothar Zenetti. Gotteslob 620

37.8 Sich mitfreuen
→ 23.3 Zeichen der Hoffnung; 6.1 Sorget nicht

Miteinander fröhlich sein und gemeinsam lachen, das kennzeichnet die schönen Stunden unseres Lebens. Sie lassen uns ahnen, daß der Mensch für die *Freude* geschaffen ist. Freude kann aber auch selbstsüchtig sein, wenn einer sie nur für sich selbst sucht und sie dem anderen mißgönnt. Und wer unglücklich ist, dem tut das Lachen der andern weh. *Glück* und Erfolg erfreuen den, der sie hat; wer aber nur zusehen darf, den machen sie leicht traurig und neidisch. Davor sind auch Christen nicht bewahrt. Das ist nicht verwunderlich; Christen leben in keiner anderen Welt.
Und doch gibt es im Leben der Christen etwas, das die Blickrichtung verändern und einen neuen Horizont geben kann: nämlich die *Hoffnung,* die durch Jesus Christus gegeben ist. Sie kann das *Leben* verwandeln. Sie macht frei vom Zwang, dem eigenen Glück nachzujagen und den *Sinn* des Daseins in Leistung und Erfolg zu sehen. Diese Hoffnung läßt heiter werden, gelassen und geduldig gegenüber Mißgeschick und erlittenem Unrecht, aber auch gegenüber eigener Unzulänglichkeit. Sie macht frei, im andern nicht den lästigen oder gefährlichen Rivalen im Wettlauf nach Ruhm und Glück zu sehen, sondern den Freund und Bruder, über dessen Erfolg er sich von Herzen mitfreuen kann. Solche Mitfreude zeigt noch deutlicher als Mitleid, wie tief die Liebe zum Nächsten geht.

> Der Apostel Paulus mahnt die Christen in Rom:
> **Seid fröhlich in der Hoffnung, geduldig in der Bedrängnis, beharrlich im Gebet! Freut euch mit den Fröhlichen und weint mit den Weinenden!** *Römer 12,12.15*

38 Wer ist mein Nächster?

→ 1.1 Ein Christ; 14.1 Mensch geworden; 18.3 Maßstab des Gerichts

Es geht uns wie dem Schriftgelehrten (Lk 10,29). Auch wir stellen die Frage: Wer ist denn mein Nächster? Sind nur die gemeint, die mir nahestehen, also Eltern, Geschwister, Freunde, Schulkameraden, Arbeitskollegen? Gehören auch die dazu, von deren Schicksal ich in der Zeitung lese, aus Rundfunk oder Fernsehen erfahre? Ist ein Fremder, Andersgläubiger, persönlicher *Feind* auch mein Nächster? Wie weit muß ich mit meiner *Nächstenliebe* gehen?
Vom eigenen Standort aus ist der Nächste immer der mir Nahestehende. Das Maß meiner Zuwendung nimmt mit der räumlichen Entfernung ab. Ist das christlich? Umgekehrt setzt sich mancher für entfernte Weltprobleme tatkräftig ein, schaut aber dem Zusammenbruch der eigenen Eltern tatenlos zu. Ob das christlich ist? Es scheint notwendig zu sein, die Frage des Schriftgelehrten in unsern *Alltag* zu übertragen.

38.1 Die Familie

→ 32.1 Mann und Frau; 32.2 Ehe; 39.3 Solidarisch handeln

In der Familie ist jeder dem andern hautnah verbunden. Darum gilt sie als wichtigstes Erfahrungs- und Bewährungsfeld der *Nächstenliebe*. Wer ohne Familie aufwachsen muß, trägt die Folgen dieser Entbehrung oft ein Leben lang mit sich herum.
Die *Familie* kann zur ersten Schule der Nächstenliebe werden. Hier lernt man, am Schicksal anderer teilzunehmen. Eine so intensive *Gemeinschaft* wie die Familie lebt vom Geben und Nehmen der einzelnen; da kann keiner nur mit Haben und Festhalten beschäftigt sein.
Eine Familie darf sich nicht von der Außenwelt abkapseln; sie muß offen sein für viele andere. Eltern müssen bereit sein, die Heranwachsenden freizugeben und sie ihren eigenen Weg gehen zu lassen. Dieser Übergang bringt vielen Familien harte Belastungsproben. Spannungen, Konflikte und Enttäuschungen sind bei Eltern und Kindern unvermeidlich. Ungerechte und bittere Worte fallen; die Allernächsten sind plötzlich einander fremd.
Nächstenliebe heißt für die Eltern dann: Den Kindern neues *Vertrauen* schenken, auch wenn sie bereits mehrfach enttäuscht worden sind; heißt, auch begründeten Gehorsam

nicht um jeden Preis von den Kindern einfordern, auch wenn ein vernünftiges Maß konsequenter Strenge für das Wachsen junger Menschen wichtig ist. Für Kinder heißt das: Die elterliche Sorge und *Verantwortung* anerkennen, auch wenn sie als lästig empfunden werden; Schwächen und Fehler der Eltern ertragen, ohne sie zu verachten. »Der Mantel der christlichen Nächstenliebe« darf Konflikte nicht zudecken; doch das Austragen von Spannungen darf nicht zu verletzender Rechthaberei führen. Sich gegenseitig ertragen ohne Groll und Vorwürfe, ist bereits ein hohes Maß an Nächstenliebe, das in der Familie gelernt werden kann.

> Der Brief an die Gemeinde in Kolossä enthält eine sogenannte christliche »Haustafel«: Ratschläge für das Verhalten von Eltern und Kindern. Hier heißt es:
> **Ihr Kinder, gehorcht euren Eltern in allem; denn so ist es gut und recht im Herrn. Ihr Väter, schüchtert eure Kinder nicht ein, damit sie nicht mutlos werden.**
> *Kolosser 3,20–21*

Viertes Gebot: »Du sollst Vater und Mutter ehren« (→ 35.4 Zehn Gebote; Gotteslob 61). Dieses Gebot ist im AT zunächst nicht dazu da, um aus ungehorsamen »brave« Kinder zu machen; es geht vielmehr zunächst um die Sorge der erwachsenen Kinder für die altgewordenen Eltern; es ist also von Haus aus ein soziales Gebot, das aber auch die Frage von Anerkennung, Gehorsam und Verantwortung mit einschließt.
Elternrecht: Recht und Pflicht der Eltern, für die Pflege und Erziehung ihrer Kinder zu sorgen; für die Bundesrepublik Deutschland festgelegt im Grundgesetz (Art. 6, Abs. 2).
Selbständigkeit: Eigene Entscheidungsfähigkeit und Eigenverantwortung; abhängig von Alter und Erziehung eines Menschen.
Volljährigkeit (oder Mündigkeit): Altersstufe, mit der die volle Selbständigkeit und Geschäftsfähigkeit eintritt; in der Bundesrepublik mit Vollendung des 18. (in der DDR des 18., in der Schweiz des 20., in Österreich des 21.) Lebensjahres.

38.2 Freunde und Gruppe

→ 37.8 Mitfreuen; 37.7 Verschenken; 39.3 Solidarisch handeln

»Die wirkliche Menschenliebe muß aus der praktischen Übung wachsen.« Dieses Wort des englischen Kardinals Newman gilt auch für die Freundschaft. Wir gewinnen *Freunde* oft ohne unser Zutun durch Zuneigung und Sympathie; sie werden uns geschenkt. Aber es hängt von uns ab, ob solche Freundschaft Dauer und Tiefe gewinnt; Freundschaft will gepflegt sein.
Darum tun gute Freunde möglichst viel gemeinsam. Sie geben ab und nehmen an; sie sprechen miteinander und hören aufeinander; sie machen sich gegenseitig auf Fehler

aufmerksam; sie sind verschwiegen und vertrauen einander. Gute Freunde genügen jedoch nicht sich selbst, sondern sie gewinnen aus ihrer Freundschaft Kraft für andere Begegnungen.

In einer *Gruppe* finden sich Menschen zusammen, die ein gemeinsames Interesse verbindet. Der persönliche Einsatz füreinander ist meist geringer als unter Freunden. Sachliche Auseinandersetzungen und Rivalitätskämpfe um bestimmte Rollen kennzeichnen eine Gruppe ebenso wie selbstverständliche Kameradschaft, wenn Not am Mann ist.

Der Christ lebt in Gruppen verschiedenster Art. Wie von jedem andern werden von ihm *Sachlichkeit*, Fairneß, *Hilfsbereitschaft* erwartet. Steht aber einem solchen partnerschaftlichen Verhalten, wie es den Spielregeln einer Gruppe entspricht, nicht ein Wort Jesu an seine Jünger entgegen? Bei Matthäus heißt es: »Wer bei euch groß sein will, der soll euer Diener sein, und wer bei euch der Erste sein will, soll euer Sklave sein« (Mt 20,26–27). Doch was hier gefordert ist, meint nicht sich ducken, spricht nicht von der Angst, sich durchzusetzen oder vom *Verzicht*, die Leitung in einer Gruppe zu übernehmen. Das Wort verweist vielmehr auf die Kraft der *Hingabe* um des andern willen; es spricht vom großzügigen Sich-verschenken-Können. Das soll das eigentliche Motiv des Handelns sein.

> Das Buch Jesus Sirach enthält viel Lebensweisheit; in ihm wird auch der treue Freund gerühmt:
> **Ein treuer Freund ist wie ein festes Zelt, wer einen solchen findet, hat einen Schatz gefunden. Für einen treuen Freund gibt es keinen Preis, nichts wiegt seinen Wert auf.** *Jesus Sirach 6,14–15*

Gruppe: Zahlenmäßig überschaubarer, aus einem gemeinsamen Interesse hervorgehender Zusammenschluß von Menschen (für Umgangsstil und das Verhalten in einer Gruppe gibt es ganz bestimmte Spielregeln der »Interaktion«); auch als Sammelbegriff gebraucht (z. B. die Gruppe der Arbeitgeber). Als gesellschaftliche »Großgruppen« gelten Kirchen, Parteien, Gewerkschaften, aber auch Hausfrauen, Steuerzahler, Rentner usw.

38.3 Gesellschaft und Staat

→ 34.7 Kirche in der Welt; 39.2 Verantwortung; 39.4 Arbeiten – feiern; 29.2 Weltdienst

Die Meinung, wer regelmäßig zur Kirche geht und sonst ein »anständiger« Mensch ist, sei bereits ein guter Christ, ist weit verbreitet. Viele Christen kommen gar nicht auf den Gedanken, daß Nächstenliebe auch *Verantwortung* für *Staat* und *Gesellschaft* mit einschließt. Sie leben mit einer doppelten Moral: Nächstenliebe gilt im privaten Bereich; rücksichtsloser Kampf um den eigenen Vorteil prägt das gesellschaftliche, politische und berufliche Leben.

Wer die christliche Nächstenliebe ernstnimmt, weiß, daß sie ihn überall verpflichtet. Darum müssen Christen die Verantwortung für eine menschliche Ordnung in Gesellschaft und Staat mittragen und sich für die *Freiheit* und das allgemeine Mitspracherecht einsetzen. Sie müssen Sorge tragen für eine dem Gemeinwohl dienende Wirtschaftsordnung und helfen, daß *Frieden* und *Gewaltlosigkeit* sich ausbreiten. Das setzt ihre Mitarbeit in gesellschaftlichen Gruppen, politischen Organisationen, Parteien und Gewerkschaften voraus. Hier vertreten katholische Christen die Grundsätze der *Soziallehre* der Kirche. Diese zieht aus dem Gebot der Nächstenliebe konkrete Folgerungen für die gesellschaftliche und staatliche Ordnung. Dabei geht es dem Christen nicht um das Rechtbehalten im Streit der Meinungen, sondern um die Würde der Menschen, für die er sich einsetzt.

Immer wieder zeigt sich in Gesellschaft und Staat die Gefahr einer Überorganisation und Bürokratisierung. Auch die »organisierte Nächstenliebe« in Staat, Gesellschaft und Kirche behandelt den Hilfesuchenden oft nur als »Fall«, als statistisches Material, nicht mehr als Person. Solche Fehlentwicklungen nach Möglichkeit zu korrigieren, ist Pflicht jedes *Christen*. Die Initiative von einzelnen Bürgern kann hier oft mehr erreichen als eine Verwaltungsbehörde, und dies mit geringerem Aufwand.

Glauben darf nichts auf der Welt ausklammern:
Von der Welt wegblicken, das hilft nicht zu Gott. Auf die Welt hinstarren, das hilft auch nicht zu ihm. Aber wer die Welt in ihm schaut, steht in seiner Gegenwart.
Martin Buber

Sozialenzykliken (Enzyklika: griech. = Rundbrief): Päpstliche Rundschreiben an die ganze Kirche oder »alle Menschen guten Willens«, in denen die kirchliche Auffassung zu gesellschaftlichen oder wirtschaftlichen Fragen dargestellt wird.

Kommunismus: Bezeichnung für eine Wirtschafts- und Gesellschaftsordnung, in der alle sozial und politisch gleichgestellt sein sollen. In ihr soll es keinen Privatbesitz an Produktionsmitteln mehr geben. Keiner soll sich auf Kosten anderer bereichern. Die kommunistische Lehre, von Karl Marx entwickelt und von Lenin fortgeführt, steht auf dem Boden eines kämpferischen Atheismus.

Klassenkampf: Auseinandersetzung zwischen einer herrschenden und einer ausgebeuteten Menschengruppe. Das Wort (auch in kirchenamtlichen Dokumenten gebraucht) kennzeichnet die in vielen Ländern vorhandene Situation. Durch ihre Soziallehre versucht die Kirche darauf hinzuwirken, daß die Spannungen zwischen den gesellschaftlichen »Klassen« mit friedlichen Mitteln ausgetragen und die Lebensbedingungen der benachteiligten sozialen Schichten verbessert werden.

Marxismus: Eine starke und inzwischen vielfältig ausgefächerte weltanschauliche Strömung, die sich auf Karl Marx († 1883) beruft; möchte eine brüderliche Welt durch gewaltsamen Umsturz schaffen und die sozialen Gegensätze durch die »Diktatur des Proletariats« überwinden. Die bisherigen konkreten Verwirklichungen des Marxismus haben zu totalitären Systemen geführt, die durch unmenschliche Unterdrückung und Beeinträchtigung der für den Menschen wesentlichen Freiheiten gekennzeichnet sind.

Kapitalismus: Eine Wirtschaftsordnung, deren Grundlage die Anerkennung des Privateigentums ist und die davon ausgeht, daß die Masse der Arbeitenden nicht Kapitalbesitzer ist. In der Extremform würde dies bedeuten, daß der Unternehmer nur auf einen größtmöglichen Gewinn zur Vermehrung seines Vermögens bedacht wäre. Faktisch wirken Rücksichtnahme auf den arbeitenden Menschen und andere menschliche Faktoren wie auch der Einfluß von Regierungen und Gewerkschaften oft mildernd. Aber der Gefahr der Entartung ins Unmenschliche muß immer wieder bewußt entgegengewirkt werden (→ 39.8).

Revolution: Gewaltsame Änderung der staatlichen Verhältnisse. Dazu sagt Papst Paul VI. in seinem Rundschreiben über den »Fortschritt der Völker«: »Jede Revolution – ausgenommen im Fall der eindeutigen und langdauernden Gewaltherrschaft, die die Grundrechte der Person schwer verletzt und dem Gemeinwohl des Landes gefährlich schadet – zeugt neues Unrecht, bringt neue Störungen des Gleichgewichts mit sich, ruft neue Zerrüttung hervor. Man kann ein Übel nicht mit einem noch größeren Übel vertreiben.« Wegen der Probleme, die Revolutionen mit sich bringen, setzt sich die Kirche dort, wo Veränderungen dringend nötig sind, für gewaltlose Methoden ein. Diese können sehr wirksam sein, erfordern aber Mut und Disziplin (→ 39.1).

38.4 Die große Welt

→ 39.2 Verantwortung; 39.3 Solidarisch handeln; 12.1 Die Welt; 24.2 Vollendung

Die große *Welt* ist im Zeitalter der Technik klein geworden. Rundfunk, Fernsehen und Verkehrsmittel machen alle Völker der Erde zu Nachbarn. Glück und Elend unserer Freunde stehen uns ebenso ins Haus wie ein weit entfernter Kriegsschauplatz. Das bedeutet Chance und Gefahr zugleich: Unsere *Verantwortung* und Hilfsbereitschaft können wachsen, aber wir können auch gleichgültig werden angesichts der Flut von Katastrophenmeldungen.

Gleiches gilt für die Entwicklung auf allen Gebieten von Wirtschaft und Technik: Chancen und Gefahren wachsen gleichzeitig. Nur große *Wachsamkeit* für die Verantwortung, die neues Wissen und Können mit sich bringen, kann ein Chaos verhindern. Beispielhaft läßt sich das an der Atomenergie und an der Schädlingsbekämpfung ablesen. Was dem *Frieden* und der Gesundheit dienen kann, kann auch zum Krieg und zur Zerstörung der Personwürde des Menschen mißbraucht werden.

Es hat keinen Sinn, die Augen vor kommenden Problemen zu verschließen und der Welt von gestern nachzuweinen. Christen sollen den Auftrag der *Weltgestaltung* annehmen und versuchen, die Nächstenliebe mit der »Fernsten-Liebe« zu verbinden: die Sorge um den kranken Nachbarn von heute mit der Sorge für die nächsten Generationen; die Sorge um das kleine Stück Natur, in dem wir gerade leben, mit dem Umweltschutz und dem Kampf gegen die bedenkenlose Ausbeutung der Energievorräte der Erde. Die Verantwortung für die große Welt ist nicht allein Sache der Politiker. Sie können in einer Demokratie nur das durchsetzen, was von breiten Kreisen der Bevölkerung unterstützt wird. Alle müssen darum ihre Überzeugung ins Spiel bringen und sind zur Meinungsbildung, Anregung und – wenn nötig – auch zum Protest oder zum Verzicht aufgerufen.

Wie notwendig ein solcher Appell an das *Gewissen* der Christen ist, zeigt der erstaunte Einwand, dem man oft begegnet: Zweifellos ein wichtiges Problem – aber mit dem Eigentlichen des christlichen Glaubens hat das wenig zu tun! Was ist denn »das Eigentliche«, wenn nicht der *Wille Gottes?*

> Das folgende Gebet wird dem heiligen Franziskus von Assisi zugeschrieben:
> **Herr, mach mich zu einem Werkzeug deines Friedens,**
> **daß ich liebe, wo man haßt,**
> **daß ich verzeihe, wo man beleidigt,**
> **daß ich verbinde, wo Streit ist,**
> **daß ich die Wahrheit sage, wo Irrtum ist,**
> **daß ich Glauben bringe, wo Zweifel droht,**
> **daß ich Hoffnung wecke, wo Verzweiflung quält,**
> **daß ich Licht entzünde, wo Finsternis regiert,**
> **daß ich Freude bringe, wo der Kummer wohnt.**
> Gotteslob 29/6

Fernstenliebe: Von Friedrich Nietzsche parallel zur »Nächsten«-Liebe gebildeter Begriff; positiv (Einbeziehung aller) oder auch negativ (als Alibi für unterlassene Nächstenliebe) gebraucht; im letzteren Sinn redet man auch spöttisch von »Übernächstenliebe«.
Umwelt: Die Umgebung der Menschen, die von ihnen gestaltet wird und die sie beeinflußt. Die fortschreitende Umweltverschmutzung ist ein weitreichendes Problem. Alle Menschen können und sollen zum Umweltschutz beitragen (Bürgerinitiativen, Umweltschutzgesetz). Gott hat dem Menschen die Welt zur Entfaltung anvertraut, nicht zu Ausbeutung und Zerstörung (Gen 1,28).

Fortschritt: Schrittweise Verbesserung von Lebensbedingungen, Technik, wissenschaftlicher Erkenntnis usw. Oft ist Fortschritt auf einem Gebiet mit Nachteilen auf anderen Gebieten verbunden. Wirklicher Fortschritt gelingt nur, wenn Umsicht, Verantwortungsbewußtsein und sittliche Maßstäbe leitend sind. Naive Fortschrittsgläubigkeit schadet mehr, als sie nützt.

38.5 Der meinen Weg kreuzt

→ 37.1 Den Nächsten lieben; 37.7 Verschenken; 39.10 Gott bitten

Es scheint also geklärt zu sein, wer »der Nächste« ist: eben die *Nächsten* im wörtlichen Sinn – und je ferner sie uns rücken, desto geringer wird das Maß und der Grad unserer *Verantwortung.* Es scheint also eine Art gestufter »Ordnung der Liebe« zu geben, und damit scheint auch klar zu sein, daß die normalen Beziehungen ihre Gültigkeit behalten müssen, soll nicht in einer blassen »Fernsten-Liebe« verwischt werden, was Nächstenliebe fordert.

Ein Blick auf den »klassischen« biblischen Text zur Nächstenliebe stellt diese einfache Lösung des Problems plötzlich in Frage. Warum geht Jesus auf die schlichte Frage des Gesetzeslehrers nicht ein? Statt dessen erzählt er die Geschichte von einem Mann, der unter die Räuber gefallen ist, an dem ein Priester und ein Levit vorübergehen, und der schließlich von einem Ausländer und Andersgläubigen versorgt wird. Und dann gibt Jesus die Ausgangsfrage zurück, jedoch mit einem anderen Akzent: Wer hat sich für den Überfallenen zum Nächsten gemacht?

Damit weist Jesus auf den entscheidenden Punkt: Wir dürfen nicht nach einem bestimmten Personenkreis fragen, wenn wir wissen wollen, wer unser Nächster ist. Entscheidend ist: Wer *meinen Weg* kreuzt. Wer mich jetzt sofort braucht. Ich kann nicht vorhersehen, wem ich heute oder morgen begegnen werde, dem ich mich zum Nächsten machen muß. Das können Menschen sein, mit denen ich lebe, wohne, arbeite, aber auch Unbekannte, sogar Gegner und *Feinde.* Sie alle können mir zu Brüdern und Schwestern werden. Denn mein Nächster ist, wer meinen Weg kreuzt und mich braucht.

> Im Lukasevangelium empfiehlt uns Jesus Nächstenliebe ohne Einschränkung und gibt auch den Grund dafür an:
> **Ihr aber sollt eure Feinde lieben und Gutes tun und leihen, auch wo ihr nichts dafür erhoffen könnt. Dann wird euer Lohn groß sein, und ihr werdet Söhne des Höchsten sein; denn auch er ist gütig gegen die Undankbaren und Bösen. Seid barmherzig, wie es auch euer Vater ist!** *Lukas 6,35–36*

39 Geh und handle genauso

→ 35.1 Gott ist uns voraus; 1.5 Mit Jesu Augen; 37.3 Welt ernst nehmen

Täglich steht der Christ vor Situationen, in denen er sein Handeln am Beispiel Jesu ausrichten soll. Nicht selten muß er dabei vom Üblichen abweichen: an den anderen denken, wo er lieber zuerst an sich selbst denken möchte; andere Meinungen gelten lassen, wo er lieber die eigene durchsetzen möchte; mit denen *teilen,* die weniger haben, auch wenn ihm das kein Vergnügen bereitet; zu den andern gut sein, auch wenn er selbst von andern Böses erfährt.
Ein Kernsatz der *Frohen Botschaft* lautet: Weil Gott uns zuerst geliebt hat (1 Joh 4,10), darum können auch wir lieben. Am Anfang steht immer das *Geschenk* der Liebe Gottes an uns; das kann nicht oft genug wiederholt werden. Wenn wir uns üben, Gutes zu tun, so ist das nur die Antwort darauf. Wie aber sieht das im Leben, im Alltag aus? Liebe gibt es nur konkret. Als allgemeines Programm verkündet, spürt der, der unsere Liebe braucht, wenig davon. Wie kann man das ins Alltagsleben umsetzen? Gibt es bestimmte Verhaltensweisen, die dem *Gebot der Liebe* entsprechen? Kann man daraus folgern, wie ein Christ sich in bestimmten Situationen verhalten wird? Lassen sich Regeln aufstellen? Modelle entwerfen?

39.1 Das Leben lieben

→ 24 Das ewige Leben; 37.4 Leibhaftig lieben; 12.3 Geschöpf Gottes

»Jeder hängt am Leben.« Das scheint selbstverständlich zu sein. Doch die Statistik der Selbstmorde zeigt, wie viele Menschen ihr Leben aufgeben, weil es ihnen zur Last, zur unerträglichen Qual geworden ist.
Christen glauben, daß *Leben* ein Geschenk Gottes ist – jedes Leben; darum ist es in jedem Fall lebenswert. Ein Christ wird das Leben lieben, das eigene und das der andern, auch dann, wenn mancher vielleicht nichts mehr daran liebenswert findet. Denn: »Jetzt sind wir Kinder Gottes. Aber was wir sein werden, ist noch nicht offenbar geworden« (1 Joh 3,2). Der letzte, noch verborgene *Sinn* des Lebens liegt in der *Zukunft,* die Gott zugesagt hat.
Weil es ein Geschenk Gottes ist, muß Leben unter allen Umständen geschützt und gewahrt werden. Das gehört im Volk Israel zum Gottesrecht: »Ich bin Jahwe, dein Gott...

Du sollst nicht morden« (Ex 20,2.13). Das Verbot will das Äußerste verhindern. Aber wer davor zurückschreckt, einem andern das Leben zu nehmen, muß deshalb noch kein Liebhaber des Lebens sein. Ich kann es auch zur Hölle machen, gerade dem Nächsten, der mich Tag für Tag ertragen muß.

Es ist im Sinne Jesu, das gefährdete Leben zu beschützen und das verletzte zu heilen. Der Christ wird sich darüber hinaus dafür einsetzen, für möglichst viele Menschen das Leben menschenwürdig und lebenswert zu machen. Den Nächsten lieben, das heißt auch: Dazu beitragen, daß es sich für ihn zu leben lohnt, daß er *Freude* haben kann an seinem Leben.

> Ein Lied aus unserer Zeit, das dem Psalm 148 nachgedichtet ist, verbindet Freude am Leben mit dem Dank an den, der es gegeben hat:
> **Singt das Lied der Freude über Gott!/ Lobt ihn laut, der euch erschaffen hat./ Er wird Kraft uns geben, Glanz und Licht wird sein,/ in das dunkle Leben leuchtet hell sein Schein:/Singt das Lied der Freude über Gott!** (4)
> *Dieter Hechtenberg. Gotteslob 272*

Fünftes Gebot: »Du sollst nicht töten!« (→ 35.4 Zehn Gebote; Gotteslob 61).

Todesstrafe: Jemandem für ein Verbrechen das Leben zu nehmen, darf als härteste Strafe gelten. In der Bundesrepublik Deutschland ist die Todesstrafe nach 1945 abgeschafft worden. – Die katholische Kirche hat bisher keine grundsätzliche Ächtung der Todesstrafe ausgesprochen.

Euthanasie (griech. = »guter Tod« = Sterbehilfe): Erleichterung des Todes eines mit Sicherheit und auf qualvolle Weise verlöschenden Lebens (z. B. durch bewußtseinslähmende Mittel); rechtlich nur zulässig, wenn damit keine Abkürzung des Lebens verbunden ist. – Die katholische Kirche billigt alle Hilfen im Rahmen eines natürlichen Sterbens. Eine Lebensverlängerung um jeden Preis widerstreitet dem Recht des Menschen auf einen natürlichen Tod.

Vernichtung ›lebensunwerten‹ Lebens: Tötung von Geisteskranken und Schwerstbehinderten in der Zeit des Nationalsozialismus gehört nicht unter den Begriff der Euthanasie (obwohl damals so benannt, was das Wort bis heute belastet); es ist Mord, vom Recht und vom öffentlichen Gewissen eindeutig abgelehnt.

Selbstmord (Freitod): Geschieht meist aufgrund bedrückender seelischer Lage (Verzweiflung). – Sich aus freiem Willen das Leben zu nehmen, gilt nach kirchlicher Lehre als schwere Sünde; denn niemand ist berechtigt, sich das Leben, das Gott geschenkt hat, zu nehmen. Verantwortlichkeit und damit Schuld eines Selbstmörders sind jedoch schwer zu ermessen.

Abtreibung: Abbruch der Schwangerschaft durch chirurgischen Eingriff oder durch Medikamente. Unter bestimmten Bedingungen heute auch in der Bundesrepublik Deutschland nicht strafverfolgt. Dies ändert nichts an der strengen Gewissenspflicht der Christen, ungeborenes Leben zu schützen. Von der katholischen Kirche wird jede Form der beabsichtigten Tötung der Leibesfrucht abgelehnt.

Notwehr: Verteidigung gegen einen rechtswidrigen gegenwärtigen Angriff auf Leib und Leben, Ehre oder Vermögen (eigenes oder fremdes), für das man verantwortlich ist. Der Verteidiger muß sich bemühen, den Schaden, den er dem Angreifer zufügt, so gering wie möglich zu halten. Notwehr darf kein Akt der Rache sein.

Töten im Krieg: Die Verantwortung des einzelnen für die Entscheidung über Tod und Leben ist in einem Ausnahmezustand, wie ein Krieg ihn darstellt, stark gemindert. Militärisches Vorgehen schließt immer Gefährdung von Menschenleben ein. Wenn auch die Frage nach der Verantwortung hier schwer zu beantworten ist, so kann sie doch nicht leichtfertig beiseite geschoben werden. Sicher spielt dabei eine Rolle, ob es sich um einen Angriffs- oder einen Verteidigungskrieg handelt. Der Befehl von Vorgesetzten kann dem einzelnen die Verantwortung nicht grundsätzlich abnehmen. In jedem Fall ist die Gewissensentscheidung des einzelnen zu respektieren.

Tyrannenmord: Ein immer wieder diskutiertes Thema, obwohl es für den einzelnen kaum einmal akut wird. – Einen Diktator, der durch seine Herrschaft seinem Land schweren Schaden zufügt und das Leben seiner Bürger mißachtet, vorsätzlich zu töten, ist eine schwerwiegende Entscheidung und daher mit einer großen Verantwortung verbunden. Nach allgemeiner Auffassung gilt eine solche Entscheidung als sittlich gerechtfertigt, wenn dadurch größerer Schaden vermieden werden kann und die Rückkehr zu geordneten Verhältnissen abschätzbar ist. – Generelle Urteile dieser Art – wie immer sie ausfallen – können dem Ernst einer solchen Entscheidung nie gerecht werden (→ 38.3).

Sozialer Tod: Daß alte Menschen in unserer Umgebung einsam und verlassen sterben, ist schlimm. Ebenso schlimm (oder noch schlimmer?) ist es, daß überall in der Welt Menschen zu früh sterben müssen, weil sie nicht genug zum Leben haben, weil ihre Arbeit unmenschlich schwer ist oder unterbezahlt wird, weil an Sicherheitsmaßnahmen gespart wird usw. Niemals darf die Hoffnung, die wir Christen für die Toten haben, dazu führen, den »sozialen Tod«, welche Form er auch hat, einfach hinzunehmen. Zum Glauben gehört die Empörung über diese Todesart.

39.2 Verantwortung übernehmen

→ 34.1 Im Volk Gottes; 29.2 Weltdienst; 31.1 Fürbitte und Fürsorge; 38 Wer ist mein Nächster?

Wo einer für den andern *Verantwortung* übernimmt; wo einer dem andern erzählt, was er erwartet und erhofft, wo jeder mit seinen Fähigkeiten dazu beiträgt, das gemeinsame Ziel zu erreichen: dort entstehen lebendige Gemeinschaften. Gebote, Gesetze, Regeln – geschriebene und ungeschriebene – können zwar dazu beitragen, die Ordnung einer *Gemeinschaft* zu festigen und ihr Bestehen zu sichern; aber die so gewonnene Ordnung bleibt Fassade, die über kurz oder lang zusammenbricht, wenn die Mitglieder nicht bereit sind, Verantwortung zu übernehmen. Verantwortung im Großen setzt Bereitschaft und Einübung im Kleinen voraus.

Je älter Kinder werden, um so mehr Verantwortung für die *Familie* übernehmen sie. Die beiderseitige Verantwortung zwischen Eltern, Kindern und übrigen Verwandten sollte auch im Krisenfall nicht vorschnell auf Wohlfahrtseinrichtungen (Kinderheime und Altenheime) übertragen werden. Schon in der Schule und in der *Nachbarschaft,* später in der Gruppe, in der *Gemeinde* und am Arbeitsplatz gilt es, eigene Fähigkeiten zu erkennen und zum Wohl der andern einzubringen. Wer sich vor jeder Verantwortung drückt und jedes Problem auf die zuständige Behörde schiebt, der hat wenig von christlicher Nächstenliebe verstanden.

Auch der *Staat* ist abhängig von der Bereitschaft seiner Bürger, Verantwortung zu übernehmen. Christen sind aufgerufen, auf den verschiedensten Gebieten mitzuarbeiten. Sie müssen versuchen, ihre *Überzeugung* beim Zustandekommen guter Gesetze wirksam zu machen. Dann haben sie auch das Recht, zu kritisieren und darüber zu wachen, daß der Staat seine Befugnisse nicht überschreitet.

> Paulus ermahnt die Gemeinde in Rom:
> **Wir müssen als die Starken die Schwäche derer tragen, die schwach sind, und dürfen nicht für uns selbst leben. Jeder von uns soll Rücksicht auf den Nächsten nehmen, um Gutes zu tun und die Gemeinde aufzubauen. Denn auch Christus hat nicht für sich selbst gelebt.**
> *Römer 15,1–3*

Verantwortung: Bereitschaft und/oder Verpflichtung eines Menschen, entsprechend seinen Voraussetzungen für etwas oder für jemanden einzustehen, auch unter Schwierigkeiten.

Telefonseelsorge: Besonders in Großstädten von einer oder mehreren Kirchen zugleich eingerichtet. Rund um die Uhr können hier Menschen in allen ihren Problemen telefonisch um Rat fragen. Die haupt- oder ehrenamtlichen Mitarbeiter, die besonders ausgebildet sind, haben schon vielen Menschen in Notsituationen geholfen und haben manch einen vor Verzweiflung bewahrt.

39.3 Solidarisch handeln
→ 34.5 Kirchliche Werke; 34.4 Orden; 31.1 Fürbitte und Fürsorge

Christen dürfen sich nicht mit der Welt, wie sie nun einmal ist, abfinden – in der Hoffnung auf eine kommende, in der alles »wie von selbst« besser wird. Sie müssen sich nach Kräften um eine menschlichere Welt bemühen. Dabei genügt es nicht, sich für großartige Programme zu begeistern, sondern sie müssen sich um die Menschen kümmern, mit denen sie leben.

Es gilt, den Blick offen zu halten für die vielen berechtigten Anliegen der Menschen in der *Gesellschaft,* besonders der

Benachteiligten, wie Gastarbeiter, Arbeitslose, alte Menschen, Kinder, kinderreiche Familien, Behinderte und Kranke. Es gilt auch, *Widerstand* zu leisten gegenüber einem zunehmenden Anspruch des Staates, alle Probleme und Sorgen zu einer Sache von Ämtern und Behörden zu machen.

Auf der andern Seite kann man es nicht dem Zufall überlassen, ob ein Hilfsbedürftiger einem Hilfsbereiten begegnet oder ob er vergebens wartet. *Nächstenliebe* muß auch organisiert werden, damit jedem gegeben werden kann, was er braucht. Neben den kirchlichen Organisationen »Caritas« und »Diakonisches Werk« gibt es heute auch freie Wohlfahrtsverbände und -einrichtungen. Aber auch das gesamte Gesundheitswesen, Arbeits- und Sozialämter lassen sich durchaus unter dem Aspekt der organisierten Nächstenliebe betrachten.

In der Geschichte der Kirche gab es immer wieder einzelne, die Gemeinschaften gegründet haben, um im Zeichen christlicher *Solidarität* ihr Leben den Armen, Kranken, Alten, Waisen, Gefangenen zu widmen, zum Beispiel: Johannes von Gott, Vinzenz von Paul, Don Bosco und viele andere. Sie zeigen beispielhaft, wie Christen versuchen, den Menschen in ihrer Not nahe zu sein und so Jesus nachzufolgen, der sein Leben gab, damit andere leben können.

Solidarität bedeutet für den Christen nicht nur, für die Belange der Menschen in seiner Gesellschaft einzutreten. Die Anstrengungen der Christen für die Entwicklungs- und Friedensarbeit in der Welt *(Missio, Misereor, Adveniat, Brot für die Welt, Pax Christi)* gelten einem weltweiten Ausgleich zwischen reichen und armen Völkern. Solidarisch handeln verlangt mehr als eine Spende, um das Gewissen zu beruhigen. Die Probleme der Menschheit fordern von uns Hartnäckigkeit und unerschöpfliche *Geduld,* vor allem aber ein waches Herz, das jede Möglichkeit zu wirksamer Hilfe ergreift.

> Die Solidarität mit den Schwachen macht das Christentum heute überzeugend – vielleicht mehr als alles andere:
> **Selbst die allerschlechteste christliche Welt würde ich der besten heidnischen vorziehen, weil es in einer christlichen Welt Raum gibt für die, denen keine heidnische Welt je Raum gab: für Krüppel und Kranke, Alte und Schwache; und mehr noch als Raum gibt es für sie: Liebe für die, die der heidnischen wie der gottlosen Welt nutzlos erschienen und erscheinen.**   *Heinrich Böll*

Solidarität (in der Zeit Goethes entstandenes Kunstwort aus dem Lateinischen): Zusammengehörigkeitsgefühl mit Benachteiligten; aktive hilfreiche Zusammenarbeit zugunsten der Schwächeren.

Bürgerinitiative: Zusammenschluß von Bürgern, die sich gemeinsam für eine Verbesserung im gesellschaftlichen Leben einsetzen: durch Versammlungen, Unterschriftenaktionen, Demonstrationen, Vorschläge, Aktionen. Wichtig für ein Gemeinwesen, dessen Bürger sich für das gesellschaftliche und staatliche Leben mitverantwortlich wissen, wenn es auch die Anliegen von Bürgerinitiativen im einzelnen gründlich zu prüfen gilt.

Behinderte: Menschen, die es infolge körperlicher oder geistig-seelischer Belastungen oder Mängel schwer haben, den normalen Anforderungen des Lebens zu entsprechen: Blinde, Gehörlose, Gehbehinderte, Lernbehinderte usw. Christen wissen sich verpflichtet, ihnen partnerschaftlich zu helfen, damit sie so weit wie möglich sich selber helfen lernen und in die Gesellschaft voll aufgenommen werden. Auch Jugendliche können dafür – einzeln und in Gruppen – viel tun.

39.4 Arbeiten – Feiern

→ 12.3 Geschöpf Gottes; 34.6 Kirche in der Welt; 23.3 Zeichen der Hoffnung

Einen großen Teil unseres Lebens verbringen wir mit Arbeit. Aber in zunehmendem Maß wächst – dank der modernen Produktionstechnik – unsere Freizeit. *Arbeiten* und *Feiern* werden langsam zu gleichwichtigen Formen unserer Selbstentfaltung und *Selbstverwirklichung*. Mit beiden Bereichen sind Last und Lust verbunden: Arbeit kann menschenunwürdig sein; sie kann entfremden und langweilen; sie kann ermüdend sein, den Geist töten, die Gesundheit schädigen, zum Krüppel machen. Doch es kann auch Quelle großer *Freude* sein zu wissen, wofür man arbeitet; systematisch seine Fähigkeiten zu entwickeln und einzusetzen; zu sehen, wie etwas Neues entsteht und Gestalt annimmt; zu entdecken, wie wir in unserer Arbeit uns selbst verändern; zu erfahren, daß wir mit unseren Ideen und Kräften andern nützen.

Und die *Freizeit*? Für viele ist sie lustloser Feierabend, totgeschlagene Zeit, einfallsloser Konsum. Doch sie kann auch Zeit zur Muße, zur wohlverdienten Entspannung, zur erholsamen Pause sein, in der nicht nur wieder für die Arbeit neue *Kraft* gesammelt wird, sondern die in sich ein Wert ist: Solche Freizeit könnte das Gespür für die Bedeutung des Feierns erneuern, ja als Feiern selbst erfahrbar sein. Denn wir leben nicht nur, um zu arbeiten. Zum Leben gehört auch: spielen, lieben, feiern, träumen, erzählen, musizieren, spazierengehen, lesen, die Welt betrachten. Arbeiten und Feiern zusammen sind wichtig für das Menschsein.

Es gibt viele Formen und Ausdrucksmöglichkeiten des Feierns. Wer in Gott das Ziel seines Lebens gefunden hat, dem ist der *Gottesdienst* der Höhepunkt allen Feierns. Alle Elemente zweckfreien Tuns finden sich hier wieder. Wir beten nicht, um etwas zu erreichen, und wir feiern nicht Gottesdienst, um eine religiöse Pflicht zu erfüllen. Der Gottesdienst sammelt alle menschlichen Kräfte zu »heiligem Spiel« vor dem lebendigen Gott, um ihn zu loben, ihm zu danken und in ihm sich zu freuen. Deshalb kann der Gottesdienst eine Kraftquelle sein für die Arbeit und ein Impuls für schöpferisches Tun.

> Die Zehn Gebote bestehen darauf, den siebten Tag als Ruhetag einzuhalten. Arbeiten und Feiern gehören gleicherweise zur menschlichen Selbstentfaltung:
> **Sechs Tage darfst du schaffen und jede Arbeit tun. Der siebte Tag ist ein Ruhetag, dem Herrn, deinem Gott, geweiht. An ihm darfst du keine Arbeit tun: du, dein Sohn und deine Tochter, dein Sklave und deine Sklavin, dein Vieh und der Fremde, der in deinen Stadtbereichen Wohnrecht hat.** *Exodus 20,9–10*

Arbeit: Körperliche und geistige Kraftanstrengung des Menschen. Ihr Ziel ist in erster Linie die Sicherung eines menschenwürdigen Lebensunterhalts (Essen, Kleidung, Wohnung, Zukunftssicherung) und die Entfaltung menschlicher Möglichkeiten. In unserer arbeitsteiligen Wirtschaft unterscheidet man selbständige und unselbständige Arbeit, schöpferische (Künstler), leitende (Betriebsleiter), planende (Ingenieur) und ausführende Arbeit (Handwerker, Arbeiter).
Beruf: Regelmäßig ausgeübte Tätigkeit in der Gesellschaft, gewöhnlich zugleich Erwerbsquelle des Lebensunterhalts. Bei der Berufswahl treffen sich im Idealfall Neigung, Berufung, Fähigkeiten und gesellschaftliche Bedürfnisse. Dies gilt auch für die kirchlichen Berufe: Priester-, Ordens- und Laienberufe.
Recht auf Arbeit: Ein Grundrecht des Menschen, das auch in der Erklärung der allgemeinen Menschenrechte von 1948 verankert ist.
Arbeitslosigkeit: Folge wirtschaftlicher Krisen. Als Arbeitsunwilligkeit oft Folge des sozialen Versorgungsstaates.
Arbeiterschaft: Gesamtheit der Arbeitnehmer. Seit dem 19. Jahrhundert bildeten sich Zusammenschlüsse von Arbeitern (Vereine, Gewerkschaften), die sich für die Rechte der Arbeiter einsetzten.
Gewerkschaft: Freiwilliger Zusammenschluß von Arbeitnehmern zur Wahrnehmung und Durchsetzung berechtigter Interessen gegenüber den Arbeitgebern. Das äußerste Mittel des Arbeitskampfes ist der Streik. So schnell wie möglich muß aber versucht werden, Verhandlungen wieder aufzunehmen, um gemeinsam Wege der Verständigung zu finden.
Tarifvertrag: Zeitlich begrenzte Vereinbarung zwischen Arbeitgebern und Arbeitnehmern eines Wirtschaftszweiges über Löhne und Arbeitsbedingungen.
Arbeitsvertrag: Vertrag zwischen Arbeitgeber und Arbeitnehmer zur Regelung der gegenseitigen Rechte und Pflichten (z. B. Lohnfortzahlung im Krankheitsfall, Sozialabgaben, Arbeitszeit, Urlaub).
Freizeit: Arbeitsfreie Zeit der Berufstätigen, wichtig für Erholung, Familie, Geselligkeit, Bildung, Teilnahme am gesellschaftlichen, staatsbür-

gerlichen und kirchlichen Leben. Die Fähigkeit zu einer sinn- und wertvollen Gestaltung der Freizeit zu fördern, wird immer wichtiger.
Kunst: Sammelname für die verschiedenartigen Versuche, menschliches Leben und menschliche Geschichte durchsichtig und zugleich greifbar zu machen. Kunst steht dem Feiern, dem »zweckfreien Spiel« nahe; sie ist aber auch Arbeit an einer noch zu entwickelnden, neuen, menschlicheren Welt. Künstler haben manches gemeinsam mit Propheten.
Hobby (englisch = Steckenpferd): Liebhaberei, nicht erwerbsmäßig betriebene Freizeitbeschäftigung.
Drittes Gebot: »Gedenke, daß du den Sabbat heiligst« (→ 34.4 Zehn Gebote, Gotteslob 61).

39.5 Zuverlässig sein
→ 37.3 Welt ernst nehmen

Wir sind jeden Tag darauf angewiesen, daß wir uns auf den andern verlassen können: auf den Mechaniker, der unser Auto repariert; auf den Arzt, der uns eine Arznei verschreibt; auf den Freund, dem wir etwas anvertrauen; auf den Partner, mit dem wir einen Vertrag schließen. Ein *Leben* in *Gemeinschaft* wäre unmöglich, wenn wir einander nicht *vertrauen* könnten.

Für den Christen ist mit alledem eine besondere Verpflichtung verbunden. Wenn andere sich darauf verlassen, daß er die Wahrheit sagt, daß er nicht arglistig täuscht, daß er hält, was er verspricht, dann hat das etwas mit dem Grundgesetz des christlichen Lebens zu tun. Ehrlich, wahrhaftig und zuverlässig sein, heißt *Nächstenliebe* verwirklichen. »Legt deshalb die Lüge ab, und redet untereinander die Wahrheit; denn wir sind als Glieder miteinander verbunden«, heißt es in einer Anweisung zum christlichen Leben im Neuen Testament (Eph 4,25).

Von der *Wahrhaftigkeit* eines einzigen können Leben und Tod vieler abhängen. Das alte Gottesvolk hat deswegen die Aussage des Zeugen vor Gericht unter das Gesetz Jahwes gestellt: »Du sollst nicht falsch gegen deinen Nächsten aussagen« (Ex 20,16). Die christliche Überlieferung sieht darin ein Gebot Gottes, das den Menschen unbedingt auf die *Wahrheit* verpflichtet.

Wer wiederholt in seinem *Vertrauen* enttäuscht wurde, kann leicht zu einem mißtrauischen Menschen werden. Ein grundsätzliches Mißtrauen darf es bei Christen nicht geben. Man muß nicht naiv sein und blind für die Wirklichkeit, wenn man trotz böser Erfahrungen versucht, offen zu bleiben für das Gute im andern. Vor allem aber verlangt die Liebe den unbeirrbaren Willen, selber ehrlich und zuverlässig zu bleiben. Sie nimmt ihr Maß an Gott selbst, der *treu* bleibt – auch dem Treulosen.

> Die Lüge hat dreierlei Folgen:
> **Die Lüge verzerrt die Wirklichkeit. Sie macht einen Menschen unzuverlässig. Sie zerstört das Vertrauen unter den Menschen.** *Holländischer Katechismus*

Achtes Gebot: »Du sollst kein falsches Zeugnis geben wider deinen Nächsten« (→ 35.4 Zehn Gebote. Gotteslob 61).
Wahrhaftigkeit: Verhalten und Reden, das der Wirklichkeit entspricht, sie nicht verkürzt oder verfälscht.
Lüge: Bewußte Verzerrung, Verfälschung der Wirklichkeit; meist eingeschränkt verwendet auf falsche Aussagen; Verfälschung von Tatsachen: meist als Betrug bezeichnet.
Irrtum: Falsches Urteil aufgrund von Sinnestäuschung oder ungenauem Denken. In Glaubensfragen ist es oft sehr schwer, Wahrheit von Irrtum zu unterscheiden. Nach katholischer Lehre legt das kirchliche Lehramt die Offenbarung Gottes verbindlich aus.
Vertrauen: Verhältnis, das aus gegenseitigem offenem und wahrhaftigem Umgang der Menschen miteinander entsteht; kann durch Erfahrung gefördert oder erschüttert werden; auch als Umschreibung für »Glauben« gebraucht.
Ehrlichkeit: Eine Haltung, die der Wahrheit und Zuverlässigkeit die »Ehre« gibt (z. B. andere nicht übervorteilt).
Amtsgeheimnis: Die mit einem bestimmten Amt oder Beruf (z. B. Datenverarbeiter, Rechtsanwalt, Arzt, Priester) verbundene Verpflichtung, Kenntnisse über bestimmte Menschen, die ihnen anvertraut sind, nicht preiszugeben. Zum Schutz des Amtsgeheimnisses kann vor Gericht die Aussage verweigert werden.
Notlüge: Unwahre Aussage mit dem Ziel, sich (oder andere) aus einer Notsituation zu befreien (»Schutzbehauptung«) oder um dem anderen eine unerträgliche Wahrheit zu ersparen. Trotz der Not – sie bleibt Lüge.
Argwohn: Ohne hinreichenden Grund von Nächsten Böses denken.
Mißtrauen: Eine Haltung, die davon ausgeht, daß man sich auf Menschen teilweise oder grundsätzlich nicht verlassen kann.
Heuchelei: Sich besser (und frömmer) darstellen, als man wirklich ist.
Verleumdung: Gegen besseres Wissen üble Nachrede verbreiten.
Eid: Zur Bekräftigung einer Aussage Gott (»den Allwissenden«) feierlich zum Zeugen anrufen, daß die Aussage wahr ist (»so wahr mir Gott helfe«), das heißt: »schwören«. Nach Mt 5,34 ist den Jüngern Jesu der Eid untersagt. Er darf ohne ernstliche Not nicht schwören.
Meineid (=Falscheid): Unter Eid abgegebene wissentlich unwahre Aussage vor Gericht; wird vom Staat strafrechtlich verfolgt.

39.6 Sich entscheiden und offenbleiben
→ 36.2 Freiheit; 30.6 Schuld/Selbsterkenntnis; 22.4 Gottes Zuwendung

Immer wieder gibt es Situationen, in denen wir eine klare Auskunft erwarten: Was ist richtig, und was ist falsch? Soll ich so oder anders entscheiden? Gilt diese oder jene Meinung? Das Verlangen nach eindeutiger Antwort läßt sich jedoch nicht immer befriedigen. Denn auf viele Fragen gibt es verschiedene Antworten. Das führt dazu, daß

Menschen sich unsicher fühlen, vor allem dann, wenn sie nicht gelernt haben, mit der Vielfältigkeit des Lebens zu rechnen, und niemand ihnen gezeigt hat, daß in der Vielfalt der Reichtum unseres Daseins liegt.

Viele Möglichkeiten zu haben heißt nicht, sich von ihnen schieben lassen; im Gegenteil, man muß immer wieder *Entscheidungen* treffen. Manchem mag das unbequem erscheinen; er schiebt die Entscheidung immer wieder auf und wird am Ende selber ein Geschobener. Andere meinen, sie könnten mit Überlegung offene Situationen beliebig lang offenhalten, weil es ja immer »vielerlei Möglichkeiten« gibt. Das Ergebnis ist Profillosigkeit, vielfach auch *Intoleranz*, oder sogar Unehrlichkeit und Charakterlosigkeit.

Im Entscheiden-Dürfen und Entscheiden-Können liegt gerade das Faszinierende des *Lebens*. Das bedeutet aber auch: Man muß bereit sein, seine Entscheidungen zu überprüfen und neu zu treffen, wenn sie sich als falsch erwiesen haben. Das erfordert Offenheit, Selbstkritik und Bereitschaft, immer wieder hinzuzulernen. Manchmal braucht man mehr *Mut,* seine Meinung zu ändern, als ihr treu zu bleiben.

Wer für sich das Recht beansprucht, Entscheidungen zu fällen, der muß auch bereit sein, die Entscheidungen anderer zu achten, auch wenn sie der eigenen Überzeugung entgegenstehen. Das bedeutet nicht Gleichgültigkeit gegenüber der erkannten Wahrheit, Anerkennung des Irrtums. Aber es heißt, das ernsthafte Ringen eines Menschen um die *Wahrheit* höher zu schätzen als das passive Hinnehmen einer Wahrheit, der er innerlich nicht zustimmen kann.

Wissen wir denn, ob wir als Christen das, was wir als wahr erkannt haben, immer so vertreten, verkünden und leben, wie es der Wahrheit Gottes entspricht? Die Fülle des Lebens in Jesus Christus reicht weiter, als wir begreifen. »Sich entscheiden« und dennoch »offenbleiben«, das widerspricht sich nicht, im Gegenteil, es bedingt sich gegenseitig.

> Wie sich die Liebe zur Wahrheit und die Liebe zum Nächsten zueinander verhalten sollen, hat der heilige Augustinus auf die Formel gebracht:
> **Hasse den Irrtum, aber liebe den Irrenden.**
> *Aurelius Augustinus*

Toleranz (lat. = ertragen): Das Geltenlassen fremder Anschauungen, Gewohnheiten und Überzeugungen, soweit durch sie die Menschenrechte nicht verletzt werden. Das Zweite Vatikanische Konzil (1962–1965) hat die Freiheit des Gewissens und der Religionsausübung für alle betont.
Weltanschauung: Gesamtauffassung vom Wesen und Sinn der Welt und des

menschlichen Lebens; Bestandteil jeder Religion, aber auch unabhängig von Religion, ja in bewußtem Gegensatz zur Religion möglich. Beispiel: die Weltanschauung des dialektischen Materialismus (→ 12.1).
Religion: Sammelname für viele verschiedene Weisen, wie die Menschen sich mit dem Göttlichen oder dem letzten Grund des Daseins verbunden wissen; meist schließen sich die Menschen einer schon vorhandenen Religionsgruppe an. Außer den fünf großen Weltreligionen gibt es eine große Zahl von Stammes- und Volksreligionen. Immer wieder entstehen auch neue Religionen, wie in unserer Zeit die sogenannten »Jugendreligionen«.
Religionsfreiheit: Eines der Grundrechte des Menschen. Das Zweite Vatikanische Konzil veröffentlichte eine eigene Erklärung zu diesem Thema gegen die Intoleranz (1965); die Kirche sieht heute eine besondere Aufgabe darin, die Einheit und Liebe unter den Menschen und Völkern zu fördern.

39.7 Teilen
→ 18.3 Maßstab des Gerichts; 37.7 Verschenken; 29.2 Weltdienst

Die Apostelgeschichte schreibt über das Zusammenleben der ersten *Christen:* »Die Gemeinde der Gläubigen war ein Herz und eine Seele. Keiner nannte etwas von dem, was er hatte, sein Eigentum, sondern sie hatten alles gemeinsam« (Apg 4,32). Wird hier eine Wirklichkeit beschrieben oder ein Wunschbild? Wird hier dem Christen der *Besitz* von Privateigentum verboten? Der Text aus der Apostelgeschichte ist geeignet, immer neue Überlegungen in Gang zu bringen.
Jeder kann von dem geben, was er hat. Das gilt nicht nur für Geld und Gut, sondern auch für seine Talente: für seine Güte, seinen Humor, seine Freude, seine Gelassenheit, seine Geduld. Jeder Mensch ist darauf angelegt, etwas aus sich zu machen, seine *Fähigkeiten* zu entwickeln. Was ich schaffe, erwerbe, besitze, an materiellen und geistigen Gütern, verleiht mir Bedeutung und gehört zu dem, was ich bin. Es gehört zu mir wie ein »zweiter Leib«. Darum sind Menschen auch so verletzt, wenn ein anderer ihnen etwas wegnimmt oder streitig macht. Deshalb wollen zwei der Zehn *Gebote* diesen Bereich des Besitzes sichern.
Jedes Eigentum bringt auch Gefahren mit sich: Wenn ich daran hänge, mein Herz daran verliere, davon »besessen bin zu besitzen«, um des Besitzes willen, auch auf Kosten anderer. Eindringlich warnt die Botschaft Jesu vor dieser Haltung: »Eher geht ein Kamel durch ein Nadelöhr, als daß ein Reicher in das *Reich Gottes* gelangt« (Mt 19,24). Wenn die Kirche dennoch das Privateigentum verteidigt, dann tut sie es, um dem einzelnen die Möglichkeit zu geben, sein Leben menschenwürdig zu gestalten. Sie will damit keines-

wegs ein Wirtschaftssystem begünstigen, das nur auf die Bereicherung der Besitzenden ausgerichtet ist.

Eigentum bedeutet immer auch *soziale Verpflichtung:* Andern Anteil zu geben an dem, was man besitzt. Jede Gemeinschaft lebt davon: die Familie, die Freundschaft, die Gruppe, der Staat. Die christliche *Liebe zum Nächsten* schließt auch die Forderung mit ein, sich für eine sozial gerechte Verteilung der Güter einzusetzen: zum Beispiel im Ausgleich zwischen Armen und Reichen in der Welt, in der Beteiligung der Arbeitnehmer am Gewinn, in der Organisation und Verteilung der Produktion. Wenn aber Rechte und Erträge geteilt werden, dann heißt das auch Anteil an den Pflichten und der *Verantwortung.*

Wo das Teilen eine bloße Verpflichtung bleibt, wird es schnell zur Last. Christliches Teilen hat eine andere Erfahrung für sich: Je mehr ich gebe, um so reicher werde ich.

> Die Erfahrung vieler Generationen findet Ausdruck in dem Satz:
> **Geteiltes Leid ist halbes Leid,**
> **geteilte Freude ist doppelte Freude!**
> *Deutsches Sprichwort*

Siebtes Gebot: »Du sollst nicht stehlen« (→ 35.4 Zehn Gebote. Gotteslob 61).

Zehntes Gebot: »Du sollst nicht begehren deines Nächsten Hab und Gut« (→ 35.4 Zehn Gebote. Gotteslob 61).

Privateigentum: Eigentum, über das jemand selbst verfügen und bestimmen und das er selbst nutzen kann; in vielen Staaten gesetzlich geschützt; die Kirche, wie auch das Grundgesetz der Bundesrepublik Deutschland (Art. 14,1–2) betonen die soziale Verpflichtung des Privateigentums. Die völlig ungebundene Verfügungsgewalt über das Privateigentum führt leicht zu einer unguten Eigentumskonzentration in privater Hand, zur Benachteiligung der Armen zugunsten der Reichen.

Besitz: Die tatsächliche Herrschaft einer Person über eine Sache (im Gegensatz zur rechtlichen Herrschaft über eine Sache = Eigentum). »Besitz« und »Eigentum« werden häufig unterschiedslos gebraucht.

Soziale Verpflichtung: Jeder ist für das Allgemeinwohl mitverantwortlich mit Eigentum und Besitz, Begabung und Fähigkeiten. Ein großer Teil der sozialen Verpflichtungen ist heute rechtlich durch Steuern und gesetzliche Versicherungen geregelt (Rentenversicherung, Krankenversicherung, Erbschaftssteuer). Aber auch ein »Sozialstaat« kann nicht auf Hilfsorganisationen wie Caritas, Diakonisches Werk, Rotes Kreuz, die überwiegend durch Spenden und ehrenamtliche Mitarbeit getragen werden, verzichten. Noch wichtiger ist die persönliche Hilfe im Einzelfall.

Mitverantwortung: Sammelbegriff für die Verantwortung des einzelnen in kleineren oder größeren Gruppen sowie von Kleingruppen in Großgruppen.

Mitbestimmung: Beteiligung der Arbeitnehmer an allen innerbetrieblichen Entscheidungen, von denen ihr Schicksal wesentlich berührt wird: Arbeitsverhältnisse und Einrichtungen, Einstellung, Versetzung, Entlassung; Mitwirkung an grundlegenden Entscheidungen wie Betriebserweite-

rung, -verlegung, -schließung; teilweise gesetzlich geregelt, vor allem für Betriebe und Unternehmen von über tausend Mitarbeitern.
Diebstahl: Widerrechtliches Aneignen fremden Besitzes oder Eigentums; auch Unterschlagung (z. B. von Steuern), Betrug, Plünderung, Raub, Kameradendiebstahl. Das Schlagwort »Eigentum ist Diebstahl« kritisiert das kapitalistische Privateigentum an den Produktionsmitteln; das Eigentum des Besitzers gehöre eigentlich den Arbeitern, werde ihnen vorenthalten, gestohlen. Gegen diese Auffassung verteidigt die Kirche das Recht auf Privateigentum, betont aber zugleich mit Nachdruck dessen soziale Verpflichtung.
Raub: Diebstahl, der durch Gewalt gegen eine Person oder mittels Drohungen mit gegenwärtiger Gefahr für Leib und Leben begangen wird.
Hehlerei: Verheimlichen, Ankaufen und Verkaufen von Sachen, die durch eine strafbare Handlung erlangt wurden; oder: Begünstigung der Straftat eines andern des eigenen Vorteils wegen; Versuch, einen Straftäter der Bestrafung zu entziehen.

39.8 Anders leben
→ 34.5 Kirchliche Werke; 34.7 Kirche in der Welt; 37.7 Verschenken; 9.3 Ohne Unterlaß

Besonders junge Menschen wollen sich heute nicht mehr damit abfinden, daß ihr Leben durch die *Gesellschaft* allzu sehr festgelegt wird. Sie wollen es selbst in die Hand nehmen, eigene Wege suchen.
Da kaufen zum Beispiel einige junge Leute einen nicht mehr bewirtschafteten Bauernhof. Sie haben ihre Arbeitsplätze in der Großstadt und ihre gutbezahlten Berufe aufgegeben. Jetzt züchten sie Schafe und Rinder und bauen Feldfrüchte an. Sie führen ein einfaches, anspruchsloses Leben. Was sie von ihren Erträgen selbst nicht brauchen, geben sie an *Hilfswerke* für die Dritte Welt ab.
Vieles, was heute unvermeidlich scheint – die Zusammenballung von Menschen in Hochhäusern und Trabantenstädten, die Luftverschmutzung durch Industrie und Verkehr, die Verschwendung von Energie und Rohstoffen, die Zerstörung der Landschaft – könnte geändert werden. Man muß sich dann allerdings dazu entschließen, *anders zu leben,* als wir es gewohnt sind, auf manches zu verzichten, was wir für selbstverständlich halten.
Christen haben einen besonderen Auftrag, neue Lebensformen zu suchen. »Gleicht euch nicht dieser Welt an, sondern wandelt euch und erneuert euer Denken« (Röm 12,2), schreibt Paulus an die Gemeinde in Rom. In der Geschichte der Kirche gibt es viele, die aus dem Lebensstil ihrer Gesellschaft »ausgestiegen« sind und ein Leben anderer Art begonnen haben. Oft wurden sie deswegen von ihrer Umgebung verspottet; bald aber erwies sich ihr Verhalten als bahnbrechend für viele.

Die bohrende Frage nach dem »Anders-Leben« ist deshalb für uns so wichtig, weil unser oft übertriebener *Wohlstand* mit daran schuld ist, daß es in Afrika, Asien und Lateinamerika soviel Armut und Elend gibt. Ab sofort gilt: Wir müssen anders leben, damit andere überleben. Der Wille dazu kann die Berufswahl bestimmen, kann unseren *Lebensstil* ändern. »Anders leben« ist auch ein wichtiges Thema christlichen Betens. Beten allein verändert zwar noch nicht die Zustände, aber es verändert das Bewußtsein, das dem Handeln vorangeht.

> Ein Gebet aus Afrika kann uns Vorbild sein:
> **Herr, du kennst uns alle./ Du kennst die, die nichts haben./ Du kennst die, die in Ungerechtigkeit ersticken./ Und du kennst die, die auf Kosten anderer immer reicher und mächtiger werden./ Wir alle sind deine Kinder./ Wir brauchen deine Liebe, damit wir uns gegenseitig lieben können./ Gib unseren Herzen einen Stoß.**
> *Afrikanisches Gebet*

Dritte Welt: Sammelbegriff für die unterentwickelten Länder Lateinamerikas, Afrikas und Ostasiens in Gegenüberstellung zu den beiden Machtblöcken des Ostens und des Westens; die soziale Verpflichtung der Völker untereinander kommt in der Entwicklungshilfe zum Ausdruck, die als Hilfe zur Selbsthilfe angelegt sein muß und keine neue Form der Ausbeutung werden darf.

Wirtschaftssystem: Wirtschaft nennen wir die Summe aller Bemühungen innerhalb einer Gesellschaft, durch Produktion von Gütern und durch Dienstleistungen aller Art die Bedürfnisse dieser Gesellschaft zu befriedigen. Es ist eine Frage des Wirtschaftssystems, wie dies mit möglichst geringem Aufwand erreicht werden kann. Die freie Marktwirtschaft versucht, es über das freie Spiel von Angebot und Nachfrage zu regeln (Kapitalismus), die Planwirtschaft versucht, die Probleme auf dem Weg über zentrale Planung zu lösen (Sozialismus). Die soziale Marktwirtschaft versucht, einen mittleren Weg zu finden; sie will die soziale Verpflichtung des Privateigentums zur Geltung bringen. Wirtschaftssysteme sollen dem Menschen dienen; sie müssen darum vor allem danach beurteilt werden, ob sie die Würde und Freiheit der Menschen fördern (→ 38.3).

39.9 Mit-leiden

→ 37.5 Mitfreuen; 37.7 Verschenken; 1.2 Nachfolgen;
31.1 Fürbitte und Fürsorge

Manche Menschen sind uns *sympathisch:* die Fröhlichen, die Gutgelaunten, die Gesunden, die allseits Beliebten. Die Empfindlichen, die Mißgestimmten, die Jähzornigen, die Galligen, die Kranken – die sind uns unsympathisch. »Sympathie« übersetzen wir meist mit »*Mitgefühl*«, genaugenommen heißt es Mit-Leiden; mit dem andern so in

Einklang sein, daß man mit ihm fühlt und mit ihm leidet. Mitfühlen ist leicht bei jemand, der uns gefällt, den wir gern haben, dem es gut geht und der uns gut tut. Um die andern machen wir lieber einen Bogen. Wir machen die Augen zu: Es ist, als wären sie nicht da – für uns.

Nächstenliebe aber heißt: Die Augen nicht verschließen, *offen* sein für jeden, der uns begegnet. Der *Christ* versteht Sympathie nicht von sich aus, sondern vom anderen her, der darauf wartet, daß jemand mit ihm fühlt und mit ihm leidet. Es gibt Situationen, in denen man an den Zuständen nichts mehr ändern kann. Wenn jemand zum Beispiel unheilbar krank ist, was können wir dann tun? Wer dann einem Menschen in aller Geduld treu bleibt, bei ihm aushält und, soweit er das kann, sein Leiden mitträgt, tut das, was ein Liebender zuletzt noch tun kann. Unter dem *Kreuz* des sterbenden Jesus, so berichtet das Johannesevangelium, steht die Mutter Jesu mit anderen Frauen und bei ihnen der Lieblingsjünger Johannes (vgl. Joh 19,25–27). Sie halten bei ihm aus; sie »stehen unter dem Kreuz«.

Katastrophen lassen sich weder ungeschehen machen noch in Zukunft vermeiden. Alles Elend läßt sich nicht aus der Welt schaffen; nicht einmal Schmerzen lassen sich in jedem Fall lindern. Dann bleibt nur noch eines: dableiben, mitleiden und das Mitleid zum *Gebet* werden lassen – im *Vertrauen* auf den, dessen Sohn für uns gelitten hat.

> Pascal (1623–1662), ein großer französischer Gelehrter und Christ, hat das unbegreifliche Leid der Menschheit als Fortdauer des Leidens Jesu gedeutet:
> **Jesus ist in Todesangst bis zum Ende der Welt.**
> *Blaise Pascal*

Sympathie (griech. = Mit-Leiden): Mitgefühl, Wohlwollen; stellt sich meist ohne eigenes Zutun ein. – In der ursprünglichen Wortbedeutung: aktive Anteilnahme (unabhängig davon, ob einer mir »sympathisch« ist). Antipathie ist die – oft nicht begründbare – Abneigung gegenüber einem anderen Menschen (→ Mitleid 39.10).

39.10 Für Lebende und Tote Gott bitten

→ 9.4 Arten des Betens; 37.6 Verschenken; 38.5 Der meinen Weg kreuzt

Von Nächstenliebe soll man nicht reden, man soll sie tun: »Tu Liebes deinem Nächsten«. Sie erwächst aus gewissen *Grundhaltungen,* die fähig machen einzuspringen, wenn Not am Mann ist, wenn Hilfe gefordert wird. Doch Nächstenliebe besteht nicht nur aus Katastropheneinsatz – Nächstenliebe ist auch eine Frage des *Lebensstils*, der Umdenken erfordert. Wenn es nicht genügt, meinen Überfluß auszuteilen, muß ich beginnen, anders zu leben, weniger aufwendig zu planen, mich einzuschränken. Und wo auch mein Hab und Gut nicht helfen, bin ich selber gefragt. Dann muß ich etwas von mir selber geben, dasein, mitleiden mit denen, die leiden, ihr Leiden zu meinem Schicksal machen.

Wer solches erfahren hat – als einer, dem geholfen wird, oder als einer, der hilft – der lernt die Weisheit verstehen, die den leiblichen Werken der *Barmherzigkeit* eine zweite Liste an die Seite gestellt hat. Denn die geistige Armut und Verlassenheit vieler Menschen fordern die Liebe der *Christen* nicht minder heraus, wie Hunger und Durst, Nacktheit und Heimatlosigkeit, Gefangenschaft, Krankheit und Tod sie herausfordern.

Es gehören *Mut* und *Entschiedenheit* dazu, einen andern zurechtzuweisen, der Unrecht tut; es erfordert *Geduld* und Zeit, um einen Unwissenden zu belehren; es fordert *Überzeugungskraft* und Weitblick, einem Zweifelnden den Rat zu geben, der ihm weiterhilft; nur wer ein Herz voller *Liebe* und Phantasie hat, kann einen Bekümmerten trösten; viel *Gelassenheit* und Langmut sind notwendig, um jemanden, der seiner Umwelt lästig fällt, ohne Bitterkeit zu ertragen; Großmut und *Güte* sind aufzubringen, wenn wir dem verzeihen sollen, der uns beleidigt hat.

Und wenn das alles nicht zum Ziele führt, wenn alles »nichts bringt« und wir am Ende sind mit unserer Weisheit, dann bleibt dem Christen immer noch ein letzter »Trumpf«: Er kann das tun, was Christen schon immer in ihrem täglichen Einsatz tun, nämlich seine Nächstenliebe der *Liebe Gottes* anvertrauen; er kann für Lebende und Tote Gott *bitten* und ihm alles in die Hände geben, was er selber nicht zuwege bringt.

> Die christliche Überlieferung nennt neben den sieben »leiblichen« Werken der Barmherzigkeit auch ebensoviele geistige Werke der Nächstenliebe:
> **Sünder zurechtweisen – Unwissende belehren – Zweifelnden recht raten – Betrübte trösten – Lästige geduldig ertragen – gerne verzeihen – für Lebende und Tote Gott bitten.**

Mitleid: Teilnahme an fremdem Schmerz und Leid; Mitleid darf sich nicht aufs Bedauern beschränken, es muß für aktive Hilfe offen sein.
Leibliche Werke der Barmherzigkeit (→ 37.1).

Herr,
laß das Böse geringer werden
und das Gute um so kräftiger sein.
Laß die Traurigkeit schwinden
und Freude um sich greifen.
Laß uns annehmen und geben können
und einander behilflich sein.
Laß die Mißverständnisse aufhören
und die Enttäuschten Mut gewinnen.
Laß die Kranken Trost finden
und die Sterbenden deine Erbarmung.
Laß uns wohnen können auf Erden
und die Ernten gerecht verteilen.
Laß Frieden unter den Menschen sein,
Frieden im Herzen – rund um die Erde.

Gotteslob 8/2

Anhang

Sachregister

Verweisziffern in Fettdruck bedeuten: Im angegebenen Lehrstück findet sich das entsprechende Stichwort oder eine Worterklärung innerhalb eines anderen Stichworts.

Abba 2; **2.2**
Abendgebet 9.3
Abendmahl 27.2
Aberglaube 10.4
Ablaß 30.4
Abraham 20.2
Absicht (böse) 30.2; 30.6
Abstinenz 27.6; 34.3
Abt 34.4
Abtreibung 39.1
Achtes Gebot 35.4; **39.5**
Adam 12.3; **16.2;** 22.2
Adveniat 34.5; 39.3
Advent 18.1; **27.6**
Adventszeit 30.3
Agnus Dei (Lamm Gottes) 16.3
Allerheiligen 27.6
Allerseelen 27.6; **31.3**
allgemeines Gericht 18.2
allgemeines Konzil 34.2
allgemeines Priestertum (=gemeinsames) **28.3**
allgemeines Schuldbekenntnis 27.1; 30.1; 30.2
Allmacht Gottes 11; **11.1;** 13
Alltägliches 1.5; 38
Allweisheit Gottes 11.1
Altarsakrament 27.4
Alter Bund 15.2; 20.3
alternativer Lebensstil 39.8
Älteste 15.2
Altes Testament 10.3; 20.2; **20.3**
Ambo 27.1
Amen 25; 25.2
Amt (kirchliches) 33
Ämter in der Gemeinde 33.1
Amtsgeheimnis 39.5
Anbetung 11.2; 25.2
Anbetungsstunde 27.4
anders leben 39.8
Angelus (Engel des Herrn) 9.3
Anglikanische Kirche 34.9
Angst 13; 18; 23.2
Antiochia 1.1
Antisemitismus 15.2
Apokryphen 20.3
Apostel II; 20.1; 33.1; 34.2
Apostelgeschichte 13.1; 20.4
Apostolat 26.1; 33.1; 34.1
apostolisch II; 20.1
Apostolische Kirche 20.1
Apostolische Sukzession 34.2
Apostolischer Stuhl 34.8
Apostolisches Glaubensbekenntnis II, 10–25
aramäisch 2.2
Arbeit 9.3; 9.4; **39.4**
Arbeiterschaft 39.4
Arbeitnehmer 39.4
Arbeitslosigkeit 39.4
Arbeitsvertrag 39.4
Ärgernis 15.3
Argwohn 39.5
Armenische Kirche 16.2
Arme Seelen 30.4

Armut 34.4
Aschermittwoch 27.6
Askese 34.4
Atheismus 10.1
Äthiopische Kirche 16.2
Atomkraft 12.3
Atomkrieg 23
Aufbau der Meßfeier 27.4
Auferstandene (der) 16.1; 17; 17.1; 21.3; 27.4; 28.1
Auferstehung 14.2; 16; **16.1;** 16.3; 17.2
Auferstehung Christi 16; 16.1–4
Auferstehung der Toten 23; 23.1–3; 24; 24.2; 31.3; 37.4
Auferweckung 4.4; **16.1;** 16.4; 17.2; 23.2
Aufnahme Mariens 36.4
Augen- und Ohrenzeugen 20.2
Ave Maria 36.4

Baptisterium 28.2
Barmherzigkeit, geistige Werke 31.1; **39.10**
Barmherzigkeit, leibliche Werke 31.1; **37.1**
Beelzebub 12.2
Befreiung (befreien) 8; **16.3;** 22.2; 35.1; 35.4
Begräbnisfeier 31.3
Behinderte 39.3
Beichte 30.5
Beichtgeheimnis 30.5
Beichtgespräch 30.5
Beichtraum (Beichtstuhl) 30.5
Beichtspiegel 30.6
Bekehrung 1.2
Bekenner 36.3
Bekenntnis (bekennen) II; 10.5; 25; 28.2; 30.5
Benachteiligte 39.3
Bergpredigt 5.2; 9.4; 20.4; 35.4
Beruf 39.4
Berufswahl 39.4
Berufung 3.3; 8.2; 21.2
beschauliche Orden 34.4
Besitz 37.6; **39.7**
Besitzverhältnisse 35.4
Beten 5.1; 9.1–4; 17.2; 19.3; 31.2; 34.9
Betrachtung 9.4
Bibel 1.4; **10.3;** 20.2–4; 34.9
Bibelauslegung 10.3; 34.2
Bilder von der Kirche 26.2
Bildungspolitik 34.7
Bischöfliches Ordinariat 34.8
Bischof 27.5; 29.1; **33.2;** 34.2; 34.8
Bischofsamt 20.1; 33.2; 34.2
Bischofskollegium 34.2; **34.8**
Bischofskonferenz 34.8
Bischofssynode 34.2
Bischof von Rom (Papst) 34.2; **34.8**
Bistum 34.8
bitten 6.1; 7.1; 7.2; 8, a; 30.3; 34.9; 39.10
Bittgebet 9.4

257

Blut Christi (des Bundes) 27.2
Bonifatiuswerk 34.5
Böse (der bzw. das) 8; **8.3**; 12; 12.2; 22.2; 36.2
Botschaft (gute, frohe) 1.1; 2.1; 16.3; 20.4; 25.1; 27.1; 35
Brautmesse 32.2
Brevier 9.3
Brot 6; 6.1–2
Brotbrechen 27.2
Brot für die Welt 34.5; 39.3
Brüder (Orden) 34.4
Bruderdienst 26.3; 34.2
Buch Ijob 5.3
Buddha 10.2
Buddhismus 10.2
Bürgerinitiative 38.3; 38.4; **39.3**
Bund 10.3; 11.1; 12.1; 32; 32.1
Bundeslade 12.2
Buße 26.4; **30.1**
Bußgebet 9.4
Bußgottesdienst 30.3
Bußsakrament 22.1; 26.4; 30; 30.1–6; **30.5**; 31.2
Bußzeiten 30.3
Byzanz 20.4

Calvin 34.9
Caritas 33.1; **34.5**
Charisma 20.4; 22.4; **33.1**
Charismatische Bewegung 19.3
Cherubim 12.2
Chöre der Engel 12.2
Chorgebet 9.3
Chrisam 28.1
Christen 1.1; 13.1
Christentum und Judentum 15.2; 20.3
Christkönigsfest 17.2; **27.6**
christliche Kirchen II; 20.4; 34.9
christlicher Glaube (Mitte) 14
christliches Leben 5.2; 35–39
Christsein 1; 6.1; 15; 28.3; 29; 38.5
Christus II; **13.1**; 13.2–3; 16.2; 22.3; 27.4; 32; 35.2
Christus König 17.2
Credo II; 10–25; 19.2; 27.1

Dämonen 12.2; 12.4
Dankgebet (danken) 9.4; 27
Dechant 34.8
Dekan 34.8
Dekanat 34.8
Demut 37.3
Deuteronomium 35.3
Devotionalien 9.4
Diakon 27.4; 28.1; 31.1; **33.2**; **34.8**
Diakonie 33.1
Diaspora 34.5
Diebstahl 30.3; **39.7**
dienen (Gott und den Menschen) 1.2; 13.1; 29.2; 35
Dienste in der Gemeinde 33.1
Diesseits 24.2
Diözese 34.8
Dispens 32.1
Dogma 34.2
Dogmatisierung 34.2
Domkapitel 34.8
Doxologie I; 9.1
Dreieinigkeit 25.1
Dreifaltigkeit 25.1
Dreifaltigkeit, Darstellung der 25.1
Dreifaltigkeitssonntag 27.6

Dreikönigsfest 27.6
Dritte Welt 34.5; **39.8**
Dritter Tag 16.2
Drittes Gebot 27.5; 34.3; **35.4**; **39.4**
Dualismus 37.4

Ebenbild (Gottes) 12.3
Ehe 26.4; **32.1–2**
Ehebruch 32.1
Ehehindernis 32.1
Ehelosigkeit (Gelübde) 34.4; 37.6
Ehepartner 37.5
Ehesakrament 26.4; **32**
Ehescheidung 32.1
Ehrenprimat 34.2
Ehrlichkeit 39.5
Eid 39.5
Eigentum 35.4; 37.6; **39.7**
eine Kirche 20.1
Einheit der Kirche 20.4
Einheit im Glauben 34.8
Einmaligkeit der Firmung 29.2
Einmaligkeit der Priesterweihe 33.2
Einmaligkeit der Taufe 28.1
Einzelbeichte 30.5
Eltern 28.2; 38.1; 39.2
Elternrecht 38.1
Empfängnisverhütung 32.1
Empfang des Sakraments der Buße und der Eucharistie 34.3
Endgericht 18.2; 37.1
Endlichkeit 23.1
Endzeit 18.1
Engel 12.2
Engel des Herrn (Angelus) 9.3
Entscheidung 4.2; 8; 8.1; 24.1; 36.2; 37.3; 39.6
Entscheidungsfähigkeit 38.1
Entstehung der Evangelien 1.4; 20.4
Entwicklung (Evolution) 12.1
Entwicklungsarbeit 34.5; 39.3
Entwicklungshilfe 39.3; 39.8
Enzyklika 34.2
Epiphanie 27.6
Epistel 27.1
Erbschuld (Erbsünde) 22.2; 28.1; 36.4
Erfahrung 10.2; 35; 37.3; 37.5
Erfolg 35.4
Erhöhung 14.2; 17.1–2
Erinnerung (erinnern) 20.2; 27
Erlösung (erlösen) 8.3; 10.3; **16.3**
Erscheinungen des Auferstandenen 16.1
Erstes Gebot 10.2; **35.4**
Erstkommunion 27.4
Erzbischof 34.8
Eucharistie 1; 26.4; **27.1**; 30.5; 31.2
Eucharistiefeier 3.2; 21.3; 27; 27.1–4; 28.2
Eucharistiefeier an Sonn- und Feiertagen 34.3
Eucharistiegemeinschaft 21.3; 34.9
Eucharistietexte 27.2–3
Eucharistische Frömmigkeit 27.5
Eucharistisches Hochgebet 27.2
Euthanasie 39.1
Evangelienbuch 27.1
evangelisch 34.9
Evangelische Freikirchen 34.9
Evangelische Räte 34.4; 39.1
Evangelisten 1.4; 20.4
Evangelium 1.2; 4; **4.1**; 10.4; 19.2; 20.4; 27.1; 34.2

258

Evolution 12.1
ewige Gelübde 34.4
Ewige Seligkeit 18.2
ewiges Leben 24; 24.1–2
Ewiges Licht 27.5
Ewigkeit Gottes 11.2
ex cathedra 34.2
Exegese 1.4; **34.2**
Exkommunikation 21.1
Exorzismus 12.2

Fähigkeiten (Charismen) 19.3; 20.4; 22.4; 33.1
Familie 38.1; 39.2
Fastenzeit 27.6; 30.3
Fast- und Abstinenztage 27.6; 34.4
Fegfeuer 18.2; 24.1; 30.4
Feiern 39.4
Feinde 38.5
Feindesliebe 38.5
Feldrede (Lk) 5.2
»**Fernstenliebe**« **38.4**; 38.5
Fest der Erscheinung des Herrn 27.6
Feste 27.6
Feuerbestattung 31.3
Firmritus 29.1
Firmtermin 29.2
Firmung 26.4; 29.1–2
Fleisch 19.1
Fleisch und Blut 27.2
Fortschritt 38.4
freies Gebet 9.4
Freiheit 4.1; 8.1; 19.3; 34.7; 35.1; 36.2; 37.5; 38.3; 39.3
Freitagsgebot 34.3
Freitagsopfer 34.3
Freitod 39.1
Freizeit 39.4
Freude 24.1; 24.2; 37.8; 39.1; 39.4
Freunde 38.2
Freundschaft 38.2; 37.5
Friede 4.1; 5.2; 25; IV; 34.7; 36.3; 38.3; 38.4
Friedensarbeit 39.3
Friedensdienst 34.6
Friedensstifter 14.3; 37.2
Frömmigkeit 9.4; 37
Frohe Botschaft 1.1; 1.4; 10.3; 20.4; 25.1; 39
Fronleichnamsfest 27.4; **27.6**
Frucht des Geistes 19.3
Für andere 6.2; 22.1–2; 27
Fünftes Gebot 35.4; **39.1**
Fürbitte der Heiligen 21.2; 36.3
Fürbitte für die Toten 31.3
Fürbitten 9.4; 27.1; 36.3

Gaben des Heiligen Geistes 19.3
Galiläa 15.1; **19.1**
Gebet 3.3; 9.3; 11.2; 31.3; 33.2; 34.9; 36.3; 39.10
Gebet des Augenblicks 9.3
Gebet des Herrn (Vaterunser) I; 2–9
Gebetsformen 9.4
Gebetsriemen 35.3
Gebetszeiten 9.3
Gebote 5.2; 27.5; 30.5; 34.3; IV; 35.4
Gebote und Weisungen 5.2
Geburt Jesu 14.3
Gedächtnis 27.2
Geduld 39.3; 39.10
Gefirmter 29.2
Gegenwart Christi 27.5

Gegenwart Gottes 12.4; 12.5
Gegner 38.5
Geheimnis **4.1**; 12.2; 25.2
Gehenna 18.2
Gehorsam 8.1; 34.3; 36; 36.2; **37.4**
Geist Gottes 19; 19.1–3; 21.1; 25.1; 30.1; 34.2
Geist Jesu 19; 19.2–3; 25.1; 28
Geistige Werke der Barmherzigkeit 39.10
Geistliche Berufe 33.2
Geld 35.4
Gelübde 34.4
Gemeinde II; 13.2; 19.1; 20; 20.1; 26.1; 27.2; 28.2; 29.2; 31; 33.2; 39.2
Gemeindereferent(in) 33.1
Gemeinsames Priestertum aller Gläubigen 28.3
Gemeinschaft 1.3; 7.2; 9.4; II; 10.2; 12.3; 20.5; 21.1; 26.4; 27.3; 34; 34.1; 38.1; 39.2; 39.5
»**Gemeinschaft am Heiligen**« **21.3**
Gemeinschaft der Getauften 21.3
Gemeinschaft der Glaubenden 10.4; 20.2; III; 26–34; 36.3
Gemeinschaft der Heiligen 21; 21.1–3; 24.2
Gemeinschaft der Kirche 21.1; 22.3; 22.4
Gemeinschaft des Heils 21; 21.3
Generalvikar 34.8
Generalvikariat 34.8
Genuß 35.4
Gerechtigkeit 4; 4.1; 18.2; 34.7; 36.3; **37.3**
Gericht 18.2–3; 24.1
Gesalbter 13.1
Geschichte der Kirche 20.2; 20.4
Geschlechtsverkehr, vorehelicher 37.6
Geschöpf 12; 12.3; 23.1
Gesellschaft 38.3; 39.3
Gesetz 5.2; 15.2
Gesetze des Staates 34.7; 39.2
Getaufter 28.1; 28.3
Gewaltlosigkeit 38.3
Gewerkschaft 39.4
Gewissen 30.6; 34.7; IV; **36.2**; 37.3; 38.4; 39.6
Gewissensentscheidung 34.7
Gewissensfreiheit **36.2**; 39.6
Gewissensnot 36.2
Gewissensspiegel 30.6
Glaube 7.1; 8; 9.1; 10; 10.1–5; 16.4; 20.5; 22.1; 23.2; 26.2; 28.2; IV
Glaube als Geschenk 10.5; 28.3
Glaube als göttliche Tugend 28.1
glauben 10.4; 20.5; 35.1
Glaubensauseinandersetzung 20.4
Glaubensbekenntnis II; 10–25
Glaubensentscheidung 28.2
Glaubenslehre 10.4
Glaubensüberlieferung 14.1
Glaube und Wissen 10.5
glauben – leben – handeln 26.4
Gleichnis 4.2
Gloria 9.1; 13.3; 27.1
Glück 9; 12.4; 22.1; 36.1; 37.8
Gnade 22.4
Gnosis 37.4
Götter 10.1; 12.2; 12.4
Göttliche Personen 19.2
Göttliche Tugenden 26.4
Götze 12.4

»goldene Regel« IV
Gott 11–12; 14.1; 20.5; 25.1; 25.2
Gottesbild 3.2
Gottesdienst 3.3; I; **9.4;** 27; 36.3; 39.4
Gottesgebärerin 14.3
Gottes Geist 19; 19.1–3; 21.1; 25.1
Gottesherrschaft 4.1–4
Gottesknecht **16.3**
Gotteslästerung **3.1;** 13.2
Gottesliebe 35.3; 37; 37.1
Gotteslob **1.5**
Gottesmutter 36.4
Gottes Namen 2; 3.1
Gottesvolk 10.3
Gottes Wille 5; 5.1–3; 15; 15.1; IV; 35–39
Gottes Wort 10.4; 20.2–4
Gott lieben IV; 35; 35.3; 36
Gottmensch **14.1**
Grab 31.3
griechische Kirche 20.4
Großes Glaubensbekenntnis II
Großtaten Gottes 20.2; 27.1
Gründonnerstag **27.6**
Grundgesetz **34.7**
Grundhaltungen 5.2; 35; 39.10
Grundrechte **37.3**
Grund-Sakrament **26.3**
Grundwerte **37.3**
Gruppe **38.2**
Guardian **34.4**

Habit 34.4
Halleluja **16.3**
Handauflegung 33.2
Häresie 20.4
Hauptgebot IV; 35–39
hebräisch 13.1
Hehlerei **39.7**
Heiden **10.2**
Heidenchristen 20.4
Heil **1.1;** 4.3; 5.1; 5.3; 15.2; 15.3; 16.3; 20.4; 21; 26.1; 27.3
Heiland 20.4
Heilige 2.1; 5.2; 11.2; 20.2; 21.2; **36.3**
heilige katholische Kirche 20; 20.1–20.5
heilige Kirche **20.1**
Heilige Messe **27.2**
Heilige Schrift 10.3; 20.2–4
Heilige Woche **27.6**
heiligen 3
Heiligende Gnade 22.2; 22.4
Heiligenfeste **27.6**
Heiligenverehrung **36.3**
Heiliger Geist 14; 14.1–2; 19; 19.1–3; 20.3; 21.1; 22.4; 25.1; 34.9
Heiligkeit 3.2; 3.3
Heiligkeit Gottes 3.2., 3.3
Heiligsprechung **36.3**
Heiligsprechungsprozeß **36.3**
Heiligung des Sonntags 27.5
Heilsgeschichte 10.3
helfende Gnade 22.4
Herde 26.1
Herodes 4.3; **15.1**
Herodianer **15.1**
Herr II; 13; 13.3; 14; 14.2; 17
Herrenfeste **27.6**
Herrlichkeit 4.4; 10.4; 14.2; 17.1; **17.2; 18.1**
Herrschaft Gottes 1.5; 4.1–4; 7; 15.2; 18.2; 26.3

Herz Jesu **16.3**
Herz-Jesu-Fest 16.3; 27.6
Herz-Jesu-Freitag **16.3**
Heuchelei **39.5**
Hierarchie **34.8**
Hilfswerke (kirchliche) 34.5; 39.8
high church 34.9
Himmel **2.2;** 17.1; 18.2
Himmelfahrt 14.2; **17;** 17.1; 27.6
Himmelreich (Reich Gottes) 4.1–4
himmlisches Jerusalem 24.1
Hinduismus **10.2**
Hindus **10.2**
Hingabe 27; **38.2**
Hirtenamt **34.2**
Hobby **39.4**
Hochfest: Heiligstes Herz Jesu 16.3; 27.6
Hochgebet **1.3;** 27.2
Hochzeitsmahl 27.2
Hölle 16.2; **18.2**
Hoffnung 4; 10.5; 16; 23; 23.2–3; 24; 24.1; 35.1; 37.8
Hoherpriester 15.2
Hoher Rat 15.2
Holländischer Katechismus 27.6; 39.5
Horoskope 10.4
Hosea 2.3
Hospitaliter 31.1
Hostie **27.4**
Hostienschale **27.4**
Hunger 6
Hungernde 6.2
Hus, Jan 27.5
Hymnus **9.1**

Ijob 5.3; 11.2
Ikone **16.2**
Imprimatur **34.2**
Inkarnation **14.1**
Inspiration **1.4; 20.3**
Institution 26.3; 34.8
Intoleranz **39.6**
irrendes Gewissen **36.2**
Irrlehre 20.4
Irrtum **39.5**
Isaak 20.2
Islam 10.1; **10.2;** 25.1
Israel **2;** 4.4; 20.2; 20.3

Jahwe 2; **2.1**
Jakob 20.2
Jehoschua 14.1
Jenseits **24.2**
Jerusalem 10.3; 13.1; 14.3; 15.2; 16.1; 19.1
Jesaja **2.3**
Jesus 1.4; 4.1; II; **14.1;** 14.2; 15.1; 19.2; 20.5; 26.1
Jesus Christus 1.1; 4.4; 10.3; 13; 13.1–3; 16.2; 18.2; 20.4; 22.1–4; 25; 25.2; 26.3; 29.1; 32.2; 34
Jesusgebet 9.3; **31.1**
Jesus Sirach **14.1**
Joel **19.1**
Johannes der Täufer **4.3;** 15.1; 16.3
Johannesevangelium 20.4
Josef 14.1; 27.6
Judäa 13.1
Jude 10.3; 12; 15.1; 15.2; 20.3; 25.2; 35.4
Judentum 10.1; **10.2;** 15.2; 20.3; 20.4; 25.1; 28.1

Jünger 1.1; **1.2**; I; 2.3; 5; 6.1; 6.2; 7.1; 20.1; 33.1
Jüngster Tag 18.2; 24.2
Jüngstes Gericht **18.2**
Jugendarbeit 34.1
Jugendreligionen **10.1**; 19.3; 39.6
Jungfrau Maria 14; 14.1; 14.3
Jungfrauengeburt 14.1
Jurisdiktionsprimat 34.2

Kadavergehorsam 38.1
Kafarnaum 19.1
Kameradschaft 38.2
Kanon 20.3
Kapitalismus 38.3
Kaplan **34.8**
Kardinal **34.8**
Kardinalskollegium 34.8
Kardinaltugenden **37.3**
Karfreitag 17.1; **27.6**
Karsamstag 16.2
Karwoche 27.6
Kaste 10.2
Katechese 28.2; **34.2**
Katechet 33.1
Katechumenat 28.2; 34.2
Katechumene II; **28.2**
katholisch 20.1
katholische Kirche 20; 20.1–4; III
Katholische Soziallehre **34.7**
Kehrvers 27.5
Kelch 27.4
Kelchkommunion **27.5**
Kennzeichen der Kirche 20.1
Keuschheit **32.1**
Kinder Gottes 2; **19.3**; 22.2; 22.4; 36.2
»Kinder Gottes« (Sekte) **19.3**
Kindertaufe 28.3
Kindheitsevangelien 14.1
Kindheitsgeschichten 14.1
Kirche 1.3; II; 14; 17.2; 19.1; 20; 20.1–5; 21.1; 26.2–3; III; 34; 34.1–9; 37
Kirche als Organisation 34.8
Kirchenbann 21.1
»Kirchengebote« (Weisungen der Kirche) 34.3
Kirchengemeinderat 33.1
Kirchenjahr 27.6
Kirchenkonstitution 20.5; 26.3
Kirchenlehrer **10.1**
Kirchenprovinz 34.8
Kirchenrecht **34.8**
Kirchenspaltung **20.4**
Kirchensteuer 33.1; **34.8**
Kirchenvater 20
Kirchenvorstand **33.1**
Kirche und Staat 34.7
kirchliche Berufe 39.4
kirchliche Hilfswerke 34.5; 39.8
»kirchliche Trauung« 32.2
Klassenkampf **38.3**
Klausur **34.4**
Klerus **33.2**
Kloster **34.4**
Klugheit **37.3**
Kniebeuge 27.5
Kommunion **27.2**
Kommunionhelfer 27.4; **27.5**; 34.1
Kommunismus **38.3**
Konfession 20.1; 20.4; **34.9**
Konfessionsverschiedene Ehe 32.1
Konfirmation 29

Konflikt 34.6; 38.1
Königsherrschaft (Reich Gottes) 4; 4.1–4
Konklave 34.8
Konkordat **34.7**
Konsekration 27.1; **27.5**
Konzelebration 33.2
Konzil **34.2**
Konzil von Konstantinopel II; 13.2
Konzil von Nizäa II; 13.2
Konzil von Trient 22.3; 26.4; 27; 27.2
Kooperator 34.8
Koran **10.2**
Kranke 27.5; 31.1
Krankenkommunion **27.4**
Krankenpflege **31.1**
Krankensalbung 26.4; 31; 31.1–3
Krankheit 23.1; 23.3
Kreuz 15.3; 22.1; 25; 26.3
Kreuzigung 15.2; 17.1
Kreuzweg **15.2**
Kreuzzeichen 25; **25.1**; 27.1; 28.1
Krieg 8; 34.6
Kult **27.1**
Kunst **39.4**
Kurie **34.8**
Kurienkardinal 34.8
Kyrie eleison 13.3
Kyrie-Ruf 13.3; 27.1
Kyrios **13.3**

Läuterung 18.2; 24.1
Läuterungsort 24.1
Laien **33.1**
Laienapostolat 33.1
Laientheologe **33.1**
Lamm Gottes **16.3**
lässliche Sünde **30.2**
lateinische Kirche **20.4**
laxes Gewissen **36.2**
Lebensatem **12.3**
Lebensgestaltung 39; 39.1–10
Lebensprogramm **37.1**
Lebensqualität **23.1**
Lebensunterhalt 39.4
Lebensrecht 35.4; 39.1
Lebensstil **39.12**
leeres Grab **16.1**
Lehramt 34.2; 39.5
Lehrentscheidung **34.2**
Leib 27.2; 37.4
Leib Christi 21.3; 27.4
Leibfeindlichkeit **37.4**
Leibliche Werke der Barmherzigkeit 31.1; **37.2**
Leiblichkeit **37.4**
Leid 5.3; 12.4; 22.1; 23.3
Leiden Christi 15; 15.1–3
Leidensgeschichte 15; 15.1–3
Leitung der Kirche 33; 34.2
Lektor **33.2**
Lesungen 27.1
Letzte Ölung **31.2**
Letzter Adam **16.2**
Letztes Gericht **18.2**
Letztes Mahl (Abendmahl) 13.3; 27.2; 27.4
Liebe 4.1; 4.4; 12.3; 12.5; 18.2; 22.1; 35; 37.5; 39.10
Liebe Gottes 1; 5.1; 16.3; 18.2; 22.4; 25.2; 28.1; 39.10
lieben lernen **37.5**
Liebesgebot IV; 35–39

Liebes tun 37.2
Lied 11.2
Litanei 13.3
Liturgie 9.3; 9.4
Liturgiereform 27
Lobgebet 9.1; 9.4
Loblied (Hymnus) 9.1
Lossprechung 30.5
Lüge 39.5
Lukasevangelium 20.4
Luther, Martin 23.1; 28.3; **34.9**
Lutheraner 34.9
Luzifer 12.2

Macht 35.4
Macht der Finsternis 22.2
Macht der Sünde 22.2; 22.3; 28.1
Macht des Bösen 8.3; 12.5; 22.1; 22.3
Macht des Todes 16.2
Macht Gottes 11.1; **12.4**
Mächte und Gewalten 12.2
Magd des Herrn 14.1
Magie 10.4
Magnificat 9.1; **14.3**
Mahlfeier 27.2
Maiandacht 36.4
Manna 6.1; 27.2
Maranatha 18.1
Maria 14.1; 14.3; 36.4
Mariä Himmelfahrt 27.6
Marienfeste 27.6
Marienverehrung 36.4
Markusevangelium 20.4
Marktwirtschaft 39.8
Martyrer II; 13.3; **16.1**; 36.3
Martyrium 16.1; 21.2; 36.3
Marxismus 38.3
Maßstab des Gerichts 18.3
Maßstab des Handelns 18.3
Materialismus 38.3
Matthäusevangelium 20.4
Meditation 9.4
Meineid 39.5
Mensch 12.3; 19.3
Menschenfreundlichkeit Gottes 7.2; 9.1; 25; 31.1
Menschenleben 35.4; 39.1
Menschenrechte 34.6; **37.3**
Menschenwürde 34.7; **37.3**
Menschwerdung 14.1
Meßbuch 27
Messe, heilige 27; 27.2
Messias 13.1; 13.2; 19.1; 20.4
Meßopfer 27.3; 27.4
Mischehe 32.1
Misereor 34.5; 39.3
Missio 26.1; **34.5**; 39.3
Missio Canonica 34.1
Mission 18.1; **26.1**
Missionar 26.1; 33.1; 36.3
Missionierungsmethoden 26.1
Mißtrauen 39.5
Mitbestimmung 39.7
mitfreuen 37.5
Mitleid 7.3; **39.10**
mitleiden 39.11; 39.9
Mitverantwortung 34.5; **39.7**
Mohammed 10.2
Mönche 9.3; **34.4**
Monogamie 32
Monotheismus 10.1
Monstranz 27.4
Moral IV; 35–39

Morgengebet 9.3
Mose 2.1
Mündigkeit 29; 38.1
Muslim 10.2; 12
Mut 23.2; 39.6; 39.0
Mutter der Glaubenden 36.4
Mutter Gottes 14.3; 36.4
Mysterium 4.1; **25.2**; 26.3
Mystik (christliche) 9.4; 36.1
Mythos 23.1

Nachbarschaft 39.2
Nachfolge 1; 1.2; 19.2; 21.2; III
nachfolgen 4.1; 19.2
Nachfolger der Apostel 34.2
Nächstenliebe 21.2; IV; 37–38
Nächster 38; 38.1–5
Naherwartung 18.1
Namen Gottes 2; 2.1–3; 3; 3.1–3
Namenspatron 28.3
Namenstag 28.3
Naturgesetze 4.3; 12.4
Naturrecht 37.3
Nazaret 15.1; 19.1
Neid 37.2
Neuapostolische Kirche 20.1
neue Gebot (das) 36.1
neue Schöpfung 14.1; 23.2; 24.1–2
Neuer Bund 20.3
neue Welt 24.1
neues Jerusalem 18.2
Neues Leben 22.3
Neues Testament 10.3; 20.3; 26.4
Neuntes Gebot 32.1; **35.4**
Nichtchristen 10.2
nichtchristliche Religionen 9.4
Nonnen 34.4
Notlüge 39.5
Nottaufe 28.1
Notwehr 39.1
Novene 9.3
Novizen 34.4

Oberer 34.4
Oblate 27.4
Offenbarung 10.3
Offenheit 39.6
Ohnmacht 11; 15.3; 23.1
Ohrenbeichte 30.5
Ökomune 34.9
ökumenische Bewegung 34.9
ökumenischer Rat der Kirchen 34.9
ökumenischer Text II
ökumenische Trauung 32.2
ökumenisches Konzil 34.2
Opfer 27.3
Opfer Christi 27.3
Opfer der Kirche 27.3
Orden 34.4
Ordensgelübde 34.4; 37.6
Ordensgemeinschaft 34.4
Ordensleben 34.4
Ordensleute 9.3
Ordensregel 34.4
Ordensstifter 34.4
Ordnung der Kirche 34
ordo missae 27.2; 27.3
organisierte Nächstenliebe 39.3
Orthodoxe Kirchen 34.9
Osterbekenntnis 16.1
Osterfest 27.5
Osterfestkreis 27.6
Ostergeheimnis 17; 17.1–2

Österliche Bußzeit oder Fastenzeit
  27.6; 30.3
österlicher Bußakt 30.3
Österliche Zeit 34.3
Ostern 13.2; 17.1; **27.6**
Osternacht II; **27.6**; 28.1
»Osterpflicht« 34.3
Ostkirche 16.2; 27.5; 29.1; 34.9

Palästina 2.2; 15.1; 19.1
Palmsonntag 27.6
Papst 20.4; 34.2; **34.8**
Paradies 24.1
Parusie 18.1
Pascha 27.2
Passion 15; 15.1–3; **15.2**
Passionsgeschichte 13.2; 15.2
Pastoralkonstitution (Vat. II) 24.1; 34.6
Pastoralreferent(in) 33.1
Pate 28.2
Patriarch 34.8
Patriarchen 2.1; **20.2**
Paulus II
Pax Christi 34.6
Perikope 27.1
Perikopenbuch 27.1
Perikopenordnung 27.1
persönliches Gericht 18.2
Personalität 34.7
Peterskirche 34.8
Petrus II; 13.2; 20.1; 33.1; 34.2
Pfarrei 34.8
Pfarrer 34.8
Pfarrgemeinde 34.8
Pfarrgemeinderat 33.1
Pfarrkirche 27.5
Pfingsten 17.1; 19.1; **27.6**
Pfingstnovene 9.3
Pharisäer 15.1
Philipperhymnus 14.2
Pietà 15.2
Planwirtschaft **39.8**
Politik 34.7; 39.3
Polygamie 32
Polytheismus 10.1
Pontius Pilatus 15.2
Postulant 34.4
Präfation 1.3; 27.2
Predigt 27.1; 27.4; **34.2**
Priester 9.3; 27.4; 28.1; 29.1; 31.3; **33.2**; 34.2
Priesteramt 34.2
Priestermangel 33.2
Priestertum Christi 28.3
Priestertum des Volkes Gottes 28.3
Priesterweihe 33.2
Primat 34.2; 34.8
Primiz 33.2
Prior 34.4
Privateigentum 39.7
Prophet 4.1; 10.3; **19.2**; 39.4
Protest 34.6
Protestanten 34.9
Prozeß Jesu 15; 15.1–3
Prozession 9.4
Psalmen 9.1
Psalmenbuch 9.1
Psalmist 9.1
Pubertät 37.6

Qumran-Sekte 28.1

Rabbi 15.1

Raub 39.7
Recht 37.3
Recht auf Arbeit 39.4
Recht auf Leben 37.3
Rechtfertigung 22.3
Redequelle 20.4
Reform 20.4
Reformation 20.2; 22.4; 30.4; **34.9**
Reformierte 34.9
Regionalbischof 34.8
Reich der Himmel (Reich Gottes) 4; 4.1–4
Reich des Todes 16; 16.1–4
Reich Gottes 1.1; 4; 4.1–4; 5.1; 5.2; 15.1; 24.1–2; 34.9; 37.6; 39.7
Religion 10.2; **39.6**
Religionsfreiheit 39.6
Religionsunterricht 34.1
Requiem 31.3
Retter II; 13.1; 15.2
Reue 7.2; 30.1
Reuegebet 9.3; 30.4
Revolution 38.3
Ritterorden 31.1
Ritus 27.1
Römisch-katholisch 34.9
Rom 13.1; 20.4
Rosenkranz 9.3; 16.3
Rufgebet 9.3
Ruhm 35.4

Sabbat 9.2
Säkularinstitute 34.4
Sakrament(e) **26.3**; 26.4; 30.4
Sakramentalien 26.3
Sakrament der Buße 30; 30.1–6
Sakrament der Ehe 32.2
Sakrament der Eucharistie 27; 27.1–5
Sakrament der Firmung 29; 29.1–2
Sakrament der Krankensalbung 31; 31.1–3
Sakrament der Priesterweihe 33; 33.1–2
Sakrament der Taufe 28; 28.1–3
Sakramente in den Kirchen oder kirchlichen Gemeinschaften der Reformation 26.4
Sakristei 27.5
Salbung 31.2
Samaria 13.1
Sanktus 3.2
Satan 12.2
Schamhaftigkeit 37.6
Scheol 16.2; 18.2
Schisma 20.4
Schlußgebet vom 11. Sonntag im Jahr 21.3
Schola 34.1
Schöpfer 12; 12.1–5
Schöpfung 4.4; **12**; 12.3; 17.2
Schriftgelehrter 15.1
Schrift und Tradition 20.2
Schuld 7; **7.1**; 7.3; 22.2; 30; 30.6
Schuldbekenntnis 30.5
Schuldbewußtsein 30.6
Schutz des ungeborenen Lebens 39.1
Schutzengel 12.2
Schwangerschaftsabbruch 39.1
Schwere Sünde 30.2
Schwerkranker 31.2
Schwestern (Orden) 34.4
Sechstes Gebot 32.1; 35.4
See Gennesaret 19.1

Seele 12.3
Seelsorge 34.2
Seelsorgehelferin 33.1
Segnung 25.1; **26.3**; 28.1
Sekten 34.9
Sektierer 34.9
Selbständigkeit 38.1
Selbstbefriedigung 37.6
Selbsterkenntnis 30.6
Selbstmord 39.1
Selbstverwirklichung 39.4
Seligpreisungen 5.2; 18.3
Seligsprechung 36.3
Septuaginta 24.1
Seraphim 12.2
Sexualität 37.6
Sexualmoral 37.6
sieben Gaben des Heiligen Geistes 19.3
sieben Sakramente III; 26–34
Siebtes Gebot 35.4; **39.7**
Sinn des Lebens 10.1; 12.1; 37.5; 39.1
Sittlichkeit IV; 35–39
Sixtinische Kapelle 34.8
Skrupel 36.2
Skrupulant 36.2
skrupellos 36.2
skrupulös 36.2
Sohn Gottes 13; 13.2; 14; 14.1–2; 15–18; 25
sola gratia 22.4
sola scriptura 20.2
Solidarität 34.5; **34.7**; 39.3
Solidaritätsprinzip 34.7
Sonntag 27.5
Sonntag als »Tag des Herrn« 34.3
Sonntagsgebot 34.3
Sonntagsruhe 27.5
Soziale Frage 34.7; 38.3–4
Soziale Gerechtigkeit 34.7
Sozialenzykliken 38.3
»Sozialer Tod« 39.1
Soziale Verpflichtung 39.7
Sozialismus 39.8
Soziallehre (katholische) 34.7; 38.3
Sozialpolitik 34.7
Spaltung der Kirche 20.1; 20.4
Staat 34.7; 38.3; 39.2
Staatskirche 34.7
Staatsreligion 34.7
Stammesreligionen 10.3; 39.6
Stammväter 2.1; 20.2
Sterbegebet 31.3
Sterbehilfe 39.1
Sterben 23.1–2; 31.3
Sterbende 31.2; 31.3; 37.4
Stoßgebet 9.3
Stundengebet 9.3
Subsidiarität 34.7
Subsidiaritätsprinzip 34.7
Sühnegebet 9.4
Sünde 7.2; 22; 22.2; 30.1–30.3; 30.6
Sünder 30.2; 36.3
Sündenbekenntnis 30.5
Sündenvergebung → Vergebung
Superior 34.4
Suren 10.2
Symbol 26.3
Sympathie 39.9
Synagoge 9.2
Synode 34.2
Synopse 1.2
Synoptiker 1.2
synoptische Evangelien 20.4

Tabernakel 27.4
tägliches Brot 6; 6.1; 6.2
tätige Orden 34.4
Täufling 28.1; 28.2
»Tag des Gerichts« 18.2
»Tag des Herrn« 18.2
Tagesgebet 27.1
Tagesgebet des 23. Sonntags im Jahr 22.2
»Tag Jahwes« 18.2
Taizé 34.4
Tapferkeit 37.3
Tarifvertrag 39.4
Taufbefehl 28.1
Taufbekenntnis 22; **25**; 25.1; 28.1
Taufbewerber II; 28.2
Taufe 22; 22.1; 26.4; 28; 28.1–3; 34.9
Taufe als Wiedergeburt 28.1
Taufe (Wirkungen) 28.1
Taufgespräch 28.2
Taufkatechumenat 28.2
Taufname 28.1
Taufritus 28.1
Taufspendung 28.1
Taufstein 28.2
Taufversprechen II; 28.3
Taufwasser 28.1
Taufwasserweihe 28.1
Technik 38.4
Te Deum 11.2
Teilen 6.2; 39.7
Telefonseelsorge 39.2
Tempel 9.2; 15.2; 27.2
Teufel 8.3; 12.2
Theologe 34.2
Theologie 10.5; **11.2**; 34.2
Thora 15.1
Throne und Herrschaften 12.2
Tiberias 19.1
Timotheusbriefe 33.2
Tischgebete 9.3
Tischgemeinschaft 21.3; 27.2
Tischmütter 33.1
Tod 18.2; 23; 23.1; 23.2
Todesstrafe 39.1
Tod Jesu 15.2
Todsünde 30.2
Töten im Krieg 39.1
Toleranz 39.6
Torheit 15.3
Tote 21.2; 23
Totenreich 16.2
Tradition 20.2
Treue 37.5
Treue Gottes **11.1**; 12.4
Trinität 25.1
Tyrannenmord 39.1

Überheblichkeit 15.3
Überlieferung der Kirche 1.3; 16.1; 20.2–3
Überzeugung 12; 39.2; 39.10
Umkehr 1.2; **30.1**; 30.3
Umwelt 38.4
Umweltschutz 38.4
»Unauslöschliches Merkmal« 28.1
Unbefleckte Empfängnis 36.4
unbegreiflicher Gott 3.2
Unfehlbarkeit 34.2
Ungetaufte 28.1
Ungläubige 10.3
Unglück 5.3; 12.5
Unheil 12.4

Unierte Orientalische Kirche 16.2
Unsterblichkeit der Seele 23.1
Unterwelt 16.2
Unwandelbarkeit Gottes 11.2
Urgemeinde/Urkirche 15.2; 18.1; 27.4
Urgeschichte 12.1
Ur-Sakrament 26.3
Ursprung der Welt 11; 12; 12.1–3
Ursünde (Erbschuld) 28.1

Väter des Glaubens 10.4; **20.2**
Vater (Gott) 2; 2.2–3; 19.3
Vater und Mutter ehren 38.1
Vaterunser I; 2–9
Vatikan 34.8
Vatikanstaat 34.8
Vatikanstadt 38.8
Verantwortete Elternschaft 32.1
Verantwortung 6; 9.4; 12.3; 36.2; 38.1; 38.4; 38.5; **39.2**; 39.7
Verantwortung für Kirche und Gemeinde 34.3
Verbände 34.5
Verfassung der Kirche 34
Vergebung 4.3; 7; 7.1; 7.2; 18.2; 27.3; 30.1; 30.4
Vergebung bitten (um) 7.2; 30.3
Verklärung 23.2
Verkündigung 10.3
Verkündigung des Herrn 27.6
Verleumdung 39.5
Vernichtung ›lebensunwerten‹ Lebens 39.1
Versöhnung (versöhnen) 4.1; 7.3; **22.1**; 22.2; 22.3
Versuchung 8; 8.1–2; 30.2
Vertrauen 1.3; 2.2; 4.3; 5.1; 6.1; II; 10.5; 19.3; 32.1; 36.1; 38.1; **39.5**
Verwandlung der Welt 23.3
Verzeihung 30.3
Verzeihung bitten (um) 7.2; 30.3
verzichten 39.8
Vesper 9.3
Viertes Gebot 35.4; **38.1**
Vikar 34.8
Volk Gottes 26.2; 28.2; 34.1
Volksmission 26.1
Volksreligionen 10.2; 39.6
Vollendung 17; 18.1–2; 23.3; 24.2
Volljährigkeit 38.1
Vorbereitung der Krankensalbung 31.2
Vorbilder 36.3
Vorehelicher Verkehr 37.6
Vorsatz 30.1
Vorsehung 11.1
Vorurteile 34.6

Wahrhaftigkeit 39.5
Wahrheit 39.5; 39.6
Wallfahrt 9.4
Wallfahrtsorte 9.4
Wandlung 27.2; 27.5
Wasser 28.1
Wassertaufe 28.1
Wechselgebet 13.3
Wegzehrung 31.2
Wehrdienst 34.6
Wehrdienstverweigerung 34.6
Weihbischof 34.8
Weihe 26.3; 28.1

Weihesakrament 26.4; 33; 33.2; 33.3
Weihnachten 27.6
Weihwasser 28.1
Weinberg (Gottes) 26.2
Weinbergsgleichnis 15.2
Weinstock 26.1
Weisheitsbuch 12.4
Weisheitsschriften 5.3
Weisungen **5.2**; 34.3; 36; 37.7
Weisungen der Kirche 34.3
Welt 37.3; 38.4
Weltanschauung 12.1; **39.6**
Weltauftrag 29.1; 29.2
Weltbild 12.1
Weltgericht 18; 18.1; **18.2**
Weltgestaltung 38.4
Weltmission 26.1
Weltreligion 10.2; 39.6
Werke der Barmherzigkeit 31.1; 37.1; 39.10
Werke der Buße 30.3
Widerstand 15.1; 34.6; 39.3
Widerstand (gegenüber dem Staat) 39.2
Wiedergeburt in der Taufe 28.1
Wiedergutmachung 30.1; **30.3**; 30.5
Wiederkunft Christi 18.1
Wille Gottes 5; 5.1–3; 9.3; 35.4; 36.2
Wirken des Geistes 19.1–3; 22.3; 24; 25; 25.2
Wirkungen der Taufe 28.1
Wirtschaftssystem 39.8
Wissenschaften 10.1; 12.1
Wissen und Glaube 10.2; 12.1
Wohlstand 39.8
Wort Gottes 10.3; 20.2–4; 27.1
Wortgottesdienst 27.1
Wunder **4.3**; 4.4; 12.4
»Wundsünde« 30.2

Zahl der Sakramente 26.4
Zehn Gebote 35.4
Zehntes Gebot 35.4; 37.2; 39.7
Zeichen → Wunder
Zeichenhandlungen der Taufe 28.1
zeitliche Gelübde 34.4
Zelebrant 27.4
Zeuge 16.1
Zeugnis 16.1
Zeugnis geben 29.2
Ziborium 27.4
Zölibat 33.2
Zorn Gottes 13
Zucht und Maß 37.3
Zufall 11.1
Zukunft 2.2; 4.4; 18.1; 24; 35.1; 35.2; 39.1
Zukunftserwartungen 24
Zur Rechten Gottes 17
Zuverlässigkeit 39.5
Zuversicht 5.3; 13; 19.3
Zuwendung 22.1; 22.4; 31.1; 39
Zweifel **10.4**; 16.4; 36.3
zweifeln 12.5
Zweites Gebot **3.1**; 35.4
Zweites Vatikanisches Konzil 10.2; 20.2; 22.2; **24.1**; 26.1; 27; 27.3; 28.3; 33.2; 34.1; 34.2; **34.6**; 34.9; 39.6
Zwingli 34.9
Zwölfapostellehre I; II; 20.1; 34.9

Bibelstellenregister

Verweisziffern in Fettdruck zeigen an, daß in diesem Lehrstück die Bibelstelle als Lerntext vorkommt. Verweisziffern in Normalschrift besagen: diese Bibelstelle ist im laufenden Text wörtlich zitiert.

Altes Testament

Gen 1,27	12.3
Gen 1,27–28	**32.1**
Gen 1,31	37.3
Gen 2,7	12.3
Gen 12,3	26.1
Ex 3,14–15	**2.1**
Ex 20,2	35.1
Ex 20,2.13	39.1
Ex 20,2–17	**35.4**
Ex 20,9–10	**39.4**
Ex 20,16	39.5
Lev 11,44	3.3
Dtn 5,7	35.3
Dtn 6,4	IV
Dtn 6,7–9	35.3
Tob 12,9	**30.4**
Ijob 42,3	11.2
Ijob 42,5–6	11.2
Ps 8,4–7	**12.3**
Ps 19,2	**12.1**
Ps 23,1–3	**11.1**
Ps 23,4	**5.3**
Ps 66,5.16	**22.2**
Ps 95,6–7	11.2
Ps 110,1	17
Ps 117,1–2	**10.2**
Ps 118,16	17
Ps 118,24	**27.5**
Ps 119,105.107	**1.4**
Ps 124,8	12.1
Ps 139,23–24	**30.6**
Hld 8,6–7	**37.5**
Weish 13,5	**12.4**
Sir 6,14–15	**38.2**
Jes 43,1	35.1
Jes 45,5	13.3
Jes 66,13	2.3
Ez 11,19–20	21.1
Hos 11,4	2.3

Neues Testament

Mt 3,17	25.1
Mt 5,1	5.2
Mt 5,3–12	**5.2**
Mt 5,14–16	**29.2**
Mt 5,44	37.7
Mt 5,45	37.7
Mt 6,9–13	I
Mt 6,31–34	**6.1**
Mt 6,31–32	36.1
Mt 7,12	IV
Mt 10,19–20	29.2
Mt 10,34–36	**15.1**
Mt 11,29	37.3
Mt 13,9	4.2
Mt 13,33	**4.2**
Mt 16,16	13.2
Mt 16,18–19	34.2
Mt 16,24	**1.2**
Mt 18,20	**27.1**
Mt 18,21–22	**7.3**
Mt 19,6	32.1
Mt 19,24	39.7
Mt 19,29	**34.4**
Mt 20,26–27	38.2
Mt 21,13	9.2
Mt 22,37–39	IV
Mt 24,36	18.1
Mt 25,37	18.3
Mt 25,40	18; 18.3
Mt 26,41	8.2
Mt 26,64	17
Mt 27,46	16.3
Mt 28,17	16.4
Mt 28,18	17
Mt 28,19	33
Mt 28,20	17
Mk 1,12	19.2
Mk 1,14–15	**4.1**
Mk 1,24	15.1
Mk 2,7	15.1
Mk 2,12	4.3
Mk 2,16	15.1
Mk 3,6	15.1
Mk 3,21	15.1
Mk 3,22.30	15.1
Mk 3,30	15.1
Mk 6,3	15.1
Mk 6,50	18.3
Mk 8,34	**1.2**
Mk 9,22–24	**10.4**
Mk 9,35	33
Mk 10,43–45	**34.8**
Mk 12,17	**34.7**
Mk 12,29–30	**35.3**
Mk 13,32	18.1
Mk 14,22	27.2
Mk 14,24	27.2
Mk 14,61	13.2
Lk 1,28	**36.4**
Lk 1,31–32.34–35	**14.1**
Lk 1,35	14.1
Lk 1,37	14.1
Lk 1,38	14.1; 36.4
Lk 1,42	**36.4**
Lk 1,46–49	**14.3**
Lk 6,35–36	**38.5**
Lk 7,22	4.3
Lk 7,49	13.2
Lk 9,23	**1.2**

Lk 10,9	33.1	1 Kor 1,23	**15.3**
Lk 10,28	IV	1 Kor 4,5	18.3
Lk 10,29.37	IV	1 Kor 6,19.20	**37.4**
Lk 11,20	**4.3**	1 Kor 10,12	8.2
Lk 11,27–28	36.4	1 Kor 10,13	8.2
Lk 12,33	37.7	1 Kor 12,4–5.11	**33.1**
Lk 12,39	18.1	1 Kor 12,27	**21.2**
Lk 12,40	**18.1**	1 Kor 13,12	**10.5**
Lk 15,7	30.5	1 Kor 15,14.17	16.4
Lk 17,20–21	**24.2**	1 Kor 15,42.44	**23.2**
Lk 17,21	24.4	1 Kor 15,54–55	16.2
Lk 22,19	27.2; 33		
Lk 22,27	13.3	2 Kor 1,20	25.2
Lk 23,46	31.3	2 Kor 1,24	**33.2**
		2 Kor 6,17–18	**2.3**
Joh 1,11	15	2 Kor 13,13	**25.1**
Joh 1,14	14.2		
Joh 1,18	35.2	Gal 4,6–7	19.3
Joh 1,29	16.3	Gal 5,1	36.1
Joh 3,16	13.2; 37.3	Gal 5,22	19.3
Joh 4,34	5.1	Gal 6,2.10	**34.5**
Joh 6,46	13.2		
Joh 10,30	13.2	Eph 4,26	30.3
Joh 11,25–26	**16.2;**		
Joh 12,28	3	Phil 2,6–7	**14.2**
Joh 12,31	22.2	Phil 2,12	8.2
Joh 13,13	13.3		
Joh 13,34	IV; 36.1	Kol 1,13	22.2
Joh 14,6	**1.1**	Kol 1,17–18	**26.2**
Joh 14,8–9	35.2	Kol 2,6–7	**28.3**
Joh 14,9	25.1	Kol 2,12	**28.1**
Joh 14,26	34.2	Kol 3,20–21	**38.1**
Joh 15,13	IV		
Joh 16,13	20.2	1 Thess 5,17	9.3
Apg 1,14	9.3	1 Tim 3,15	20.5
Apg 2,1	19.1		
Apg 2,36	**13.1**	2 Tim 4,2–3	**34.2**
Apg 2,37	IV		
Apg 2,4	19.1	Hebr 1,1–2	**10.3**
Apg 4,32	39.7	Hebr 4,12	**20.3**
Apg 5,29	34.7		
Apg 6,6	33.2	Jak 2,15–16	**6.2**
Apg 17,28	25.2	Jak 5,13	**9.3**
Apg 17,31	**18.2**	Jak 5,14–15	**31.2**
Röm 5,11	22.2	1 Petr 2,9	**26.1**
Röm 5,20	22.2	1 Petr 2,16	**36.2**
Röm 6,18	22.2	1 Petr 3,15	10.5
Röm 6,23	22.2; 35.1	1 Petr 5,8–9	**8.3**
Röm 7,15	22.2		
Röm 7,19	12.5	1 Joh 1,8	**7.1**
Röm 8,9–10	**29.1**	1 Joh 3,2	39.1
Röm 8,21	17.2; 36.1	1 Joh 3,17–18	**37.2**
Röm 8,38–39	**18.3**	1 Joh 3,20	30.6
Röm 10,9	14	1 Joh 4,9–10	**35.1**
Röm 12,2	39.8	1 Joh 4,20	**37.1**
Röm 12,12.15	**37.8**	1 Joh 5,16–17	30.2
Röm 12,21	**30.3**		
Röm 14,7–8	**31.1**	Offb 14,13	24.2
Röm 15,1–3	**39.2**	Offb 21,3–5	**4.4**
		Offb 21,27	18.2

Zitierte Texte aus dem Gotteslob

Erklärung des Verweissystems: Fettdruck = als Lerntext verwendet; ohne Klammern = im laufenden Text zitiert; mit Klammern = es wird auf diese Stelle in Gotteslob verwiesen.

GL 2/3	**25.2**	GL 220 (2 u. 3)	**22.3**
GL 2/4	I	GL 222 (1)	**16.3**
GL 2/5	II	GL 229 (5)	**17.1**
GL 2/6	**36.4**	GL 239	(27.6)
GL 2/7	(9.3)	GL 241 (1)	**19.1**
GL 4	(9.3); (26.4)	GL 257 (1)	**11.2**
GL 4/6	**19.3**	GL 265 (1 u. 2)	**22.4**
GL 8/2	(Schluß)	GL 272 (4)	**39.1**
GL 14–15	(9.3)	GL 285	(9.1)
GL 16–17	(9.3)	GL 291	**8.2**
GL 18	(9.3)	GL 294 (1)	**5.1**
GL 28/6	**34.1**	GL 298 (3, 5)	**1.5**
GL 28/8	(I); **20.1**	GL 299 (1 u. 2)	**8.1**
GL 29/3	**23.3**	GL 352	(27.4)
GL 29/6	**38.4**	GL 353–369	(27)
GL 31/4	**37.3**	GL 353/4	**30.2**
GL 33	(16.3)	GL 353/5	**30.1**
GL 34/1	(12.2)	GL 353/7	(13.3)
GL 35/7	**31.3**	GL 354/1	**9.1; 13.3**
GL 41	III	GL 356	(II); **13.2; 19.2;** 22
GL 44/3	(28.2)	GL 360	(1.3); (27.2)
GL 45–48	(28.1)	GL 360/2	**3.2**
GL 47/7	(28.1)	GL 360/4	**27.2**
GL 47/9	(II); (25)	GL 360/5	**27.3**
GL 51/3	(28.2)	GL 360/7	**27.4**
GL 51–52	(29.1)	GL 367–369	(27.2)
GL 54–58	(30.1)	GL 368	**1.3; 3.3;** (9.2); (27.3)
GL 54/4	(30.1)	GL 423	(II)
GL 54/5	(30.1)	GL 550 (5)	**35.2**
GL 54/6	(30.3)	GL 558 (7)	**36.1**
GL 55	(30.3)	GL 560 (1)	**17.2**
GL 58	(30.5)	GL 569	(36.4)
GL 60/3	**30.5;** (30.5)	GL 570–603	(36.4)
GL 61	(3.1); (10.3); (27.5); (32.1); **35.4;** (37.2); (38.1); (39.1); (39.5); (39.4); (39.7)	GL 607	(12.2)
		GL 614 (1)	**36.3**
		GL 620 (2,4)	**37.7**
		GL 621 (1)	**12.5**
GL 61–66	(30.5); (30.6)	GL 634 (4, 5)	(34.9)
GL 67	(34.3)	GL 635 (3)	**28.2**
GL 73/4	**32.2**	GL 646/4	**21.1**
GL 76–78	(31.2)	GL 647/2	**34.3**
GL 79/1	(31.1); (31.3)	GL 654 (1)	**23.1**
GL 81–91	(31.3)	GL 666–671	(9.3)
GL 91	**31.3**	GL 672–700	(9.3)
GL 102	(27.6)	GL 682–694	(9.3)
GL 127	(14.3)	GL 689	(14.3)
GL 128	(27.6)	GL 695-705	(9.3)
GL 159	(27.6)	GL 698	(8.2)
GL 165 (1)	**7.2**	GL 701	(9.3)
GL 165 (4)	**22.1**	GL 706 (1)	**11.2**
GL 179 (4)	**15.2**	GL 707	(9.1)
GL 195	(27.6)	GL 762	(36.3)
GL 201–202	(27.6)	GL 775	(15.2)
GL 211	(28.1)	GL 776/8	**16.1**
GL 212	(27.6)	GL 783	(36.4)
GL 220 (2)	**16.4**	GL 784	(12.2)

Namensverzeichnis

Afrikanisches Gebet 39.8
Aurelius Augustinus 9.4; 10.1; 19.3; 39.6

Becker, Cornelius 36.3
Betz, Felicitas 37.3
Böll, Heinrich 39.3
Bone, Heinrich 16.4; 22.3
Buber, Martin 38.3
Bonhoeffer, Dietrich 12.2

Deutsches Sprichwort 39.7
Don Bosco 39.3
Degenhardt, Johannes Joachim 37.6
Diterich, Johann Samuel 17.1
Dörr, Friedrich 19.1; 22.3; 28.2
Dreves, Guido Maria 17.2

Franz, Ignaz 11.2
Franziskus von Assisi 38.4

Gerhardt, Paul 15.2

Hechtenberg, Dieter 39.1

Irenäus von Lyon 20

Johannes von Gott 39.3

Juhre, Arnim 8.1

Luther, Martin I; 23.1

Marti, Kurt 8.1

Newman, John Henry 38.2

Oosterhuis, Huub 12.5

Pascal, Blaise 39.9

Rodigast, Samuel 5.1

Schieri, Fritz 21.1
Silesius, Angelus 36.1

Thurmair, Maria Luise 34.9

Ulenberg, Caspar 22.4
Ulrich von Augsburg 36.3

Vincenz von Paul 39.3

Weil, Simone 9.2
Willms, Wilhelm 2.2

Zenetti, Lothar 37.7
Zils, Diethard 7.2; 22.1